KB242651

주님과 함께 하는 고요한 이 시간

메디타치오 시리즈 1

주님과 함께 하는 고요한 이 시간

양 창 삼 지음

KSI 한국학술정보(주)

　현대를 가리켜 인스턴트 시대라 한다. 진정한 의미의 공감도 없이 그저 순간의 재미만을 추구하는 시대이자 모든 것이 한 번의 맛보기로, 한 번의 요기로 끝나는 시대이다. 자기고뇌의 흔적도, 삶에 대한 진지한 고백도 없다. 이제 하나님의 말씀을 통해 삶의 진정성을 확보해 나가야 한다. 이를 위해 우리 자신을 하나님 앞에 세울 필요가 있다.

　메디타치오(meditatio)는 하나님의 말씀인 성경을 묵상하는 것을 말한다. 그리스도인은 하나님의 말씀을 읽고 묵상하고 실천해야 하는 책임과 의무를 가지고 있다. 모든 생각의 바탕은 그 말씀이요 행동의 바탕 또한 그 말씀이면 더욱 좋다. 묵상은 진국을 만드는 것이요 진국을 음미하는 것이다. 특히 하나님의 말씀을 묵상하면 깊은 삶의 향기와 담백한 신앙의 맛을 느낄 수 있다.

　묵상을 하면 마음이 넓어지고 겸손해진다. 묵상을 하면 하나님의 사랑이 보이고 주님의 피 묻은 손이 보인다. 그래서 그 발아래 엎드리게 된다. 묵상을 하면 달라고만 했던 자신의 삶에서 주님에게 드릴 것이 무엇인가를 생각하게 된다.

여러 형태의 묵상이 있지만 특히 자아성찰 묵상은 말씀을 통해 자기 자신을 깊이 성찰하며 자아를 새롭게 발견하는 데 도움을 준다. 묵상하는 가운데 주님이 지금까지 나를 어떻게 이끌어 오셨는가를 생각하고, 앞으로 어떻게 살아가야 할지 생각해 본다. 무의식 속에 미움의 쓴 뿌리가 자라고 있지 않는지도 확인하고 개선한다.

이삭은 리브가를 만나기 전 기다리면서 묵상하고 있었다. 모세는 광야에서 세미한 하나님의 말씀을 들었다. 여러 선지자들도 세미한 하나님의 음성을 들었다. 엘리야는 실패와 아픔의 과정을 거칠 때 이 음성을 들었다. 우리의 문제는 크게 들려오는 소리에만 주목하지 세미한 소리를 들으려 하지 않는다는 점이다. 지진, 불, 바람과 같은 큰 소리도 필요하지만 하나님의 세미한 음성에 귀를 기울일 때 우리를 향하신 그분의 뜻을 알 수 있다. 하나님은 지금도 우리를 향해 말씀하신다. 이때 우리가 해야 할 것은 귀를 크게 열어 그분의 음성을 듣는 것이다.

하나님의 음성을 듣는 사람은 이웃의 작은 소리, 그들의 신음소리에 민감할 필요가 있다. 그 음성을 들으려면 그들에 대해 관심을 가져야 하며 그들의 아픔을 자신의 아픔으로 받아들여야 한다. 세미한 음성을 듣는 사람은 아픈 마음을 위로하고 치유하는 사람이다. 묵상하는 사람은 행동하는 사람이 되어야 한다. 하나님은 작은 신음에도 응답하신다. 우리도 하나님의 세미한 음성뿐만 아니라 이웃의 작은 신음에도 즉시 응답할 필요가 있다.

　이 책은 메디타치오를 짧은 부분과 긴 부분으로 나누었다. 단 메디타치오는 말씀의 길이는 짧아도 깊은 묵상으로 이끄는 힘이 있고, 장 메디타치오는 말씀의 길이가 긴 만큼 더 큰 호소력으로 독자를 이끌고자 한다. 이 책은 말씀의 깊은 묵상으로 이끄는 데 도움이 되고자 한다. 나아가 독자 여러분의 묵상도 하나님의 말씀과 함께하는 묵상, 주님 앞에 무릎 꿇는 묵상, 행동의 변화를 이끄는 묵상이 되기를 기도한다.

2008년 가을

양창삼

제1편　단 메디타치오

1. 하나님의 초대장

성경 여러 곳에는 우리를 향한 하나님의 초대장이 있다. 그 목소리는 우리의 영혼을 향한 다급함과 간절함, 그리고 영원한 보장을 담고 있다. 이제 그 초대장을 받아든 당신이 응답할 차례다.

먼저 이사야 55장에 초대장이 있다. "너희 목마른 자들아 물로 나아오라 돈 없는 자도 오라 너희는 와서 사 먹되 돈 없이, 값없이 와서 포도주와 젖을 사라-너희는 귀를 기울이고 내게 나아와 들으라 그리하면 너희 영혼이 살리라"(사55:1,3) 주님은 아신다. 우리는 영혼이 목마른 자들이라는 사실을. 우리는 이 위대한 하나님의 부르심에 그저 앉아 있을 수 없다. 그 하나님은 다윗에게 언약한 확실한 은혜를 주실 것이며, 우리를 영화롭게 하겠다고 하신다(사55:3,5).

마태복음 11장 28절에서 30절 사이에 예수님의 초대장이 있다. "수고하고 무거운 짐 진 자들아 다 내게로 오라 내가 너희를 쉬게 하리라 나는 마음이 온유하고 겸손하니 나의 멍에를 메고 네게 배우라 그러면 너희 마음이 쉼을 얻으리니 이는 내 멍에는 쉽고 내 짐은 가벼움이라"

수고하고 무거운 짐 진 자들은 우리 영혼이 지치고 곤한(weary) 상태, 그리고 그것이 무거워 어쩔 줄 몰라 하는(burdened) 우리를 가리킨다. 하나님 보시기에 인간은 죄의 무거운 짐을 진 자들이다. 그리고 그 무게에 짓눌려 어찌할 바를 모르는 사람들이다. 그런 인간을 향해 주님은 초대장을 주신다. 다 내게로 오라. 예외가 없다. 모두 오라는 말씀이다. "내가 너희를 쉬게 하리라" 얼마나 권위 있는 말씀이신가. "내가" 그 짐을 내가 담당하겠다는 것이다. 유대지도자들은 율법을 지키라 명령만 하고 자신은 아무런 도움을 주지 않는다. 오직 감시하고 벌을 주려 한다. 그러나 주님은 우리를 향해 도움의 손길을 펴신다. "너희를 쉬게 하리라(give you rest)" 영적 안식을 주시겠다는 말씀이다.

주님은 권위를 가지셨지만 유대지도자들처럼 그 권위를 휘두르지 않으신다. "나는 마음이 온유하고 겸손하니(gentle and humble in heart)" 온유와 겸손의 마음으로, 곧 진정으로 우리를 초대하신다. 그리곤 "나의 멍에(yoke)를 메고 내게 배우라(learn from me)" 하신다. 누구나 다 멍에를 메고 산다. 그러나 그 주님은 이제부터 세상적인 방법이 아니라 주님의 방법을 배우라 하신다. 예수님께 배우는 자가 쉼을 얻을 수 있기 때문이다. 예수님의 멍에는 메기 쉬울 뿐만 아니라 주님이 그 멍에에 멜 짐도 가볍다. 억지로 지는 짐이 아니기 때문이다. 기쁨으로 지는 멍에, 사랑으로 지는 멍에, 세상적인 방법과는 확실히 다르다. 삶의 방법이 다르다.

요한계시록 22장 17절에도 우리를 초대하는 마지막 초대장이 있다. "성령과 신부가 말씀하시기를 오라 하시는도다 듣는 자도 오라 할 것이요 목마른 자도 올 것이요 또 원하는 자는 값없이 생명수를 받으라 하시더라" 이 생명수는 우리 영혼을 새롭게 만드는 물이다. 그 물을 마시는 자는 그리스도 안에서 영원히 살 수 있다. 주님과 함께.

하나님은 우리에게 계속적으로 초대장을 보내셨다. 그러나 더 이상 그 초대장을 보내지 않으실 날이 온다. 그 두려운 날이 이르기 전에 주님 안에서 기쁨과 평화를 누릴 수 있는 방법을 찾아야 한다. 그 방법은 하나다. 하나님의 초대에 기쁨으로 응하는 것이다. 우리가 그 초대에 응한다면 마음에 쉼을 얻을 수 있고, 영혼이 산다. 삶의 모습, 삶의 방법이 달라진다. 우리 주님 때문에.

2. 만남 중의 만남

소현세자는 인조의 아들로, 청나라에 볼모로 잡혀가 8년간 생활한 불행한 인물이었다. 그는 한때 심양에 있다가 북경으로 갔는데 그곳에서 독일 신부 아담 샬을 만나 서양 문물을 접하고 배웠다. 기술도 배웠지만 무엇보다 천주교를 접했다. 그가 귀국해 의문의 죽음을 맞게 되었다. 이에 관해 여러 설이 있지만 인조의 독살설이 가장 유력하다. 혹시 기독교를 접한 것이 혹시 여러 이유 가운데 하나였다면 얼마나 슬픈 일인가 생각해 본다.

소현세자는 귀국하면서 조선 백성을 생각해 세계 지도와 기계 설계도 등 각종 문물을 가져왔다. 이 가운데 기계 설계도는 다산 정약용에게 주었고, 이것은 다산이 수원성을 쌓는 데 활용하는 계기가 되었다. 수원성 축성 계획을 10년에서 34개월로 단축하는 쾌거를 이루었다. 이 한 인물의 역사를 보면서 만남이 매우 중요하다는 것을 느끼게 된다.

우리는 노사연이 부른 '만남'이라는 노래를 잘 안다. 그 가사 중에 '우리 만남은 우연이 아니야'라는 것이 있다. 만남에 어떤 의미를 부여하고자 하는 사람들의 심정을 읽을 수 있다.

성경에도 만남을 말한다. '만나다'라는 말도 196개 구절이 나올 정도다. 그 속에는 기쁨의 만남도 있고, 시험과 재난의 만남도 있다. 강도를 만나기도 하고, 폭풍을 만나기도 하고, 사자를 만나기도 한다. 심지어 무슨 일을 만날는지 알지 못한다(행20:22)는 말씀도 있다. 바울은 형제 디도를 만나지 못해 마음이 편치 못해하는 모습(고후 2:13)도 소개하고 있다. 만남을 사모한 것이다.

연변과기대에서 2000년을 보내고, 그 뒤 여러 번 그곳을 방문해 가르쳐 보았다. 가르치는 것도 중요한 일이지만 그 속에서 나는 참으로 헌신된 좋은 사람들을 만나 기뻤다. 예수님도 믿음이 좋은 사람을 만났을 때 "이만한 믿음은 만나보지 못하였노라"(눅7:9) 기뻐하셨다. 이것은 주님이 무엇을 보시기 원하고, 무엇을 기뻐하시는가를 가르쳐 준다.

이 광야 같은 세상에서 우리는 어떤 만남을 준비해야 할까? 그것은 무엇보다 하나님을 만나고, 영원한 세계를 준비하는 것이다. 하나님은 명령하신 성막이 완성되자 모세에게 말씀하셨다. "내가 너와 만날 곳이며"(출30:6) 회막과 증거궤 앞에서 너와 만나겠다는 것이다. 영적인 삶에서 하나님을 만나는 일만큼 중요한 일이 있을까. 이를 위해 우리가 해야 할 일이 있다.

무엇보다 먼저 예수님을 만나는 것이다. 이것은 우리 생애사에서 가장 중요하고 필요한 만남이다. 안드레는 형제 시몬 베드로를 향해 이렇게 외쳤다. "우리(요한과 안드레)가 메시야를 만났다"(요1:41) 메시야는 그리스도와 같은 말이다. 빌립도 나다나엘에게 이렇게 말한다. "모세가 율법에 기록하였고 여러 선지자가 기록한 그이를 우리가 만났으니 요셉의 아들 나사렛 예수니라"(요1:45) 이 모습은 예수를 만난 제자들의 기쁨을 나타낸 것이다. 그토록 고대했던 메시야를 내가 만날 수 있게 되었다니. 감격스러웠을 것이다.

예수님도 진주 비유를 통해 "천국은 마치 좋은 진주를 구하는 장사와 같으니 극히 값진 진주 하나를 만나매 가서 자기의 소유를 다 팔아 그 진주를 샀느니라"(마13:46) 말씀하셨다. 예수님은 진주 같은 하나님 나라의 삶의 방식을 가르쳐 주시고, 우리를 죄에서 구원하신 분이다. 혹시 그 예수를 잃지 않았는가. 예수의 부모는 예루살렘을 방문하고 돌아오는 길에 예수를 잃었다. 성경은 말한다. "만나지 못하매 찾으면서 예루살렘에 돌아갔더니"(눅2:45) 이젠 당신이 잃어버린 예수를 만날 때다.

그 다음 우리가 해야 할 일은 다른 사람도 주님을 만날 수 있도록 초청하는 일이다. 사마리아 여인도 예수를 만나자 동네에 나가 예수가 그리스도임을 외치지 않았던가. 예수님은 혼인 잔치 비유를 통해 "가서 사람을 만나는 대로 혼인 잔치에 청하여 오너라" 부탁하신다. 우리가 전도해야 한다는 것이다. 초대를 받은 사람에게 필요한 것은 그 잔치에 맞는 옷을 입어야 한다. 믿음이 필요하다는 말씀이다.

그리고 사람들을 만나 위로하고 격려하며 하늘의 소망을 주는 일이다. 예수님은 병든 자를 만나 고쳐 주셨고, 가난한 자에게 소망을 주셨다. 이 땅에 불쌍한 사람이 많은 것은 우리로 하여금 하늘의 사랑을 베풀도록 하기 위함이 아닐까. 바울도 이방인에 대한 사랑을 깊게 품었다. 바울만 그런 것이 아니다. 교인들도 바울을 생각했다. 바울과 실라가 전도하다가 옥에 갇히자 교인들은 그들을 위해 기도했다. 바울 일행은 옥에서 나온 뒤 루디아의 집에 들어가 교인들을 만나고 위로했다(행16:40). 주 안에서 만남은 많은 위로를 준다. 고난 가운데서 더욱.

삶은 만남이다. 만남이 다 중하지만 그 만남 중에 가장 중요한 만남은 주님과의 만남이다. 그 만남이 우리 삶을 완전히 바꿔 주기 때문이다. 그 주님을 나만 만나는 것으로 만족하지 말자. 이웃에게 전하자. 열심을 다해. 너무나도 귀한 주님이기에.

3. 당신을 하나님의 손에 올려놓아라

예수님이 어디를 가시든 사람들로 인산인해를 이루었다. 하루는 많은 무리가 모여드는 것을 보시고 제자인 빌립에게 물으셨다. "우리가 어디서 떡을 사서 이 사람들로 먹게 하겠느냐?" 빌립은 그들을 다 먹이려면 백 데나리온도 부족할 것이라 했다. 안드레는 한 아이가 물고기 두 마리와 보리떡 다섯 개가 있는 것을 말하며 "그러나 그것이 이 많은 사람에게 얼마나 되겠삽나이까?" 했다. 불가능하다는 것이다.

그러나 주님은 불가능을 가능으로 만드실 수 있는 분이다. 남자들만 쳐도 5천 명을 먹이고도 12 광주리가 남지 않았는가. 익명의 시인은 이런 제목의 시를 썼다. "누구의 손에 있는지 달렸다"

> 내 손에 있는 농구공은 약 19달러의 가치가 있다.
> 하지만 마이클 조던의 손에 있는 농구공은 약 3천3백만 달러의 가치가 있다.
> 그 공이 누구의 손에 있는가에 달렸다.
>
> 내 손에 있는 야구공은 약 6달러의 가치가 있다.
> 하지만 마크 맥과이어의 손에 있는 야구공은 약 1천9백만 달러의 가치가 있다.
> 그 공이 누구의 손에 있는가에 달렸다.

내 손에 있는 막대기는 야생동물 한 마리를 쫓아낼 것이다.
그러나 모세의 손에 있는 지팡이는 거친 바다를 가를 것이다.
그 막대기가 누구의 손에 있는가에 달렸다.

내 손에 있는 물맷돌은 한 아이의 장난감이다.
그러나 다윗의 손에 있는 물맷돌은 엄청난 무기가 된다.
그 돌이 누구의 손에 있는가에 달렸다.

내 손에 있는 물고기 두 마리와 보리떡 다섯 개는 두어 개 생선
샌드위치다.
그러나 하나님의 손에 있는 오병이어는 수천 명을 먹일 수 있다.
그것이 누구의 손에 있는가에 달렸다.

내 손에 있는 못들로 새장 하나를 만들 수 있다.
그러나 예수 그리스도의 손에 있는 못들은 전 인류를 위한 구원을
낳는다.
그것이 누구의 손에 있는가에 달렸다.

이 시는 하나님의 손을 믿고 있다. 우리는 예수님을 믿는 사람이
다. 그의 전능하심을 믿는다. 그렇다면 나의 사사로운 걱정과 두려
움, 소망과 꿈, 그리고 가족이나 친구, 이웃과의 어려운 관계 등 모
두를 주님 앞에 내려놓을 차례다. 내가 그것을 해결하려 하면 한계
가 있다. 그러나 그것들을 하나님의 손에 올려놓을 때 그것은 하나
님의 몫이다. 그것은 누구의 손에 있는가에 달렸다. 이제 당신을 하
나님의 손에 올려놓아라. 그러면 당신을 크게 사용하실 것이다.

4. 그가 찔림은 우리의 허물을 인함이요

한 제자가 어느 날 찾아와 나에게 쪽지를 건넸다. 그 속에는 전도에 필요한 여러 성경구절이 적혀 있었다. 그는 이 가운데 이사야 53장 5절의 말씀을 짚으며 자기 삶에 가장 의미 있는 구절이라 했다. 이사야 53장 5절만 생각하면 그 제자 생각이 난다.

"그가 찔림은 우리의 허물을 인함이요 그가 상함은 우리의 죄악을 인함이라 그가 징계를 받음으로 우리가 평화를 누리고 그가 채찍에 맞음으로 우리가 나음을 입었도다"

이 장절은 예수님의 죽음이 이미 예고되고 있음을 보여 준다. 예언의 말씀인 것이다. 이 말씀 속에는 역설이 숨겨 있다. "그가 징계를 받음으로 우리가 평화를 누리고 그가 채찍에 맞음으로 우리가 나음을 입었도다" 구원을 향한 위대한 역설이다.

5절엔 예수님의 찔림, 상함, 맞음이 소개된다. 찔림은 상처가 나도록 아프게 찔리는 것(wounded, pierced)을 말한다. 상함은 겉과 속 모두 멍이 들 정도로 상처를 받는 것(bruised, crushed)이다. 채찍에 맞는 것은 신체적 가격(blows)과 후려침(beaten, stripes)으로 상처가 나는 것을 말한다. 이 모두 주님께서 우리를 위해 당하신 것들이다.

우리가 죄악을 범했을 때 그 길은 심판을 받아 멸망하는 길밖에 없었다. 그러나 하나님 아버지는 메시야를 보내 우리를 구원해 주셨다. 그러나 공의로우신 하나님은 그 대가를 치루셨다. 찔림, 상함,

맞음은 그 대가가 어떠했는가를 보여 준다. 그것은 우리가 찔리고, 상하고, 맞아야 할 아픔들이었다. 우리를 향하신 하나님의 사랑은 그 아픔보다 크다.

찔림, 상함, 맞음은 죄를 지면 심판받고 고난을 받을 수밖에 없음을 보여 준다. 다윗이 죄를 범했을 때 아내의 수욕과 자식의 반란 등을 통해 고난을 받았다. 죄는 필연적으로 벌을 받게 되어 있다.

주님은 나 대신 슬픔을 당하시고, 매를 맞으며, 찔리고, 상하고, 징계를 받고 채찍에 맞으셨다. 나 대신, 우리 대신 고통당하시고 그 값을 치루셨다. 이것은 망신당한 정도가 아니다. 십자가의 죽음은 말할 수 없는 고난과 고통을 동반한다. 주님은 그 모든 수모와 아픔을 우리를 위해 담당하셨다.

왜 그래야만 했는가? 그것은 우리의 허물과 죄악 때문이다. 허물은 죄(sins), 특히 반역죄(transgressions) 때문이다. 이것은 우리가 하나님을 배반함으로 인해 관계가 파괴되었음을 의미한다. "우리의 죄악을 인함이라" 죄악은 원어적으로 볼 때 하나님이 정하신 원칙을 왜곡하고, 구부러지게 하며, 비틀어 떠나감을 의미한다. 악행(iniquities)과 부정과 불법과 악의적 행위(evils) 모두 해당한다. '우리'라는 말이 계속 반복되는 것에 주목해야 한다. 주님은 나 자신을 포함해 우리 모두를 위해 십자가를 지셨음을 심각하게 느껴야 한다.

"그가 징계를 받음으로 우리가 평화를 누리고" 예수님이 징계를 받음으로 우리가 평화를 누릴 수 있게 되었다. 주님이 평화를 가져오신(brought peace) 것이다. 예수님이 징계를 받음으로 하나님과 우리 관계는 모두 치유되었다. 하나님은 치료하시는 하나님(여호와 라파)이시다. 우리가 죄 가운데 있을 때는 평화가 없었고, 무질서했다. 그러나 하나님과의 관계가 회복됨으로 인해 육체적으로나 정서적으로, 도덕적으로 회복되었다. "그가 채찍에 맞음으로 우리가 나음을 입었도다" 이 나음은 영과 육의 나음을 의미한다. 치유되고(healed) 완전하게 되었다(made whole).

우리는 주님께 빚진 자이다. 주님 앞에 빚진 자로서 주님을 위해 살아야 한다. "저가 모든 사람을 대신하여 죽으심은 산 자들로 하여금 다시는 저희 자신을 위하여 살지 않고 오직 저희를 대신하여 죽었다가 다시 사신 자를 위하여 살게 하려 함이니라"(고후5:15)

5. 떠나라, 가라, 되라

허즈버그는 인간의 욕구를 아담적 욕구와 아브라함적 욕구로 나누었다. 아담은 먹지 말라는 선악과를 참지 못하고 먹었고, 아브라함은 떠나면 위험한 상황에 처해질 것이라는 것을 알면서도 떠나라는 하나님의 명령에 순종했다. 아담이 현세지향적이라면 아브라함은 도전적이고 미래지향적이다. 하나님은 어떤 사람을 좋아하실까? 하나님은 멀리 보시는 분이다. 지금의 상황을 참지 못하는 아담보다 멀리 보는 아브라함을 택하셨다.

창세기 12장 1절에서 10절을 보면 아브라함에게 명령을 내리신다. "너희 본토 친척 아비 집을 떠나 네게 지시할 땅으로 가라—너는 복의 근원이 될지라"(1,2절) 여기서 우리는 세 가지에 주목할 필요가 있다.

첫째는 우리의 삶은 떠나는 삶이어야 한다는 것이다. "너희 본토 친척 아비 집을 떠나" 아비 집을 떠나라는 것은 현실에 안주하지 말라는 말이다. 본토 친척 아비 집은 영적으로 문제가 있었다. 우상을 만들어 파는 업에 종사했기 때문이다. 그것은 하나님 보시기에 문제가 있다. 하나님은 이 영적으로 문제가 있는 땅으로부터 아브라함을 이끌어 보다 하나님 보시기에 선한 삶으로 이동시키기로 하신 것이다. 세상 지향적이고 우상지향적인 삶에서 하나님 중심의 영적인 삶으로의 대변환이다. 이제 너희를 향한 나의 뜻이 세워졌다는 선포이기도 하다. 이를 위해 우리는 문제의 영역에서 벗어나야 한다.

둘째는 하나님이 이끄시는 곳으로 가야 한다는 것이다. "네게 지시할 땅으로 가라" 이 땅은 하나님이 정하신 곳이다. 우리는 그곳으로 가야 한다. 이것은 하나님의 원대한 구원계획 속으로 들어가는 것을 의미한다. 더 이상 나의 계획을 고집하지 말고 하나님의 이끄심에 맡기며 하나님의 목적 속으로 들어가는 것이다. 우상으로 더럽혀진 땅에서 일어나 자신을 훌훌 털어 버리고 하나님이 이끄시는 땅에서 새롭게 시작하는 것이다.

셋째는 새 땅에서 하나님의 뜻을 이루는 것이다. "너는 복의 근원이 될지라" 나로 인해서 주위가 복을 받게 해야 한다는 것이다. 아브라함, 이삭이 그 땅에 있음으로 주변이 복을 받게 했다. 애굽에서의 요셉도 마찬가지였다. 하나님의 법궤가 오벧에돔의 집에 있음으로 그 집이 축복받은 것처럼 우리가 있음으로 인해 우리와 관련된 이웃 모두가 축복을 받도록 해야 한다. 이를 위해서는 우리가 먼저 복 받을 짓을 해야 한다. 아브라함은 롯에게 말한다. "서로 다투게 하지 말자. 네가 좌하면 나는 우하고 네가 우하면 나는 좌하리라" 우선권을 조카에게 준 것이다. 이것이 복 받을 행동이다.

그러나 "너는 복의 근원이 될지라"의 원뜻은 너로 통하여 구원의 목적을 이루겠다는 선언이다. 네 씨를 통하여 오실 예수 그리스도로 하나님의 원대한 구원계획을 이루시겠다는 것이다. 그러므로 인류구원에 관한 한 아브라함은 복의 근원이 되었다. 이 말씀은 아브라함에게 한 아주 큰 약속이다. 그 약속이 바로 언약이다. 이 언약은 예수님이 이 땅에 오시고, 우리를 위해 십자가를 지심으로 성취되었다.

아브라함은 하나님의 이 약속을 믿고 나갔다. 그의 아들 이삭도 이 믿음에 굳게 섰다. 하나님은 이삭에게도 "네 자손을 인하여 천하 만민이 복을 얻으리라"(창26:4) 하셨다. 아브라함에게 하신 약속을 계속 지키신 것이다. 하나님은 멀리 보는 분이시다. 그 하나님이 오늘도 우리를 멀리 보시며 이끄신다. 자식이 없을 때도 하나님은 말씀하신다. "네 자손을 땅의 티끌 같게 하리라"(창12:16), "애굽 땅에서부터 큰 강 유브라데까지 네 자손에게 주리라"(창15:18) 하나님 우리 아버지는 원대한 비전을 가지고 계신다. 우리도 그 비전을 따라가야 한다. 결국 아브라함도 멀리 보는 사람이 되었다. 우리도 그래야 하지 않겠는가.

6. 나를 공평한 땅에 인도하소서

이 어지러운 세상에서 때로 나는 나 자신을 어떻게 해야 할지 모를 때가 많다. 그럴 때마다 시편 143편 10절이 생각난다. "주는 나의 하나님이시니 나를 가르쳐 주의 뜻을 행케 하소서 주의 신이 선하시니 나를 공평한 땅에 인도하소서" 같은 구절이지만 다른 성경을 보면 더 절실해진다.

- "나를 가르치시고 주의 뜻을 알게 해 주소서. 주는 나의 하나님이십니다. 주의 선하신 성령으로 나를 바른길로 인도하여 주소서"(쉬운 성경)
- "당신은 나의 하느님이시오니 당신 뜻대로 사는 법 가르쳐 주소서. 그 착하신 영기로 나를 인도하소서. 한 길을 가도록 인도하소서"(공동번역)
- "주님은 나의 하나님이시니, 주의 뜻을 따라 사는 길을 가르쳐 주십시오. 주의 선하신 영으로 나를 이끄셔서, 평탄한 길로 나를 인도하여 주십시오"(표준 새 번역)

공평한 땅은 바른길, 한 길, 평탄한 길로 더 구체화된다. 성경을 읽는 맛이 난다. 제임스 패커는 그의 책 「하나님의 인도」에서 제임스 에드미스턴의 기도를 소개하고 있다. 이 시는 앞의 시편과 맞닿아 있다.

하늘에 계신 아버지,
폭풍과도 같은 세상 속에서 우리를 인도하소서.
우리를 인도하소서.
우리를 보호하시고, 인도하시며, 지켜 주시고, 먹여 주소서.
주님 외에는 우리를 도울 자가 없나이다.
하나님이 우리 아버지가 되시면
모든 축복이 우리의 것입니다.

우리를 구원하신 주님,
우리의 연약함을 아시오니 용서를 베풀어 주소서.
주님은 우리보다 먼저 이 세상을 살아가셨고,
세상의 온갖 질고를 다 담당하셨으며,
외롭고, 쓸쓸하고, 지치고, 연약한 모습으로
거친 광야를 지나셨나이다.
하나님의 성령이 위로부터 임하시어
하늘의 기쁨을 우리 마음에 가득 채우시네.
뜨거운 열정이 가득한 사랑과
결코 싫증나지 않을 기쁨을 허락하시고,
용서하고 인도하시니
그 무엇도 우리의 평화를 깨뜨릴 수 없으리.

우리를 보호하시고, 인도하시는 주님. 오늘 우리는 이 주님이 있어서 결코 외롭지 않다. 행여 내가 잘못 내린 결정이 있다 할지라도 주님은 나를 돌이켜 바른길로 인도하시리라.

7. 유다가 미래에 부를 노래

"그날에 유다 땅에서 이 노래를 부르리라 우리에게 견고한 성읍이 있음이여 여호와께서 구원으로 성과 곽을 삼으시리로다 너희는 문들을 열고 신을 지키는 의로운 나라로 들어오게 할지어다 주께서 심지가 견고한 자를 평강에 평강으로 지키시리니 이는 그가 주를 의뢰함이니이다"(사26:1～3)

이사야 26장 1절은 유다가 앞으로 이렇게 노래를 부를 것이라 말한다. 그리고 그 노래를 소개하고 있다.

첫째, 견고한 성읍(strong city)을 가질 것이라 한다. 왜 견고할까? 하나님께서 구원으로 성과 곽을 삼으시기 때문이다. 하나님께서 지키시기 때문이라는 것이다. 이보다 확실한 보장이 어디에 있을까.

둘째, 신을 지키는 의로운 나라가 된다. 여기서 신은 믿음(faith)을 말한다. 믿음을 지키는 나라가 된다는 말이다. 얼마나 좋을까. 믿음을 지키는 의로운 나라가 들어올 수 있도록 지금부터라도 문을 열어야 한다. "너희는 문들(gates)을 열고" 하나의 문이 아니다. 여러 문을 열고 그 나라가 들어오도록 해야 한다. 악에 대해서는 문을 닫지만 좋은 것은 받아들이는 문이다.

셋째, 백성들은 심지가 견고한 자가 되고 하나님은 우리를 지키신다. 심지가 견고하다는 것은 하나님을 향한 그들의 마음에 변함이 없다는 것이다. 영어로 'steadfast'이다. 꾸준하다. 이런 자들을 주님은 지키신다. 어떻게 지키시는가? 평강에 평강으로 지키신다. 이 말 속에는 이중의 평화(double peace)가 있다. 완전한 평화(perfect peace)로 지키시겠다는 것이다.

왜 하나님은 유다로 하여금 이 노래를 부르게 하시는 것인가? 그 것은 하나님을 의뢰하기(trust God) 때문이다. 따라서 이사야 26장 4 절은 우리에게 이렇게 가르친다. "너희는 여호와를 영원히 의뢰하라 (Trust in the Lord forever). 주 여호와는 우리의 영원한 반석(eternal rock)이심이로다" 반석이란 흔들림 없는 진리 그 자체, 진실함과 성 실함, 우리의 의지가 되시는 분이라는 뜻이다.

이 말씀을 우리 가정에 적용해 보자. 우리가 앞으로 주 안에서 기 쁨으로 노래를 부를 수 있는 가정이 되려면 무엇보다 주님이 지키시 는 견고한 가정, 믿음을 지키는 가정, 그리고 주님을 향해 심지가 견 고한 가정이 되어야 한다. 이를 위해 가장 필요한 것은 주님을 의지 하고 그분만이 우리의 영원한 반석이심을 고백하는 삶을 사는 것이다.

8. 이 뼈들이 능히 살겠느냐

에스겔서의 특징 가운데 하나는 희망을 주는 메시지를 담고 있다 는 점이다. 에스겔서 37장 1절에서 10절의 말씀도 예외가 아니다. 이 절들은 크게 두 가지로 나뉜다. 하나는 하나님 앞에 죽은 자의 모습이요 다른 하나는 하나님 앞에 살아 움직이는 자의 모습이다. 우리 신앙은 하나님 앞에서 사망 당한 자의 상태를 벗어나 성령을 힘입어 살아 움직이는 자로 변해야 한다.

사망 당한 자의 모습

먼저 사망 당한 자의 모습을 보자. 이 모습은 그발 강가에서 본 환상으로, 포로생활을 통해 영적으로 처절하게 죽어 있는 자의 모습이다. 그 모습은 크게 세 가지로 드러나 있다.

- 널브러진 마른 뼈 상태이다(1,2절)
- 뼈들이 맞혀지는 상태이다(7절)
- 힘줄·살·가죽이 덮이는 상태이다(8절)

널브러진 마른 뼈의 상태만이 죽은 모습이 아니다. 뼈들이 맞혀지고, 힘줄·살·가죽이 덮여 있어도 아직 생기가 있는 것이 아니므로 죽어 있다 말할 수 있다. 육체만 죽어 있는 것은 아니다. 그 영혼까지 죽어 말라 있다.

살아 있는 자의 모습

하나님은 사망 당한 자를 죽은 그대로 두지 아니하시고 살아 움직이는 자로 만드신다. 10절을 보면 저들 속에 하나님의 생기가 들어가자 살아 있는 군대가 되었다. "주 여호와께서 이 뼈들에게 말씀하시기를 내가 생기로 너희에게 들어가게 하리니 너희가 살리라 너희 위에 힘줄을 두고 살을 입히고 가죽으로 덮고 너희 속에 생기를 두리니 너희가 살리라"(겔37:5,6) 생기가 사망을 당한 자에게 들어가매 그들이 곧 살아 일어나서 서게 된 것이다. 죽은 자가 살아난 것이다. 그것도 군대로.

생기는 히브리어로 '루아흐'이다. 바람, 공기, 숨으로 풀이된다. 흙이 아담이 된 것은 하나님이 그 코에 생기를 불어넣으셨기 때문이다. "생기를 그 코에 불어넣으시니 사람이 생령이 된지라"(창2:7) 에스겔에서는 마른 뼈들 속에 생기가 들어가 산 자가 되었다. 이런 상황은 요한계시록에서도 나타난다. 죽은 두 증인에게 하나님으로부터 생기가 들어가자 저희가 발로 일어서게 된 것이다(계11:11).

이 생기가 과연 무엇일까? 에스겔은 그것이 성령임을 가르쳐 준다. "내가 또 내 신을 너희 속에 두어 너희로 살게 하고"(겔37:14) 에스겔 36장에서 "새 영을 너희 속에 두고 새 마음을 너희에게 주되"(26절) 하였고, "내 신을 너희 속에 두어"(27절) 하였다. '내 신'은 바로 성령이다.

죽은 믿음이 살려면

우리의 죽은 믿음이 살려면 성령님이 필요하다. "너희가 믿을 때에 성령을 받았느냐" 이 말씀은 성령께서 우리에게 활력을 불어넣고, 능력을 행하시기 때문이다. 성령 하나님이 우리 안에 계실 때 우리는 살아 있는 존재가 된다. 영혼이 살아 있을 때 살아 있는 하나님을 증거하고, 살아 있는 그리스도인을 만든다.

우리는 왜 성령 충만, 성령의 기름 부으심이 넘치기를 기도하는가? 성령 충만은 하나님 충만, 그리스도 충만, 그분의 말씀 충만이기 때문이다. 충만은 삼위 하나님이 내 안에 가득하게 됨을 의미한다. 그때 내가 아니라 성령이 나를 주관하고 살게 하신다. 그때 우리는 비로소 하나님의 것이 되고, 그리스도의 것이 된다.

하나님은 불가능을 가능하게 하시는 분이다. 그분은 우리의 신앙이 살아 있기를 바라신다. "이 뼈들이 능히 살겠느냐?"(겔37:3) 주님은 우리에게 명령하신다. "황무한 땅을 에덴동산같이 되게 하라"(겔36:35), "무너진 곳을 건축하라"(겔36:36), "하나가 되라"(겔37:17,19) 성령을 사모하라. 그리고 주 앞에 항상 살아 있는 자가 되라. 우리의 신앙은 발전해야 한다.

9. 수문 앞 광장의 눈물

느헤미야 8장 1~18절에서 우리는 수문 앞 광장에서 많은 사람들이 모여 눈물을 흘리는 사건을 보게 된다. 그 광장에서는 도대체 무슨 일이 있었던 것인가? 확실한 것은 눈물 속에는 회한과 기쁨이 섞여 있었다는 사실이다.

느헤미야 1장 3절을 보면 무너진 예루살렘 성전과 불타 버린 성문에 관한 소식이 들린다. 얼마나 가슴이 아팠을까. 느헤미야는 아닥사스다 왕으로부터 성의 재건 허락을 받는다. 그리고 느헤미야 7장 1절에는 성과 문이 건축되어 기쁨과 환희로 가득 차게 된다. 그러나 느헤미야 8장의 눈물과 기쁨은 과거의 그것과는 차원이 다르다. 무엇이 다른가?

말씀 앞에 선 백성들(1~8절)

1~8절을 보면 백성들이 말씀 앞에 서 있음을 알 수 있다. 잃어버린 말씀의 회복(복구)이라는 점에서 성의 복구와는 차원이 다르다. 성을 건축하는 것보다 영적 재건축이 더 중요하지 않는가. 모든 백성이 일제히 수문 앞 광장에 모인다. 그리고 에스라에게 모세의 율법책을 가져오기를 청한다(1절). 새벽부터 오정까지 그 책을 읽는다. 책을 펼 때 모든 백성이 일어섰고, 몸을 굽혀 하나님을 경배했다. 하나님 앞에 서 있음을 다시금 확인한 것이다. 그리고 그 말씀에 귀

를 기울였다(3절). 레위인들이 곁에 서서 말씀을 깨닫도록 도와주었다(7절).

말씀을 듣고 우는 백성들(9절)

9절에는 그 말씀을 듣고 우는 백성들의 모습이 나온다. 말씀을 깨닫고 감격하며 지난날들에 대한 회한과 함께 울음보가 터진 것이다(9절). 하나님의 사랑과 섭리를 깨달았을 때 나오는 감격과 북받침이다. 하나님을 되찾고 영적으로 회복된 것이다.

울음을 기쁨으로 바꾼 백성들(9∼12절)

하나님 안에는 영원한 기쁨이 있다. 총독 느헤미야와 에스라, 그리고 레위 사람들은 우는 백성들을 향해 "오늘은 여호와의 성일이니 슬퍼하지 말며 울지 말라 근심하지 말라"(9,11절) 촉구한다. 오히려 먹고 나누라(10절)고 말한다. 나눔의 삶을 살게 된 것이다. 나아가 느헤미야는 "여호와를 기뻐하는 것이 너희의 힘이니라"(13절) 격려했다. 하나님 앞에 돌아와 말씀을 듣고 깨닫게 되는 것이 하나님께는 기쁨이 되었다. 또한 하나님이 기뻐하시는 것, 곧 하나님이 기뻐하시는 일을 하는 것이 우리의 힘이요 기쁨이다(the joy of the Lord is your strength).

말씀을 실행에 옮긴 백성들(16∼18절)

백성들은 수문 앞 광장을 비롯해 각 광장에 초막을 짓고 거했다. 여호수아 때로부터 지금까지 없었던 일이다. 처음 일이라 크게 기뻐했다. 절기의 정신이 회복된 것이다. 그 초막은 말씀에 거하는 초막, 말씀을 실천하는 초막, 하나님과 동행하는 초막, 하늘의 기쁨이 넘치는 초막이 되었다.

수문 앞 광장의 사건은 말씀의 회복사건이다. 건물회복보다 더 중요한 회복이다. 잃어버린 하나님의 말씀을 통해 하나님을 찾았고, 말씀을 회복했다. 잃었던 절기도 회복되었다. 하나님은 이러한 회복을 우리 안에서 기대하신다.

10. 여호와께서는 어리석은 자를 보존하시나니

홍정길 목사는 그리스도인이라면 바보지수가 높아야 한다고 했다. 세상 것에 대해 바보가 되어야 영적으로 성숙한다는 의미다. 시편 116편을 읽다가 6절의 "여호와께서는 어리석은 자를 보존하시나니 내가 낮게 될 때에 나를 구원하셨도다"라는 말씀을 읽고 다시금 바보지수에 대해 생각하게 되었다.

6절에서 말하는 '어리석은 자'는 그저 '바보 같은(foolish) 자'가 아니다. 마음이 단순한 자(simplehearted), 곧 하나님을 향해 언제나 마음이 열려 있는 자이다. 이 어리석은 자는 같은 절 후반에 언급되어 있듯 마음이 낮아진 자이다. 왜 그가 마음을 낮추었을까? 그 이유는 여러 가지를 상정할 수 있다. 환란, 큰 곤란, 슬픔이 있었음이 틀림없다. 3절을 보면 "사망의 줄, 음부의 고통이 내게 미치므로"라 했기 때문이다.

하나님께 마음이 열린 자에 대해 하나님도 응답하신다. 서로에 대한 커뮤니케이션이 열려 있는 것이다. 우선 열린 자가 어떤 삶의 모습을 하고 있는가를 살펴보자.

첫째, 하나님을 향해 기도한다. 그는 무엇보다 "내가 평생 기도하리도다"(2절) 선언한 다음 "여호와의 이름으로"(4절) 기도한다. 그는 기도의 역사를 깨달은 사람이다. 이에 대해 주님은 어떻게 반응하시는가? 여러 형태로 반응하신다.

- "여호와께서 내 음성과 내 간구를 들으신다"(1절)
- "그 귀를 내게 기울이신다"(2절)
- "주께서 내 영혼을 사망에서, 내 눈을 눈물에서, 내 발을 넘어짐에서 건지셨나이다"(8절) 구원하신다. 온전한 구원이다.
- "나의 결박을 푸셨나이다"(16절)

우리가 한 가지 하면 주님은 우리를 위해 하나님의 은혜, 의, 자비 등(5절) 여러 가지를 주신다.

둘째, 하나님을 사랑한다. "내가 저를 사랑하는도다"(1절)

셋째, 은혜를 깨닫고(5절) 갚고자 한다.

- "여호와께서 내게 주신 모든 은혜를 무엇으로 보답할꼬"(12절)
- "내가 구원의 잔(희생의 잔, 전제)을 높이 들고 여호와의 이름을 부르며"(13절)

"내가 주께 감사제를 드리고"(17절)
- "나의 서원을 여호와께 갚으리로다"(14절)

넷째, 고백한다. "나는 진실로 주의 종이요"(16절) 하나님을 주인으로 모시고 살겠다는 고백이다.

끝으로, 내세의 희망을 가진다. 죽음이 두렵지 않게 된다.
- "성도의 죽는 것을 여호와께서 귀중히 보시는도다"(15절)

성도는 이 세상에서 선한 싸움을 한 사람들이다. 그만큼 이 세상에 대해서 바보가 된 사람들이다. 그런 사람들을 하나님께서는 귀하게 보시고, 그들은 하나님으로부터 소중히 여김을 받는다. 참으로 귀한 고백이다. 당신은 지금 이 세상에 대해 얼마나 어리석은 자가 되어 있는가.

11. 조각목 같은 나를 둘러싸신 주님

"조각목으로 궤를 짓되 장이 이 규빗 반, 광이 일 규빗 반, 고가 일 규빗 반이 되게 하고 너는 정금으로 그것을 싸되 그 안팎을 싸고 윗가로 돌아가며 금테를 두르고"(출25:10~11)

이집트, 이스라엘, 요르단 등 성지를 여행하면서 안내원들이 빼놓지 않고 언급하는 것이 조각목이다. 조각목(皂角木, acasia wood)은 싯딤나무(Shittim tree)로 아카시아과에 속하며, 광야, 특히 와디(wadi)라 불리는 계곡에 흔히 있는 나무다. 하나님은 법궤뿐만 아니라 성막의 널판, 단, 기둥 등을 만들 때 오직 아카시아과 조각목과 순전한 정금만을 사용하도록 하셨다.

조각목은 영적으로 볼 때 여러 의미를 가져다준다.

첫째, 조각목은 우선 귀한 나무가 아니라는 점이다. 사막에 흔히 널려 있는 볼품없는 나무다. 광야 생활을 하던 이스라엘 백성으로 하여금 값비싼 레바논의 백향목을 택하지 않으시고, 그들이 광야에서 늘 보아 온 조각목을 택하신 것이다. 이것은 조각목 같은 우리도 하나님이 쓰시면 거룩해질 수 있음을 가르쳐 준다. 하나님이 잡고 쓰시면 뭐든지 할 수 있다.

둘째, 이 나무는 사막의 더위와 추위를 견디며 자란 나무라는 점이다. 혹독한 역경 가운데서 자란 나무다. 하나님은 역경 가운데 훈련된 인물을 사용하신다.

셋째, 이 나무는 좀처럼 썩지 않는다. 변질되지 않는 것이다. 이것은 신앙에 순수성이 필요하다는 것을 보여 준다.

끝으로, 이 나무는 단단하기는 하지만 성질상 잘 구부러진다는 약점이 있다. 조각목이라 하는 것도 이 나무를 통째로 사용하기 어려워 쓸 만한 부분을 잘라 사용하는 데서 나온 것이다. 잘라 붙여도 자꾸만 구부러진다. 그래서 하나님은 이 나무를 사용할 때 정금으로 싸도록 하셨다. 순금으로 덮고, 금테를 둘리는 것은 휘어지지 않도록 하기 위한 것이다. 다섯 개 띠를 수평으로 둘러 서로 꽉 붙게 하였다.

이것은 하나님의 은혜가 계속 조각목 같은 우리를 감싸 안을 때 우리의 약점은 가려진다는 것을 가르쳐 준다. 조각목 같은 우리를 주님이 감싸 안지 않으셨다면 우리는 아직도 뒤틀려 있을 것이다. 조각목이 자랑할 것은 없다. 오직 순금이신 주님만 드러내야 한다. 순금으로 덮인 법궤에 조각목은 보이지 않듯.

조각목은 예수님의 인성을, 그리고 금은 예수님의 신성을 잘 드러내는 것으로 해석하기도 한다. 조각목이 보잘 것 없으나 혹독한 역경 속에서 자라고, 절대 썩지 않는다는 점에서 예수님의 인성을 반영한다고 보는 것이다. "그는 주 앞에서 자라나기를 연한 순 같고, 마른 땅에서 나온 줄기 같아서 풍채도 없은즉 우리 보기에 흠모할 만한 아름다운 것이 없도다"(사53:2) 그러나 그 주님은 이 땅에 오셔서 온갖 역경을 극복하셨으며, 하나님의 뜻을 온전히 이루셨다. 나아가 조각목을 싼 금은 예수님의 신성, 곧 육체 가운데 현현하신 하나님의 신비를 상징한다. 주님은 오직 한 인격 안에서 완전한 하나님이자 완전한 인간이신 우리 주 예수 그리스도이시다. 우리는 성막 안에서 그 완전하신 하나님을 만나게 된다. 언약궤는 백성들 사이에 임재하시는 하나님의 보좌로 상징되고 있다. 하나님은 신실하셔서 그의 백성들에 대해 언약을 잊지 않으신다.

주님은 조각목 같은 우리를 안으시고, 두르시며 온전케 하신다. 그 사랑이 없다면 우리는 아직도 광야에서 외로운 존재로만 남아 있을 것이다. 오늘도 주님의 사랑이 우리를 감싼다.

12. 전능자의 기운

"하나님이 흙으로 사람을 지으시고 생기를 그 코에 불어넣으시니 사람이 생령이 된지라"(창2:7) 흙이 재료였던 사람 속에 생기, 곧 하나님의 숨결이 들어가자 생령이 되었다는 말씀이다. 생기는 히브리어로 '루아흐'(ruah)로 '바람', '호흡', '정신'이라는 뜻을 가지고 있다. 생명의 호흡(breath of life)인 것이다. 희랍어로 '프뉴마(pneuma)', 라틴어로 '스피리투스(spiritus)'다.

욥기에 이런 말씀이 있다. "사람 속에 전능자의 기운이 사람에게 총명을 주시니라"(욥32:8), "하나님의 사람이 나를 지으셨고 전능자의 기운이 나를 살리느니라"(욥33:4) 이 전능자의 기운이 바로 생기다. 그 기운이 우리를 살아 있게 만들고 총명을 준다. 이것이 없다면 살아 있다 말할 수 없다.

이 생기가 바로 성령이다. 오순절 다락방에 성령이 바람같이 임한 것, 성령을 루아흐, 프뉴마라 하는 것은 생기가 바로 성령임을 드러낸다. 성령은 보이지 않지만 우리에게 생명으로 작용한다. 보이지 않는다고 없는 것은 결코 아님을 알 수 있다.

성령은 진리의 영으로 우리를 격려하는 분이다. 비둘기처럼, 바람처럼, 불처럼, 물처럼 임한다. 그것이 믿는 자에게 기운으로 작용한다. "나를 믿는 자는 성경에 이름과 같이 그 배에서 생수의 강이 흘러나리라 하시니 이는 그를 믿는 자의 받을 성령을 가리켜 말씀하신 것이라"(요7:38~39) 생수의 강은 물, 성령을 의미한다. 성령은 믿는 자에게 엄청난 내면의 힘을 가지고 있다. 성령은 이론으로만 존재하는 것이 아니라 실제다. 지금도 살아 계시고 우리 가운데 역사하신다.

느헤미야 8장을 보면 이스라엘 백성 가운데 일부가 예루살렘에 돌아와 성벽을 쌓던 중 학사 에스라를 모시고 수문 앞 광장에 모여 집회를 갖는다. 그가 읽는 율법책에 귀를 기울이고, 레위 사람들은 이곳저곳에 서서 백성들로 하여금 그 뜻이 무엇인지 해석해 주었다. 그 말씀을 깨달은 백성들이 울기도 하고 기뻐하기도 하며 자기의 것을 서로 나누는 축제를 벌였다. 영적 회복운동이 일어난 것이다. 주변 상황은 힘들어도 영적으로 기뻐할 수 있는 힘, 그것은 어디서 오는가. 말씀이 선포될 때 성령이 강하게 역사하셨기 때문이다. 이때 느헤미야가 말한다. "여호와를 기뻐하는 것이 너희의 힘이니라"(느 8:10) 이 힘이 바로 전능자의 기운이다. 성령이 그들의 힘든 영혼을 일깨우고 생기로 가득 채웠다.

이 성령이 초대교회 교인들의 삶을 바꾸어 놓았고(행2:43~47), 지금도 우리 가운데 거하며 일하신다. "이는 예수 안에 있는 생명의 성령의 법이 죄와 사망의 법에서 너를 해방하였음이라"(롬8:2) 생명의 성령은 하나님의 성령이요 신령한 생명이다. 그 성령이 우리에게 생명을 주신다. 하나님의 생명은 언제나 그의 거룩한 곳에 거하시며, 믿는 자로 하여금 죄악에서 살지 못하도록 역사하신다. "너희 허물과 죄로 죽었던 너희를 살리셨도다"(엡2:1) 다시는 악의 영의 지배를 받지 않고 불순종의 아들이 되지 않도록 지금도 우리를 붙드시는 분이 바로 성령님이시다.

"모든 성경은 하나님의 감동으로 된 것으로 교훈과 책망과 바르게 함과 의로 교육하기에 유익하니 이는 하나님의 사람으로 온전케 하며 모든 선한 일을 행하기에 온전케 하려 함이니라"(딤후3:16~17) 하나님의 감동으로 되었다는 것은 성령의 역사가 있었다는 말이다. 그 성령이 오늘도 우리로 하여금 성경의 말씀을 깨닫게 하고, 온전케 하며, 선한 일을 하도록 역사하신다. 그러므로 성령을 사모하고 그 능력을 잃지 않도록 해야 할 것이다. 전능자의 기운이 오늘도 우리를 살린다.

13. 성령이 임하시면

사도행전을 가리켜 성령행전이라 한다. 성령이 내 안에 임하시면 어떻게 변하는가를 보여 준다. 그것은 혁명적 변화다.

먼저 제자들이 달라졌다. 예수님이 잡히실 때 다 도망갔던 겁쟁이 제자들이 용감한 전도자로 변한 것이다. 예수를 부인했던 베드로도 한 번의 설교에 수천 명씩 회개하는 일이 벌어졌다. 훗날 여러 제자들이 순교를 당한 것으로 알려지고 있다. 의심 많던 도마가 인도에서 순교를 당할 때 팔, 다리와 손이 잘렸고, 바돌로메오는 살갗을 벗기는 일을 당했다.

그리스도인을 핍박하던 바울이 변하여 이방의 전도자가 되었다. 그는 온갖 어려움을 당했다. 매 맞고 투옥되고, 몇 번이나 죽을 고비를 넘겼다. 소아시아를 비롯해 유럽에 전도의 문을 열었고, 그 열매가 맺혀 미국과 아시아로 확산되었다.

성령행전은 지금도 쓰이고 있다. 주님을 위한 고난과 아픔이 클수록 그의 나라는 커질 것이다. 그 속에서 교회는 성숙할 것이다.

교회만 아니라 우리도 달라져야 한다. 나의 신앙행전이 되어야 한다. 3%의 그리스도인이 로마를 변화시켰다. 3%의 소금물이 바다를 정화한다. 한국에는 30%의 기독교인이 있다고 한다. 그런데도 우리 사회는 달라지지 않고 있다. 이것은 기독교인들에게도 책임이 있다. 그만큼 빛의 생활을 하지 못한 탓이다. 이젠 남이 아니라 나부터 변해야 한다. 당신이 세상을 변화시키겠다는 각오를 가지고 있다면 그 시작은 나 자신부터 시작되어야 한다. 그것이 식구로, 직장으로, 사회로, 그리고 세상으로 확산되어야 한다.

뉴욕 퀸즈 한인교회를 담임했던 한진관 목사님의 고백이다. 그는 오랫동안 형식적인 설교를 해 왔다. 어느 집회에서 그는 예수님의 피 묻은 환상을 보게 되었다. 그 모습을 통해 그는 "예수님이 나를 위해 죽으셨구나!" 하는 아픔을 느꼈다. 그 뒤 그는 눈물의 기도가 많아졌다. 성경을 보면서 눈물을 하도 흘려 눈물 젖은 성경이 되었다. 그의 삶뿐만 아니라 목회가 달라지기 시작했다. 그 뒤 하나님은 더 많은 교인들을 그 교회에 보내 주셨다.

20 대 80 법칙이 있다. 파레토 법칙이라 하기도 한다. 개미도 20명이 80을 먹여 살린다고 한다. 교회도 마찬가지다. 20% 성령 받은

사람이 있으면 교회가 달라진다. 창조적 소수의 힘이 얼마나 강한가. 허시 퍼피 구두가 잘 팔리게 된 데는 뉴욕의 소수 예술인들이 즐겨 신은 데서 비롯되었다. 뉴욕 시가 지하철 낙서 지우기, 깨진 창문 달기와 같은 작은 개선을 통해 방범의 효과를 크게 거두었다. 카오스이론의 나비효과처럼 나비의 작은 펄럭임이 폭풍을 몰고 온다. 당신의 작은 날개 짓이 사회를 변화시킬 것이다.

당신의 작은 행동은 결코 작지 않다. 성령으로 거듭난 소수가 세계를 변화시켰듯 오늘 성령으로 체화된 당신의 작은 행동이 세상을 변화시킬 것이다. 성령으로.

14. 자녀들은 예언할 것이요 젊은이는 환상을 보고

성령이 충만한 가운데 제자들이 사람들 앞에서 방언(각국 언어)으로 복음을 힘 있게 전하자 각국에서 온 사람들은 "우리가 우리 각 사람의 난 곳 방언으로 듣게 되는 것이 어찜이뇨" 하며 놀랐다. 어떤 이는 혹시 술에 취한 것이 아니냐고 비웃었다. 베드로는 "때가 제 삼 시니 너희 생각과 같이 이 사람들이 취한 것이 아니라" 하였다. 제 삼 시는 오전 9시경에 해당한다. 아침부터 술 취한 것이 아니라 성령에 취한 것이다. 그는 요엘서를 인용해 이것을 입증하면서 회개를 강도 있게 촉구했다. 사도행전 2장 17절에서 21절, 그리고 37절을 주목하여 보자.

말세에 내가 영으로 모든 육체에 부어 주리니(17절)

말세는 초림과 재림 사이의 기간이다. 성령강림에서 재림까지의 기간으로 보기도 한다. '부어 주리니'는 주님이 성령을 쏟아부어(pouring out) 주셨음을 의미한다. 사단의 무차별 공격 앞에서 주님은 우리에게 성령을 쏟아부어 주심으로 그것을 넉넉히 이기게 하신다.

성령을 받으면 예언·환상·꿈을 보게 된다. 구약에서는 이것이 선지자에 해당될 만큼 제한적이었지만 신약에서는 '모든 육체에'로 무제한적으로 부어진다는 특성이 있다. 누구든지 받을 수 있다는 것이다. 또한 예언·환상·꿈은 복수로 되어 있다. 이것은 다양성이 있음을 말해 준다. 하나님의 일은 우리가 상상하기 어려울 만큼 크고 복잡하다. 그러나 이 모든 것은 하나님의 나라, 주님이 통치하는 나라로 통일된다. 다양성과 통일성이다.

너희 자녀들은 예언할 것이요(17절)

예언은 성령의 영감을 받은 말이다. 그 핵심은 예수 그리스도께서 이 땅에 오심(초림)과 다시 오실 재림의 내용을 담고 있다.

너희 젊은이들은 환상을 보고(17절)

환상은 비전이다. 이 비전은 인간의 비전이 아니라 하나님의 비전이다. 우리가 그 비전, 곧 하나님의 큰일을 보게 되는 것이다. 다윗은 모든 것이 그리스도의 발등상(발판)이 될 것, 곧 예수께 굴복하는 환상을 보았다. 비전을 가진 그리스도인은 다르다. 윌리엄 캐리는 인도에 대한 비전을 가지고 선교했다. "하나님으로부터 위대한 일을 기대하고 하나님을 위해 위대한 일을 시도하라"(Expect the great things from God, and attempt the great things for God)는 말은 이 비전이 얼마나 중요한가를 보여 준다.

너희 늙은이들은 꿈을 꾸리라(17절)

꿈은 하나님이 장차 이루시게 될 나라를 영상으로 보는 것과 같다. 하나님의 크신 일이 어떻게 진행되는가를 보면 더 큰 확신을 갖고 일하게 될 것이다. 우리는 요셉의 꿈에서 모든 것이 주님 앞에 엎드릴 것을 보았고, 다윗은 그의 시적인 꿈을 통해 땅의 모든 것이 주의 발등상이 되기까지 주께 엎드림을 보았다. 이사야나 하박국은 물이 바다를 덮음같이 하나님의 말씀이 온 땅에 충만하게 될 꿈을 가졌다. 요한계시록에서는 모든 성도와 천사들이 한 목소리로 "구원하심이 여호와께 있도다" 찬양하는 모습을 우리에게 영상처럼 보여 준다.

요엘 2장 28절에 따르면 하나님은 "내 신을 만민에게 부어 주리니 너희 자녀들이 장래 일을 말할 것이며 너희 늙은이는 꿈을 꾸며 너희 젊은이는 이상을 볼 것"이라 하였다. 하나님의 신을 모든 사람에게 부어 주신다는 것은 이제 형식적인 종교생활을 벗어나 모든 사람이 하나님과의 자유로운 영적 교제에 들어가 하나님과 참다운 관계를 맺고 신앙생활을 올바로 하게 된다는 것을 의미한다. 지금까지 하나님과 나와의 관계가 부분적이고 형식적이었지만 이제는 삶의 모든 영역에서 그 관계가 바로 세워진다는 것이다.

**그때에 내가 내 영으로 내 남종과 여종들에게 부어 주리니 저희
가 예언할 것이요(18절)**

요엘 2장 28절과 29절에 따르면 하나님의 신은 신분의 차별 없이
부어진다. 젊든 늙든 남종이든 여종이든 관계치 않는다. 하나님의 신
은 인간의 장벽을 넘어선다. 사도행전의 오순절 사건은 이 예언이
구체적으로 성취되었음을 보여 준다.

예언·환상·꿈에 대해 언급한 다음 "그때에 내가 내 영으로 내
남종과 여종들에게 부어 주리니 저희가 예언할 것이요"라고 했다.
이때의 '예언'은 지금까지 말한 예언·환상·꿈, 이 세 가지 모두의
성격을 함축하고 있음을 알 수 있다. 이 셋이 서로 독립된 것이 아
니라 유기적으로 연관되어 있다는 말이다.

**또 내가 위로 하늘에서는 기사와 아래로 땅에서는 징조를 베풀리
니 곧 피와 불과 연기로다. 주의 크고 영화로운 날이 이르기 전
에 해가 변하여 어두워지고 달이 변하여 피가 되리라(19절,20절)**

피와 불과 연기는 말세에 천재지변이 자주 일어날 것을 말한다.
아울러 하나님의 능력과 영광이 강력하게 임하신다는 것을 암시한
다. 인도네시아의 쓰나미, 미얀마의 사이클론, 중국 쓰촨 성의 대지
진 등을 보라. 이 사건으로 수만에서 수십만이 생명을 잃지 않았는
가. 이 모두는 재난의 시작이다.

누구든지 주의 이름을 부르는 자는 구원을 얻으리라(21절)

요엘 2장 32절은 "여호와의 크고 두려운 날, 곧 환난 날에 누구든지 여호와의 이름을 부르는 자는 구원을 얻으리니"라고 말하고 있다. 우리는 이 말씀을 과거 하나님과의 관계가 어떻든 간에 그날에 여호와를 찾기만 하면 구원을 얻는 것으로 착각하고 있다. 여기서 "여호와의 이름을 부르는 자"는 단지 그날에 하나님의 이름을 힘껏 외쳐 부르는 것만을 의미하는 것이 아니다. 그 나라와 그 의를 끝까지 포기하지 않고 하나님과 바른 관계를 가지고 사는 자를 의미한다. 구원은 결코 공짜가 아니라 십자가를 힘써 지는 자가 얻을 수 있다. 그러나 구원의 문은 누구에게나 열려 있다. 누구든지 그날까지 믿음을 지키며 하나님과 관계를 바로 갖는 자가 들어갈 수 있다. 주의 이름을 부르라. 예수님을 입으로 시인하고, 절박하게 주님을 찾으며, 주님과 매 순간 인격적으로 친밀한 관계를 가지라. 이 주님을 가까이하라. 부르실 때 찾으라.

우리가 어찌 할꼬(37절)

복음의 의미를 깨달은 사람들은 말씀 앞에서 자신들의 모습을 발견하기 시작했다. 하나님 앞에 더욱 솔직해지고 죄에 대해 민감해졌다. 말씀과 멀어지면 죄에 대한 민감성이 작아진다. 이것은 주님이 바라는 바가 아니다. 그리스도인은 나 자신을 볼 줄 알아야 한다. 자기를 아는 눈을 가져야 한다. 우리는 종종 자신이 실패할 때 자기를 돌아보게 된다. 우리는 이런 지경에 닿기 전에 항상 말씀의 거울 앞에 서서 자신을 비추고 점검해야 한다.

15. 성령도 우리 연약함을 도우시나니

"이와 같이 성령도 우리 연약함을 도우시나니 우리가 마땅히 빌 바를 알지 못하나 오직 성령이 말할 수 없는 탄식으로 우리를 위하여 친히 간구하시느니라" 로마서 8장 26절의 말씀이다.

성령, 주님이 주신 가장 좋은 선물

예수님은 "너희가 악할지라도 좋은 것을 자식에게 줄 줄 알거든 너희 천부께서 구하는 자에게 성령을 주시지 않겠느냐"(눅11:13) 하셨다. 부모는 자식에게 좋은 것을 주고자 한다. 우리 하나님 아버지도 우리에게 가장 좋은 것을 주시고자 하신다. 그 가장 좋은 것이 바로 성령이시다. 성령은 주님이 우리에게 주신 가장 좋은 선물이다. 예수님은 이 땅을 떠날 것을 말씀하실 때마다 보혜사 성령을 보내주시겠다고 하셨다. 그 성령은 우리가 예수의 피를 바라볼 때, 곧 예수의 피를 사모할 때 성령이 충만하게 임하신다.

우리의 연약함을 도우시는 성령

로마서 8장에서는 성령이 우리의 연약함을 도우신다고 했다. 성령은 우리의 약함을 도와 이기게 하신다. 복음 성가 가사처럼 약할 때 강함 되시는 것이다. 우리의 연약함이 바로 성령의 도우심을 받을 수 있는 근거가 된다. 자기가 완전하다고 생각하면 거만해져 성령의 도우심을 거부하게 된다.

성령이 우리의 연약함을 돕는다고 해서 우리를 금방 강한 존재나 초월적 존재로 만드는 것이 아니다. 우리의 약한 모습 그대로 두지만 우리가 영적으로 문제에 직면했을 때 성령이 우리의 든든한 배경이 되어 주신다. 우리는 종이와 같은 존재이다. 연필(사단)로 종이를 가격하면 금방 뚫린다. 그러나 약한 종이라 할지라도 그 뒤에 책이나 쇠붙이(성령이 함께하심) 같은 단단한 것을 붙이면 오히려 연필(사단)이 절단난다. 우리는 연약해서 물에 빠질 수밖에 없다. 그러나 성령이 우리를 붙드실 때 그 부력으로 우리는 뜨게 된다. 예를 들어 쇠붙이는 자체의 중력 때문에 물에 빠진다. 그러나 그 쇠붙이가 큰 나무토막에 붙으면 뜨게 된다. 마찬가지로 우리도 예수의 부력으로 뜨게 된다.

어떻게 도우시는가? 우리가 빌 바를 알지 못하나(우리의 연약함) 오직 성령이 말할 수 없는 탄식으로 우리를 위하여 간구(기도)하신다. 무엇을 기도해야 하는지 알게 하신다. 우리는 기도하지만 사실 무엇을 위해 기도해야 하는지, 무엇이 최선인지 모른다. 예를 들어

히스기야 왕은 생명연장을 위해 간절한 기도를 드렸다. 하나님은 그의 기도를 들으시고 해 그림자의 10도를 물러가게 하실 만큼의 이적을 보이며 15년간의 생명을 허락하셨다. 그러나 생명연장을 받은 후 그의 삶은 어떠했는가? 왕은 교만하여 그 받은 은혜를 보답하지 않았다(역하32:25). 부와 영광이 극에 달하자 내탕고의 모든 것을 바벨론 사자에게 보임으로써 침략의욕의 단초를 제공했다. 생명연장의 15년 사이에 아들 므낫세를 낳았으나 그가 왕이 되어 악한 통치를 했다. 이것을 보아 히스기야의 생명연장의 기도는 최선의 기도가 아니었음을 알 수 있다. 바울은 안질을 위해 기도했지만 하나님은 그것을 가시로 남겨 두셨다. 낳는 것보다 가시로 두는 것이 이롭기 때문이다.

1907년 성령 대폭발이 있기 전 1904년 원산에서 선교사 하디의 기도회가 열렸다. 그는 형식화되는 선교사역에 안타까운 마음을 가지고 말씀을 보던 중 그 말씀을 믿음으로 받고 성령을 사모하기에 이르러 조선을 변화시키는 불을 놓게 되었다. 성령이 우리를 도우시면 우리는 약점으로부터 해방될 수 있다. 이제부터는 탄식이 아니라 성령을 통해 자유 하는 존재가 되어야 한다. 그러므로 무엇보다 성령을 사모하라. 성령은 구하는 자에게 주신다. 넋 놓고 있는 자에게 주시지 않는다. 약함으로 고통을 받고 있을 때 주님은 찾아오신다.

빌 바를 알지 못하고 있을 때 성령이 찾아오셔서 하나님의 뜻대로 간구하도록 하신다(27절). 우리로 하여금 바른 기도제목을 갖게 하시고, 기도의 우선순위를 잡아 주신다. 우리가 주님의 뜻대로 기도하면 주님은 자녀의 기도를 들어주신다. 우리의 연약함을 도와주신다.

협력하여 선을 이루시는 주님

그때 우리는 바울과 같은 고백을 할 수 있다. "하나님을 사랑하는 자 곧 그 뜻대로 부르심을 입은 자들에게는 모든 것이 협력하여 선을 이루느니라"(28절), "모든 것이 협력하여 선을 이루느니라"는 이 말씀은 우리가 얼마나 좋아하는 구절인가. 그러나 협력하여 선을 이루는 데는 조건이 있다. 하나님의 뜻대로 부르심을 입은 자들에 한정된다. 이 점에서 우리는 이 말씀을 자의적으로 해석해서는 안 된다는 것을 알 수 있다. 하나님은 그의 사랑하는 자녀들에 대해 목적(뜻)을 가지고 계시고 그 뜻을 선하게 이루고자 하신다. 따라서 하나님이 우리 각자의 삶에서 그 뜻을 이룸에 있어서 잘못된 계산이나 실수함이 없으시다.

성령이 함께하시면 모든 것(all things), 곧 우리의 상처, 실수, 부족함, 연약함, 아픔, 어려움들, 죄악까지 모두 협력하여(altogether) 선을 이루신다. '협력하여'는 '분리함이 없이, 걸림 없이'다. 주님은 우리가 기대하는 이상으로 우리를 돌보시고 키워 주신다. 주님은 우리에게 상처를 주시는 분이 아니다. 가장 좋은 것을 우리에게 주시고 자라게 하신다. 주님이 함께하시면 배경이 어떻든 출신이 어떻든 우리 자신의 약점으로부터 자유로워질 수 있다. 더 이상 그것이 문제되지 않는다. 우리는 주님으로 인해 더 넓고, 더 거친 바다로 나갈 수 있다. 주님이 함께하시기 때문이다. 주님을 사랑하는 마음으로 가득 차 목숨과 힘과 뜻을 다할 것을 다짐하며 오늘도 성령님의 인도에 감사한다. 그러나 단 한 번의 성령으로 채워지지 않는다. 날마다 성령의 기름 부으심을 받아야 한다. 성령의 수로 밑에 나를 가져다 놓아야 한다.

16. 인생의 여정에서 기쁨이 넘치게 하려면

요한은 요한삼서를 통해 그리스도 안에서 충만한 기쁨을 말한다. 요한은 왜 기뻐하며 축복하는가. 이 충만한 기쁨과 축복을 통해 그는 우리에게 무엇을 가르치고자 하는가?

먼저 서로 축복하자(2절)

요한은 시작부터 축복을 한다. 이것은 먼저 축복하는 자가 될 것을 가르친다. 더 중요한 것은 이 축복이 기쁨의 축복이라는 것이다. 마지못해 하는 축복과는 차원이 다르다. 나아가 그는 어떻게, 그리고 무엇을 축복할 것인가를 가르쳐 준다. 그 축복은 이른바 3중 축복이다. 영혼축복, 범사축복, 건강축복이다. 영혼이 건강하고, 범사에 강건하며, 육신이 건강할 것을 말한다. 영, 육, 범사 모두에 축복이 임하도록 기원하는 것이니 최상의 축복, 완전한 축복이 아닐 수 없다. 그는 이 모든 것에서 '잘되고'(euodumai)라는 말을 사용했다. 이 말은 '여행을 잘 마친다'는 뜻을 가지고 있다. 이 축복을 통해 우리의 인생여정이 성공적으로 마치기를 기원하는 것이다.

진리 안에서 행하자(3, 4절)

우리는 그의 인사말에서 3중 축복만 강조해서는 안 된다. 요한이 왜 그렇게 축복할 수 있었는지 알아야 한다. 그것은 우리가 그렇게 할 경우 그런 축복을 받을 수 있다는 것을 보여 준다.

3절을 보자. "형제들이 와서 네게 있는 진리를 증거하되 네가 진리 안에서 행한다 하니 내가 심히 기뻐하노라" '네게 있는 진리'는 진리에 대해 충실함(faithfulness to the truth)을 말한다. 또한 '네가 진리 안에서 행한다' 함은 진리 가운데 걷는 것(walking in the truth)을 말한다. 이 워킹은 내 방식(my way)을 고집하는 것이 아니라 하나님의 방식(God's way)에 따라 걷는 것을 말한다. 진리에 충실하며, 진리 가운데 걷는 것을 보며 심히 기뻐했다. "심히 기뻐하노라" 기쁨이 큰 것(great joy)이다. 믿음의 자녀들이 신앙생활을 잘한다는 말을 들을 때 더할 나위 없이 기쁠 것이다. 4절을 보자. "내가 내 자녀들이 진리 안에서 행한다 함을 듣는 것보다 더 즐거움이 없도다" 최상의 기쁨이다. "그가 너로 말미암아 기쁨을 이기지 못하시며" 하나님의 기쁨을 소개한 스바냐 3장 17절의 말씀이 생각난다.

하나님을 힘써 알고 행하자

하나님을 힘써 알고 행하자. 하나님을 알면 알수록 진리 안에서 행할 수 있고 축복받을 수 있기 때문이다. 하나님을 아는 방법으로 말씀(말씀계시), 자연(자연계시), 역사(역사계시)가 있다. 말씀을 자기 합리화하는 데 이용해서는 안 되고, 자연을 자신의 유익만을 위해 사용해서도 안 되며, 역사를 자신의 지적 호기심을 충족하는 데만 사용해서는 안 된다. 말씀을 접할 때 이 시간 하나님이 내게 말씀하시고자 하는 것이 무엇인가 살피고, 자연을 통해 하나님의 창조섭리와 사랑을 보며, 역사를 통해 하나님이 역사를 어떻게 주관하시는가를 봐야 한다.

말씀과 진리를 바탕으로 선을 행하는 자는 하나님께 속하고, 악을 행하는 자는 하나님을 뵈옵지 못한다(11절). 하나님을 안다면 악을 행해서는 안 된다는 것이다. 이것을 하나님의 말씀, 자연, 그리고 역사 속에서도 배우고 구현해 나가야 한다.

지금 하나님의 말씀인 성경을 읽고 있는가? 산을 오르고자 하는가? 책을 읽는가? 그 속에서도 하나님을 바라보고 선을 행하자. 하나님의 말씀, 자연, 역사를 통해 하나님의 뜻이 무엇이며 그 뜻이 어디에 있는가를 발견하자. 영혼이 날로 건강하고, 범사가 잘되며, 육신까지 건강하고자 한다면 이 모든 면에서 달라야 한다. 언제나 하나님을 알고, 진리 안에서 행하자. 그러면 인생의 여정에서 날로 기쁨이 넘칠 것이다.

17. 아침마다 깨우치시되

"주 여호와께서 학자의 혀를 내게 주사 나로 곤핍한 자를 말로 어떻게 도와줄 줄을 알게 하시고 아침마다 깨우치시되 나의 귀를 깨우치사 학자같이 알아듣게 하시도다"(사50:4)

이사야 50장 4절의 이 말씀에는 두 종류의 사람이 대비되어 나온다. 한 사람은 학자이고, 다른 사람은 곤핍한 자이다.

학자는 두 가지 의미를 가지고 있다. 하나는 하나님의 지혜(wisdom)를 찾는 사람이요, 다른 하나는 배우는 사람(the learned)이다. 학자는 연구하는 사람이다. 학자 하면 가르치는 면도 있지만 오히려 배우는 자세가 투철한 사람이 맞다. 여기서 학자는 '리무딤'으로 가르침을 받는 사람, 곧 하나님의 말씀을 항상 배우려는 자세를 가진 사람이다.

곤핍한(weary) 자는 삶에 지친 자이다. 단순히 삶이 어려워 지쳤다기보다 하나님의 말씀이 없어 지친 상태를 말한다.

여기서 학자는 곤핍한 자를 도와줄 수 있는 존재다. 기꺼이 도우려는 마음도 있다. 어떻게 도울까?

첫째, 하나님께서 어떻게 도와줄 줄을 알게 하신다. 내가 어찌하는 것이 아니다. 하나님께서 내게 학자의 혀를 주셔서 적합한 때에 적합한 말씀(timely words)을 하도록 하신다. 이 말씀은 하나님의 말씀이자 곤핍한 자를 살릴 수 있는 말이다. 이 말씀을 들으면 소생하게 된다.

둘째, 하나님께서 아침마다 깨우치신다. '아침마다'는 '날마다 새롭게'라는 뜻이다. 날마다 새롭게 나를 깨우치신다는 것이다. 깨우치시되 나의 귀를 깨우치신다. 학자라고 모든 것을 다 아는 것은 아니다. 더욱이 하늘의 비밀을 담고 있는 하나님의 말씀임에랴. 하나님은 아침마다 지혜롭게 그 말씀을 알아듣게 하신다. 어제까지 모르던 것도 오늘 알게 하신다. 하나님께서 그 뜻을 헤아릴 수 있는 능력을 주시는 것이다. 그래서 학자는 하나님을 향해 항상 배우는 자세가 중요하다. 학자는 이 깨달음을 곤핍한 자에게 주어 살게 한다.

시편 25편 12~14절을 함께 읽어 보자. "여호와를 경외하는 자 누구뇨 그 택할 길을 저에게 가르치시리로다 저의 영혼은 평안히 거하고 그 자손은 땅을 상속하리로다 여호와의 친밀함이 경외하는 자에게 있음이여 그 언약을 저희에게 보이시리로다" 하나님을 경외하는 자에게 그 길을 가르치시는 하나님에 주목하자. 내가 비록 학자가 아닐지라도 필요하면 그 길을 가르치시고, 우리가 나가야 할 길을 보여 주신다. 이것이 여호와의 친밀함이 아닐까. 이런 사람에게는 영혼이 평안히 거하고 그 자손은 땅을 상속하는 복을 누린다. 그 땅은 하나님의 나라가 아니겠는가.

때로 우리는 곤고한 이웃을 위해 말씀으로 위로하고 늘 하나님과 동행하도록 권고해야 할 입장에 선다. 그럴 때마다 이사야 50장 4절의 말씀은 우리의 기도와 감사가 될 수 있다. 비록 우둔한 입술이지만 하나님께서 주시면 우리는 하늘의 언어를 말할 수 있고, 듣는 사람의 마음속에 하나님의 마음을 심을 수 있기 때문이다.

혹시 당신은 교사인가? 그렇다면 하나님께 지혜를 구하라. 학생들로부터 존경받는 교사가 될 수 있도록 하나님의 능력을 구하고 지도력을 구하라. 아침마다 새롭게 말씀을 깨우치고, 그 말씀을 아름답게 전함으로써 하늘의 복이 당신의 주변에 넘치게 하라. 오늘 당신이 하나님 앞에 경건하게 설 때 하나님의 친밀하심이 있을 것이다.

18. 나를 넓은 곳으로 인도하시는 하나님

"누가 나를 이끌어 견고한 성에 들이며 누가 나를 에돔에 인도할꼬"(시60:9, 108:10) 이것을 보면 인간은 염려하는 존재임이 틀림없다. 그러나 하나님과 인격적 관계를 가진 성도는 확신한다. "주의 교훈으로 나를 인도하시고 후에는 영광으로 나를 영접하시리니"(시 73:24) 그리고 결국 "나를 또 넓은 곳으로 인도하시고 나를 기뻐하시므로 구원하셨도다"(삼하22:20;시18:19) 감격해한다.

복음주의 신학자 제임스 패커(James Packer)는 성경의 관점에서 하나님의 인도에 대해 우리가 어떻게 반응해야 하는가를 아래와 같이 가르치고 있다. 이것을 통해 우리가 하나님과 얼마나 인격적 관계를 유지하고 있는가를 알 수 있다.

- 하나님을 위해 내가 할 수 있는 최선의 일이 무엇일까를 생각하며 살아간다.
- 성경의 가르침에 주목한다. 성경은 하나님 사랑과 이웃 사랑을 명령하고 기쁘고 활동적인 삶을 강조한다.
- 성경에 등장하는 위인들의 경건한 믿음, 예수님의 사랑과 겸손을 본받는다. 그러면 절대로 그릇된 길로 가지 않는다.
- 지혜를 활용하여 최선의 행동을 결정한다. 고립적인 신앙생활을 지양한다. 하나님의 뜻을 발견했다고 생각하거든 그 판단이 옳은지 점검한다. 자신보다 더 지혜로운 사람들에게 조언을 구하라.
- 하나님의 인도에 민감하게 반응한다. 특별한 사역이나 봉사에 관심을 가지는 경우, 또는 이유 없이 마음이 불안한 경우 등이 그 예다. 후자의 경우는 무엇인가 변화가 필요하다는 증거일 수 있다.
- 마음의 평화를 소중히 여기라. 바울은 하나님의 평강이 그분의 뜻을 따르는 이들의 마음과 생각을 항상 안전하게 지켜 줄 것이라 했다.

- 상황의 한계를 예의 주시하라. 한계가 제거되지 않는다면 하나님의 뜻으로 받아들여라.
- 결정의 순간이 올 때까지 하나님의 뜻이 확연하게 드러나지 않을 수도 있다. 그래도 조급해하지 말고, 하나님이 한 번에 한 걸음씩 인도해 주시기를 기대하라.
- 때로 하나님은 우리가 원치 않는 길로 인도를 인도하신다. 그런 경우에도 기꺼이 복종한다.
- 그릇된 결정을 내렸더라도 모든 것이 끝나는 것은 아니다. 하나님은 우리를 용서하시고 다시 회복시켜 주신다. 주님은 우리를 인도하시는 목자시다. 그 사실만으로도 우리는 큰 위안을 얻을 수 있다.

오늘 당신은 주님과 어떤 관계를 유지하고 있는가? 아직도 누가 나를 에돔으로 인도할꼬 바라만 보고 있는가? 주님은 이미 당신 안에 계신다. 이제 그 주님을 바라볼 때다. 집중해 기도하고, 그의 인도하심을 받으라. 주님은 폭풍과도 같은 이 세상에서 당신을 더 넓은 곳, 곧 안전한 곳으로 인도하실 것이다. 주님 외에는 우리를 도울 자가 없다.

19. 여호와의 선하심 맛보기

"너희는 여호와의 선하심을 맛보아 알지어다. 그에게 피하는 자는 복이 있도다"(시35:8) 시편 34편은 고난에 처한 때 주님을 맛본 사람들이 전하는 기쁨의 소리를 우리로 하여금 듣게 한다. 이 시는 다윗이 아비멜렉 앞에서 미친 체하다 쫓겨난 후 지은 시로 알려져 있다. 죽을 고비를 넘긴 것이다. 그리고 난 후 기쁨과 감사의 기도를 시로 표현하였다. "이 곤고한 자가 부르짖으매 여호와께서 들으시고 그 모든 환난에서 구원하셨도다"(6절) 얼마나 절실했는가를 보여 준다. 이 6절은 링컨 대통령이 남북전쟁 때 애용했던 시이기도 하다.

다윗은 우리에게 말한다. "너희는 여호와의 선하심을 맛보아 알지어다" 여호와를 체험하는 신앙을 가지라는 말이다. 이제 우리도 주의 선하심을 맛보아 아는 삶으로 더욱 승화되어야 한다. 여호와를 맛보아 알려면 어떻게 해야 할까?

첫째, 하나님께 피해야 한다. 하나님께 피하는 자만이 하나님을 맛볼 수 있다(8절). 하나님의 선하심은 구원으로 나타난다. 우리가 주님으로부터 구원을 얻고자 한다면 당연히 하나님 쪽에 서야 한다. 그렇지 않으면 그의 선하심을 맛볼 수 없다. 우리가 하나님께 피하는 것만으로도 복이라고 말한다. 피할 때 우리는 그냥 자리만 옮기지 않는다. 절규하면서 도움을 청하게 될 것이다. 그러면 주님께서 들으신다. "이 곤고한 자가 부르짖으매 여호와께서 들으시고 그 모

든 환난에서 구원하셨도다"(6절)

둘째, 피하는 것만으로는 부족하다. 하나님을 경외해야 한다. 9절을 보자. "너희 성도들아 여호와를 경외하라 저를 경외하는 자에게는 부족함이 없도다" 경외하는 자에게 하나님은 특별경계를 하신다. "여호와의 사자가 주를 경외하는 자를 둘러 진치고 저희를 건지시는도다"(7절) 여호와의 사자는 여호와 스스로를 가리키기도 하고, 천사를 가리키기도 한다.

10절을 보면 젊은 사자는 궁핍하여 주릴지라도 여호와를 찾는 자는 모든 좋은 것에 부족함이 없다 했다. 여기서 젊은 사자는 자기 힘으로 사는 자다. 여호와를 찾거나 경외하지 않는다. 그러나 여호와를 찾는 자는 모든 좋은 것에 부족함이 없다. 하나님이 함께하시기 때문이다.

끝으로, 고난을 긍정적으로 생각한다. 고난을 당하면 누구나 쉽게 불평하고 이런 일이 왜 나에게 일어나는지 불만스럽게 생각한다. 이것은 자연스러운 모습이다. 그러나 그리스도인은 고난에 처할수록 하나님을 경험하게 하는 귀중한 시간으로 생각하고 그것을 통해 하나님의 놀라운 역사와 섭리를 바라보는 것이 중요하다. 그래야 여호와의 선하심을 맛볼 수 있다. 따라서 고난에 처할수록 고난에서 건짐을 받는다는 확신을 가질 필요가 있다. 19절을 보자. "의인은 고난이 많으나 여호와께서 그 모든 고난에서 건지시는도다"

그 보호는 철저하다. "그 모든 뼈를 보호하심이여 그중에 하나도 꺾이지 아니하도다"(20절), "여호와께서 그 종들의 영혼을 구속하시나니 저에게 피하는 자는 다 죄를 받지 아니하리로다"(22절) 그 모든 뼈를 보호하신다는 것은 육신의 보호를 가리키며, 종들의 영혼을 구속하는 것은 영혼의 보호를 의미한다. 하나님은 자신을 의뢰하는 자에게 영적으로나 육적으로 보호하신다.

하나님의 자녀는 늘 하나님을 경험하며 사는 사람이어야 한다. 그분의 체취를 느끼고, 그분의 사랑을 느끼며, 그분의 섭리 속에서 삶의 경이로움을 느껴야 한다. 그분은 결코 우리와 멀리 있는 분이 아니다. 우리 속에 계시고, 우리와 함께하신다. 멀리 갈 필요도 없다.

20. 고라 자손의 네 가지 믿음

시편 46편은 고라(Korah) 자손의 시이다. 이 시 속에는 그들의 아름다운 믿음이 촘촘히 박혀 있다. 고라와 그 자손은 모세 때 모세와 아론의 권위에 도전했다가 땅이 갈라져 죽었다. 시편의 고라 자손은 그때 살아남은 후손들로서 성막을 지키고, 성전에서 찬송하기도 했다. 이 시는 그 자손들이 지은 시다. 한때 반항했지만 하나님을 향한 그들의 마음이 더욱 강해진 것을 알 수 있다. 시의 서두라 할 수 있는 1절에서 5절만 보아도 하나님을 향한 그들의 믿음이 얼마나 확고한가를 보여 준다. 그 가운데 네 가지 믿음이 엿보인다.

일생 하나님을 의지하는 믿음(1절)

"하나님은 우리의 피난처시요 힘이시니 환난 중에 만날 큰 도움이시라"(1절) 여기서 우리는 하나님을 향한 그들의 믿음을 본다. 무엇보다 하나님에 대한 정체성을 확고히 하고 있다. 하나님은 우리의 피난처이고, 힘이 되며, 환난 중에서도 큰 도움을 주실 분이라는 것이다. 그들이 말하는 환난은 인간으로서 감당키 어려운 수난과 고통을 말한다. 하나님은 이런 때 자기를 의지하는 이들을 도와주신다. 하나님을 의지하는 사람만이 "하나님은 나의 힘이다"라고 말할 수 있다.

어떤 어려움에도 두려워하지 않는 믿음(2~3절)

"그러므로 땅이 변하든지 산이 흔들려 바다 가운데 빠지든지 바닷물이 흉용하고 뛰놀든지 그것이 넘침으로 산이 요동할지라도 우리는 두려워 아니 하리로다"(2, 3절) 여기서 우리는 '지라도'(even if) 신앙을 만난다. 땅이 변하고, 산이 흔들리며, 바닷물이 넘친다 해도 우리는 하나님을 신뢰하며 두려워하지 않겠다는 것이다. 모두가 혼비백산하는 지경에서도 오직 하나님을 바라며 살겠다는 것이다.

하나님을 기쁘게 하는 믿음(4절)

"한 시내가 있어 나뉘어 흘러 하나님의 성 곧 지극히 높으신 자의 장막의 성소를 기쁘게 하도다"(4절) 예루살렘에는 강이 없다. 그럼에도 불구하고 한 시냇물이 흐른다 할까. 여기서 '한 시내'는 상징성이 있다. 에덴동산과 같은 도성을 만드시는 하나님의 임재를 상징하는 것이다. 이 시내는 믿음의 원류가 흐른다. 그 물이 여러 지류로 흐르고, 그 물이 닿는 곳에서 치유가 일어난다. 이 일은 이 땅에 하늘의 평화를 가져오는 것이며 하나님을 기쁘시게 하는 일이다.

요동치 않는 믿음(5절)

"하나님이 그 성중에 거하시매 성이 요동치 아니할 것이라 새벽에 하나님이 도우시리로다"(5절) 하나님이 우리 가운데 계시니, 우리 가정과 사회가 평안을 누릴 수 있다. 하나님은 잠자지 않고 우리를 지키시는 분이시다. 그 새벽까지.

이 믿음의 고백은 어떻게 해서 가능할까? 그것은 하나님께서 우리와 함께 계시기 때문이다. 하나님이 함께 계시면 우리가 아무리 어려움에 처해도 하나님이 피난처가 되신다. 임마누엘의 하나님이신 것이다. 일평생 하나님을 의지하라. 어떤 어려움이 와도 두려워하지

말라. 요동치 말라. 하나님을 기쁘시게 하라. 요동치 말라. 당신이
하나님과 동행하는 삶을 사는 한 하나님은 당신을 지키신다.

21. 아이가 자라며 강하여지고

"아이가 자라며 강하여지고 지혜가 충족하며 하나님의 은혜가 그
위에 있더라"(눅2:40)

누가복음 2장 40절은 예수님의 공생애 시작 전 어린 시절에 관한
말씀이다. 이 짧은 말씀에서 우리 삶에 필요한 것 세 가지를 찾아볼
수 있다. 그것은 건강, 지혜, 은혜이다.

강하여지고

'강하여지고'는 우선 육체적 건강을 생각할 수 있다. 영어 성경에
became strong은 우선 육적으로 강해짐(robust)을 생각할 수 있다. 그
러나 킹제임스(KJV)에서는 '영적으로 점차 강하여지고'(waxed strong
in spirit)라고 했다. waxed는 "차츰-이 되다"는 것을 나타낸다. 이런

정황을 볼 때 이 말씀은 육체적 건강뿐만 아니라 영적으로도 건강한 가운데 성장했음을 보여 준다. 그리스도인의 삶에서 육체적 건강 못지않게 중요한 것이 영적으로 건강한 것이 아니겠는가. 우리도 이 두 가지 면에서 균형 있는 삶을 모색해야 할 것이다.

지혜가 충족하며

'지혜가 충족하며'에서 영어 성경은 크게 두 가지를 말한다. 하나는 '지혜로 채워지고'(filled with wisdom)이다. 그리고 다른 하나는 '지혜를 알아가고'(known for wisdom)이다. 여기서 말하는 지혜는 무엇일까? 우선 세상을 살아가는 지혜를 말할 수 있다. 그러나 이보다 중요한 것, 곧 하나님을 아는 지혜가 아닐까. 하나님을 아는 것이 지혜의 근본이기 때문이다. 지혜의 근본이신 하나님을 알아가기 위해서 열심히 성경을 읽고 배웠을 것이다. 하나님의 일을 이루실 분이기 때문에 더욱 이 지혜가 필요했을 것이다.

하나님의 은혜가 그 위에 있더라

'하나님의 은혜가 그 위에 있더라'는 말씀에는 여러 해석이 있다. 우선 하나님의 은혜는 우리가 일반적으로 아는 하나님의 은혜(grace of God)가 대부분이지만 이를 하나님의 축복(God's blessings), 하나님의 사랑(God's love), 하나님의 선호하심(favor of God) 등으로 다양하게 묘사하고 있다. '그 위에 있더라'도 '그 위에 머무르다'(rested), '쏟아지다'(poured out) 등으로 묘사하기도 한다. 하나님의 은혜, 하나님의 사랑, 하나님의 축복이 그와 함께하셨다는 것이다.

"아이가 자라며 강하여지고 지혜가 충족하며 하나님의 은혜가 그 위에 있더라" 이 짧은 말씀 속에도 우리가 자녀를 어떻게 키울 것인가를 잘 보여 주고 있다. 육체적 건강과 영적 건강, 하나님을 아는 지식, 그리고 하나님의 사랑과 은혜와 축복이 있다면 그 이상 무엇을 바랄 것인가.

22. 이것으로 자랑하라

2008년 봄 안산동산교회에서 합동 측 전국목사장로기도회가 열렸다. 모임에 참석한 숫자는 4~5천이 된다. 교회에서 아주 가까운 곳에 한양대학교 안산캠퍼스가 있다. 이 학교 교직원들은 오래전부터 학교 내에 채플을 갖기를 소원하며 기도하고 모금활동을 전개해 왔다. 교실에서 예배를 드리는 일이 결코 쉽지 않았고, 학생들이 어느 때나 주님의 전을 찾아와 마음 놓고 기도하고 찬양하는 모습을 보고 싶어 한 것이다. 채플건립위원장을 맡은 강석후 교수와 기독동아리 회장인 천성우 학생이 기도회에 참석한 전국의 목사님과 장로님을 대상으로 모금을 위한 안내장을 손수 돌렸다.

몇 주일이 지난 다음 인천시 부평구에 사시는 조승순 장로님으로부터 연락이 왔다. 자신이 국가로부터 매달 받는 30여만 원 가운데 만 원을 죽을 때까지 학교에 기증하겠다는 것이었다. 장로님은 90이 넘은 연로하신 분이었다. 건립위원들은 장로님의 편지를 놓고 고민에 빠졌다. 형편이 어려워 국가로부터 보조를 받는 분이고 연로하신데. 일단 감사표시를 하고, 정중하게 사양하기로 했다. 그럼에도 장로님은 "다 하나님의 일인데" 하시며 내겠다는 초심을 꺾지 않으셨다. 결국 주님을 향한 장로님의 사랑을 기쁨으로 받아들이기로 했다. 이 일은 안산캠퍼스 채플건립사에 길이 남을 애화 가운데 한 토막이 될 것이다.

이 과정을 지켜보면서 나는 예레미야 9장 23절과 24절을 생각한다. "여호와께서 이같이 말씀하시되 지혜로운 자는 그 지혜를 자랑치 말라 용사는 그 용맹을 자랑치 말라 부자는 그 부함을 자랑치 말라 자랑하는 자는 이것으로 자랑할지니 곧 명철하여 나는 아는 것과 나 여호와는 인애와 공평과 정직을 땅에 행하는 자인 줄 깨닫는 것이라 나는 이 일을 기뻐하노라 여호와의 말이니라" 사람은 자기의 가진 것을 자랑하기 좋아한다. 학자는 그 지식이 많음을 자랑하고 싶어 하고, 병사는 용맹을, 부자는 그가 가진 재물을 자랑하기 좋아한다. 그러나 하나님은 이런 것, 곧 인간적인 것을 자랑하지 말라 하신다. 오히려 이것, 곧 하나님을 알고 깨닫는 것을 자랑하라 하신다. 이것은 명철하여 하나님을 아는 것이요, 하나님은 인애와 공평과 정직을 땅에 행하는 자이심을 깨닫는 것이다. 하나님을 자랑하라는 것이다. 하나님은 이 일을 기뻐하신다.

요한일서 2장 3절에서 6절의 말씀도 이와 맥락을 같이한다. "우리가 그의 계명을 지키면 이로써 우리가 저를 아는 줄로 알 것이요 저를 아노라 하고 그의 계명을 지키지 아니하는 자는 거짓말하는 자요 진리가 그 속에 있지 아니하되 누구든지 그의 말씀을 지키는 자는 하나님의 사랑이 참으로 그 속에서 온전케 되었나니 이로써 우리가 저 안에 있는 줄을 아노라 저 안에 거한다 하는 자는 그의 행하시는 대로 자기도 행할지니라" 하나님을 아는 것은 그분의 말씀을 지키는 것이다. 그의 말씀을 지키는 자는 하나님의 사랑이 그 속에서 온전케 된다.

주님은 "내가 온전하니 너희도 온전하라" 하셨다. 그리스도인은 예수님을 닮고자 하는 사람들이다. 오늘도 성화의 길을 가며 그의 온전하심을 닮아 간다. 그리스도 안에서의 사랑은 받기만 하는 사랑이 아니라 주는 사랑이다. 그런 사람을 보면 요한은 "아, 저 사람은 주님 안에 있는 사람이구나!"를 깨닫는다고 했다.

오늘도 많은 부자들은 자기의 부를 자랑하기 좋아한다. 하지만 그들은 하나님의 일에 관심이 없다. 그런데도 90을 넘으신 조 장로님은 힘든 가운데 자기의 것을 주님 앞에 드리고자 했다. 과부의 두 렙돈처럼 주님을 향한 그의 사랑이 얼마나 자랑스러운가. 자랑하려면 이것으로 자랑하라.

23. 이 세상을 본받지 말고

2008년 6월 6일 한동대에서 평양과기대 설립 학사회의가 있어 5일 고속버스를 타고 포항에 내렸다. 마침 연변과기대의 정진호 교수와 고동훈 교수를 만나 함께 한동대에 들어서게 되었다. 그동안 말로만 들어 왔던 한동대다.

정문에 들어서니 HGU가 선명하다. Handong Global University의 약자다. 포항이 '글로벌 포항'을 표방한다는 것을 나중에 알았지만 이 학교도 글로벌을 지향한다. 서울대 법대에서 은퇴한 후 이곳에서 가르치고 있는 최대권 교수의 말을 빌리면 이 학교는 God's University다. '하나님의 대학교'라는 현수막이 이를 확인시켜 주었다. HGU의 G는 사실 하나님을 중심에 모신 학교가 아닌가 생각된다.

정문에 있는 또 다른 현수막도 눈에 띈다. "Why Not Change the World?" 대단히 도전적인 문구다. 사랑의 교회 오정현 목사가 연변과기대 졸업식에 갔다가 한 학생이 입은 티셔츠에 바로 이 문구가 적혀 있는 것에 감동을 받았다. 물론 오 목사가 그것이 한동대의 캐치프레이즈라는 것을 알았는지 알 수는 없다. 아마도 연변과기대와 한동대는 서로 학생들을 교류하기 때문에 학생들 가운데 그 문구가 새겨진 옷을 얼마든지 입었을 수 있다. 오 목사는 2008년을 장식할 교회의 구호를 이것으로 정했다. "Why Not Change the World?" 세상을 변화시키기 위해서는 남이 아니라 우리 자신의 변화부터 필요하다.

한동대에서 이틀을 보내면서 학생들과 교수들을 만나 보았다. 식당, 도서관, 교실 등을 오가다 만난 학생들은 외지인인 우리 일행에게 따뜻한 인사로 맞았다. 세상에 이렇게 인사를 잘하는 학생들이 있을까. 그들의 인사에는 형식이 별로 느껴지지 않았다. 정중하면서도 웃음을 잃지 않는 인사, 반가움이 묻어나는 인사다. 연변과기대 복도에서 느꼈던 그 인사를 보는 듯했다. 교수님들도 학생을 자식처럼 대했다. 이름을 기억하는 것은 물론이고, 마치 아버지를 대하듯 서로의 시선이 따뜻하다. 사랑과 존경이 묻어나는 것 같았다.

6일 아침을 먹기 전 우리 일행은 아침 묵상시간을 가졌다. 나눈 말씀은 시편 19편. 하나님의 해에서 나오는 온기가 우리를 따뜻하게 지펴 주는 것 같았다. 찬송을 하고, 성경말씀을 나누며, 기도를 해도 전혀 이상할 것이 없는 대학. 이것이 자연스러운 대학 한동대학이다. 일반과목에서 강의를 하기 전 기도를 한다지 않는가.

한동대를 떠나기 전 국제법률 대학원의 원재천 교수는 우리 몇 일행을 대상으로 친절하게 대학원 투어를 해 주었다. 미국 변호사 시험에 합격하는 수가 늘어 가면서 전통도 쌓이는 듯했다. 이 대학원은 그저 그 합격자 수에 만족하지 않았다. 법률 분야에서, 세계 각 곳에서 가난하고 소외된 사람을 위해 일할 수 있는 참 하나님의 일꾼을 기르는 것이 목표다.

때론 시내와 멀리 떨어져 있어 다소 외롭게 느껴지기도 하지만 그들은 결코 외롭지 않았다. 이 학교를 떠나면서 나는 느꼈다. 언젠가 이 학교에서 많은 사람들로부터 인정을 받는 참으로 귀한 일꾼들이 많이 배출되겠구나. 사실 멀리 잡을 것도 없다. 지금 한동대는 그 존재 자체만으로도 세상을 변화시키고 있다. 앞으로 더 세상을 변화시킬 학교임에랴.

로마서 12장 2절을 보자. 쉬운 성경은 이렇게 표현한다. "여러분은 이 세상(세대)을 본받지 말고, 마음을 새롭게 하여 변화를 받으십시오. 그러면 여러분은 하나님의 선하시고 기뻐하시고 온전하신 뜻이 무엇인지를 분별할 수 있게 될 것입니다" 이 세상을 본받지 않고 자신과 세계를 변화시키는 대학, 이런 대학이 우리 곁에 있다는 것이 자랑스럽다. 이제 우리가 변화해야 할 차례가 아니겠는가.

24. 몸으로 예수의 생명 나타내기

"우리가 항상 예수 죽인 것을 몸에 짊어짐은 예수의 생명도 우리 몸에 나타나게 하려 함이라 우리 산 자가 항상 예수를 위하여 죽음에 넘기움은 예수의 생명이 또한 우리 죽을 육체에 나타나게 하려 함이니라"(고후4:10,11)

레이건 대통령은 아들 마이클에게 예수 그리스도를 전했다. 아버지가 죽자 마이클이 여러 내빈에게 아버지를 추억하며 말했다. "아버지는 나에게 아버지로서 자동차, 말 등 많은 선물을 주셨지만 무엇보다 저는 아버지로부터 귀한 예수님을 선물로 받았습니다. 저도

제 자녀들에게 예수 그리스도를 전할 것입니다. 언젠가 저는 천국에서 아버지를 붙잡고 춤을 추는 날이 있을 것입니다"

전도를 하다 보면 쉽게 영접하는 사람도 있지만 예수를 믿게 하는 일은 결코 쉽지 않다. 극단적인 예이기는 하지만 사강의 어머니는 그에게 예수를 믿도록 설득하고 또 했지만 그럴수록 오히려 그녀는 완강히 부인했다. 그러다 그는 죽었다.

어떻게 하면 예수를 믿게 할 수 있을까? 가장 좋은 방법 가운데 하나는 결정적인 순간에 주님의 모습을 드러내는 일이다. 즉 우리 삶에서 믿음과 행함의 일치를 보임으로써 "그리스도인은 다르구나!" 하는 것을 느끼게 하는 것이다.

이혼의 아픔을 믿음으로 극복한 레슬리는 남편으로부터 여자가 생겼다는 충격적인 말을 듣는다. 여러 모로 설득해 보았지만 결국 남편은 그의 곁을 떠났다. 레슬리는 믿음으로 모든 과정을 극복했다. 이 모습을 본 아버지가 찾아와 말했다. "네가 믿음으로 사는 것을 보니 나도 예수를 믿고 싶은 마음이 든다" 아버지가 주님을 영접하게 되었다.

배가 파선했다. 한 그리스도인 병사가 널빤지를 발견하고 그것에 자신의 생명을 걸었다. 얼마 후 다른 병사가 자신의 널빤지를 잡았다. 두 사람이 함께 갖지 못하는 크기였다. 결국 다 죽을 것을 안 그리스도인 병사가 말했다. "나는 예수를 믿으니 지금 죽어도 천국에 들어가지만 당신은 예수를 믿지 않으니 지옥에 갈 것이다. 그러므로 내가 이 널빤지를 포기할 것이니 당신이 살아나면 꼭 예수를 믿고 구원을 얻기 바란다" 그리곤 그 병사는 널빤지에서 손을 놓았다. 이로 인해 다른 병사는 살게 되었고, 이 병사의 말을 잊지 않고 예수를 영접하게 되었다.

이 예화는 아펜젤러를 생각나게 한다. 인천에서 목포를 향해 가는 배를 타고 가다 서천 근처에서 그가 탄 배가 다른 배와 충돌했다. 자기가 살아나올 수 있었지만 그는 여학생을 살려 주고 자신은 죽었다. 그 결정적인 순간에 자신의 유익을 구하지 않고 주님을 드러낸 것이다. 이 사건은 그가 죽은 후에도 그리스도인다운 삶의 모범으로 전해지고 있다.

폴리갑이 온갖 회유에도 굴복하지 않고 결국 주님을 위해 순교하자 복음은 오히려 크게 번지기 시작했다. 그때 사람들의 입에서 이런 말들이 나왔다. "그리스도인은 역시 다르구나" 그 다름이 그리스도를 드러내고, 더 이상 죽음을 두려워하지 않게 된다. "하나님의 영광을 기대하는 사람은 죽음을 두려워하지 않는다" 윌리엄 부쓰의 말이다.

전도는 예수의 생명을 나타내는 일이다. 우리는 그 생명을 나타낼 만한 자격을 가진 자가 아니다. 그러나 주님이 우리를 위해 죽으심으로 우리는 새로운 생명을 얻었다. 새 생명을 얻은 자가 이 땅에서 해야 할 일은 우리 삶에서 그 생명을 나타내는 일이다. 우리 몸에서 주님이 살아 있음을 증거하는 것이다.

25. 혼돈과 흑암의 패러다임에서 질서와 빛의 패러다임으로

창세기 1장은 하나님께서 어떻게 천지만물을 창조하셨는가를 보여 준다. 그 말씀 가운데 주목해야 할 부분이 있다. 그것은 창조 전의 모습과 창조 후의 모습이다. 창조 전의 모습을 보자. "땅이 혼돈하고 공허하며 흑암이 깊음 위에 있고"(2절) 창조 전의 모습은 한마디로 혼돈, 공허, 깊은 흑암이다. 그중 혼돈은 현대말로 카오스(chaos)에 해당한다. 창조 후의 모습은 하나님의 감탄사로 요약된다. "하나님의 보시기에 좋았더라" 우주라는 단어는 cosmos다. 그 뜻은 질서이다. 지구, 하늘, 별들을 만드신 하나님, 그분이 만드신 우주는 질서와 조화가 있었다. 그것이 하나님 보시기에 좋으신 것이다.

하나님은 혼돈이나 흑암보다 질서와 빛을 좋아하신다. 이것은 우리가 이 땅에서 어떤 삶을 살아야 하는가를 보여 준다. 창조는 우리의 삶을 보다 창조적으로 살 것을 가르치고 있다. 하나님은 혼돈의 패러다임을 질서의 패러다임으로 바꾸셨다. 무질서와 혼돈에서 질서를 창조하신 것이다.

하나님은 질서의 영을 가지신 분이시다. 하나님이 싫어하시는 것이 바로 우리 안에 자리 잡고 있는 죄의 요소들이다. 그것은 우리 영혼을 혼돈과 공허와 흑암으로 인도한다. 따라서 우리는 이러한 부정적 요소를 과감히 버리고 하나님이 기뻐하시는 삶의 가치를 추구해야 한다. 그것이 바로 우리가 유지해야 할 진실한 삶의 가치이다.

우리의 영을 혼미케 하는 부정적 요소는 무엇일까? 이기심, 자만, 편견, 경멸 등 영적인 암 요소들이다. 이런 것들이 질서 있게 살고자 하는 우리의 마음을 가로막는다.

최근 기업이든 교육계든 창조성을 강조한다. 남과 좀 더 달라야 살아남을 수 있기 때문이다. 그들이 강조하는 것은 창의적인 아이디어를 내라는 것이다. 그 아이디어는 시장에 내다 팔 수 있는 아이디어, 대박을 낳는 아이디어다.

그러나 하나님의 창조성은 다르다. 단순히 물질을 재창출하여 부를 증가시키는 것에 국한되지 않는다. 피조물들이 피조의 세계에서 하나님이 원하시는 방법대로 살아가는 것이다. 그리스도인들이 창조적으로 사고한다는 것은 영적으로 빛 가운데 사는 것이다. 우리의 인격도 과거와는 다른 모습으로 사는 것이다. 좁은 인격이 아니라 너른 인격, 편협하고 불수용적인 인격이 아니라 보다 유연하고 자유로운 인격이다.

창조적 삶은 우리 안 하나님의 원칙이 세워지는 것을 말한다. 정직과 성실이 숨 쉬고, 정의와 사랑이 살아 있고, 진실한 가치가 존중받는다. 그 원칙은 버릴 수 없을 만큼 귀하다. 그러나 그 원칙을 우리의 삶 속에 실현시키기 위해서는 많은 용기와 노력이 필요하다. 왜냐하면 우리는 창조적 삶의 원칙보다 영적 무질서에 더 쉽게 빠져들기 때문이다.

질서를 향한 창조의 삶을 살기 위해 우리는 생각보다 값비싼 비용을 들이게 될지 모른다. 비행기가 이륙할 때 많은 에너지가 필요하고, 우주선이 대기의 중력권을 돌파하기 위해 막대한 에너지가 필

요하듯 전환적 삶을 위해서는 그에 걸맞은 에너지가 요구되기 때문
이다. 그러나 일단 뜨면 비행기는 하늘을 날고, 우주비행사는 궤도를
돌며 지구를 황홀하게 바라볼 수 있다는 것을 기억하자. 얼마나 아
름답고 자유스러운가.

삶의 패러다임을 바꿔야 한다. 중력권을 뚫고 새로운 세계로 나가야
한다. 그곳에 설 때 우리는 질시와 비난, 모함과 저주의 말을 버리고
사랑과 정의, 용서와 겸손의 옷을 입은 나를 발견할 것이다. 고집으로
가득한 내가 아니라 주 안에서 새로워진 나다. 이제 변해야 한다. 남이
아니라 바로 나다. 주 안에서 새로운 창조로. 주 안의 질서로.

26. 간음하지 말라

2008년 5월 31일 토요일. 감신대 백주년 기념관 국제회의실에서
한국인문사회과학회 춘계학술대회가 열렸다. 주제는 '한국사회와 세
속문화' 나는 하루 종일 학회에 참여해 사회도 보고, 여러 발표자들
의 말을 경청하며 토론에 참가했다.

마지막 종합토론 때 지금까지 듣고 생각했던 것을 말하게 되었는
데, 그때 내가 꺼낸 주제는 간통 문제였고, 우리 사회가 얼마나 하
나님의 말씀에 민감하지 못한가를 토로했다.

여러 발표자들 가운데 두 분의 발표에 먼저 주목할 필요가 있다. 먼저 나사렛대학의 이필운 교수의 발표다. 그는 중세 초기 여러 참회고행지침서들(penitentials)을 통해 중세 여성의 성 문제를 살펴보았다. 여기서 간통에 관한 글이 나온다. Theodore 지침서를 보면 간통을 저지른 남편이 수도원에 들어간다는 조건 아래 아내에게 이혼을 허락해 주었다는 것이다. 수도원에 들어간다는 것은 그곳에 들어가 종교적 삶을 산다는 것을 의미한다. 중죄를 범했기 때문에 그를 수도원에 들어가게 함으로써 배우자를 자유롭게 놓아주는 것이다. Theodore와 Egbert 지침서들은 간통한 아내가 수도원에 들어갈 경우 유산의 4분의 1을 받도록 했지만 거부할 경우 아무 유산도 받지 못하게 했다. 이것을 보면 중세에는 배우자가 간통을 했을 경우 적어도 깊이 깨닫고 회개할 수 있도록 한 것이다. 그것이 바로 수도원에 들어간다는 말이다.

서원대학의 김성건 교수는 한국 사회에서의 세속화가 얼마나 깊어졌는가를 사례로 발표했다. 그 가운데 간통문제가 거론되었는데, 최근 우리 사회는 간통죄에 대해 매우 너그러워졌고, 간통죄 폐지를 지지하는 주장도 강해졌다는 것이었다. 한마디로 말하면 우리 시대는 간통을 더 이상 죄로 여기지 않으려 한다는 것이다.

이 두 발표 내용을 들으면서 세월이 지나면서 우리는 하나님으로부터 얼마나 멀어지고 있는가를 느꼈다. 구약을 보면 간음은 사형에 해당되는 중죄다. 레위기 21장은 제사장들의 성결에 대한 것으로 시작한다. 9절을 보면 이런 말씀이 있다. "아무 제사장의 딸이든지 행음하여 스스로 더럽히면 그 아비를 욕되게 함이니 그를 불사를지니라” 신명기 22장 22절을 보자. “남자가 유부녀와 통간함을 보거든 그 통간한 남자와 그 여자를 둘 다 죽여 이스라엘 중에서 악을 제할지니라” 간음이 얼마나 중죄인가를 보여 주는 말씀이다.

십계명에 제7계명은 바로 “간음하지 말라”이다. 간음에 대한 레위기 21장이나 신명기 22장의 말씀은 바로 이 엄한 하나님의 계명을 엄격하게 지키기 위한 세부 명령과 같다.

그러면 예수님은 간음을 어떻게 보실까? 오히려 더 엄하시다. 율법에는 간음하지 말라 했지만 여자를 보고 음욕을 품는 자마다 마음에 이미 간음한 것이라 하셨다. 그리고 네 오른 눈이 너를 실족게 하거든 빼어 내버리라. 네 오른손이 너를 실족게 하거든 그것을 찍어 내버리라. 네 백체 중 하나가 없어지고 온몸이 지옥에 던져지지 않는 것이 유익하니라 하셨다(마5:27~30).

간음한 여인을 끌고 와 돌로 치려 하자 예수님은 땅 위에 글을 쓰셨다. “죄 없는 자가 먼저 돌로 쳐라” 주님의 눈으로 볼 때 우리 모두는 간음 문제에서 자유로울 수 없다. 그러나 여인을 용서했다고 해서 주님이 간음을 허용한 것은 절대 아니다. 그 여인을 향해 다시는 죄를 범치 말라 하지 않으셨는가. 이렇듯 강한 메시지를 가진 성경을 우리가 삶에 적용함에 있어서 간음을 죄로 보지 않으려는 이 세대는 확실히 중세보다 못한 기준을 가지고 있다. 우리 사회는 거룩함을 잃어버렸다. 이제 우리가 회복해야 할 것은 주 안에서 더 거룩해지는 것이다. 하나님은 우리에게 더 순수하고 경건한 삶을 요구하신다. 어느 시대를 막론하고.

27. 하나님을 아는 것의 의미

하나님을 아는 것에 대한 호세아의 가르침

호세아서의 여러 가르침 가운데 하나는 "힘써 여호와를 알자"는 것이다. 6장 3절은 이것을 대표적으로 보여 주고 있다. "그러므로 우리가 여호와를 알자 힘써 여호와를 알자" 이에 대해 하나님도 같은 반응을 하신다. "나는 인애를 원하고 제사를 원치 아니하며 번제보다 하나님을 아는 것을 원하노라"(호6:6)

호세아 4장 6절을 보자. "내 백성이 지식이 없으므로 망하는도다. 네가 지식을 버렸으므로 나도 너를 버려 내 제사장이 되지 못하게 할 것이요 네가 네 하나님의 율법을 잊었으니 나도 네 자녀들을 잊어버리리라"

당시 이스라엘 백성들은 여호와를 떠나 바알과 여로보암의 송아지를 섬기는 데 열심이었다. 하나님은 그들이 하나님을 아는 지식을 잊어버렸기 때문이라 지적하고 있다.

"내 백성이 지식이 없으므로 망하는도다" 여기서 지식은 단순히 안다는 것보다 하나님을 안다는 것을 의미한다. 고로 이 지식은 하나님을 아는 지식이다. 이스라엘의 타락은 하나님과의 소통을 스스로 막았다. 하나님을 알아야 할 백성들이 우상을 섬기는 우를 범하다니.

하나님을 알지 못한다는 것은 계명을 어기는 것이다. 특히 1계명은 하나님을 아는 것이 주제이다. "하나님을 알라(yada)" 그렇지 않으면 이방 우상을 섬기는 우에 빠지게 된다.

"네가 지식을 버렸으므로" 여기서 '네가'는 제사장을 가리킨다. 제사장은 하나님을 아는 지식을 가르치는 책임을 맡은 자들로 그들마저 하나님을 아는 지식을 버렸음은 통탄할 일이다. 따라서 하나님은 말씀하신다. "나도 네 자녀들을 잊어버리리라" 여기서 '네 자녀들'은 제사장들의 후손, 곧 그들의 혈통적인 자녀라기보다 가르침을 받는 영적 자녀, 곧 '내 백성'을 가리킨다. 이것은 하나님을 알지 못하면 민족이 망한다는 것을 알 수 있다.

하나님을 아는 것에 대한 요한의 가르침

요한은 하나님을 안다는 것은 하나님을 사랑하는 것(요일4:7,8)과 그의 계명을 지키는 것(요일2:3,4)이라 말한다.

"사랑하는 자들아 서로 사랑하자 사랑은 하나님께 속한 것이니 사랑하는 자마다 하나님께로 나서 하나님을 알고 사랑하지 아니하는 자는 하나님을 알지 못하나니 이는 하나님은 사랑이심이라"(요일4:7,8)
"우리가 그의 계명을 지키면 이로써 우리가 저를 아는 줄로 알 것이요 저를 아노라 하고 그의 계명을 지키지 아니하는 자는 거짓말하는 자요 진리가 그 속에 있지 아니하되 누구든지 그의 말씀을 지키는

자는 하나님의 사랑이 참으로 그 속에서 온전케 되었나니 이로써 우
리가 저 안에 있는 줄을 아노라"(요일2:3,4)

선지자 호세아나 사도 요한은 우리로 하여금 "힘써 하나님을 알
자"고 말한다. 하나님은 우리를 아셔서 우리를 그의 자녀로 택하시
고, 사랑하고 보호하신다. 그럼에도 불구하고 그의 자녀가 다른 길로
가 있다면 얼마나 가슴이 아프실까. 당신이 부모라면 생각이 다를
것이다. 이 말씀들은 우리로 하여금 우리를 향해 안타까워하시는 하
나님의 마음을 읽도록 한다.

크게 잘못하면 치실 것이다. 그럴수록 더욱 깨닫고, 회개하자. 우
리를 감싸 안아 주실 것이다. "오라 우리가 여호와께로 돌아가자 여
호와께서 우리를 찢으셨으나 도로 낫게 하실 것이요 우리를 치셨으
나 싸매어 주실 것임이라"(호6:1) 우리 하나님은 이런 분이시다.

28. 복 있는 사람은

시편 1편을 가리켜 "성경의 머리말", "시편의 주제"라 한다. 주 안
에서 복 있는 사람은 어떤 사람인가를 전체적으로 보여 주고 있다.
산상수훈에도 복 있는 자들의 속성이 잘 언급되어 있다. 다윗은 여
러 시편을 통해 다음과 같은 사람들에게 복이 있다고 말한다.

- 여호와 법 안에서 기뻐하는 사람(1:1,2)
- 하나님을 신뢰하는 사람(2:12)
- 죄를 용서받을 수 있는 사람(32:1)
- 하나님을 여호와로 섬기는 민족(33:12)
- 하나님께 피하는 사람(34:8)
- 가난한 자를 생각하는 사람(41:1)
- 하나님 안에서 힘을 얻는 사람(84:5)
- 하나님 집에 거하는 사람(84:8)
- 하나님의 징벌을 받는 사람(94:12)
- 여호와를 경외하는 사람(112:1)
- 하나님의 증인이 되며 정성껏 그를 찾는 사람(119:2)

이것을 보면 이 복은 하나님과 연관된 복임을 알 수 있다. 복 중에서도 '파라카'는 선행에 관계없는 복으로 하나님의 자비와 긍휼하심으로 주는 복이다. 그러나 '아사르'는 하나님과의 인격적 관계 안에서 말씀에 순종하는 자에게 내려 주는 복이다. 시편 1편의 복 있는 사람(the blessed)은 철저하게 악인과 대비시킨 의인으로 나타난다. 이 의인은 어떤 믿음을 가지고 있을까?

'아니하고, 아니하는' 결단과 행동이 있는 믿음

악인을 좇지 아니하고, 죄인의 길에 서지 아니하며, 오만한 자의 자리에 앉지 아니한다. 이 '아니함'은 결단이요 행동이다.

"악인을 좇지 아니하고" 악인(ungodly)은 우리가 흔히 생각하는 악한 사람이기보다 도덕적으로 해이한 사람, 방종한 사람, 안 그런 척하면서 슬금슬금 죄를 짓는 사람 등 불경건한 모습을 보여 준다. 악인의 꾀를 좇지 않는다는 것은 이런 불경건한 생활방식을 피한다는 것을 의미한다. 그런 자의 말을 듣지 않는다.

"죄인의 길에 서지 아니하며" 여기서 악인은 죄인으로 간주되고 있다. 죄는 표적이 맞지 않는다, 목표물에 도달하지 못했다, 표적을 넘어섰다는 뜻을 가지고 있다. 죄인의 길은 이처럼 그리스도인의 삶의 목표에서 벗어나 있다. 그리스도인들은 불경건한 사람들을 믿지 않을 뿐만 아니라 이런 자와 보조를 맞추거나 그런 일에 가담하지 않는다. 오직 주님이 가진 그 길만 따라간다.

"오만한 자의 자리에 앉지 아니하고" 오만은 "비웃다"는 뜻을 가지고 있다. 오만한 자는 하나님을 향해 악한 말로 조롱하는 자이다. 하나님을 모르는 사람이 아니다. 하나님을 알지만 하나님을 존중하지도 않고 영화롭게 하지 않는다. 오만한 자는 하나님을 떠나 있다.

여호와의 율법을 묵상하는 믿음

시편 저자는 "오직 여호와의 율법을 즐거워하여 그 율법을 주야로 묵상하는 자"를 복 있는 자라 했다. 이것은 우리가 묵상 신앙을 가져야 한다는 것을 가르쳐 준다.

바른 묵상을 하기 위해서는 무엇보다 여호와의 율법을 즐거워해야 한다. "하나님의 말씀을 기뻐하라" 우리는 묵상이라 하면 흔히 조용히 앉아 명상을 하거나 도인처럼 수련을 하거나 마음의 평정을 찾는 것으로 생각하기 쉽다. 그러나 성경이 말하는 묵상은 그런 것들이 아니다. 하나님의 말씀을 조용히 생각하고 "하나님이 왜 이 말씀을 하셨을까?", "하나님은 무엇을 원하고 계신가?" 묻고 그 말씀을 삶에 적용한다.

나아가 주야로 묵상한다. "주야로"는 마치 소가 되새김질하는 것과 같다. 한 번 입에 넣은 것으로 끝나는 것이 아니라 시간이 있을 때마다 그것을 다시 끄집어내 되새김질해 줌으로써 먹은 것이 소화되도록 한다. 우리는 성경을 몇 번 읽었다는 것을 자랑하듯 말한다. 물론 몇 번 읽었는가 하는 것도 중요하다. 그러나 그저 읽은 것으로 끝나면 아무 의미가 없다. 그 말씀을 생각하고 또 생각하는 되새김질이 중요하다. 한 번 읽은 것, 한 번 받은 것으로 끝나지 않고 자꾸만 되새김질해 몸 각 곳에 골고루 영양분이 퍼지게 해야 한다.

시절을 좇아 과실을 맺는 믿음

여기서는 의인을 시냇가에 심은 나무로, 악인을 바람에 나는 겨로 비유하고 있다. 시냇가에 심은 나무는 뿌리가 있다. 그 뿌리는 예수 그리스도에 깊게 내려져 있다. 하지만 바람에 나는 겨는 뿌리가 없어 이리저리 날린다. 예수에 뿌리 내리지 못하는 영혼은 방황할 수밖에 없다. "그러므로 너희가 그리스도 예수를 주로 받았으니 그 안에서 행하되 그 안에 뿌리를 박으며 세움을 입어 교훈을 받은 대로 믿음에 굳게 서서 감사함을 넘치게 하라"(골2:6~7)

"시절을 좇아 열매를 맺으며"는 우리가 결실을 맺는 신앙을 가져야 한다는 것을 가르쳐 준다. 에스겔서를 보면 성전에서 물이 나오고, 그 물길을 따라 생명강가에 있는 나무들이 열매를 맺는다. 이 광경이 요한계시록에 다시 나타난다. 어린양의 보좌에서 나오는 물이 생명수 강을 이루고, 강 좌우에 생명나무가 있어 열매를 맺는다.

주님은 우리에게 열매를 보여 달라고 하신다. 좋은 결실을 맺기 위해서는 나무가 좋은 토양에 심어져 있어야 한다. 시냇가는 좋은 곳을 의미한다. 날로 성장할 수 있는 토양이 마련된 곳이다. 시냇가에 심긴 것으로 만족하지 않고 시절에 따라 그에 합당한 열매를 맺어야 한다. 성령의 9가지 열매를 맺어야 한다. 성령의 열매를 맺는 사람은 개인적으로는 회개하는 삶을 살며, 대인적으로는 하나님을 증거하는 삶을 산다.

"그 잎사귀가 마르지 아니함 같으니" 이 말씀은 우리가 한때 청청하다가 식어지는 신앙이 아니라 늘 푸른 신앙을 가져야 한다는 것을 가르쳐 준다. 그래야 계속 열매를 맺을 수 있지 않겠는가. 남들이 그렇지 않은데 하며 쉽게 포기하지 말자. 남들은 다 그래도 당신 혼자서라도 청청해야 주님이 기뻐하신다.

여호와께서 인정하시는 믿음

우리는 사람들로부터 인정을 받으면 기쁘다. 그러나 그리스도인이라면 사람뿐만 아니라 하나님으로부터 인정을 받는 것이 가장 중요하다. 개도 주인이 인정하면 기뻐 어쩔 줄 모르지 않는가. 우리도 우리 삶의 주인이신 하나님께 인정을 받는 삶을 살아야 한다. 임시직인 사람도 최선을 다하면 영구직으로 전환될 수 있는(temp-to-perm) 것처럼 우리가 맡겨진 일에 최선을 다하면 하나님께서 인정하신다. 하나님이 인정하시는 자는 결코 망하지 않는다. "여호와께서 인정하시나" 얼마나 소망을 주는 말씀인가.

우리가 '아니하고, 아니하는' 결단과 행동이 있는 믿음, 여호와의 율법을 묵상하는 믿음, 시절을 좇아 과실을 맺는 믿음, 여호와께서 인정하시는 믿음을 가지고 있다면 우리는 시편의 저자처럼 늘 하나님을 찬양하며 그분과 함께하는 삶을 누릴 수 있을 것이다.

29. 내가 거룩하니 너희도 거룩하라

그리스도인을 가리켜 성도(聖徒)라 한다. '거룩한 무리'라는 뜻이다. 그렇다면 우리는 얼마나 거룩한 것일까? 하나님은 이스라엘 민

족을 향해 말씀하셨다. "나는 너희의 하나님이 되려고 너희를 애굽
땅에서 인도하여 낸 여호와라 내가 거룩하니 너희도 거룩할찌어다"
(레11:45) 베드로는 이 말씀을 그대로 옮기며 성도들도 그래야 한다
고 강조한다(벧전1:16). 거룩하라는 것은 우리를 향한 하나님의 명령
이다.

죄 가운데 있었던 우리는 원래 거룩함과는 거리가 멀었다. 의로운
사람이 아니었기 때문이다. 그러나 성도는 십자가의 피로 의롭다 함
을 받음으로써 거룩해졌다. "자기의 의로우심을 나타내사 자기도 의
로우시며 또한 예수 믿는 자를 의롭다 하려 하심이라"(롬3:26)

더욱 거룩해지기 위해서는 날마다 우리의 욕심을 십자가에 못 박
아야 한다. "예수 그리스도의 사람들은 육체와 함께 그 정과 욕심을
십자가에 못 박았느니라"(갈5:24) 그래서 성도는 죄에 대해 죽은 자
들이라 말한다. "이와 같이 너희도 너희 자신을 죄에 대하여는 죽은
자요 그리스도 예수 안에서 하나님을 대하여서는 산 자로 여길 것이
니라"(롬6:11) 이 세상은 은혜와 짝할 수 없는 사악한 세상이다. 성
도는 이 세상에서 더러워지지만 말씀의 향기와 기도의 향불로써 죄
를 태우고 또 태운다.

거룩한 사람은 삶에서 하나님의 영광을 드러낸다. 우리가 지금 완
벽해서 하나님의 영광을 드러내는 것이 아니다. 우리도 과거 세상
사람과 똑같은 죄인이었지만 지금은 하나님 앞에 서서 영광을 돌릴
수 있는 존재로 살아간다는 데 큰 차이가 있다.

성도는 늘 주님을 닮아 가며 조금씩 성장한다. "완전한 데 나아갈
찌니라"(히6:2) 우리는 아직 완성된 존재가 아니다. 완성되는 날은

우리가 이 세상에 더 살아 있을 필요가 없는 제대 날이 될 것이다.

성도라고 해서 특이한 사람도 아니다. 죄에 대한 유혹은 누구나, 언제나 가지고 있다. 다르다면 우리는 질그릇 안에 보배를 가진 존재라는 사실이다(고후4:7). 우리는 깨어지기 쉬운 질그릇이다. 그러나 그 안에 하늘의 보배를 가졌다. 성도는 더 이상 질그릇을 위해 살지 않고 보배를 위해 살기로 결심한 자다. 나의 주권을 하나님께로 옮긴 자들이다. 나의 가치 기준과 중점을 주님을 향해 옮긴 자들이다.

아직 완전하지 않음에도 불구하고 주님은 우리를 향해 "너희는 세상의 빛이다"(마5:14)라고 선언하신다. 예수님께서 이 땅에 오셨을 때는 예수께서 빛이 되셨으나 승천하신 이후 성도가 이 세상의 빛이 되어 그리스도의 대표자들이 되었다. 얼마나 영광스러운가.

거룩하다(holy)는 말은 원래 전체(whole)에서 나왔다. 거룩은 전체가 거룩해야 아름답기 때문이다. 이것은 우리 삶에서 매우 큰 의미를 준다. 즉, 예수님만 거룩하고 그리스도인이 거룩하지 않으면 그 거룩은 빛나지 않는다. 성도 가운데 어느 한 사람만 거룩하고 다른 사람들은 그렇지 않으면 비난받기 일쑤다. 손만 거룩하고 발이 거룩하지 않으면 거룩하다 말할 수 없다. 입으로 가르칠 때는 거룩한데 행동에서 거룩하지 않으면 그것은 거룩이 아니다. 주일만 거룩할 것이 아니라 일주일 모두 거룩해야 한다. 그렇지 않으면 거룩이 아니다. 오죽하면 Sunday Christian이 되지 말고 Monday Christian이 되어야 한다고 말할까.

이제 우리는 거룩한 집을 다시 세워야 한다. 하나님은 우리를 세우고, 회복시키는 분이시다. 우리가 회개하고 거듭나며, 오늘도 삶에서 하나님을 바라고 살면 그만큼 내 안에 거룩한 집이 세워질 것이다. 주님은 말씀하신다. "내가 거룩하니 너희도 거룩하라"

30. 육체의 소욕과 성령의 소욕

"너희는 성령을 좇아 행하라 그리하면 육체의 욕심을 이루지 아니하리라 육체의 소욕은 성령을 거스리고 성령의 소욕은 육체를 거스리나니"(갈5:16,17)

"성령을 좇아 행하라" 이 말은 '성령을 따라 걸으라(walk by the Spirit)', '성령에 따라 살라(live by the Spirit)'는 것이다. 성령은 교회와 성도를 달라지게 한다. 활기 있고 생명력 있게 만든다. 봉사와 전도도 그 활기에서 나온다. 바르고 건강하게 만든다. 개인과 사회를 회심케 한다. 사회를 비르고 질서 있게 만든다. 민족정신을 개조하게 한다. 개인이든 교회든 사회든 생기 있게 달라지려면 성령의 지배를 받아야 한다.

성령을 따라 행하면 성령의 소욕(desire), 곧 그 바라는 바를 이룬다. 육체(flesh)의 소욕을 극복하지 못하면 육체의 열매를 맺을 수밖에 없다. 성령의 소욕과 육체의 소욕은 서로 다르다. 성경은 '이 둘이 서로 대적'한다 했다. 서로 거슬린다(against)는 말이다.

왜 서로 대립될까? 그것은 우리가 육체대로 행하지 않도록 하기 위함이다. 그리스도의 사람은 이것저것을 할 수 없다. 육체의 소욕을 버리고 성령의 열매를 맺어야 한다. 그리스도인에게는 중립지대가 없다. 육체와 양립될 수 없기 때문이다. 따라서 한 가지만을 택해 살아야 한다. 예수 그리스도의 사람들은 육체와 함께 그 정(passions)과 욕심(desires)을 십자가에 못 박은 사람들이다. 성령으로 살기 때문에 성령으로 행해야 한다. 따라서 헛된 영광(self-conceit)을 구해서도 안 되고, 서로 격동(provoking)해서도 안 되고, 서로 투기(envy)해서도 안 된다.

성령의 사람은 성령의 열매를 맺어야 한다. 성령의 열매들이라 하지 않고 열매라고 한 것에 주목하라. 단수를 사용한 것은 아홉 가지 열매가 각기 독립되어 있지 않고 서로 연관되어 있음을 보여 준다.

육체의 일과 성령의 열매

	육체의 일	성령의 열매
일 / 열매	음행(immorality)	사랑(love)
	더러운 것(impurity)	희락(joy)
	호색(licentiousness)	화평(peace)
	우상숭배(idolatry)	오래 참음(patience)
	술수(sorcery)	자비(kindness)
	원수 맺는 것(enmity)	양선(goodness)

	육체의 일	성령의 열매
	분쟁(strife)	충성(faithfulness)
	시기(jealousy)	온유(gentleness)
	분냄(anger)	절제(self-control)
	당 짓는 것(selfishness)	
	분리함(dissension)	
	이단(party spirit)	
	투기(envy)	
	술 취함(drunkeness)	
	방탕(carousing)	
지배	육체적 욕심이 지배	성령이 지배
하나님 법	금지됨	장려됨
하나님나라 유업	받지 못함	받음

성령의 열매 가운데 절제는 자기조절 능력을 말한다. 인간의 의지로는 술 담배를 끊을 수 없다. 그러나 성령이 역사하면 끊을 수 있다. 그렇게 입맛에 당기던 그것도 어느 순간 쓰게 만든다. 무절제한 삶을 살면 큰 대가를 치른다. 무절제한 개인은 병을 얻게 된다. 나라가 무절제하면 불황을 맞게 된다. 지구의 환경오염도 무절제에서 비롯된 것이다. 우리의 무절제로 오존층을 파괴했고, 우리의 무절제가 공기마저 오염시켜 생명을 죽게 만들고 있다. 성령의 열매는 내가 맺은 것이 아니다. 내 안에 들어와 역사하는 성령님이 맺으셨다. 따라서 나는 자랑할 것이 아무것도 없다.

주님은 성령의 열매를 맺게 하기 위해 우리 주변에 우리가 원하지 않는 것들을 주어 그것을 통해 열매를 맺게 하신다. 사랑의 열매를 맺게 하기 위해 주님은 우리 주변에 사랑할 수 없는 사람을 두어 그를 통해 사랑을 배우게 하신다. 오래 참지 못하는 나를 위해 참을 수 있는 사람을 만들기 위해 화나게 하는 상황을 두어 그것을 통해 오래 참도록 하신다. 이런 일이 일어날 때 오히려 감사하라. 주님이 우리로 하여금 열매를 많이 맺게 하기 때문이다. 오늘도 성령님과 함께 승리하는 삶을 살자.

31. 일터에서도 목자 되시는 하나님

하나님의 허락하심이 없다면 성공할 수 없다. 인간이 세운다 해도 오래가지 못한다. 일을 시작함에 있어서 어느 누구보다 기억해야 할 분은 하나님이다. 일은 사람이 한 것 같지만 하나님께서 시작하시고 매듭을 지으신다는 사실을 기억하지 않으면 안 된다. 그분께 감사하는 마음을 가져야 일의 과정도 아름답게 풀린다. 당신의 일이 하나님의 일이 되기 위해 먼저 말씀을 살필 필요가 있다. 우리가 잘 아는 시편 23편을 보자.

하나님 안에서 자기를 발견하는 곳이 되기를

시편 23편 속에는 하나님이 있다. 다윗은 오직 하나님 안에서 자기를 발견하고자 하였다. 왜냐하면 하나님이 없이는 아무 의미도 없었기 때문이다. 당신이 하나님 안에서 자기를 발견하기 위해서 일과 일터의 의미를 새롭게 하는 것이 중요하다.

사람은 여러 형태로 일터에 오지만 실상은 하나님께서 한 분 한 분을 이곳에 부르셨다. 성경은 부르신 이곳을 가리켜 푸른 초장, 쉴 만한 물가라 하였다. 이곳에 보내신 하나님께 감사하고 주신 일에 대해 투철한 소명의식을 가져야 한다. 따라서 아침과 저녁으로 자기가 속한 일터를 위해 기도할 필요가 있다. 사람을 대할 때마다 그 영혼을 위해서, 그리고 그 고통에 함께 참여하고 함께 아파하는 마음으로 기도하라. 그리하면 하나님께서 그 기도를 들으시고 놀라우신 은총으로 함께하실 것이다.

성공의 의미를 다시 한 번 생각해 보자. 세상에서는 성공이라면 물질을 많이 얻거나 지위가 높아지는 것을 꼽는다. 그러나 그리스도인에게 있어서 참다운 성공이란 하나님이 기뻐하시는 뜻과 그 의를 바르게 실현하는 데 있다. 당신의 일터가 하나님의 일터가 되게 하라. 그리고 하나님의 사역에 열심히 동참하라. 나의 팔이 하나님의 팔이 되고 나의 발이 하나님의 발이 되어 하나님이 기뻐하시는 일을 하나씩 이루어 나가야 한다. 이것이 바로 이 일터에 당신을 세우신 목적이다.

사랑과 믿음이 충만한, 주 안에서 성숙한 관계를 유지하라

다윗에게 있어서 성숙한 관계는 목자와 양 사이에 충만한 신뢰와 사랑의 관계이다. 우리도 여러 면에서 이러한 관계가 필요하다.

먼저 일터의 사람 모두가 하나님과 성숙한 관계를 유지하는 것이 중요하다. 그것은 하나님을 전적으로 믿고 따르는 데 있다. 주님은 당신의 지팡이와 막대기가 되신다. 주님에 대해 이처럼 확고한 신앙이 있기 때문에 비록 내가 음침한 골짜기로 다닐지라도 주님이 우리를 지켜 주실 것을 믿는다. 일터를 운영하고 경영함에 있어서 생각지 않은 어려움도 따를 것이다. 그럴 때마다 전능하신 하나님을 의지하면 하나님께서 지혜를 주시고 인도하신다.

일터의 상사, 동료와도 더욱 성숙한 관계를 유지하라. 기쁨뿐만 아니라 어려움도 함께 나눠라. 고통은 나눌수록 가벼워지는 법이다. 항상 서로 사랑하고 존경하는 것을 잊지 말자. 서로가 서로를 감싸 안고 존중할 때 세상은 그만큼 살맛이 난다.

당신 일터의 고객과도 성숙한 관계를 유지하라. 고객들과 믿음과 사랑과 신뢰의 관계가 구축되어야 당신의 일터가 계속 발전할 수 있다. 신뢰의 구축은 고객의 아픔이 곧 나의 아픔이 되고 고객의 기쁨이 나의 기쁨이 될 때 가능하다. 그럴 때 이 일터에 대한 아름다운 소문이 소리 없이 퍼져 나갈 것이다.

고백적인 결과를 낳기를

필요한 것을 가지게 된 고객은 기쁘다. 그 일이 어려울수록 기쁨은 더 크다. 아이를 가질 수 없는 여성이 아이를 갖게 된 것처럼 기쁜 일이 없다. 아이를 갖게 되었을 때 감사하고 이웃들에게 기쁨으로 고백할 것이다. 다윗은 하나님의 보호하심에 감사하여 "내 잔이 넘치나이다"라고 고백했다. 기쁨과 감사가 얼마나 넘쳤는가를 족히 알 수 있다. 이것은 생명이 넘치는 기쁨과 감사이다. 우리에게도 이러한 감사와 기쁨이 넘치는 고백이 있어야 한다. 이를 위해 일터의 모든 사람들은 먼저 자신의 일에 최선을 다하고, 하나님의 아름다운 역사가 날마다, 시간마다 일어나도록 기도하라. 최선을 다하는 것만큼 아름다운 것은 없다. 하나님의 임재를 날마다 체험하는 일터, 하나님께 감사와 기쁨이 항상 넘치는 일터가 되기를 바란다.

32. 재판관이여, 여호와를 두려워하는 마음을 가지라

유다 왕 여호사밧이 선견자 예후로부터 책망을 받았다. "왕이 악한 자를 돕고 여호와를 미워하는 자를 사랑하는 것이 가하니이까?" 잘못을 깨달은 왕은 온 나라 성읍마다 재판관을 세우며 말했다. "너

희는 행하는 바를 삼가라 너희의 재판하는 것이 사람을 위함이 아니
요 여호와를 위함이니 너희는 여호와를 두려워하는 마음으로 삼가
행하라"(역하19:6~7)

원래 재판은 하나님께 속한 일이다. 사람의 마음을 정확히 판단하
고 처리할 수 있으신 분은 하나님뿐이기 때문이다. 그렇다고 하나님
이 이곳저곳 방문하며 일을 처리하실 수도 없다. 따라서 재판관이
필요하게 된 것이다. 재판관은 언제나 공의로우신 하나님을 대신하
여 판단을 해야 할 책임이 있다. 만일 공의를 벗어나 사사로이 정해
진다면 그것은 공정한 재판이라 할 수 없다. 재판관이 뇌물을 받아
재판을 굽게 해서도 안 된다.

재판관은 하나님이 어떤 분이신가를 알아야

재판관은 무엇보다 하나님이 어떤 분이신가를 잘 알 필요가 있다.
시편 7편 9~11절을 통해 살펴보자.

첫째, 그분은 공의로우신 분이다. "하나님은 의로우신 재판장이심
이여 매일 분노하시는 하나님이시로다"(시7:11) 하나님은 공의를 세
우시는 분으로, 공의를 세우기 위해 매일 분노하신다.

둘째, 그분은 사랑의 하나님, 구원의 하나님이다. "나의 방패는 마
음이 정직한 자를 구원하시는 하나님께 있도다"(시7:10) 나의 방패는
구원의 방패가 되어야 한다. 변호를 할 때는 사랑의 마음으로 하되

정직한 자가 구원을 받도록 한다.

셋째, 그분은 사람을 감찰하시는 하나님이다. "의로우신 하나님이 사람의 심장을 감찰하시나이다"(시7:9) 감찰하신다는 것은 달고 계신다는 뜻이다. 하나님은 우리의 모든 것을 꿰뚫어 아신다. 거짓됨도 아시고 편벽됨도 아시며 공정함도 아신다.

하나님을 아는 재판관은 어떻게 해야 하는가

하나님이 어떤 분임을 알았다면 재판관이 할 일은 분명하다. 시편 7편 8절을 보자.

첫째, 하나님을 위해 일한다는 마음으로 직무에 임해야 한다. "여호와께서 만민에게 심판을 행하시오니"(시7:8) 내 위에 하나님이 있다는 것을 생각하고 하나님을 두려워하는 마음으로 업무에 임한다.

둘째, 의와 성실함으로 임한다. "나의 의와 내게 있는 성실함을 따라 나를 판단하소서"(시7:8) 의와 성실함으로 최선을 다한다.

이 말씀은 우선 이 땅에서 재판에 관계되는 일을 하는 사람들에게 주신 것이다. 우선 판사, 변호사, 검사 모두 자기 직무에서 하나님을 기억할 필요가 있다. 재판은 법정에서만 행해지는 것도 아니다. 교회에서도 치리가 행해진다. 집에서도 부모가 자녀를 징치한다. 어느 상황에 있든지 당신 위에 하나님이 있음을 기억하고, 그 하나님을 두려워하는 마음으로 임해야 할 것이다.

33. 너는 내 집을 치리하라

기독 교수 한 분이 대학에서 학교생활을 관장하는 처장이 되었다. 다른 기독교인 교직원들이 그를 위해 심방을 하자고 했다. 심방을 하면 예배를 드리는데 그를 위해 창세기 41장 1절에서 45절을 택했다. 바로의 꿈 해석이 주지만 그 결과 요셉은 총리직에 오르는 기회를 얻었다. 그 가운데 40절에 이런 말이 나온다. "너는 내 집을 치리하라" 이것을 본문의 제목으로 삼았다. 그리고 다음과 같이 부탁했다.

하나님의 신이 감동한 인물이 되라

바로가 요셉으로부터 자신의 꿈에 대한 해석을 듣고 이렇게 고백한다. "이와 같이 하나님의 신이 감동한 사람을 우리가 어찌 얻을 수 있으리오"(38절) 이것은 바로가 하나님을 인정했을 뿐만 아니라 요셉까지 인정했음을 보여 준다. 요셉의 신앙은 왕마저 변화시켰다.

일의 책임을 맡았는가? 그러면 먼저 하나님의 신이 감동한 사람이 되라. 하나님이 기뻐하는 사람, 하나님이 원하시는 일을 하는 사람, 하나님의 사람이 되라.

명철하고 지혜 있는 자가 되라

왕은 계속 그를 평가했다. "하나님이 이 모든 것을 네게 보이셨으니 너와 같이 명철하고 지혜 있는 자가 없도다"(39절) 요셉에 대한 바로의 최고의 감탄사이다. 우리도 세상 사람들로부터 "너와 같이"라는 말을 들을 수 있어야 한다. 명철도 지혜도 하나님이 주셔야 한다. 그러므로 그 명철과 지혜를 하나님으로부터 구하라.

하나님의 정하신 일에 예비하는 자가 되라

요셉은 바로로부터 꿈 이야기를 듣고 왕에게 아뢴다. "바로께서 꿈을 두 번 겹쳐 꾸신 것은 하나님이 이 일을 정하셨음이라 속히 행하시리니"(32절) 풍년과 흉년이 곧 있을 것인데 이것은 이미 하나님이 정하신 일이다. 요셉은 하나님이 정하신 일에 예비하는 자가 필요하다고 말한다. 풍년에는 흉년을 대비해 흉년의 기근문제를 현명하게 푸는 자가 깨어 있는 경영자이다. 이런 경영자가 되라. 자기에게 속한 조직을 향한 하나님의 뜻이 있을 것이다.

현장 경영을 하는 사람이 되라

"요셉이 나가 애굽 온 땅을 순찰하니라"(45절) 현장 경영을 하는 사람이 되라. 사무실에 앉아 있기보다 현장을 사랑하라. 현장은 하나님이 일하시는 곳이다. 그곳에서 하나님을 드러내라. 군림보다 사랑을 드러내고, 서로 관용하라. 그리하여 하나님의 꿈을 이루는 자가 되라.

"너는 내 집을 치리하라" 이 말은 요셉에게만 해당되는 말이 아니다. 가정을 치리하는 부모, 교회를 섬기는 목회자, 직장에서 직무를 수행하는 사람 등 모두에게 해당된다. 하나님은 당신에게 일을 주시고 책임을 맡기셨다. 이제 주신 소명을 따라 진정 하나님의 뜻을 드러낼 때다.

34. 주의 인자하심과 성실하심이

"나의 성실함과 인자함이 저와 함께하리니 내 이름을 인하여 그 뿔이 높아지리로다"(시89:24)

성경에는 하나님의 인자하심과 성실하심에 대한 찬양이 곳곳에 소개되어 있다. 언약을 충실하게 지키시는 하나님, 그 인자하심이 영원하신 하나님에 대한 찬양이다.

인자하심은 kind와 generous라는 단어가 주로 사용된다. kind는 친절·인정·동정심·정성·사려 깊음·호의 등의 뜻이 담겨 있고, generous에는 관용·넓음·아량 등의 뜻이 담겨 있다. loving kind-ness라는 단어를 사용하기도 한다.

성실하심은 sincere, faithful, honest 등의 단어가 사용된다. sincere는 성실·진실·성심성의(최선을 다함)·거짓이 없음(충성)·온 마음을 다함의 뜻이 있고, faithful과 honest에는 충실함과 한결같은 마음이 담겨 있다.

시편 89편 24절에서 하나님은 '나의 성실함과 인자함이 저와 함께

하리니'라고 말함으로써 하나님 스스로 성실함과 인자함이 있으심을
드러내셨다. 이 말씀을 여러 버전에서는 이렇게 해석한다.

- Living Bible: "나는 그를 계속해서 보호하고 축복할 것이며 나
  의 사랑이 그를 둘러싸리라"
- RSV: "나의 충실함과 나의 변함없는 사랑이 그와 함께할 것이다"

또한 그로 인해 '그 뿔(his horn)이 높아질 것'을 말씀하셨다. 여러
버전에 나타난 의미를 살펴보자.

- Living Bible: "나 때문에 그는 위대하게 될 것이다"
- RSV: "나의 이름으로 그의 뿔이 높임을 받을 것이다"

하나님의 성실하심과 인자하심은 성경 곳곳에 나타난다. 민족적으
로는 출애굽에서 나타나지만 구원사적으로 볼 때는 예수님을 이 땅
에 보내심으로 나타났고, 그리고 종국적으로는 새 하늘과 새 땅을
주시는 것으로 나타난다. 그의 성실하심과 인자하심이 지금도 우리
를 붙들고 계신다. 그래서 우리는 하나님의 성실하심과 인자하심을
찬양하지 않을 수 없다.

- "주의 인자하심이 하늘에 있고 주의 성실하심이 공중에 사무쳤
  으며"(시36:5)
- "아침에 주의 인자하심을 나타내며 밤마다 주의 성실하심을 베
  풂이 좋으니이다"(시92:1)
- "여호와는 선하시니 그 인자하심이 영원하고 그 성실하심이 대
  대에 미치리로다"(시100:5)

오늘도 주의 성실함 속에서 우리는 눈을 감고, 주의 인자하심 속에서 눈을 뜬다. 주의 성실함과 인자하심이 없다면 우리는 세상에 가장 불쌍한 자였으리라. 그 사랑과 자비가 오늘도 우리를 감싼다. 이제 우리도 주의 성실하심과 인자하심을 배우고 실천해야 할 때다. 그래야 그 찬양이 의미가 있다.

35. 너로 인하여 기쁨을 이기지 못하여 하시며

"시온의 딸아 노래할지어다 이스라엘아 기쁘게 부를지어다 예루살렘 딸아 전심으로 기뻐하며 즐거워할지어다 여호와가 너의 형벌을 제하였고 너의 원수를 쫓아내었으며 이스라엘 왕 여호와가 너의 중에 있으니 네가 다시는 화를 당할까 두려워하여 아니 할 것이라 그 날에 사람이 예루살렘에게 이르기를 두려워하지 말라 시온아 네 손을 늘어뜨리지 말라 너의 하나님 여호와가 너의 가운데 계시니 그는 구원을 베푸실 전능자시라 그가 너로 인하여 기쁨을 이기지 못하여 하시며 너를 잠잠히 사랑하시며 너로 인하여 즐거이 부르며 기뻐하시리라 하리라"

스바냐 3장 14절부터 17절까지의 이 말씀은 기쁨의 회복에 관한 것이다. 이 기쁨은 이스라엘에 대한 하나님의 구원 때문이다. 이스라엘이 기뻐하고, 그 회복에 하나님도 기뻐하신다.

손을 늘어뜨린 상태에서(16절)

이스라엘이 죄의 형벌, 곧 하나님의 심판으로 인해 곤고한 상태에 빠졌다(12절). 이로 인해 이스라엘은 원수들로부터 괴롭힘을 당하고 화가 미쳤다. 스바냐서는 이러한 모습을 '손을 늘어뜨린 상태'(16절)라 묘사하고 있다. 희망이 보이지 않는다. 그사이에 우리는 얼마나 회개를 했을까.

회복시키시는 하나님(16절)

이 절망적인 상황에서 하나님은 이스라엘을 회복시키신다. 형벌을 당하는 것은 하나님의 정의이다. 그러나 형벌에 이어 하나님의 사랑이 부어진다. '너희 형벌을 제하였고'(15절) 용서하신 것이다. 그것은 하나님께서 원수들을 쫓아낸 것으로부터 시작한다. 하나님은 이스라엘을 향해 다시는 손을 늘어뜨리지 말라 하신다. 나아가 찬양하되 기쁘게 하라 하신다. 진심으로 기뻐하며 즐거워하라. 기쁨의 회복이다. 인간의 기쁨이 회복된 것이다.

너로 인하여 기쁨을 이기지 못하여 하시며(17절)

우리가 회복되었음을 확실히 알 수 있는 것은 하나님이 우리 가운데 계신다는 사실이다(17절). "이스라엘 왕 여호와가 너희 중에 계시니", "너의 하나님 여호와가 너의 가운데 계시니" 얼마나 평안을 주시는 말씀인가. 그뿐만 아니다. 우리를 보시는 하나님의 시선이 그렇게 기쁠 수 없다. "너로 인하여 기쁨을 이기지 못하여 하시며 너를 잠잠히 사랑하시며 즐거이 부르며 기뻐하시리라" 여기 충만한 하나님의 기쁨을 보라. 이 말씀을 읽을 때마다 우리는 하나님의 사랑에 빠진다. 그 하나님은 약속하신다. "천하 만민 중에서 명성과 칭찬을 얻게 하리라"(20절)

이런 존재가 되기 위해서 우리가 할 일이 있다. 입술을 깨끗이 하자(9절). 일심으로 하나님의 이름을 부르며 섬기자(9절). 다시는 교만하지 말자(11절). 죄짓지 말자. 오직 하나님을 경외하고 교훈을 받으며 살자(습3:7).

36. 너는 내 것이라

"야곱아 너를 창조하신 여호와께서 이제 말씀하시느니라 이스라엘아 너를 조성하신 자가 이제 말씀하시느니라 너는 두려워 말라 내가 너를

구속하였고 내가 너를 지명하여 불렀나니 너는 내 것이라"(사43:1)

"내가 너를 지명하여 불렀나니 너는 내 것이라" 얼마나 우리를 안심시키는 말씀인가. 이사야 43장은 이스라엘의 구속자이신 여호와 하나님이심을 극명하게 드러내면서 우리를 너무나 사랑하시는 모습을 보여 주고 있다.

너는 내 것이라(1절)

'너는 내 것이라' 이 말씀은 우리가 하나님의 것이요, 우리는 하나님께 속해 있다는 것이다. 우리는 그의 피조물이다. 하나님은 "내가 그들을 지었고 만들었노라"(7절) 하셨고, '너를 조성하신 자'(1절)라 하셨다. '내 이름으로 일컫는 자'(7절)요, '내가 내 영광을 위하여 창조한 자'(7절)이다.

"너는 내 것이라" 여기서 '너'는 사랑의 대상이다. "내가 너를 보배롭고 존귀하게 여기고 너를 사랑하였은즉"(4절) 네 생명을 대신할 만큼 사랑은 받은 자이다. 하나님은 우리를 그만큼 사랑하신다.

두려워 말라(1절)

"두려워 말라" 이 말씀 속에는 하나님의 보호가 있다. 내가 너를 보호하리라는 말씀이다. 2절은 보호가 구체적이다. 물 가운데로 건너 갈 때 내가 함께하겠고, 강을 건널 때 물이 너를 침몰치 못하게 할 것이며, 불 가운데로 갈 때 불꽃이 너를 사르지 못하게 하겠다고 하신다. 여기서 물, 강, 불은 환난과 고난을 상징한다. 물→강→불은 고난이 점차 심해지는 것을 보여 준다. 고난이 심해도 두려워할 필요가 없다. 하나님이 나의 보장이 되기 때문이다. 하나님이 우리를 구원하신다. "나는 여호와 네 하나님이요 네 구원자임이라"(3절)

내 딸들을 땅 끝에서 오게 하라(7절)

두려워 말 것은 하나님이 "네 자손을 동방에서부터 오게 하며 서방에서부터 너를 모을 것"(5절)이기 때문이다. 하나님은 해방을 약속하신다. 북방을 향해 "놓으라" 명하시고, 남방을 향해 "구류하지 말라 내 아들을 원방에서 이끌며 내 딸들을 땅 끝에서 오게 하라" 하신다(8절). "내 영광을 위해 창조한 자를 오게 하라 그들을 내가 지었고 만들었노라"(9절) 모든 문제로부터 우리를 해방케 하실 분이 바로 하나님이시다. 주님은 우리를 위해 새 일을 행하신다. 광야에 길을 내고 사막에 강을 내신다(19절). 그리고 택한 자로 그 물을 마시게 하신다(20절). 하나님 앞에 불가능이란 없다.

나의 찬송을 부르게 하리라(21절)

이 하나님은 다시금 강조하신다. "이 백성은 내가 나를 위해 지었나니 나의 찬송을 부르게 하려 함이니라"(21절) 하나님이 우리를 위해 하신 새 일을 찬양하라. "이전 일을 기억하지 말며 옛적 일을 생각하지 말라"(18절)

여호와께서 내게 주신 이 크신 은혜를 어떻게 보답할꼬(시116:12). 먹든지 마시든지 무엇을 하든지 하나님의 영광을 위해 살리라. 남은 생애 주님을 위해 살리라.

37. 인자와 긍휼로 관을 씌우시며

시편 103편의 저자 다윗은 주님을 송축하고 있다. 그가 쓴 시는 성경 가운데 가장 완벽하고 순수한 찬양의 노래라는 평가를 받고 있다. 특히 서두에서부터 '내 영혼아'라고 부르는 것에서부터 차원이 다름을 느낀다. 그는 우리 영혼을 향해 말함으로써 우리 마음속 깊이 하나님을 의식하고 살아야 한다는 것을 가르치고 있다.

그는 특히 1절에서 5절 짧은 절을 통해 송축의 이유 여섯 가지를 제시하였다. 그리고 그는 "내 영혼아 여호와를 송축하며 그 모든 은택을 잊지 말지어다" 힘주어 부탁한다. 내가 어찌해서가 아니다. 오직 하나님의 은혜다. 그 여섯 가지는 무엇일까?

첫째, 우리의 모든 죄악을 사하여 주셨기(3절) 때문이다. "저가 내 모든 죄악을 사하시며" 하나님은 우리의 구속자이시다. 한때 죄 가운데 있었던 다윗 자신뿐만 아니라 주님을 사랑하는 모든 인류에게 주님은 구원을 베푸셨다. 영적으로 자유로움을 주신 것이다. 이 사실 하나만으로도 주님은 찬양을 받아 마땅하다.

둘째, 우리의 모든 병을 고쳐 주셨기(3절) 때문이다. "네 모든 병을 고치시며" 죄악이 영적인 문제라면 병은 육적인 문제이다. 이 두 문제를 모두 하나님께서 해결해 주셨다는 것이다. 하나님은 우리를 향해 영적인 치유만 아니라 육적인 치유의 능력도 행하신다. 하나님이 만일 우리 몸에 면역력을 갖도록 허락하지 않으셨다면 우리는 지구에 존재할 수 없었을 것이다.

셋째, 우리의 생명을 파멸에서 구속하셨기(4절) 때문이다. "네 생명을 파멸에서 구속하시고" 파멸은 죄로 죽었던 우리다. 죽을 수밖에 없었던 우리가 아니다. 영적으로 그 죽은 생명을 구속하시고, 새로운 생명을 주셨다.

넷째, 인자와 긍휼로 관을 씌우셨기(4절) 때문이다. "인자와 긍휼로 관을 씌우시고" 우리를 구원했을 뿐만 아니라 인자와 긍휼로 관을 씌워 영화롭게 하셨다. 죄인을 의인으로 만드시고, 하나님 나라의 상속자로 삼으셨다. 이것은 이 세상에서뿐만 아니라 저 세상에서도 우리가 어떤 존재인가를 보여 준다. 정체성을 확실하게 하셨다.

다섯째, 좋은 것으로 우리 소원을 만족케 하셨기(5절) 때문이다.

"좋은 것으로 네 소원을 만족케 하사" 하나님은 항상 자기의 자녀들에게 좋은 것을 주신다. 여기서 좋은 것은 성령이다. 성령 충만, 성령의 기름 부으심을 통해 날마다 주님이 기뻐하시는 삶을 산다.

끝으로, 우리 청춘으로 독수리같이 새롭게 하셨기(5절) 때문이다. 성령과 동행하는 삶을 살면 하나님께서 기뻐하시며, 우리의 삶이 독수리가 날개 치며 올라가듯 새로워진다. "네 청춘으로 독수리같이 새롭게 하시는도다" 독수리는 구명이 매우 긴 짐승인데 늙게 되면 부리가 점점 길어져 아무것도 먹지 못하게 된다. 그러면 벼랑 위로 날아올라 부리가 닳아 없어지고 새로운 부리가 나올 때까지 바위를 쪼아댄다. 새 부리가 나오기 전까지는 먹이를 먹지 못하기 때문에 깃털이 빠지기도 하지만 새 부리가 나면 다시 새로운 깃털이 나온다. 이렇게 되면 다시 날카로운 부리를 자랑하는 무서운 젊은 독수리로 되돌아온다. 독수리의 이러한 소생 과정에 비유해서 청춘이 새롭게 된다고 묘사한 것이다. 의인은 항상 힘 있고 강한데 그 이유는 하나님이 새로운 힘을 공급하시기 때문이다.

이 좋으신 하나님을 어찌 잊겠는가. 어찌 찬양하지 않을 수 있겠는가. 오늘도 그 주님과 동행하고 그 주님 사랑하며 그 은총 속에서 날개 쳐 올라가는 독수리가 되기를 바란다.

38. 쇠약한 병상에서 저를 붙드시고

가끔 식구들 가운데 아픈 사람이 나오고 친지나 이웃, 그리고 교인들 가운데서 아픈 사람을 볼 때마다 기도가 절로 나온다. "주님, 저들의 아픔에 함께하시고, 안아 주시기를 원합니다" 지금도 암의 아픔 가운데서도 기도하며 주님 앞에 무릎을 꿇으셨던 아버님을 잊을 수 없다. 삶에서 멀리할 수 없는 아픔, 그러나 그 아픔이 있기에 우리는 기도한다.

다윗도 시편을 통해 아픔을 말하고, 병약한 자를 위해 기도한다. 41편을 보자.

"빈약한 자를 권고하는 자가 복이 있음이여 재앙의 날에 여호와께서 저를 건지시리로다"(1절) 여기서 빈약한 자란 가난한 사람이 아니다. 하나님의 구원을 바라는 자요 병든 자다. 그를 권고하고 용기를 주는 사람이 복이 있다고 말한다.

2절에서는 "여호와께서 저를 보호하사 살게 하시리니 저가 세상에서 복을 받을 것이라" 한다. 주님께서 그를 보호해 살게 하실 것이라는 확신을 하고, 그 사람도 이 땅에서 하나님의 복을 받아 누리게 될 것이라 말한다.

3절에서는 더 강하고 구체적인 기도가 있다. "여호와께서 쇠약한 병상에서 저를 붙드시고 저의 병중 그 자리를 다 고쳐 펴시나이다" 이 시구 가운데 '여호와께서 쇠약한 병상에서 저를 붙드시고'라는 표현이 너무 아름답다. 그리고 하나님께서 그 자리를 다 고쳐 펴심을 믿는다.

4절은 하나님을 향한 기도가 담겨 있다. "내가 말하기를 여호와여 나를 긍휼히 여기소서 내가 주께 범죄하였사오니 내 영혼을 고치소서 하였나이다" 여기서 나는 다윗인지 병상에 있는 자인지는 확실하지 않다. 문제는 하나님의 자비와 긍휼히 여김을 받고자 한 것이다. 혹시 있을지도 모를 죄를 생각하며 "내 영혼을 고치소서" 간구한다. 주님을 향해 철저히 낮아짐이다. 주님은 이 낮아짐을 귀히 보신다. 그리고 우리 병뿐만 아니라 영혼까지 고치신다.

시편 84편은 고라 자손의 시다. 이 시에서 그들은 말한다. "주께 힘을 얻고 그 마음에 시온의 대로가 있는 자는 복이 있나이다. 저희는 눈물 골짜기로 통행할 때에 그곳으로 많은 샘의 곳이 되게 하며 이른 비도 은택을 입히나이다. 저희는 힘을 얻고 더 얻어 나아가 시온에서 하나님 앞에 각기 나타나리이다"(5~7절) 마음에 시온의 대로가 있는 자는 주님으로부터 힘을 얻고 또 얻어 나간다. 눈물 골짜기가 샘의 곳으로 바뀐다. 환난이 기쁨으로 변하는 것이다.

9절은 간절함이 있다. "우리 방패이신 하나님이여, 주의 기름 부으신 자의 얼굴을 살펴보옵소서" 주님을 향해 얼굴을 든다. 하나님밖에 없다는 간절함이 배어 있다. 그리고 84편은 이렇게 끝을 맺는다. "만군의 여호와여 주께 의지하는 자는 복이 있나이다"(12절)

오늘도 병상에서 고통스러워하는가? 주님을 향해 기도를 드리고 있는가? 그렇다면 시편 41편과 84편을 읽고 묵상하자. 병상에서 하나님을 더욱 붙들고, 주님으로부터 날마다 힘을 얻고 더 얻어 나가기를 바란다. 그러면 지금의 시련의 골짜기가 기쁨의 곳이 될 것이다. 치유의 손길이 속히 임하고, 회복이 빨라지기를 기도한다. 절대 실망하지 말자. 고통의 때에 주님을 더 기억하고 기도하게 하신 것을 감사하자. 다윗은 병상에 있는 자에게 용기를 주는 자에게 복이 있다 했고, 병상에 있는 자도 복을 받게 되리라 했다. 고라 자손들도 주께 의지하는 자가 복이 있다 했다. 주님을 찾는 당신, 그를 위로하는 당신 모두 복이 있는 자다. 오늘도 하나님의 복이 우리 안에 넘치기를 기도한다. 병은 당신을 이기지 못한다. 주님이 있기에.

39. 감사함으로 그 문에 들어가며

"감사함으로 그 문에 들어가며 찬송함으로 그 궁정에 들어가서 그에게 감사하며 그 이름을 송축할지어다" 시편 100편 4절의 시다. 그 문에 들어갈 때도 감사하고, 그 궁정에 들어가서도 감사한다. 시편 저자의 마음에는 감사함이 넘친다.

하나님과 단절된 신앙은 죽은 것이다. 그 속에는 기도나 찬송이나 감사가 없기 때문이다. 그리스도인의 최대 축복은 하나님과 교제할 수 있다는 것이다. 늘 감사함으로 교제할 때 우리가 주 안에서 살아 있음을 느끼게 된다. 성령 충만한 삶의 근거도 감사하는 마음이 있는가에 달려 있다. 성령 충만하셨던 예수님은 언제나 감사하는 마음을 가지셨다.

기독교는 한마디로 감사신앙이다. 신앙이 뿌리라면 감사는 그 열매다. 감사하는 것은 하나님의 뜻이요, 하나님을 기쁘시게 한다. 불평하고 원망하는 것은 하나님의 뜻을 거역하는 것이다. 광야의 이스라엘을 보라. 그들을 닮지 말자.

작은 것에도 감사하자. 바울은 범사에 감사하라 했다. 크던 작던 감사한다. 이것이 그리스도 안에서 우리를 향하신 하나님의 뜻이다. 예수님은 떡 5개와 물고기 두 마리를 가지고도 감사하셨다. 새들, 꽃과 풀, 하늘과 땅, 자연 속에서나 평범한 생활 속에서 늘 감사하자.

지금 가진 것, 나의 나 됨을 감사하자. 현재 가진 것만으로 감사할 수 없다면 하나님과의 교제에 장애가 된다. 최근 우리가 애창하는 곡으로 "You raise me up to more than I can be"가 있다. 당신은 내가 될 수 있는 것보다 더 나를 잘 키우셨어요. 이런 마음가짐이 주님을 감동시키지 않을까.

고난에도 감사하자. 믿음의 선배들은 모두 고난의 문을 통과했다. 아브라함, 다윗, 바울, 사도들 모두. 바울은 감옥에서 골로새서를 쓰면서도 감사했다. "너희를 생각하니 감사한 일뿐이다" 하박국은 우리에 소가 없을지라도 나는 하나님으로 말미암아 즐거워하며 감사했다. 그 하나님이 우리를 높은 곳에 다니게 하신다고 고백한다. 기독교는 축복만 바라고 고난과 희생을 피하고자 하는 샤머니즘이 아니다. 샤머니즘엔 기원은 있지만 감사는 없다. 당신이 오늘 주님을 위해 고난의 삶을 산다면 그 반열에 선 것을 감사할 수 있어야 한다.

말씀이 우리 가운데 있는 것을 감사하자. 시편은 기도수첩이다. 시편은 주님의 임재 속에 들어가 기쁨을 느낄 때 감사하고, 하나님을 떠나 있을 때 외로움을 생각하며 감사하며, 원수의 공격 때 두려움을 물리쳐 주실 것을 믿으며 감사했다. 어느 상황에서도 감사할 것을 가르친다. 아침을 감사함으로 맞자. 매일같이 임하시는 주님께 감사하자. 언제나 감사하자.

일하기 전에 감사하고 응답하실 것을 믿고 감사하자. 예수님은 오병이어 기적을 행하실 때 하늘을 우러러 축사하셨다. 죽은 나사로를 살리시기 전 살려 주실 것을 믿고 감사하셨다. "아버지여 내 말을 들으신 것을 감사하나이다"(요11:41) 미리 감사하신 것이다. 감사하면 축복이 따른다.

은혜에 감사하자. 구원에 감사하고 우리 모두가 함께 그리스도인으로 살아가게 된 것을 감사하자. 감사는 은혜에서 시작된다. 모든 감사는 은혜를 은혜로 받아들이는 데서 온다. 하나님의 은혜를 알고 고백하는 신앙, 감사의 신앙을 갖는 것이 바르다. 우리에게 큰 구원을 베푸신 주님께 감사하자. 죄로부터 완전히 자유롭게 하신 분이 아니신가.

사랑이 없는 이 세상에서 사랑을 실천하게 하고, 원수까지 배려하며 오늘도 차원 높은 그리스도인으로 살게 하신 것에 감사하자. 감사하면 비판할 시간도, 원망할 시간도 없다. 오늘도 우리 삶에 감사를 넘치게 하자.

40. 답답한 일을 당하여도 낙심하지 아니하며

"우리가 이 보배를 질그릇에 가졌으니 이는 능력의 심히 큰 것이 하나님께 있고 우리에게 있지 아니함을 알게 하려 함이라. 우리가 사방으로 우겨 쌈을 당하여도 싸이지 아니하며 답답한 일을 당하여도 낙심하지 아니하며"(고후4:7~8)

고린도후서 4장에 있는 이 말씀을 읽노라면 이 답답한 세상에서 어떻게 살아야 하는가를 가르쳐 준다. 밖을 보면 모두 자기 몫을 챙기려는 이기적인 목소리로 거리가 시끄럽다. 교회에 대한 밖의 시각도 곱지 않다. 사방으로 우겨 쌈을 당한 것 같다. 답답하기 그지없다.

당시 바울의 상황도 어려웠다. 고린도 교인들은 젊은 디모데의 말을 잘 듣지 않았다. 바울은 이 일로 크게 근심하였다. 바울마저 환난이 겹쳐 살 소망까지 끊어지고 마음에 사형선고를 받은 것으로 생각했다. 그러나 바울은 그런 가운데서도 낙심하지 않았고, 지금 우리를 향해서도 낙심할 필요가 없다고 말한다. 왜 그럴까? 하나님 은혜 때문이다. 은혜 받은 자는 낙심하지 않는다. 그 은혜가 있는 한 우리는 우겨 쌈을 당해도 결코 싸이지 않는다.

필립 얀시는 은혜는 이 시대의 마지막 최고의 단어라 했다. 낙심은 이 시대의 변형된 핍박이다. 낙심은 우리로 그리스도의 강한 군사가 되지 못하게 한다. 은혜 받으면 낙심하지 않는다. 오히려 받은 은혜에 감사하라. 설거지할 때도 그 은혜에 감격하고 감사하라. "나의 나 된 것은 하나님의 은혜라” 은혜의식을 가지면 보는 눈이 달라진다.

우리가 은혜 가운데 있다는 것을 입증하는 말씀이 바로 “우리가 이 보배를 질그릇에 가졌으니”이다. 바울은 질그릇 의식을 가졌다. 우리는 더 이상 세상 그릇이 아니다. 내 몸은 주님을 담은 주님의 그릇이다. 하나님의 능력이 담겨 있는 질그릇이다. 그 능력은 심히 크다. 그 큰 능력을 담고 있으면서 낙심한다는 것은 이치에 맞지 않다.

그런데도 왜 좌절하고 근심할까? 그것은 우리가 질그릇이기 때문이다. 깨어지기 쉬운 연약한 질그릇이다. 질그릇은 볼품없고 약하며 깨어지기 쉽다. 우리의 육신, 감정, 의지, 영적인 것도 약하고 쉽게 깨어진다. 깨어지기 쉬운 존재, 연약한 존재가 바로 우리다.

그러나 우리는 보배를 가진 질그릇이다. 나는 보잘 것 없지만 내 안에 있는 보배, 곧 예수 그리스도는 그렇지 않다. 보배(treasure)는 복음의 거룩한 빛으로 가장 가치 있는 것을 말한다. 가장 가치 있는 것은 바로 예수 그리스도이다. 능력의 심히 큰 것은 나에게서 나오는 것이 아니라 하나님께 있다. 우리는 바로 그분을 모시고 있다. “예수의 생명이 우리 안에 있어”(10절), “우리의 속은 날로 새롭도다”(16절)

우리는 질그릇이다. 목사든 집사든 모두 질그릇이다. 교회에서 교육을 더 받았다고 해서, 직분이 높아졌다 해서 자신은 질그릇이 아니라고 생각한다면 그것은 교만이다. 우리는 모두 깨어져야 할 질그릇이다. 나를 깨뜨리고 오직 보배이신 예수님을 드러내야 한다. 나를 드러나게 해서는 안 된다. 나는 아무것도 할 수 없다고 생각할 때 하나님은 그때 역사하신다. 그리스도인은 세상의 능력으로 사는 존재가 아니라 주님이 주시는 힘으로 사는 존재이다.

질그릇이라 할지라도 하나님은 우리 안에 있는 보배를 지키기 위해 우리를 멸망시키지 않는다. 세상은 바울을 가두고 멸시할 수 있지만 예수까지 가두고 멸시할 수는 없다. 우리는 연약하나 하나님의 능력이, 예수 그리스도의 생명이 우리 안에 있어 날로 새로워지는 존재다. 세상을 보면서 하나님의 능력과 그리스도의 생명까지 잃지 말자. 낙심하지 말자. 좌절하지 말자. 그리스도의 생명으로 희망의 꽃을 피우자. 주님을 닮은 존재로서, 언제나.

41. 너희는 마음에 근심하지 말라

"너희는 마음에 근심하지 말라 하나님을 믿으니 또 나를 믿으라 내 아버지 집에 거할 곳이 많도다. 내가 너희를 위하여 처소를 예비하러 가노니 가서 너희를 위하여 처소를 예비하면 내가 다시 와서 너희를 내게로 영접하여 나 있는 곳에 너희도 있게 하리라 내가 가는 곳에 그 길을 너희가 알리라"(요14:1~4)

우리는 이 세상에 살면서 근심하며 산다. 오죽하면 스트레스가 병이 될까. 근심하며 살다 보니 그것이 병의 원인이 된다. 그것이 또

병을 낳으니 그 끝이 없다. 예수님은 우리가 근심하며 산다는 것을 잘 아신다. 그래서 "너희는 마음에 근심하지 말라 하나님을 믿으니 또 나를 믿으라" 하셨다. 주님을 믿으면 이것들로부터 자유로울 수 있다는 말씀이다.

그런데 예수님은 갑자기 처소를 예비하러 가신다고 하신다. 답답해한 것은 우선 제자들이다. 베드로는 무겁게 입을 열었다. "주여 어디로 가시나이까?", "나의 가는 곳에 네가 지금은 따라올 수 없으나 후에는 따라오리라"(요13:36) 이 세상의 것이 모두가 아니라는 말씀이다. 도마도 거든다. "주여 어디로 가시는지 우리가 알지 못하거늘 그 길을 어찌 알겠삽나이까?" 그때 주님은 아주 유명한 말씀을 하신다. "내가 곧 길이요 진리요 생명이니 나로 말미암지 않고는 아버지께로 올 자가 없느니라"(요14:6) 주님만 믿으라는 말씀이다.

예수님은 우리가 갈 곳, 우리가 영원히 머물 곳을 예비하는 주님이시다. 우리는 그 주님만 따라가면 된다. 그런데도 우리는 이 땅에 앉아서 걱정한다. 주님이 우리를 위해 예비하는 나라는 근심도, 죽음도, 고통도, 스트레스 받을 일도 없는 영원한 나라다. 요한계시록을 보면 주님은 우리의 눈물을 닦아 주신다. "모든 눈물을 그 눈에서 씻기시매 다시 사망이 없고 애통하는 것이나 곡하는 것이나 아픈 것이 다시 있지 아니하리니 처음 것들이 다 지나갔음이러라"(계21:4) 우리는 지금 그 처음 것들 때문에 걱정하며 산다. 그러나 그것도 다 지나간다. 처음 것은 지나갈 것들이다. 그럼에도 불구하고 우리 곁에 영원히 있을 것처럼 생각하며 오늘도 그것들을 붙들고 근심하고 걱정한다. 하지만 우리가 영원한 것을 취하고자 할진대 그것들은 모두

상대화될 대상이다. 어차피 버려야 할 대상이다.

혹시 하나님 나라가 포화상태가 될지 걱정인가. 그럴 필요도 없다. "내 아버지 집에 거할 곳이 많도다" 하지 않으시는가. 나 거할 곳 걱정할 것 없다. 주님은 우리가 걱정하는 이상으로 풍족히 준비하신다.

예수님이 가신 그곳에 우리가 어떻게 갈 수 있을까? 그것은 매우 간단하다. 예수님을 믿음으로, 예수님을 의지함으로 가능하다. 세상 사람들은 다른 길을 찾는다. 보이는 것을 찾는다. 여러 종교들도 자기들이 만든 길을 가리킨다. 그러나 그것은 인간이 만든 길이다. 우리가 따라야 할 길은 오직 한길이신 예수님을 따르는 것이다. 예수님은 자신을 가리켜 길이요 진리요 생명이라 하지 않으셨는가. 주님은 우리를 어둠에서 빛으로 인도하시는 길이시다. 주님은 우리를 하나님의 지혜로 인도하시는 진리시다. 그리고 우리의 영과 육을 살아 있게 만드는 생명이시다.

지금도 걱정이 되는가? 그러나 보이는 이 세상이 모두라고 생각하지 말라. 우리는 더 큰 세상을 사모하는 백성이다. 물론 이 세상에서도 승리자로 살아야 한다. 주님이 우리와 함께하시는 한 패배란 없다. 근심의 노예가 되어서도 안 된다. 오늘을 사는 우리를 향해 주님은 말씀하신다. "너희는 마음에 근심하지 말라 하나님을 믿으니 또 나를 믿으라"

42. 네 치료가 급속할 것이며

　전도서 3장은 천하에 범사가 기한이 있고 모든 목적이 올 때가 있다는 말씀으로 시작한다. "죽일 때가 있고 치료 시킬 때가 있으며 헐 때가 있고 세울 때가 있으며"(전3:3) 다 때가 있다는 말이다. 사건마다 일마다 하나님이 정하신 그때가 언제인지 인간은 알 수 없다. 그러나 하나님은 그때를 정하시고 기필코 이루신다. 우리는 그때를 기다릴 수밖에 없다. 하나님의 뜻이 이루어지기를 기도하며. 그러므로 우리의 기다림은 결코 헛된 것이 아니다.

　때로는 하나님은 그때를 급속하게 이루시기도 하신다. "네 치료가 급속할 것이며"(사58:8) 이것은 우리가 어떤 행동을 하느냐에 달려 있다. 이 말씀 앞에는 '그리하면'이라는 조건적 단어가 붙어 있다. 그 조건은 바로 앞 절에 있다. "나의 기뻐하는 금식은 흉악의 결박을 풀어 주며 멍에의 줄을 끌러 주며 압제당하는 자를 자유케 하며 모든 멍에를 꺾는 것이 아니겠느냐 또 주린 자에게 네 식물을 주며 유리하는 빈민을 네 집에 들이며 벗은 자를 보면 입히며 또 네 골육을 피하여 숨지 아니하는 것이 아니하겠느냐"(사58:6,7) 이것을 보면 하나님께서 우리의 행동을 달아보신 후에 그때를 결정하시는 것을 알 수 있다. 그러니 우리 행동 하나하나가 매우 중요하다는 것을 알 수 있다.

　예레미야서를 보면 "길르앗에는 유향이 있지 아니한가 그곳에는 의사가 있지 아니한가 딸 내 백성이 치료를 받지 못함은 어찜인고”
(렘8:22) 한탄한다. 길르앗은 요단 동편의 산지로 물이 많고 수목이
울창하다. 포도와 올리브 재배에도 적합하여 길르앗의 유향이라는
이름을 얻었다. 길르앗의 유향은 유향수(乳香樹) 줄기나 열매에서
추출한 액으로 의약품으로 사용되었다. 길르앗 산을 최고로 쳤다. 그
유향도 있고, 의사도 있는데 고침을 얻지 못하는 것은 어찌 된 일인
가. 이스라엘이 하나님 앞에 죄를 범해 이젠 여호와의 진노를 피할
수 없음을 안타깝게 표현한 말이다.

한국의 여러 형편을 보거나 세상의 돌아가는 모습을 보면 우리
모두가 하나님의 진노를 자초하는 것 같다. 하나님의 인내를 시험하
는 인간의 모습에 주님은 얼마나 실망하실까. 아니면 긍휼하신 마음
으로 끝까지 참고 계실까?

이제 우리가 나서야 할 차례다. 슈바이처는 가난과 질병으로 신음
하는 아프리카의 아픔을 보며 그 암흑의 땅을 밝히는 하나의 등불이
되었다. 링컨은 억압으로 인간 이하의 대접을 받고 사는 흑인 노예
들에게 남북전쟁을 불사하며 그들에게 빛을 주었다. 우리가 지금 말
하는 최저임금제도 링컨으로 인해 얻어진 결과이다.

하버드대학은 1636년 청교도에 의해 세워진 학교다. 그 학교의 모
토는 “Christo et Ecclesiae”, 곧 ‘그리스도와 교회를 위해서’이다. 예
수 그리스도와 그의 몸 된 교회를 위해 이 학교를 세운다는 것이다.
나아가 요한복음 17장 3절의 말씀을 가슴에 새겼다. “영생은 곧 유
일하신 참 하나님과 그의 보내신 자 예수 그리스도를 아는 것이니이
다” 그리스도를 알고 실천하는 학교를 만들겠다는 것이다.

이러한 정신들이 바르게 실천되면 얼마나 좋을까. 그런데 한참 사신신학이 판칠 때 하버드 대학생들은 관을 들고 교정을 돌았다. "우리 하나님, 아버지는 돌아가셨다" 외치며. 정말 그들은 '돌았다' 1930년대 일본이 신사참배를 강요하던 우리의 많은 기독교학교들은 스스로 폐교하며 저항했다. 우리에게는 하나님을 거역하는 시대에 맞서는 정신이 필요하다.

우리 모두가 링컨이나 슈바이처가 될 수는 없다. 그러나 우리 삶에서 작은 예수로 살아갈 때 주님은 상처로 얼룩진 우리나라를 속히 치료해 주실 것이다. 그때는 우리에게 달렸다.

43. 동편 창을 여소서, 활을 쏘소서, 땅을 치소서

이스라엘 왕 여호아하스, 요아스, 여로보암 2세는 각각 17년, 16년, 그리고 41년을 통치했다. 그들에게 공통된 것이 있다면 여호와 보시기에 악을 행했다는 점이다. 악을 행하는 나라가 행복할 리 없다. 계속 아람나라의 침공을 받았다. 오죽하면 고난이 심하고 이스라엘에 도울 자가 없다(왕하14:26)고 했을까.

그들은 하나님께 호소했다. 하나님은 그 기도를 들으셨다. 죄가 없어서가 아니다. 언약을 기억하셨기 때문이다(왕하13:23). 아브라함, 이삭, 야곱을 기억하신 것이다. 하나님은 약속을 지키시는 분이다.

엘리사에게 나아간 요아스

요아스 때 이스라엘의 국력이 점차 회복되기 시작했다. 하지만 선지자 엘리사가 중병에 걸려 있었다. 이것은 이스라엘에서 중대한 사건이 아닐 수 없다. 그만큼 선지자를 신뢰했기 때문이다.

왕은 엘리사를 찾았다. 그는 눈물을 흘리며 말했다. "내 아버지여, 이스라엘의 병거와 마병이어" '내 아버지여'라고 한 것은 '나의 의지가 되는 분'이었음을 말하며, '이스라엘의 병거와 마병이어'라고 한 것은 이스라엘의 의지가 되는 분임을 말한다. 그만큼 엘리사를 왕뿐만 아니라 온 이스라엘이 인정하고 사랑한 것이다. 하나님의 사람, 능력의 사람은 어떤 상황에서든, 비록 하나님 앞에 악을 행하는 왕으로부터도 인정을 받는다.

동편 창을 여소서, 활을 쏘소서, 땅을 치소서

엘리사는 사실 죽음 직전에 있었다. 그럼에도 그는 왕을 맞았다. 그도 이스라엘 사람으로 왕과 민족을 사랑하지 않는가. 왕과 나라를 위해 마지막으로 좋은 일을 하고 싶었다.

엘리사는 왕을 향해 활과 살을 취하도록 한다. 그것도 두 번이나 말한다. 두 번 말한 것은 꼭 해 주고 싶었음을 의미한다. 그리고 자기 손으로 왕의 손을 안찰했다(열하13:16). 안수 기도를 한 것이다.

그는 고난당하는 이스라엘 민족을 위해 축복하고 싶은 마음이 가득했다.

엘리사는 왕을 향해 입을 열었다. 그리고 부탁했다. 그러나 그 부탁은 일종의 명령이었다. 왕에게 명령하는 선지자의 모습을 상상해 보라. 왕은 기꺼이 그 명령을 받을 준비가 되어 있다. 엘리사의 주문은 크게 세 가지였다.

첫째, "동편 창을 여소서" 동편은 아람이 지배하고 있는 요단강 동편을 가리킨다. 적을 바라보라, 문제를 바라보라는 것이다. 활을 쏘려면 적을 향해 있어야 하지 않는가.

둘째, "활을 쏘소서" 이 화살은 구원의 살이다. 힘껏 당겨야 한다. 가능하면 멀리멀리 가야 한다. 선지자는 "왕이 아람 사람을 진멸하도록 아벡에서 치리이다" 선언한다. 생각만큼 멀리까지 쏘지 못한 것 같다. 아벡은 사마리아와 아람 수도 다메석 사이에 있는 곳으로, 60년 전 아합이 아람을 이긴 곳이다. 그곳에서 다시 이기리라는 것이다. 다메석까지 이겼으면 더 좋았을 것을. 그저 중간 지점에서 승리하게 될 것이라는 말이다.

셋째, "땅을 치소서" 이 명령에 왕은 세 번만 치고 그쳤다. 미온적으로 땅을 친 것이다. 이것은 완전한 승리를 얻지 못할 것을 의미한다. 그저 중간 정도의 승리다.

선지자는 화가 났다. 더 열심히 쳐야 하는 것인데. 그리고 왕을 향해 소리쳤다. "왕이 오륙 번을 칠 것이니이다. 그리하였더면 왕이 아람을 진멸하도록 쳤으리이다. 그런즉 이제는 왕이 아람을 세 번만 치리이다"(왕하13:19) 5~6번 쳤더라면 아람의 간담을 서늘하게 만들었을 터인데, 3번으로는 턱없이 부족하다. 과업을 이루고자 하는 열정이 부족했다는 말이다.

아람에 대한 완전한 승리는 요아스 아들 여로보암2세에서 이루어진다. 그는 이스라엘 지경을 회복했고, 다메석까지 완전 승리했다. 하나님이 구원하신 것이다(왕하14:25,27,28).

고난에 빠질 때 하나님께 구하라. 들으시리라. 동편 창을 열라 할 때 활짝 열고 목표를 바라보라. 활을 쏘라 할 때 힘껏 당기고, 땅을 치라 할 때 땅이 부러지라 치라. 하나님은 그 열심을 보시리라.

44. 진보와 기쁨

그리스도의 삶은 진보의 삶이어야 한다. 빌립보서 1장은 한마디로 진보를 강조한다. 이 진보는 진보와 보수의 개념이 아니라 복음의 진보와 믿음의 진보이다.

내가 군에 있을 때 사단의 명칭이 전진부대였다. 그래서 상관을 보면 "전진!" 하며 경례를 했다. 바울도 전진, 곧 진보를 좋아한다. 복음이 전진하는 것을 보며 기뻐하고, 복음이 전진하는 것을 보며 기뻐했다. 그에게 준 기쁨을 빌립보서 1장을 통해서 살펴보자.

복음의 진보(12절)

"나의 당한 일이 도리어 복음의 진보가 된 줄을 너희가 알기를 원하노라"(12절) 여기서 진보는 progress다. 바울이 역경 가운데 있는데 복음이 확장되어 가는 것을 보고 기뻐하는 것이다. 이 진보는 원래 '프로코레'(prokore)로 군대를 위해 길을 닦아 쉽게 행군하도록 하는 것을 말한다.

어떻게 복음의 진보가 나타나는가? "형제 중 다수가 나의 매임을 인하여 주 안에서 더욱 신뢰하므로 겁 없이 하나님의 말씀을 더욱 담대히 말하게 되었느니라"(14절) 담대히 전도하게 된 것이다.

그 전도의 이면에 두 그룹이 나타난다. 하나는 '착한 뜻으로'(16절) 하는 그룹이다. 바울이 복음의 사자로 세워짐을 확신하며 사랑으로 전도하는 사람들이 있었다는 것이다. 참전도를 하는 이들이다.

다른 하나는 '투기와 분쟁으로'(17절) 하는 그룹이다. 저들은 '(바울의) 매임에 괴로움을 더하게 하려고' 전도에 열심을 낸 것이다. "우리가 전도하면 할수록 바울이 더 고통을 받겠지. 더 고생해 봐라" 하는 마음이다. 저들은 바울을 질시하는 그룹이었다. '순전치 못하여 다툼으로' 전도한 것이다. 이것은 앞의 참전도에 반해 외모 전도다.

바울은 이 두 방식을 놓고, "외모로 하나 참으로 하나 전파되는 것은 그리스도니 이로써 내가 기뻐하고 기뻐하노라"(18절) 했다. 자기에 대한 태도가 어떠하든 복음이 전파되었으니 기쁘다는 것이다. 복음이 되니 기쁘고 또 기쁘다(rejoice and continue to rejoice)는 그의 마음에서는 주님을 향한 순전함이 보인다. 그래서 그는 결심한다.

"오직 전과 같이 이제도 온전히 담대하여 살든지 죽든지 내 몸에서 그리스도께 존귀히 되게"(20절), 이것이 자신의 열망이라는 것이다. 어찌하든지(21절) 주님만 높여지면 된다는 그의 순수함이 자랑스럽다.

믿음의 진보(25절)

나아가 바울은 믿음 안에서의 진보와 기쁨(progress and joy in the faith)을 말한다. 그리스도인들의 진보는 매우 중요하다. 영적인 전쟁터에서 정지하여 서 있는 일은 불가능하다. 퇴보 아니면 전진이다. 바울은 "진보는 기쁨을 낳는다"(25절)고 선언한다.

믿음의 진보는 어떤 것으로 나타나는가? 첫째, 사랑의 진보이다(9절). "너희 사랑을 지식과 모든 총명으로 점점 더 풍성하게 하사"(9절) 둘째, 모든 지식과 총명의 진보이다. 이것은 방금 언급한 9절에 나타나 있다. 셋째, 열매를 풍성하게 맺는 것이다. "열매가 풍성함으로"(11절), "예수 안에서 너희 자랑이 풍성하게"(26절) 하는 것이다. 여기서 '너희 자랑'은 그리스도 안에서의 너희 기쁨(your joy in Jesus Christ)이다. 이 기쁨이 흘러넘치는(overflow) 것이다.

진보의 열매를 맺으려면

진보의 열매를 맺으려면 어떻게 해야 하는가?

첫째, 그리스도의 복음에 합당하게 생활하는 것이다(27절). 구원받은 자로서 더 성숙한 삶을 사는 것이다. 히브리서 기자는 말한다. "다시 닦지 말고 완전한 데 나아갈지니라"(히6:1∼2) '나아갈지니라'는 진보하라, 삶에서 그 진보, 곧 성숙한 모습을 보이라는 뜻이다. 그 성숙은 에베소서 4장 1−3절, 골로새서 3장 12−17절에서와 같이 겸손·온유·오래 참음·용납·평안·긍휼·자비·찬양 등으로 나타난다.

둘째, 복음의 신앙을 위해 협력하는 것이다. "일심으로 서서 한 뜻으로"(27절) 협력하고, "마음을 같이하여 같은 사랑을 가지고 뜻을 합하며 한마음을 품어"(빌2:2) 협력한다.

끝으로, 대적을 두려워하지 않는 것이다. 대적은 '자기 일을 구하고 예수의 일을 구하지 아니하는 자들'(빌2:21)로 그리스도인에게 고난과 핍박을 주는 자들이다. 그러나 그 고난을 두려워 말자. "너희에게 은혜를 주신 것은 그를 믿을 뿐만 아니라 그를 위하여 고난도 받게 하심이라"(29절), "너희에게도 같은 싸움이 있으니"(30절) 같은 싸움이란 고난의 싸움이다. 위로(elpis)부터 우리에게 은혜(charismata)가 풍성히 임하는 것은 그 싸움에서 이길 수 있도록 하기 위한 것이다.

고난의 싸움에 동참하게 된 것을 기뻐하라. 주님도 말씀하셨다. "두려워 말라 겁내지 말라 내가 세상을 이기었노라" 우리의 싸움은 주님과 함께하는 싸움이다. 그래서 두려워할 필요가 없다. 우리가 두려워하지 않는 것은 "저들에게는 멸망의 빙거(분명한 표시)요 우리에게는 구원의 빙거니 이는 하나님께로부터 안 것이라"(28절) 이 말씀은 예언적 성격을 띤다. 그렇게 된다는 확신을 심어 주기 때문이다.

바울은 빌립보에서뿐만 아니라 디모데 전서에서도 진보를 강조했다. "이 모든 일에 전심전력하여 너의 진보를 모든 사람에게 나타내게 하라"(딤전4:15) 당신의 진보를 다른 모든 사람이 볼 수 있도록 하라.

45. 우리가 정신 차리고 바라봐야 할 것

에콰도르에서 순교한 짐 엘리엇 선교사가 휘튼대학 시절에 한 유명한 말이 있다. "영원한 것을 얻고자 영원할 수 없는 것을 버리는 자는 바보가 아니다" 이 말은 영원을 사모하는 많은 사람들의 가슴에 심금을 울려 준 말이 되었다.

"우리의 돌아보는 것은 보이는 것이 아니요 보이지 않는 것이니 보이는 것은 잠깐이요 보이지 않는 것은 영원함이니라" 고린도후서 4장 18절의 말씀이다. '우리의 돌아보는 것은' 이 말은 우리가 믿음 생활을 하면서 바라보아야 할 것(look at)이 있다는 것을 말해 준다. 어떤 영어 성경 버전에는 우리의 눈을 고정시켜 정신 차리고 집중해서 봐야 할 것(fix our eyes on)이라고 말한다. 우리가 이 땅에 살면서 바라봐야 할, 확실히 다른 무엇인가 있다는 것이다. 무엇을 바라봐야 하는지 살펴보자.

첫째, 보이는 이 세상이 아니라 보이지 않는 그 나라이다. 세상은 보이는 것(seen, visible)을 추구한다. 보이는 것이 모두라 생각하기 때문이다. 그러나 그리스도인의 소망은 보이지 않는 것(unseen, invisible)에 있다. 그것은 하나님의 나라이다. 그리스도인은 이 땅에 살면서도 보이지 않는 나라를 소망하며 살아가는 사람들이다. 이런 점에서 세상 사람들과 다르다. 그 다름을 추구하는 것이 우리의 삶이다. 다름이 없다면 그리스도인이라 말할 수 없을 것이다.

예수님은 그 나라를 선포하셨고, 바울도 그 나라를 사모했으며, 우리 믿음의 선배들도 그 나라를 소망하였다. 그 믿음이 귀할진대 우리도 이 세상의 부귀와 영화에 몰두하지 말고 그 나라를 사모하며 참된 그리스도인으로 살아가야 할 것이다.

둘째, 잠깐보다 영원함이다. 우리는 보이는 잠깐의 세상을 영원한 것으로 착각하며 살아간다. 그러나 우리 각자에게 주어진 이 세상에서의 삶은 잠깐이다. 찬송가 544장의 첫 구절도 '잠시 세상에 내가 살면서'라고 말한다.

잠깐은 어떤 것일까? 성경은 그것을 한순간(a moment), 한 시간(a time), 길어야 한 계절(a season)의 지나감 같다고 말한다. 오래 사는 것 같지만 눈 깜짝할 사이(temporal)이며 머물 수 있는 곳이 아니라 잠시 쉬었다 가는 것(transitory)이다. 이 땅에서 우리의 생명은 바로 그런 것이다.

우리는 각자 이 땅에서 주님이 주신 수명을 산다. 어떤 이는 긴 수명에 감사할 것이고, 어떤 이는 짧은 수명에 서운할 수 있다. 하지만 길다 짧다는 것은 우리 눈에 그렇게 보일 뿐이다. 영원하신 하나님의 눈으로 볼 때 우리 인생은 그저 아침에 있다 없어지는 안개요 이슬 같은 존재다. 그렇다고 우리 인생을 낮게 보시는 것이 아니다. 하나님의 사람인 우리는 당연히 이 세상을 영원으로 봐서는 안 된다는 것이다. 우리는 이 잠시를 바라보는 사람이 아니라 영원을 바라보는 그리스도인이다.

우리가 지금 이 시간 바라보아야 하는 것은 영원함이다. 그것은 시간적으로는 영원무궁하며(for ever), 없어질 것이 아니며(imperishable), 우리가 영원히 거주할 곳(permanent)이다. 그 나라는 영원하고 견실하고 진실하다(real). 잠시가 진짜가 아니라 영원한 것이 진짜다. 잠깐을 영원한 것으로 생각하도록 하는 것은 우리를 가짜의 삶을 살도록 하는 사단의 올무일 뿐이다.

우리는 과연 이 땅에서 무엇을 바라보며 살아야 하는가? "우리의 돌아보는 것은 보이는 것이 아니요 보이지 않는 것이니 보이는 것은 잠깐이요 보이지 않는 것은 영원함이니라" 이제 영원한 세계를 믿음의 눈으로 바라보자. 그리고 소망하자.

46. 예수님이 무화과나무를 저주한 이유

마태복음 21장에는 예수님이 무화과나무를 저주하시는 장면이 소개되고 있다. 베다니에 하룻밤 유하다 예루살렘 성으로 들어오시면서 시장기를 느끼셨다. 그때 길가에 있는 무화과 가까이 가서 먹을 것이 있나 보았다. 잎사귀밖에 없었다. 아무것도 얻지 못하신 주님이 무화과를 향해 말씀하셨다. "이제부터 영원토록 네게 열매가 맺지 못하리라 하시니 무화과나무가 곧 마른지라"(19절)

왜 주님은 열매를 맺지 못한 무화과나무를 저주하셨을까? 때는 4월경으로 열매 맺을 시기가 아니었는데. 그 답은 때에 맞게 기대되는 열매가 없었기 때문이다. 이것은 우리 삶의 과정 하나하나에서 그에 합당한 열매를 맺어야 한다는 것을 가르쳐 준다.

팔레스타인의 농업 실태를 잘 알지 못하는 우리로서는 해석이 어렵다. 이 문제의 장면을 놓고 무화과에 대한 조금씩 다른 설명을 들어 보기로 하자.

무화과 설명 1

이 나무는 일 년 가운데 거의 열 달 동안 열매를 맺는다. 새 가지는 3월이나 4월에 나오며 이로써 여름이 오는 것을 알 수 있다. 이즈음엔 지난해의 가지에서 자란 대부분의 푸른 무화과(파크)는 떨어진다(늦은 무화과). 이들은 아직 즙을 갖지 않아 먹기에 부적당하지만 그 시기에는 다른 과일들이 부족하기 때문에 사람들이 모아 먹기도 한다. 이때 남은 무화과들은 실제적인 첫 추수기인 6월에 익게 된다. 이 처음 익은 무화과(비쿠라)들은 즙 때문에 좋아한다. 봄의 새 가지에서 자란 두 번째 수확물은 8월 추수기에 익는 늦은 무화과(테헤님)는 즙이 풍부하고 매우 달콤하기 때문에 가장 이상적이다.

무화과 설명 2

팔레스타인의 무화과는 봄에 작은 열매를 맺고 그것이 커서 가을에 큰 열매가 된다. 봄에 작은 열매를 맺지 못하면 가을에 큰 열매를 맺을 수 없다. 예수님이 무화과 열매를 찾으신 때는 가을이 아니라 봄 열매를 맺는 시기였다. 그때 열매는 매우 작다. 그러나 그것이 맛있다. 주님은 바로 그 작은 봄 열매를 찾으신 것이다. 무화과나무가 열매를 제대로 맺는 철은 보통 6월부터 9월 사이이다. 그러나 봄에도 타크쉬라 불리는 작고 덜 익은 열매를 볼 수 있다. 예수님이 저주하신 나무는 타크쉬가 없는 무화과나무였을 것으로 보고 있다.

무화과 철이 아닌데 주님이 왜 저주하셨을까? 이 의문이 조금쯤 풀렸을 것이다. 이것을 통해 확실한 것 한 가지가 있음을 알 수 있다. 그것은 바로 우리 주님이 우리의 큰 열매만 원하시는 것이 아니라 삶의 과정에서 맺는 작은 열매도 원하신다는 사실이다.

"열매 맺을 시기가 아니었다"는 것은 가을 열매 맺을 시기가 아니었다는 뜻이다. 그것은 큰 수확의 때다. 그때가 아니라 할지라도 무화과는 때마다 사람들에게 기대되는 열매를 생산해 냈다. 주님은 그때에 맞는 열매를 기대하신 것이다.

무화과는 '꽃이 없다' 하여 무화과라 한다. 그러나 꽃이 없는 것은 아니다. 무화과는 무화과 안에서 핀다. 무화과는 내면의 아름다움이 있다. 무화과는 씨앗이 있다. 재생산 능력이 있다. 그 능력으로 철마다 사람들로 하여금 기대하게 만든다. 주님도 우리에 대해 기대하신다. 오늘도 기대하신다. 그 기대를 저버리는 우리가 되어서는 안 된다.

47. 모세 삐딱하게 보기

'모세 삐딱하게 보기' 제목을 달고 보니 모세에게 미안한 마음이 든다. 모세, 위대한 지도자요, 그 시대의 선각자 아닌가. 더욱이 유대인이라면 그 제목 자체만으로도 모욕을 줬다 해서 사건이 날 일이다. 그렇다고 모세를 격하시키려는 의도는 절대 없다. 다만 성경에 나타난 그의 삶에서 우리가 이것만큼은 따라 배워서는 안 된다는 것을 말하고 싶은 것이다. 그래서 모세 삐딱하게 보기다.

흔히 모세의 120년 삶을 40-40-40씩 세 단계로 나눈다. 첫 40년은 바로 공주의 아들로 잘나가는 권력자의 그늘에 있다. 중간 40년은 미디안 광야로 도망자의 삶을 산 시기다. 그리고 마지막 40년은 이스라엘의 지도자로서 그 민족을 애굽에서 가나안으로 이끈 시기다. 40년 하나하나가 드라마 같은 인생이다. 너무나 다르기 때문이다.

문제는 각 40년마다 삶의 끝 부분에 문제가 있었다는 점이다. 그로 인해 그는 그 단계를 접고 다음 단계로 넘어가지 않으면 안 되었다. 그래서 우리는 그의 삶을 통해 끝도 좋은 인생이 되자고 다짐해 보는 것이다.

첫 40년 끝에 그는 젊은 혈기와 의분으로 히브리 사람을 괴롭히는 애굽인을 죽였다. 그래도 같은 민족인 히브리 사람들은 자기를 도와줄 줄 알았다. 그러나 다음 날 히브리 사람들이 서로 싸우는 곳에 나타나 싸움을 말리려 하자 동족으로부터 쓴 소리를 듣고 만다. "누가 너로 우리의 주재와 법관을 삼았느냐 네가 애굽 사람을 죽임같이 나도 죽이려느냐"(출2:14) 사람 죽인 것이 탄로 나자 그는 미디안으로 몸을 숨긴다. 살인죄를 범한 것이다. 그는 동족으로부터도 인정을 받지 못하고 도망가는 인생으로 변했다.

중간 40년 끝에는 하나님의 부르심에 즉시 순종하지 않는 모습을 드러냈다. 그만큼 하나님에 대한 신뢰가 약했다. 애굽에 들어가는 것도 두렵고, 더구나 이스라엘 백성을 어떻게 구출해 낸다는 말인가. 불가능한 일처럼 보였다. 그는 몇 번이나 거절했다. 오히려 하나님이 그를 인내심 가지고 설득할 정도였다. 출애굽은 이스라엘 민족을 향한 언약 이행의 징표(출3:15)임을 확실히 하고, 그에게 지팡이가 뱀이 되게 하고 손을 품에 넣고 빼는 것을 통해 문둥병을 걸리게 하고 또 낫게 하는 등 하나님의 능력을 입증하는 표징을 보였는데도 순종하지 않았다. 심지어 나는 말이 우둔하다며 버티었다. 하나님께서 얼마나 답답해하셨을까. 우리는 그렇게 되지는 말자.

나머지 40년 끝에는 분노하며 지팡이로 반석을 두 번 내리침으로써 하나님의 영광을 가린 행동을 했다. 처음부터 끝까지 불만을 해대는 이스라엘 민족. 그는 아론과 더불어 이스라엘 민족을 반석 앞에 모이게 하고 소리쳤다. "패역한 너희여 들으라 우리가 너희를 위하여 이 반석에서 물을 내랴"(민20:10) 자신을 미치게 만드는 이스라엘 민족을 향해 모세로서는 하고 싶은 말을 했다. 그러나 민족을 이끄는 지도자로서는 모범이 되지 못한다. 하나님은 그래도 기적을 낳게 하셨다. 모세가 반석을 두 번이나 쳤어도 물이 나오게 하셨기 때문이다. 하나님 명령대로라면 그는 지팡이를 들고 반석을 향해 "물을 내라"며 명령만 하면 되었다(민20:8). 그러나 모세는 그렇게 하지 않았다. 혈기를 내어 이스라엘 민족을 맹비난하고, 지팡이를 들어 반석을 내리쳤다. 두 번이나. 그 후 하나님은 모세와 아론에게 말씀하셨다. "너희가 나를 믿지 아니하고 이스라엘 자손의 목전에서 나의 거룩함을 나타내지 아니한 고로 너희는 이 총회를 내가 그들에게 준 땅으로 인도하여 들이지 못하리라"(민20:12)

결국 아론은 호르산에서 죽고, 모세는 느보산에서 죽었다. 호르산은 아직도 가나안으로 가려면 한참 가야 하는 길이지만 느보산은 가나안 맞은편이다. 사해도 보이고 여리고 성도 보이고, 건너 가나안 산들이 넓게 보이는 곳이다. 모세는 느보산에서 가나안을 보며 눈을 감아야 했다. 이것은 우리가 우리의 삶에서 하나님의 거룩함을 드러내는 것이 얼마나 중요한가를 가르친다. 모세는 위대한 인물임에 틀림없다. 그러나 그의 혈기와 고집을 닮아서는 안 된다. 그 일이 하나님의 일이라면 더욱이.

그래도 변화산에서 예수님께서 모세와 엘리야와 더불어 말씀하시는 모습으로 나타났으니 다행이다. 하나님이 크게 들어 사용하신 종 아니던가. 누가 그에게 돌을 던지랴. 우리는 더욱더 못한 걸. 그러니 더욱더 크게 깨달아야 할 것이다.

48. 이스라엘 왕 바아사나 유다 왕 아사나

"때에 선견자 하나니가 유다 왕 아사에게 나아와서 이르되 왕이 아람 왕을 의지하고 왕의 하나님 여호와를 의지하지 아니한 고로 아람 왕의 군대가 왕의 손에서 벗어났나이다. 구스 사람과 룹 사람의 군대가 크지 아니하며 말과 병거가 심히 많지 아니하더이까 그러나 왕이 여호와를 의지한 고로 여호와께서 왕의 손에 붙이셨나이다. 여호와의 눈은 온 땅을 두루 감찰하사 전심으로 자기에게 향하는 자를 위하여 능력을 베푸시나니 이 일은 왕이 망령되이 행하였은즉 이후부터는 왕에게 전쟁이 있으리이다 하매 아사가 노하여 선견자를 옥에 가두었으니 이는 그 말에 크게 노하였음이며 그때에 아사가 또 몇 백성을 학대하였더라"(역하16:7~10)

역대하 16장 9절은 매우 의미심장한 말씀이다. "여호와의 눈은 온 땅을 두루 감찰하사 전심으로 자기에게 향하는 자를 위하여 능력을 베푸시나니"

이스라엘 왕 바아사가 백성들이 예루살렘 성전에 나아가 경배하는 것을 막고자 라마를 건축하여 왕래하지 못하게 하였다. 성벽을 세우고 경계를 삼은 것이다. 마치 38선처럼. 왕은 여로보암의 반신앙적인 종교 정책을 답습했다. 그저 자기 권력기반이 약화될 것을 두려워한 것이다.

유다 왕 아사의 대처도 하나님이 기뻐하시지 않은 것이었다. 하나님보다 외세에 의존했기 때문이다. 아사는 아람 왕 벤하닷에게 원병을 요청했다. 하나님에게 의존하지 않고 세상 권력에 의존한 것이다.

그는 아람 왕에게 대가로 성전 곳간과 왕 곳간의 은금을 바쳤다. 성물을 팔아 자기 권력을 유지하려 한 것이다.

위에 적은 역대하 16장 7~10절의 말씀은 "이후부터 왕에게는 전쟁이 있으리라" 한 선견자 하나니의 말에 분노하며 그를 옥에 가두는 일을 자행했다. 그 말이 자기 마음에 들지 않았기 때문이다. "크게 노하여" 그 분노는 오히려 자신에게 돌려야 했어야 했다. 나아가 백성 가운데 마음에 들지 않은 몇몇 사람을 붙잡아 학대했다. 직언하는 백성들마저 미워한 것이다.

그 후 왕은 발병이 나서 죽었다. 중병이 들었을 때도 그는 하나님을 외면했다. 성경은 이렇게 기록하고 있다.

> "아사가 왕이 된 지 삼십구 년에 그 발이 병들어 심히 중하나 병이 있을 때에 저가 여호와께 구하지 아니하고 의원들에게 구하였더라. 아사가 위에 있은 지 사십일 년에 죽어 그 열조와 함께 자매 다윗 성에 장사하되"(역하16:12,13)

그의 죄는 하나님께 구하지 않고 의원에게 구한 때문이다. 병이 들어 의사에게 간 것이 잘못된 것은 아니다. 그러나 하나님이 그에게 그 병을 주신 것을 깨닫게 하기 위함이었다. 하나님은 그가 돌아오기를 기다렸다. 하지만 그는 그것을 끝까지 거부했다.

이 두 왕을 보면서 느낀 것이 있다. 둘 다 하나님보다 자기 자신의 권력 유지에 급급했다는 사실이다. 그들은 하나님을 의지하기보다 자신의 권세가 중요했고, 심지어 그것을 지키기 위해 외세를 의지했다. 그들의 관심은 하나님이 아니었다. 왜 우리는 시야가 좁을

까? 하나님은 그토록 그들을 찾으시고, 기다리는데. 우리도 예외는
아니리라. 잠시 눈을 감고 우리의 마음을 하나님께 고정시키자. 하나
님께 우리 문제를 아뢰고 지혜를 구하자. 하나님은 우리의 이 모습
을 기뻐하실 것이다.

49. 치료하시는 하나님

출애굽기 15장 26절의 하나님

"가라사대 너희가 너희 하나님 나 여호와의 말을 청종하고 나의 보
기에 의를 행하며 내 계명에 귀를 기울이며 내 모든 규례를 지키면
내가 애굽 사람에게 내린 모든 질병의 하나도 너희에게 내리지 아니
하리니 나는 너희를 치료하는 여호와임이니라"

'여호와 라파(Jehovah rapa)' 이 말은 치료하시는 하나님이라는 뜻
이다. 홍해를 건넌 이스라엘 백성들은 수르 광야에 들어갔으나 사흘
동안 헤매도 물을 얻지 못했다. 마라라는 곳에 이르러 겨우 물을 얻
었지만 써서 마실 수 없었다. 원망하는 소리가 높았다. 모세의 마음
은 얼마나 타들어 갔을까. 모세는 하나님께 기도할 수밖에 없었다.
하나님은 모세의 기도를 들으시고 나뭇가지를 던지도록 하셨다. 쓴

물이 단물이 되었다. 마실 수 있게 된 것이다. 지금도 많은 관광객들이 마라에 가서 그 기적의 우물을 본다.

그때 하나님은 법도와 율례를 정하시고 백성들에게 26절의 약속을 주셨다. "나 여호와의 말을 청종하고 나의 보기에 의를 행하며 내 계명에 귀를 기울이며 내 모든 규례를 지키면" 라파의 단서를 두신 것이다. 여기에서 우리는 '나의 보기에 의를 행하며'에 주목할 필요가 있다. 그 행위의 기준이 내가 아니라 하나님 보시기에다. 그러면 하나님도 약속을 지키시겠다는 것이다.

이사야 58장의 하나님

"나의 기뻐하는 금식은 흉악의 결박을 풀어 주며 멍에의 줄을 끌러 주며 압제당하는 자를 자유케 하며 모든 멍에를 꺾는 것이 아니겠느냐 또 주린 자에게 네 식물을 나눠 주며 유리하는 빈민을 네 집에 들이며 벗은 자를 보면 입히며 또 내 골육을 피하여 스스로 숨지 아니하는 것이 아니겠느냐 그리하면 네 빛이 아침같이 비췰 것이며 네 치료가 급속할 것이며—내 뼈를 견고케 하리니 너는 물댄 동산 같겠고"(사58:6~8,11)

이사야 58장에서 하나님은 '나의 보기에 의를 행하며'가 무엇인가를 가르쳐 주신다. 하나님이 기뻐하는 금식을 하라는 것이다. 그것은 결박을 풀어 주고 주린 자에게 먹을 것을 주며 벗은 자에게 입히는 것이다. 그러면 여호와의 빛이 환히 비쳐 치료가 급속하게 이뤄지고 뼈도 강하게 된다.

이사야 53장의 하나님

"그가 찔림은 우리의 허물을 인함이요 그가 상함은 우리의 죄악을 인함이라 그가 징계를 받음으로 우리가 평화를 누리고 그가 채찍에 맞음으로 우리가 나음을 입었도다"(사53:5)

주님은 우리를 위해 몸소 찔리고 상하고 맞으셨다. 그로 인해 우리가 평화를 누리고 나음을 입었다. 하나님의 치료방법에는 대가가 따른다. 하나님은 오늘도 우리에게 하나님의 의를 행하는 자가 되라고 하신다. 수고와 희생이 있는 곳에 하늘의 평화가 속히 임하기에.

50. 마음이 문제가 될 때

"여호와의 신이 내게 임하여 가라사대 니는 말하기를 어호와의 말씀에 이스라엘 족속아 너희가 이렇게 말하였도다 너희 마음에서 일어나는 것을 내가 다 아노라"(겔11:5)

우리는 이스라엘 사람처럼 하나님이 우리 마음을 다 아신다고 말한다. 그렇다면 우리는 늘 정직하게 행해야 할 것이 아닌가. 하지만 말과는 달리 우리는 우리를 다 아시는 하나님 앞에서 정말 정직하지 못하게 행한다. 오히려 더 악을 행한다. 이럴 때 주님은 무어라 말씀하실까.

하나님은 에스겔을 향해 이렇게 명령하신다. "그러므로 인자야 너는 그들을 쳐서 예언하고 예언할지니라"(겔11:4) 이 말씀을 들으면 두렵다. 하나님은 우리가 들을 때까지 예언하시고 치실 것이기 때문이다. 매를 드실 때 그토록 사랑하던 이스라엘을 아끼지 아니하신 하나님이 우리인들 아끼실까.

그들은 과연 무슨 마음을 가졌기에 문제가 되었을까? 에스겔 36장 26절로 가 보자.

> "또 새 영을 너희 속에 두고 새 마음을 너희에게 주되 너희 육신에서 굳은 마음을 제하고 부드러운 마음을 줄 것이며"

여기서 문제가 되는 마음은 '육신에서 굳은 마음'이다. 굳은 마음은 바위 같은 마음이다. 완악하고 강퍅하기 때문이다. 이 마음을 가지면 하나님이 가만 두지 않으신다. "미운 것과 가증한 것을 마음으로 좇는 자를 내가 그 행위대로 그 머리에 갚으리라"(겔11:21)

하나님이 원하시는 마음은 무엇일까? 그것은 '부드러운 마음'이다. 이 마음은 에스겔 36장 26절에도 나올 뿐만 아니라 에스겔 11장 19절에도 나온다.

> "내가 그들에게 일치한 마음을 주고 그 속에 새 신을 주며 그 몸에서 굳은 마음을 제하고 부드러운 마음을 주어서"(겔11:19)

부드러운 마음은 바위 같은 마음이 아니라 고기 같은 마음이다. 고기라 하니 육신과 혼동하지 말기 바란다. 육신의 굳은 마음과는 다르다. 연약함과 부드러움의 상징이다. 그 속에는 죄악의 개념이 없다.

부드러운 마음은 무엇보다 하나님과 일치하는 마음이다. 그 일치는 모든 미운 물건과 가증한 것을 제하여 버리는 것(겔11:18)으로 나타난다. 우상을 멀리하고 하나님과 마음을 함께하는 것이다.

이를 위해서는 우리에게 하나님의 영이 필요하다. '새 신', '새 영'을 담은 새 마음이다. 이 마음은 주님이 새롭게 주시는 마음이다. 하나님이 우리와 함께하지 않으시면, 우리의 영을 새롭게 하지 않으시면 불가능한 일이다.

새 마음을 가진 영은 하나님의 이 말씀을 사랑한다. "내 율례를 따르며 내 율례를 지켜 행하게 하리니 그들은 내 백성이 되고 나는 그들의 하나님이 되리라"(겔11:20) 우리 안에 진정 하나님의 말씀을 사랑하고, 그 말씀을 기쁨으로 행하는 마음이 있는가? 이 말씀이 우리 삶에 기호가 되어야 할 것이다.

51. 심령이 가난한 자는 복이 있나니

"심령이 가난한 자는 복이 있나니 천국이 저희 것임이요" 마태복음 5장 3절에 있는 예수의 말씀이다. 산상수훈의 첫마디요, 하나님

나라 삶의 성격을 가장 대표하는 말씀이다.

'심령이 가난한 자는' 심령의 가난은 하나님을 대하는 마음의 태도를 가리킨다. 하나님 앞에 철저하게 자신을 비우고 낮추는 것이다.

누가복음 18장에 나오는 바리새인과 세리의 기도 태도는 누가 심령이 가난한 자인가를 극명하게 보여 주고 있다.

바리새인은 기도할 때 자기 자랑으로 일관한다. "하나님이여 나는 다른 사람들 곧 토색, 불의, 간음을 하는 자들과 같지 아니하고 이 세리와도 같지 아니함을 감사하나이다. 나는 이레에 두 번씩 금식하고 또 소득의 십일조를 드리나이다" 이 교만한 바리새인은 하나님 앞에 자랑하고 싶은 것으로 마음이 가득 차 있다. C. S. 루이스는 이러한 태도를 가리켜 '악마의 지배를 받고 행동하는 교만으로서 하나님을 철저하게 대적하는 마음의 상태'라고 말하였다.

이에 비해 세리는 멀리 서서 감히 눈을 들어 하늘을 우러러보지도 못 하고 다만 가슴을 치며 "하나님이여 불쌍히 여기옵소서. 나는 죄인이로소이다" 하였다. 세리는 철저히 자신을 낮추었다. 바리새인은 심령이 부한 자임에 반해 세리는 심령이 가난한 자라 할 수 있다.

'복이 있나니' 산상수훈은 참 행복이 어디에 있는가를 가르쳐 준다. 여기서 복은 '마카리오스'로 사람들이 일반적으로 아는 재물이나 명예로 얻는 이 땅의 행복이 아니라 하나님만이 알고 계시는 하늘의 행복, 세상이 줄 수 없는 하나님 나라의 행복을 말한다. '심령이 가난하면 얼마나 행복한지'라고 말씀하시는 내면적인 하늘나라의 행복감이다. 그 행복을 느끼신 주님은 우리로 하여금 그것을 함께 누리도록 하신다. 심령이 가난할 때 하나님이 주시는 이 행복을 어느 누구도 빼앗을 수 없다. 그리스도 안에서 이 행복을 찾을 수 있다. 다른 곳에서 이 행복을 찾는 것은 불가능하다.

이 행복은 예수님을 닮고자 할 때 얻어진다. 그러므로 주님은 행복의 원천이다. 그 주님을 닮아 교만하기보다 겸손할 때, 강함보다 온유할 때, 육체적 욕망을 충족하기보다 의에 주릴 때, 차갑기보다 불쌍히 여길 때, 마음이 더러울 때보다 깨끗할 때, 다투기보다 화평할 때, 불의와 타협하기보다 의를 추구할 때 얻을 수 있다. 우리가 주님 안에 있을 때 그 행복은 영원히 내 안에 살아 있다.

우리 삶에서 언제 심령이 가난해질 수 있을까? 핍박받을 때, 내 안에 주님밖에 없을 때가 아닐까? 핍박받는 이야기로 수단을 꺼내지 않을 수 없다. 5분의 1 기독교인이 5분의 4 회교인들로부터 강간, 고문, 살인 등 말할 수 없이 핍박을 받고 있기 때문이다. 국제적으로 다르푸르에 관심이 많은 것은 이 때문이다. 기독교인이 당하는 핍박이 어찌 수단뿐이랴. 핍박당하는 자들에 대한 주님의 약속은 명확하다. "생명의 면류관을 주리라. 주님과 함께 왕 노릇 하리라"

한경직 목사

핍박 상황에서만 심령이 가난해지는 것은 아니다. 우리 심령이 주 앞에서 철저히 낮아지고 겸손해지는 때가 바로 그때이다. 한 경직 목사가 템플턴상을 받았다. 템플턴 경은 영혼이 있는 투자가로 투자에서 얻은 수익으로 1972년 노벨상보다 많은 상금을 출연해 종교와 봉사활동 부문의 노벨상으로 불리는 템플턴상을 만들었다.

템플턴은 역발상 가치투자가로 그의 투자
철학 핵심은 "군중심리가 만들어 내는 탐
욕과 공포로부터 멀어지라"는 것이다. 소
외받은 우량 주식을 낮은 가격에 사 모아
끈질기게 기다렸다가 높은 가격에 파는
(Buy Low, Sell High) 투자 방식이다.

템플턴 경

투자수익률보다 인류와 영혼을 더 강조한
그는 전 재산을 사회에 환원했다. 영국 여
왕 엘리자베스 2세는 감격해 그에게 기사 작위를 내렸다. 그래서 템플
턴 경이 되었다. 한 목사가 바로 그 상을 받은 것이다. 이 상을 받자
그를 축하하는 자리가 마련되었다. 그 자리에서 한 목사는 고백이 담
긴 말을 남겼다. "저는 신사 참배한 죄인입니다" 얼마나 하기 어려운
말인가. 심령이 가난하지 않으면 절대 불가능한 말이다. "심령이 가난
한 자는 복이 있나니" 오늘 주 앞에서 더 낮아지자. 더 겸손해지자.

52. 갓난아이들같이 순전하고 신령한 젖을 사모하라

금호아트홀에서 열린 김정환 첼로 독주회에 다녀왔다. 앳된 얼굴
이었지만 그의 연주 수준은 문외한이 들어도 상당하다는 것을 느꼈

다. 앙코르에 답해 들려준 음악은 정말 감미로웠다. 이 수준에 오르기까지 본인의 노력도 대단했을 것이다. 아울러 그를 뒷바라지했을 부모의 노고도 청중들의 박수 소리에 한순간 씻겨 갔으리라. 그 순수한 모습, 정진하는 아름다움이 계속 이어졌으면 하는 바람이 크다. 젊다고 얕볼 일이 전혀 아니다.

성경엔 아이에 대한 언급이 많지 않지만 그 순수함과 겸손함을 드러내 가르친다. 베드로전서 2장으로 가 보자. 이 2장은 성도로 하여금 거룩한 삶을 살라는 말씀과 함께 이어진다. 1절은 "모든 악독과 모든 궤휼과 외식과 시기와 모든 비방하는 말을 버리고"(벧전2:1)로 시작한다. 입조심을 할 필요가 있다는 것이다. 아이처럼 입을 훈련시키고, 입으로 죄를 짓지 않는다. 어떤 이는 BMW가 되지 말라 한다. 원래 BMW는 자동차 회사이름이기도 하고 지체 높은 브랜드 이름이 아닌가. 그런데 왜 BMW가 되지 말라 할까? 알고 보니 자동차와는 전혀 상관없는 조어다. Big Mouth Woman, 곧 입이 싼 여인이 되지 말란 얘기다. 이것이 어찌 여성에만 해당될까. 우리 모두가 입으로 죄를 짓는데.

그 다음 말씀이다. "갓난아이들같이 순전하고 신령한 젖을 사모하라" 하나님의 말씀을 사모하고 그 말씀을 따라 자신을 훈련시키라는 것이다. 갓난아이처럼. 나아가 "너희가 주의 인자하심을 맛보았으면 그리하라"(벧전2:3) 말한다. 주님을 맛본 사람은 주님의 말씀에 따라 살아야 한다는 것을 다시 한 번 강조하고 있다.

바울은 "지혜에는 아이가 되지 말고 악에는 어린아이가 되라 지혜에 장성한 사람이 되라"(고전14:20) 한다. 지혜는 쑥쑥 자라고 자라 성인의 지경에 이를 필요가 있지만 악에는 그 반대가 되라는 것이다. 오히려 어린아이처럼 순전하고 악과는 담을 쌓으라는 말이다. 성경이 보는 어린아이는 이처럼 순수하다.

그래서 예수님은 말씀하신다. "너희가 돌이켜 어린아이들과 같이 되지 아니하면 결단코 천국에 들어가지 못하리라 …… 누구든지 어린아이와 같이 자기를 낮추는 그이가 천국에서 큰 자니라 또 누구든지 내 이름으로 이런 어린아이 하나를 영접하면 곧 나를 영접함이니"(마18:3~5) 천국은 바로 어린아이와 같은 순수함이 요구된다. 우리에게도 어린아이와 같이 자기 낮춤이 요구된다. 그리고 어린아이일수록 그 인격을 존중하고 세워 주어야 한다. 아이에 대해 이런 마음을 가진다면 당신은 지금 천국에서 살고 있다.

예수님은 이 어린아이들을 품에 안으셨다. 그리고 그들을 결코 실족시키는 어른이 되지 말라고 한다. 우리는 자식에게도 얼마나 악한 말들을 쏟아 냈는가. 그래서 얻은 것은 무엇인가. 괜히 서로 가슴만 아프고, 통로만 막히지 않았는가. 이제 조금씩 반성할 때다.

아이라고 다 바르게 행동하는 것은 아니다. 잠언에 이런 말씀이 있다. "비록 아이라도 그 동작으로 자기의 품행의 청결하며 정직한 여부를 나타내느니라"(잠20:11) 잘못된 아이는 어른이 오히려 가르쳐 줄 필요가 있다. 오죽하면 초달(회초리)을 아끼지 말라 하셨을까.

어린아이가 좋은 것은 어미 품을 사모함이다. 잊어선 안 될 것이 있다. 우리 주님은 지금도 우리를 안으신다는 사실. "젖 뗀 아이가 그 어미 품에 있음 같게 하였나니"(시131:2) 광야에서도 하나님은 이스라엘 백성을 안으셨다. "젖 먹는 아이를 품듯 그들을 품고"(민

11:12) 하나님은 이렇듯 우리를 사랑하시는데. 우리가 아무리 잘못해도. 이젠 이 사랑을 아이들에게 돌려줄 차례다. 인격적으로 대하고, 말하고. 그러면 아이는 성숙해지고, 언젠가 당신에게 감미로운 선율을 선사해 줄 것이다.

53. 새로워진 사람들 이야기

교회사를 보면 새로워진 소수에 의해 기독교가 왕성해지는 것을 볼 수 있다. 성령님이 함께하시면 소수의 힘이 얼마나 큰가를 깨닫게 된다. 예수님의 제자들 가운데 베드로는 대표적인 예가 될 것이다. 누가복음 22장을 보면 예수님이 베드로를 향해 이런 말씀을 하신다.

> "시몬아, 시몬아, 보라 사단이 밀 까부르듯 하려고 너희를 청구하였으나 그러나 내가 너를 위하여 네 믿음이 떨어지지 않기를 기도하였노니 너는 돌이킨 후에 네 형제를 굳게 하라"(눅22:31,32)

이 말씀을 보면 베드로의 예수 부인 사건 속에서 사단의 집요한 공작이 있었음을 알 수 있다. 오죽하면 주님이 베드로의 믿음이 떨어지지 않게 하기 위해 기도했을까. 그럼에도 그의 믿음은 떨어져 예수님을 세 번이나 부인하기에 이른다. 주님도 그가 부인할 것을 아셨다. 그래서 "오늘 닭 울기 전에 네가 세 번 나를 모른다고 부인하리라" 하셨다.

중요한 것은 이 부인 사건 이후의 삶이다. 주님은 "너는 돌이킨 후에 네 형제를 굳게 하라" 하셨다. 주님의 보호하심으로 회개할 기회를 얻게 되고, 다시 주님을 섬기게 될 것을 말씀하시기 때문이다. 박해와 시련 속에서도 그가 주님을 위해 헌신하게 될 것이라는 말씀이다. 우리는 사도행전에서 주님의 말씀처럼 완전히 새로워진 베드로를 보게 된다.

2000년 나는 중국의 한 교회를 방문했다. 그 교회는 조선족들이 세운 교회였다. 역사는 오래되었지만 중국이 공산화된 후 교회는 빼앗기고, 교인들은 이리저리 흩어지게 되었다. 그 교회에서 나는 충성스러운, 그러나 나이 드신 권사님 한 분을 만났다. 그분은 나의 손목을 붙잡고 과거사와 함께 간증을 했다.

그분은 처녀시절 교회에 열심이었지만 공산화된 후 믿는 자들에 대한 핍박이 두려워 교회를 아주 떠났다. "이제 예수를 믿지 않겠습니다" 그는 공산당원들 앞에서 예수를 부인했다. 그 뒤 그는 주님 앞에 고개를 들 수 없었을 뿐만 아니라 깊은 정신적 수렁에 빠지게 되었다. 이랬다저랬다 하는 정부 정책 때문에 주님을 향한 그의 귀환은 더욱 멀어졌다. 중국이 개방된 이후 교회가 다시 조직되었지만 그는 교회에 다니지 않았다. 어찌 될지 알 수 없는 판국인데. 모든 것이 두려웠던 것이다. 미국에 살던 나의 아버지가 여러 차례 그곳을 방문해, 그분을 찾았지만 그는 "나는 당신을 모른다"며 냉정하게 돌려보냈다. 권사님은 과거에 나는 그런 사람이었다며 눈물로 회개했다. 지금은 교회의 어머니로, 교회의 기둥으로 활약하고 있다. 또한 빼앗긴 교회를 찾기 위해 노력했다. 이 교회는 지금 어려운 처지에서도 주변의 여러 처소교회를 돌보며 예수를 증거하고 있다.

떨어진 믿음은 회복되어야 한다. 침체된 영도 회복되어야 한다. 우리는 새로워질 필요가 있다. 하나님은 오늘도 만물을 새롭게 하신다. 만국을 새롭게 하시고, 사람을 새롭게 하신다. 우리 그리스도인은 각자가 처한 상황에서 새롭게 하는 역사를 만들어 가야 한다. 그리스도인이 있는 곳에는 언제나 변화가 있는 곳이 되어야 한다.

하루는 연길 서시장에서 국밥을 맛있게 먹었다. 그런데 국밥을 말던 아주머니가 주변에 예수 믿는 사람이 있다며 이렇게 말했다. “그 사람 미쳤어” 기독교인을 미치광이로 본 것이다. 그러나 늦게 믿은 사람들은 말한다. “일찍 믿지 않은 것이 후회스럽다. 그렇게 좋은 예수를”

54. 새롭게 하소서

성경에는 ‘새롭게’라는 말씀이 여러 곳에 나온다. 새로워질 대상은 나라와 민족, 세상, 만물, 땅, 아침, 지식 등 다양하다.

먼저 나라와 민족에 관한 말씀을 보자. “나라를 새롭게 하자”(삼상11:14), “민족들아 힘을 새롭게 하라”(사41:1) 주님이 오시면 세상도 새로워진다. "세상이 새롭게 되어 인자가 영광의 보좌에 앉을 때"(마19:28) 계시록에서는 만물을 새롭게 한다고 선포한다. "내가 만물을 새롭게 하노라"(계21:5)

시편 저자도 땅의 새로워짐에 대해 말한다. "창조하사 지면을 새롭게 하시나이다"(시104:30) 예레미야 애가에서는 날을 새롭게 열어 달라고 기도한다. "날을 다시 새롭게 하사 옛적 같게 하옵소서"(애 5:21) 우리의 지식도 새로워진다. "지식에까지 새롭게 하심을 받는 자니라"(골3:10)

그러나 무엇보다 새로워져야 하는 것은 우리의 영이다. 성경은 여러 곳에서 이를 입증하고 있다.

- "정직한 영을 새롭게 하소서"(시51:10)
- "마음과 영을 새롭게 할지어다"(겔18:31)
- "우리가 영의 새로운 것으로 섬길 것이요"(롬7:6)
- "오직 마음을 새롭게 함으로 변화를 받아"(롬12:2)
- "겉은 날로 후패하나 속은 날로 새롭도다"(고후4:16)
- "오직 심령으로 새롭게 되어"(엡4:23)

누가 새롭게 하시는가? 삼위 하나님이시다. 성경은 누구보다 하나님 아버지의 역사를 말한다.

- "저(하나님)가 좋은 것으로 네 소원을 만족케 하사 네 청춘으로 독수리같이 새롭게 하시는도다"(시103:5)
- "이것(여호와의 자비와 긍휼)이 아침마다 새로우니 주의 성실이 크도소이다"(애3:23)

성자 하나님도 새롭게 하신다. 바울은 주님 안에 있는 것이 무엇보다 중요하다고 말한다.

- "그리스도 안에 있으면 새로운 피조물이라 이전 것은 지나갔으니 보라 새것이 되었도다"(고후5:17)

성령 하나님의 역사도 **빼놓을** 수 없다.

- "씻음과 성령의 새롭게 하심으로 하셨나니"(딛3:5)

새롭게 되기 위해 해서는 안 될 것이 있다. 그것은 타락이다. 히브리서 기자는 하늘의 은사와 말씀의 능력을 맛본 후(히6:4,5) 타락하는 것은 안 된다고 말한다. "타락한 자들은 다시 새롭게 하여 회개케 할 수 없나니 이는 자기가 하나님의 아들을 다시 십자가에 못 박아 현저히 욕을 보임이라"(히6:6) 주 안에서 새로워지라. 새로워짐은 하나님의 능력을 맛보는 것이다. 그 능력을 맛본 자가 타락의 길로 접어드는 것은 하나님을 욕되게 하는 것이다. 주님은 새로워진 자로서 우리의 일관된 신앙생활을 요구하신다.

55. 새롭게 하시는 하나님

경영에서는 혁신이라는 말을 좋아한다. 영어로는 이노베이션(innovation)인데 어근은 new라는 뜻을 가진 '노부스'(nous)로 '새롭게 한다'(make new)는 뜻을 가지고 있다. 경영에서는 사람들의 창의성을 통해 혁신을 꾀하고자 한다.

성경도 새롭게 하는 것을 강조한다. 그러나 그것은 그 주체가 인간이 아니라 하나님이다. 하나님이 우리를 새롭게 하시는 것이다. 요한계시록 22장을 보면 하나님은 종국적으로 만물을 새롭게 하시고, 인간을 새롭게 하신다.

만물을 새롭게 하시는 하나님

계시록 22장 5절을 보면 하나님의 위대한 선언이 나온다. "내가 만물을 새롭게 하노라" 그 선언은 우리 모두에게 희망을 안겨 준다. 하늘과 땅도 더 이상 옛것이 아니다. 새 하늘과 새 땅이다. 예루살렘도 옛 예루살렘이 아니다. 새 예루살렘이다.

사람을 새롭게 하시는 하나님

만물만 새롭게 하시는 것이 아니라 그 안에 있는 사람도 새롭게 하신다. 계시록 7장 15절에 이미 "보좌에 앉으신 이가 그들 위에 장막을 치시리니" 하셨다. 계시록 22장 17절에는 우리를 초대하시는 말씀이 등장한다. "듣는 자도 오라 목마른 자도 오라 원하는 자는 값없이 생명수를 받으라" 예수님이 이 땅에 계시면서 말씀하지 않았던가. "누구든지 목마르거든 내게로 와서 마시라 나를 믿는 자는 그 배에서 생수의 강이 흘러내리리라"(요7:37~38)

그 땅에는 더 이상 세상에서 겪는 그런 고통이 없다. "모든 눈물을 그 눈에서 씻기시매 다시 사망이 없고 애통하는 것이나 곡하는 것이나 아픈 것이 다시 있지 아니하리니"(계21:4) 계시록 7장 17절에 눈물을 씻어 주실 것을 약속했는데 그 약속이 실현된 것이다.

그곳에는 성전도 없고 밤도 없다. 하나님, 곧 전능하신 이와 어린양이 그 성전이시기 때문이요(계21:22), 하나님이 저희에게 비춰시기 때문이다(계21:27;22:5).

생명수 강가에 나가라

새로움을 입으려면 생명수 강가로 나가야 한다. 그 강은 하나님과 어린양의 보좌로부터 흐른다(계22:1). 영적 새로움의 원천은 바로 하나님과 어린양의 보좌인 것이다. 강 좌우에는 생명나무가 있다. 그 나무는 열두 가지 실과를 맺되 달마다 맺는다. 그리고 그 나무 잎사귀들은 만국을 소성케 한다. 영적으로 살아나게 만드는 것이다.

"그 두루마리를 빠는 자들은 복이 있나니 저희가 생명나무에 나아가며"(계22:14) '두루마리를 빠는 자'는 말씀을 지키는 자이다. 그런 사람은 새 예루살렘에 들어갈 자격을 얻는다. 이 땅에서 우리가 주 안에서 항상 새로운 존재가 되려면 깨어 자기 옷을 지키며(계16:15) 생명수 강가로 나가 주님이 주시는 생명수를 마시는 것이다.

56. 의인 십 인을 찾아서

"아브라함이 또 가로되 주는 노하지 마옵소서 내가 이번만 더 말씀하리이다 거기서 십 인을 찾으시면 어찌 하시려나이까 가라사대 내가 십 인을 인하여도 멸하지 아니하리라" 창세기 18장에 나오는 말씀이다. 소돔과 고모라를 멸망시키려는 하나님의 계획을 알고 아브라함은 하나님께 아뢴다. "의인을 악인과 함께 멸하시려나이까?" 그럴 수 없다는 것이 아브라함의 생각이다. 그곳에 사는 조카 롯도 생각했을 것이다. 적어도 그는 하나님을 믿는 사람이 아닌가.

아브라함은 의인 50명이 있어도 멸하시겠느냐고 묻는다. 하나님은 그만한 사람이 있다면 멸하지 않겠다고 하셨다. 그의 물음은 계속된다. 45명, 40명, 30명, 20명, 그리고 10명까지 내려간다. 50에서 45까지 내려갔을 때만 해도 그만한 수는 있으리라 생각했다. 그러나 하나님 보시기에는 아니었다. 숫자는 더 내려갔다. 그래도 그 수는 없었다. 결국 하나님도 떠나시고, 아브라함도 자기 곳으로 돌아갔다. 그리고 소돔과 고모라는 심판을 받게 된다.

지금 우리는 현대판 소돔과 고모라에 살고 있다. 하나님은 지금 의인 십 인을 찾고 계신다. 10사람만 있어도, 아니 그보다 적대도 그 소수의 사람만 있어도 놀라운 일을 할 수 있기 때문이다. 소돔과 고모라는 지금 달라져야 한다.

그 도시들 모두 성적으로 타락했다는 특색이 있다. 한국의 성 산업 규모는 수십조 원이 넘는다고 한다. 이는 우리의 농업과 어업 생산량과 맞먹는다. 돈만 있으면 성뿐만 아니라 무엇이든지 살 수 있다고 말한다. 성은 휴대전화에서 인터넷에서 만개되어 있다. 이메일의 상당부분은 성 관련 미끼들이다. 우리도 하나님의 심판을 피할 수 없다.

소돔과 고모라 사건은 성범죄를 얼마나 악하게 보시는가를 보여주는 사건이다. 성적으로 타락한 개인이나 사회, 그리고 문명은 망한다. 타락은 스스로 붕괴하는 구조를 창출한다. 사람들은 자유란 행복을 추구할 자유, 쾌락을 추구할 자유가 있다고 착각한다. 자유라는 이름으로 자기의 행동을 합리화한다. 간통에도 죄의식이 약화되고 있다. 성 매매자도 약속 기소되고 있다. 이런 모든 것으로 가정이 피해를 보고 있다. 이제 하나님이 우리를 포기하지 않으실까 걱정이다. "또한 저희가 마음에 하나님 두기를 싫어하매 하나님께서 저희를 그 상실한 마음대로 내어 버려 두사 합당치 못한 일을 하게 하셨으니"(롬1:28)

이제 한국교회는 이 땅을 거룩하게 만들기 위해 적어도 의인 십 인을 만드는 노력이 요구된다. 의인 십 인은 단지 10이라는 수에 국한되지 않는다. 거룩한 공동체를 만드는 작업이다. 이를 위해 먼저 우리는 이 땅의 죄악을 보고 괴로워해야 한다. "무법한 자의 음란한 행실을 인하여 고통하는 의로운 롯을 건지셨으니 이 의인이 저희 중에 거하여 날마다 저 불법한 행실을 보고 들음으로 그 의로운 심령을 상하니라"(벧후2:7,8) 하나님은 의로운 심령, 상한 심령을 기뻐하신다.

그러나 롯처럼 자기 경건만 가지고 소극적으로 행동해서는 안 된
다. 우리 모두가 거룩함을 회복해야 한다. "하나님의 뜻은 이것이니
너희의 거룩함이라 곧 음란을 버리고 각각 거룩함과 존귀함으로 자
기의 아내 취할 줄을 알고 하나님을 모르는 이방인과 같이 색욕을
좇지 말고 이 일에 분수를 넘어서 형제를 해하지 말라 이는 우리가
너희에게 미리 말하고 증거한 것과 같이 이 모든 일에 주께서 신원
하여 주심이니라"(살전4:3~6) 요한 웨슬리는 "타락한 영국을 위해
이 땅에 새로운 부흥을 주시옵소서"라고 기도했다. 그리고 공동체
운동을 통해 행동으로 그리스도인의 거룩함을 드러내고자 했다. 기
독교는 행동의 종교다. 오늘 우리 모두가 조금씩 주님 앞에 바로 서
고자 할 때 우리 사회에 구원이 임할 것이다.

57. 보금자리

시편 84편은 하나님의 전을 사모하게 하고, 그 전에 거하는 행복
을 느끼게 하며, 그리스도인으로서 어떤 삶을 살아야 하는가를 일깨
워 준다. 하나님을 맛본 고라의 자손들이 부럽다. 그들이 우리를 향
해 말하는 것 같다. "하나님의 선하심을 맛보아 알지어다"(시34:8)
고라 자손들은 무엇보다 주님으로부터 보금자리를 얻기를 소망했

다. 우선 그들은 여호와의 궁정을 사모하여 마음이 쇠약해졌다. 얼마나 사모했으면 그럴까. 궁정은 성전 뜰을 말한다. 그 뜰을 그리워한다. 그리고 참새나 제비도 주의 제단에서 보금자리를 얻는 것을 보며 부러워한다. 참새는 하찮은 존재, 제비는 바쁘게 움직이지만 걱정하며 두려워하며 사는 존재로 묘사된다. 이런데도 이것을 부러워하는 것은 성전 뜰이나 처마에 거하며 보금자리를 마련하는 것을 본 것이다. 하나님의 전에서 보금자리를 틀어 보호를 받고 있는 것이 정말 부러운 것이다. 참새든 제비든 인간이든 하나님의 피조물로서 주님의 도움이 없이는 살아갈 수 없는 존재다.

그들은 주님으로부터 힘을 얻기를 원했다. 힘을 얻으면 마음에 시온의 대로가 열린다. 눈물 골짜기를 지날 때도 샘의 곳이 된다. 이스라엘 사람들은 세계 어디에 살든지 예루살렘으로 순례의 길을 간다. 예루살렘으로의 순례의 길은 고난의 길이다. 대부분 순례는 걷기에 이루어져 목마름이 심하다. 뱀과 전갈 등 위험한 동물들도 힘을 빠지게 한다. 시온으로 가는 길은 눈물의 골짜기, 곧 바카(우는)의 골짜기를 지나야 한다. 하나님은 이 눈물의 골짜기를 샘으로 바꾸어 주신다. 눈물의 골짜기가 오아시스로 변화된다. 이 샘에서 다른 사람들과 더불어 기쁨을 누린다. 이른 비, 은혜의 단비도 내려 주신다. 그들은 힘을 얻고 더 얻게 된다.

우리에게 있어서 샘, 이른 비는 무엇일까? 그것은 기도와 말씀을 통해 얻는 은혜이리라. 하나님을 맛보아 아는 사람에게는 세상적인 평안이 아니라 영혼의 갈급함을 해결하기 위해 끊임없이 고난의 언덕을 올라가야 한다. 그 고난의 장벽 앞에서 우리는 하나님께 기도

한다. 한 번만 기도하는 것이 아니라 계속해서 기도한다. 힘들수록 하나님 앞에 더 나아간다. 그리고 지속적으로 말씀을 통해 하나님과 만난다. 말씀을 묵상하며 그분의 가르침을 따른다. 말씀 묵상은 되씹는 작업이다. 이 모든 작업을 통해서 힘을 얻고 더 얻어 나갈 수 있다.

고라 자손들은 결국 시온에서 각자 주님 앞에 나타나게 될 것을 확신한다. "시온에서 하나님 앞에 각기 나타나리이다"(7절) 그들은 "악인의 장막에 거함보다 내 하나님 문지기로 있는 것이 좋사오니"(10절)라고 고백한다. 고라 자손들은 성전에서 물을 긷고 장작 패는 일을 맡았다. 하찮은 일, 힘든 일을 하면서도 하나님을 섬길 수 있는 것을 기뻐했다. 주님 안에서 참가치와 삶의 의미를 알았기 때문이다. 그리고 "정직히 행하는 자에게 좋은 것을 아끼지 아니하실 것임"(11절)을 확신하고 "주께 의지하는 자에게 복이 있음"(12절)을 믿었다.

다윗도 주의 성전을 사모했다. "주의 계신 집을 사랑하나이다"(시 26:8) 왜 주의 전을 사모했을까? 주님으로부터 힘을 얻기 때문이다. "주께로부터 힘을 얻는 자가 복이 있나이다" 주님으로부터 말씀을 들을 때, 예배를 드리고 기도를 할 때 힘을 얻기 때문이다. 주님으로부터 모든 문제에 대한 답을 얻을 수 있기 때문이다. 문제가 있을수록 주님 앞에 나가자. 주님 앞에 나오는 것 자체만으로도 축복이다.

주님으로부터 보금자리를 얻고자 하는 것이 그리스도인으로서 삶의 출발이라면 주님으로부터 힘을 얻고 더 얻고자 하는 것은 과정이다. 그 과정 하나하나가 힘들기 때문이다. 그리고 시온에서 하나님을 뵈옵는 것은 결말이다. 당신은 지금 어디쯤 와 있는가. "주께 힘을 얻고 그 마음에 시온의 대로가 있는 자는 복이 있나이다"(5절)

58. 안디옥 교회, 주님의 비전에 이끌린 교회

스데반 사건 이후 많은 사람들이 흩어졌고, 그들은 가는 곳마다 예수를 전했다. 그 무리 중 일부도 안디옥에 와서 말씀을 전했다. 주님께서 그들과 함께하셨고, 교인들도 늘어나게 되었다. "주의 손이 그들과 함께하시매 수다한 사람이 믿고 주께 돌아오더라"(행11:21)

예루살렘 교회가 이 소문을 듣고 바나바를 안디옥 교회에 파견했다. 그는 하나님의 은혜에 충만한 교인들을 보며 말했다. "굳은 마음으로 주께 붙어 있으라" 오직 주님만 믿고 살라는 말이다.

바나바는 착한 사람이자 성령과 믿음이 충만한 사람이었다. 그의 인격이 더해져 더 많은 사람들이 교회를 찾았다. 그는 교회가 발전하는 교회의 모습을 보며 한 사람이 생각났다. 바울이었다. 당시 바울은 그의 고향 다소에 머물러 있었다. 그는 바울을 찾아가 그를 설득해 안디옥 교회로 데려왔다. 그 둘이 힘을 합하자 교세는 더욱 커졌다. 사람들의 행동도 달라졌다. 그러자 안디옥 사람들은 그들을 향해 '그리스도인'(Christian)이라는 별명을 붙여 주었다. "비로소 그리스도인이라 일컬음을 받게 되었더라"(행11:26)

안디옥 교회는 한마디로 예수의 비전으로 가득했다. 왜 그랬을까? 그 속에는 바나바가 있었다. 그는 교인들에게 교회의 목적을 가르쳐 주었고, 주님의 비전을 따르도록 했다. 지도자의 중요성을 깨닫게 하는 대목이다. 이것은 주님의 비전을 이루기 위해 교회가 목적을 바르게 하고 그것에 동참해야 한다는 것을 보여 준다. 바나바는 이 비전을 이루기 위해 다소에 가서 바울을 찾아 왔다. 그리고 이 사역을 함께했다. 팀 사역이 성공한 사례가 될 것이다. 그들은 주님을 위해 자신의 모든 것을 내려놓은 사람들이다.

안디옥 교회는 비전으로 만들어져 가는 교회가 되었다. 안디옥 교회는 최초로 '그리스도인'이라는 별명을 얻은 교회이다. 교인들의 행동 하나하나에 그리스도의 정신과 삶의 모습이 묻어나기 때문이었다. 이것은 이 교회가 주님의 비전으로 빚어 가고 있음을 보여 준다. 그리스도인이란 나의 일이 아니라 주님의 일을 하는 사람들이다.

계속해서 안디옥 교회는 비전에 이끌려 가는 교회가 되었다. 주를 섬기되 주님의 비전을 이루기 위해 최선을 다했다. 그 비전은 세계 선교를 향해 나가는 교회가 되게 했다. 선교사를 파송하기 전 그들은 금식했다.

"금식할 때에 성령이 가라사대 내가 불러 시키는 일을 위하여 바나바와 사울(바울)을 따로 세우라 하시니 이에 금식하며 기도하고 두 사람에게 안수하여 보내니라"(행13:2,3)

안디옥 교회는 무엇보다 성령에 감동하고 성령이 주장하는 교회임이 드러난다. 그들은 기도했고, 성령이 함께하셨다. 우선 선교사로 바나바와 바울이 선택되었다. 성령님은 교회 인물 중 가장 뛰어난 지도자를 선교사로 택하셨다. 이것은 이방선교의 중요성을 일깨워 준다.

당시 사람들은 복음을 이스라엘에만 묶어 두려 했다. 하지만 주님의 생각은 달랐다. 예수님은 나사렛을 떠나 스불론과 납달리 지경 해변에 있는 가버나움에 가서 사셨다. 이를 가리켜 성경은 이사야의 말씀을 이룬 것이라 하였다. 그리고 "흑암에 앉은 백성이 큰 빛을 보았고 사망의 땅과 그늘에 앉은 자들에게 빛이 비취었도다"(마4:16) 했다. 흑암에 앉은 백성은 이방인, 곧 이스라엘 밖의 사람들이다. 그들에겐 주님의 복음이 더욱 절실하다.

안디옥 교회는 이방선교의 첫 문을 여는 교회가 됨으로써 세상을 흔드는 교회가 되었다. 당신의 교회도 세상을 흔드는 교회가 되고 싶은가? 그렇다면 지금 주님의 비전에 이끌리고, 그 일에 성령님과 함께 가라. 이것이 중요하다. 이 일은 주님의 일이기 때문이다. 우리는 바로 주님의 일을 하는 그리스도인이다.

59. 바울이 자랑스럽게 생각하는 사람들

디모데후서 1장에는 바울이 자랑스럽게 생각하는 두 사람이 소개되고 있다. 한 사람은 디모데(Timothy)고, 다른 한 사람은 오네시보로(Onesiphorus)이다. 두 사람을 생각하면 아무리 자신이 어려운 환경에 있다 할지라도 마음이 기쁘다.

디모데는 '하나님을 영화롭게 하는 사람', '하나님을 공경하는 사람'이라는 뜻을 가지고 있다. 무엇보다 그는 하나님을 기쁘게 하는 효자여서 선생 바울을 기쁘게 하는 영적인 아들로 인정받았다. 그리고 문제가 많은 고린도 교회에 감독으로 파송을 받았다.

그는 외조모 로이스와 어머니 유니게에게도 효자였다. 믿음으로 잘 자라 자랑스러운 아들이 된 것이다. 바울은 디모데가 거짓 없는 믿음을 잘 이어받았다고 말한다. 3대에 걸쳐 형성된 흔들리지 않은 믿음을 가진 것이다.

아버지가 소개되지 않은 것으로 보아 아버지는 신앙적 전통을 가지지 못한 것이 아닌가 생각되기도 한다. 디모데 어머니는 유대인이고 아버지는 헬라인으로서 아버지는 이미 작고한 것이 아닌가, 그런데도 그 어려운 환경 가운데서도 믿음을 지켜 낸 것이 더욱 대견스러웠을지 모른다.

칼빈은 "디모데가 어머니 젖과 함께 경건도 함께 먹고 자라났다"고 말한다. 풍부한 신앙적 유산을 받았다는 것이다. 유산 중 신앙유산이 최고다. 신앙은 어린 자식의 백지 같은 마음에 그리는 가장 아름다운 그림을 그리는 것이다.

십여 분의 가정예배를 과소평가하지 말자. 가정에서 읽은 성경 한 절이 신앙적 자부심을 갖게 만들 수 있다. 그것이 신앙을 전수하는 유니게 학교다.

바울은 디모데에게 "하나님이 우리에게 주신 마음은 두려워하는 마음(the spirit of timidity)이 아니요 오직 능력(power)과 사랑(love)과 근신하는 마음(self-discipline)이니"(7절)라 말한다. 세상의 핍박을 두려워하지 말고 고난에도 참여할 수 있는 능력을 키우라 말한다. "우리 주의 증거와 주를 위해 갇힌 자 된 나를 부끄러워 말고 오직 하나님의 능력을 좇아 복음과 함께 고난을 받으라"(8절) 그 능력은 바로 복음을 부끄러워하지 않고 기쁨으로 고난에 참여할 수 있는 능력이다. 고난의 영성, 섬김의 영성을 강조한 것이다.

바울은 확신한다. "이를 인하여 내가 또 이 고난을 받되 부끄러워하지 아니함은 나의 의뢰한 자를 내가 알고 또한 나의 의탁한 것을 그날까지 저가 능히 지키실 줄을 확신함이라"(12절)

바울은 자신을 기쁘게 만드는 또 한 사람 오네시보로를 소개한다. 오네시보로는 '유익한 자'라는 뜻을 가지고 있다. 바울은 그를 가리켜 "저가 나를 자주 유쾌하게 하고(refreshed me) 나의 사슬에 매인 것을 부끄러워 아니하며(not ashamed of my chains)"(16절) '유쾌하게 하고'는 자신에게 힘과 용기를 주었음(encouraged)을 말하고, 사슬에 매인 것은 복음 때문에 감옥에 갇힌 것(jail)을 말한다. 그는 또 "로마에 있을 때에 나를 부지런히 찾아(searched me hard) 만났느니라"(17절) 자신이 어디에 있든지(everywhere), 열심을 다해(eagerly) 자신을 찾아 섬긴 인물이라는 것이다. "저가 에베소에서 얼마큼 나를 섬긴 것(helped me)을 네가 잘 아느니라"(18절) 로마의 감옥뿐만 아니라 에베소까지 찾아와 섬겼다. 주님을 위한 마음이 아니었으면 그것이 가능할까?

바울은 말한다. 복음을 부끄러워하지 아니하고, 그 어떤 고난과 수고도 아끼지 않는 사람들, 그들이 바로 칭찬받아 마땅한 사람들이다. 우리가 바로 이 복음을 위해 전도자로, 혹은 교사로 세우심을 받은 사람들이다(11절). 이 정체성을 잃지 말자.

60. 너희를 떠난 것은 얼굴뿐 마음은 아니니

바울은 데살로니가 교인들을 매우 사랑한 것 같다. 그는 데살로니가전서 2장 17절에서 20절을 통해 다시 보고 싶은 마음을 드러냈다. 성도 간의 교제에 있어서 이런 그리움이 있다는 것은 보기 좋고, 또 흐뭇하다.

그는 먼저 고백을 한다. "형제들아 우리가 잠시 너희를 떠난 것은 얼굴이요 마음은 아니니 너희 얼굴 보기를 열정으로 더욱 힘썼노라"(7절) 그는 지금 헤어져 있는 것은 잠시라고 말한다. 크게는 언젠가 영원히 함께 거하게 될 날이 있다는 것을 상정한 것이요, 작게는 또 보게 될 것을 기대하는 마음이 담겨 있다.

여기서 그는 떠난 것과 떠나지 않은 것을 구분한다. 떠난 것은 얼굴(몸)이다. 그러나 떠나지 않은 것은 마음이다. 비록 몸은 서로 떨어져 있지만 마음은 결코 떨어져 있지 않다는 말이다.

지금 겉으로는 떨어져 있어 서로 볼 수 없지만 속으로는 서로를 찾고 있다. 이것을 보이는 것(겉)과 보이지 않는 것(속)으로 나누어 생각할 수 있다. 보이는 겉만 가지고 논할 것이 아니라 우리 안에 보이지 않는 속이 더 중요한 것이 아니겠는가. 그러니 우리는 결코 떨어져 있는 것이 아니라는 말이다.

그러나 몸이 서로 떨어져 있으니 그리움이 더하다. 그래서 그는 "너희 얼굴 보기를 열정으로 더욱 힘썼노라"고 말한다. 그리움이 짙어 어떡하든지 만나고자 하는 마음을 억누를 수 없고, 또 만나도록 노력했다는 말이다. 그 사랑하는 마음을 만남으로써 더 공고히 하고 싶은 것이다.

나는 이 말씀을 군대에 가는 한 청년에게 주었다. 짧은 예배였지만 그 자리에는 그의 어머니도 있었다. 아들을 군대에 보내는 어머니의 마음, 그리고 아버지를 일찍이 보내고 어머니만 홀로 남겨 두고 떠나야 하는 아들의 마음이 오죽할까. 두 사람이 곧 헤어질 시간이 다가오고 있다. 서로 얼굴을 보지 못할 것이다. 그때 서로에게 할 수 있는 말은 오죽 한 가지 아니겠는가. "떠난 것은 얼굴뿐이요 마음은 아닙니다" 비록 몸은 떨어져 있어도 부모에 대한 사랑, 형제에 대한 사랑, 예수님을 향한 사랑은 늘 함께 있다. 그 군대 간 청년은 병역을 잘 마치고 어머니 품으로 돌아왔다. 그사이 아프가니스탄에 파병되기도 했다. 늠름한 청년이 된 것이다. 하나님이 함께하셨음을 본다.

20절은 이렇게 기록되어 있다. "너희는 우리의 영광이요 기쁨이니라" 우리는 어떤 사람인가? 하나님의 영광을 보여주는 자, 기쁨을 주는 자다. 19절에는 '자랑의 면류관'이라 했다. 이 표현은 데살로니가 교인들이 주 앞에서도 바로 그런 사람들임을 드러내고 있다. 이 대목에서 우리는 바울이 왜 그들을 그토록 보고 싶어 했는지 금방 알 수 있을 것 같다.

그리스도인은 어디에 있든지 그런 인물이 되어야 한다. 우리는 바로 그런 인물들을 그리워하고 보고 싶어 한다. 주님 또한 그러시지 않을까?

바울은 골로새서를 통해서도 같은 마음을 피력하였다. "육신으로
는 떠나 있으나 심령으로는 너희와 함께 있어 너희의 규모와 그리스
도를 믿는 너희 믿음의 굳은 것을 기쁘게 봄이라"(골2:5) 교인들을
향한 그의 마음이 한결같다는 생각이 든다. 바울은 그 교인들에게
당부한다. "믿음에 굳게 서서 감사함을 넘치게 하라" 우리가 감사함
을 넘치게 하면, 감동을 주는 믿음생활을 하면 더 기쁘겠다는 말이
다. 그만큼 믿음생활이 중요하다. 당신의 믿음생활이 주님께 기쁨이
요, 그리움이 되기를 기도한다.

61. 에덴의 상실과 회복

빛에서 어둠으로

하나님은 인간을 위해 에덴을 창조하셨다. 빛이신 하나님은 그 땅
에 먼저 빛을 주시고 빛의 삶을 살도록 하셨다. 그 하나님이 우리를
향해 "－하라"고 하신 것은 그대로 하지 않을 경우 빛이 상실될 가
능성이 높기 때문이다. 그런데 인간의 반응은 달랐다. 빛의 삶이 아
니라 어둠 속으로 빠져들었기 때문이다. 에덴의 삶이 아니라 반에덴
의 삶을 택한 것이다.

생명의 삶에서 사망의 그늘 아래로

하나님은 인간에게 좋은 것을 주시고자 하셨다. 인간을 하나님의 형상으로 지었고(창1:26), 축복하셨다(창1:28). 하나님의 형상은 하나님과 함께하는 삶이며 생령의 삶이다. 하나님과 가까이하도록 하신 것이다. 그럼에도 불구하고 인간의 반응은 달랐다. 죄를 지음으로써 좋은 쪽이 아니라 나쁜 쪽을 택한 것이다. 죄를 짓는 것은 하나님에 대한 반역행위다. 죄는 하나님을 욕되게 하는 것(겔20:27)이다. 하나님 중심의 삶에서 자기중심의 삶으로, 영적인 삶에서 영적인 죽음을 택한 것이다. 그것은 생명의 삶이 아니라 사망의 삶이다. 그로 인해 사망의 그늘 아래 앉은 인간은 하나님의 낯을 피했다. 숨은 것이다(창3:8).

인간이 나쁘게 된 것에는 사단의 끈질긴 꼬드김이 있었다. 사단은 자신의 유익을 먼저 생각하도록 함으로써 하나님으로부터 멀어지게 했다. 하나님의 사랑을 독차지한 인간이 그 사랑을 버리고 사단의 유혹에 빠지게 된 것이다. 인간은 사단의 달콤한 말에 황홀해졌다. 하나님은 "하지 말라"는 말을 많이 하셨는데, 사단은 달랐다. "하라"는 것이다. 얼마나 달콤한가. 그러나 그것이 자신의 사망을 자초하는 것임을 왜 깨닫지 못했는지. 선악과를 먹으면 정녕 죽으리라 하셨는데. 그 결과 인간은 에덴을 잃었다. 그곳으로부터 추방을 당했다.

하지만 그 죄를 사단에게만 돌리지 말자. 그 사단은 결국 우리 자신이 아니었던가. 나 자신을 하나님같이 만들어 보고 싶은 그 교만, 하나님보다 자신의 이름과 영광이라면 물불을 가리지 않는 그 헛된 열심이 아직도 우리 안에 있지 않는가.

하나님의 회복 선언

그러나 하나님은 자기의 아들들을 사랑하셨다. 육적인 질병과 영적인 사망에서 헤어나지 못하고 고통스러워하는 인간을 더 이상 방치할 수 없으신 것이다. 결국 인간의 회복을 선언하셨다. 예수님은 병자를 치유하시면서 말씀하셨다. "다시는 죄를 짓지 말라" 육적인 치유가 영적인 치유로 이어져야 한다는 것이다. 육적인 치유로 만족하지 말고 영적 치유, 곧 본질 치유로 나가야 한다는 말씀이다. 그 주님은 우리의 치유를 위해 자신의 생명을 내주셨다.

계시록에서 상실된 에덴은 회복으로 이어진다. 창세기에서 인간은 에덴에서 추방되어 생명나무로의 접근이 금지되었다(창3:24). 그러나 계시록 22장에서는 생명수의 강이 흐르고 그 좌우에 생명나무가 서 있으며, 12실과를 맺는다. 잎사귀는 만국을 소성하게 만든다. 에스겔이 본 생명수 환상(겔47:9~12)이 그대로 재현된다. 그곳에는 어둠(밤)이 없다. 하나님이 빛이시기 때문이다. 에덴이 회복된 것이다. 새 하늘과 새 땅에는 생명수 샘물이 흐르고, 새 예루살렘은 문을 닫지 않는다. 밤이 없기 때문이다. 예수님은 이 생명수를 받으라 하신다. 그 물을 마시면 영원히 목마르지 않기 때문이다. 그 속에서 우리는 우리의 생명이신 주님, 우리를 사랑하시되 끝까지 사랑하시는 주님을 보게 된다. 이 주님을 어찌 사랑하지 않을 수 있겠는가.

62. 공법을 물같이 정의를 하수같이

아모스서는 애가다. 애가에 담겨 있는 절절함과 우리를 향한 강한 비판이라 '하나님이 지으신 애가'라는 별칭마저 있다. 아모스서는 애가(lament)와 함께 회개를 촉구(call to repentance)하고 있다. "네 하나님 만나기를 예비하라"(암4:12) 하나님을 만나라, 회개하고 돌아오라는 것이다. 이 말씀은 마치 회개의 세례를 전파하는 누가복음의 말씀(눅3:3)과 맥을 같이한다.

이론가들 사이에 '아모스적 비판'이라는 말이 있다. 정치권의 중심에 있으면 비판 능력이 흐려지는 데 반해 주변, 곧 정치권 밖에 있을 때 철저한 비판이 나올 수 있다는 것이다. 아모스 선지자는 당시 정치권 중심에 있지 않았기에 더 철저히 이스라엘을 비판할 수 있었는지 모른다.

아모스는 하나님이 왜 이스라엘의 예배를 싫어하시는가를 적나라하게 지적하였다. 아모스서 5장에 나타난 증거는 다음과 같다.

- "내가 너희 절기를 미워하며 멸시하며 너희 성회(assemblies)를 기뻐하지 아니하나니"(21절)
- "내가 너희 살진 희생의 화목제(choice fellowship offering)도 내가 돌아보지 아니하리라(no regard)"(22절)
- "네 비파소리(찬송)도 내가 듣지 아니하리라"(23절)

싫어하시는 이유는 간단하다. 공법과 정의가 무너졌기 때문이다. "공법을 인진(茵蔯)으로 변하며 정의를 땅에 던졌다"(7절) 공법은 의요 그것이 실행될수록 결과는 달다(sweetness). 그러나 그들은 그것을 인진으로 만들었다. 인진은 쓴(bitter) 쑥으로 독초다. 그 보기는 다음과 같다.

첫째, 가난한 자를 밟고 부당한 세를 취했으며 다듬은 돌로 집을 건축했다(11절). '취했다'는 것은 강압적으로 행동하고(force) 상대를 미워하고 차별했음을 말한다. 다듬은 돌로 집을 건축했다는 것은 돌로 맨션(stone mansions)을 지었다는 것으로 자기 이익만 생각했음을 보여 준다. 한마디로 가렴주구를 했고, 자신들은 호의호식하며 살았다는 것이다. 영적으로 죽은 사회였음을 보여 준다.

둘째, 의인을 학대하고, 뇌물을 받고, 성문에서 궁핍한 자를 억울하게 했다(12절). 공의가 서 있지 않았다.

셋째, 성문(court)에서 책망하는 자를 미워하며 정직히 말하는 자를 싫어했다(10절). 정직을 싫어한 것이다.

끝으로, 지혜자도 잠잠했다(13절). 지혜자마저 말하지 못하고 입을 다물어야 했으니 얼마나 악한 때였는가.

하나님은 진노가 임할 것을 말씀하셨다. 그 집에서 거하지 못할 것이다(11절). 농사한 곡식도 먹지 못할 것이다. 천명이 나가던 (march out) 성읍에 백 명만 남을 것이다(3절). 10분의 1로 준다. 여호와의 날에 심판이 임할 것이다(18절). 하나님은 답답하여 물으신다. "어찌하여 여호와의 날을 사모하느뇨"(18절) 하나님의 날을 사모하지만 그날은 너희의 심판 날인 줄 알라는 것이다. 하나님은 그날에 대한 그들의 왜곡된 의식도 바로잡으신다.

이제 우리는 어떻게 해야 하는가? 하나님은 우리에게 살길을 제시하신다.

- "여호와를 찾으라 그리하면 살리라(seek me and live)"(4, 6절) 이 말씀을 두 번이나 하셨다. 하나님을 찾는 것 자체가 삶의 조건이다. 하나님은 공의의 하나님이시자 사랑의 하나님이시다. 야곱이 벧엘을 찾을 때 영적인 소생이 있었다.
- "살기 위하여 선을 구하고 악을 구하지 말라 그러면 하나님이 너희와 함께 하시리라"(14절) 임마누엘의 조건은 우리가 선을 구하는 데 있다.
- "오직 공법을 물(river)같이 정의를 하수(never-failing stream)같이 흘릴지로다"(24절) 정의가 끊임없이 흐르도록 하라는 것이다.

이 말씀 이외에 우리가 주목해야 할 또 다른 말씀이 있다. 그것은 야고보서의 가르침이다. "겸손하라 주 앞에서 낮추라 하나님을 가까이하라"(약4:6~10) 그러면 살 것이다. 하나님 없이 살지 말라. 당신이 어둠에서 행할수록 하나님을 두려워하라. 결코 하나님을 무시하지 말라. 하나님은 지금도 우리를 보고 계신다.

63. 참다운 소유

이따금 자기 손에 사탕을 쥐고 있으면서 남이 가진 사탕을 달라 졸라대는 아이를 볼 수 있다. 그런 모습을 볼 때마다 나의 어머니는 옛날 생각이 나는지 이렇게 말씀하며 웃곤 하셨다. "너도 어릴 때 그랬지"

사람들은 대부분 많은 것을 가지고자 한다. 물질주의가 팽배해짐에 따라 물질에 대한 욕구는 한이 없다. 가지고도 또 가지고 싶은 것이 인간의 마음이다. 어찌 물질뿐이겠는가.

철학자들은 소유냐 존재냐를 놓고 논쟁을 벌이며, 소유의 삶보다 존재적 삶을 살라고 외친다. 성경도 기본적으로 소유의 삶보다 존재적 삶을 지지한다. 그러나 그 표현방식에서는 다소 차이가 있다. 소유라는 말을 사용하고 있기 때문이다. 하지만 소유도 소유 나름 아니겠는가.

시편 저자의 말을 보자. "내 소유는 이것이니 곧 주의 법도를 지킨 것이니이다"(시119:56) 역시 소유의 차원이 다르다. 하나님의 말씀을 중시하기 때문이다. 같은 119편에서 그는 이렇게 말한다.

- "나의 나그네 된 집에서 주의 율례가 나의 노래가 되었나이다"(54절)
- "여호와는 나의 분깃(portion, 몫)이시니 나는 주의 말씀을 지키리이다"(57절)

분깃이란 몫으로 나의 전부, 삶의 근원이라는 뜻을 담고 있다.

- "주의 긍휼히 여기심이 내게 임하사 나로 살게 하소서 주의 법
  은 나의 즐거움이니이다"(77절)

시편 저자는 왜 이런 말을 했을까? 그것은 같은 성경이 말해 준다.

- "주께서 나로 소망이 있게 하셨나이다"(49절)
- "주의 말씀이 나를 살리셨음이니이다"(50절)

주의 말씀이 자신을 살리고, 소망이 있게 했다는 것이다. 그래서 지금은 주의 말씀과 법도가 나의 소유가 되고 나의 노래가 되고 나의 즐거움이 되었다는 것이다.

더 중요한 것은 이것을 고난 가운데 깨닫게 되었다는 점이다.

- "고난당하기 전에는 내가 그릇 행하였더니 이제는 주의 말씀을
  지키나이다"(67절)
- "고난당한 것이 내게 유익이라 이로 인하여 내가 주의 율례를
  배우게 되었나이다"(71절)

고난을 통해서도 더 귀해진 것은 하나님의 말씀이었다. 고난은 말씀, 곧 하나님의 뜻을 알기 위한 교과서였다. 시편 저자는 결의를 다진다.

- "내가 주의 율법을 항상 영원히 끝없이 지키리이다"(44절) 말씀
  을 사랑하고 지킬 것에 대한 자기 확신이다.
- "나는 주를 경외하는 모든 자와 주의 법도를 지키는 자의 동무

라"(63절) 내 친구는 하나님의 말씀을 지키는 사람이라는 것이다.

- "나의 사랑하는 바 주의 계명을 스스로 즐거워하며 또 나의 사랑하는 바 주의 계명에 내 손을 들고 주의 율례를 묵상하리이다"(47, 48절)

내 손을 든다는 것은 어떤 경우에라도 끝까지 지키겠다는 것이다. 164절엔 규례(말씀)를 인하여 하루에 일곱 번씩 찬양한다. 정말 그의 소유는 하나님의 말씀임에 틀림없다. 평양에서 왔다는 한 여인은 말했다. "성경을 머리맡에 두고 죽고 싶다" 소유자라면 적어도 이런 소유자가 되고 싶다.

64. 천국시민권

그리스도인의 삶의 목적은 주님을 위해 살고 주님만을 영화롭게 하는 것이다. 주님이 우리 삶의 중심이라는 말이다. 그런 사람은 하나님 나라의 백성, 곧 천국시민이 될 자격이 충분히 있다. 지금 우리의 삶의 모습은 이 경지에 도달했을까? 따지려 들면 고개를 들 수 없다. 주님보다 우리 자신을 영화롭게 하는 데 관심을 두고 살아왔기 때문이다.

그렇다면 우리는 천국시민권이 없는 것인가? 그렇지는 않다. 당신이 예수를 구주로 고백하는 그때부터 하늘나라의 생명책에 기록됨으로써 이미 천국시민이 되었다. 예수님은 말씀하셨다. "내가 너희를 위해 처소를 예비하러 가노니 가서 너희를 위하여 처소를 예비하면 내가 다시 와서 너희를 내게로 영접하여 나 있는 곳에 너희도 있게 하리라 내가 가는 곳에 그 길을 너희가 알리라"(요14:2~4) 이젠 그 주님을 얼굴과 얼굴을 대하는 일만 남았다.

천국시민권은 어떤 의미일까? 그것은 쉽게 말해 천국이 내 고향이요, 본국이라는 것이다. 신사훈 목사는 "고향을 묻지 말라 나의 고향은 하늘나라"라 했다. 그 정도로 하나님 나라를 사모한다는 말이다.

천국시민권만 얻으면 다 해결되는 것인가? 그렇지 않다. 천국 법을 지킬 의무가 있다. 그 의무를 다함으로써 우리의 주군인 하나님께 충성하는 것이다. 천국 법을 잘 지키려는 사람은 세상 법도 잘 지킨다. 하나님 나라의 법은 세상의 법보다 높고 차원이 다르다. 바울은 세상에서 일할 때 보이는 주인을 위해 눈가림식으로 일하지 말고 하나님을 위해 일하는 자세로 충성스럽게 임하라고 말한다. 주인이 보든 안 보든 무슨 일이든 잘하라는 것이다.

이 땅의 삶에서도 그리스도의 향기가 나도록 해야 한다. 향기는 그저 나는 것이 아니다. 세상과 다른 삶을 살 때 난다. 이를 위해 우리는 절제하는 삶을 살 필요가 있다. 베드로는 말한다. "나그네와 행인 같은 너희에게 권하노니 영혼을 거슬러 싸우는 육체의 정욕을 제어하라"(벧전2:11) 이 땅에서 그리스도인은 나그네와 행인과 같다. 우리의 고향은 이 땅이 아니라 하늘나라이기 때문이다. 이 땅에서 나그네로 살아가는 우리가 무슨 욕심을 내며 이 땅에서 천년만년 살고자 해야 할까. 그렇게 살아서는 안 된다는 말이다. 정욕을 제어하고 욕심을 누르며 살 때 빛이 난다.

세상 법과 천국의 법이 다를 때 어떻게 할까? 이럴 때 우리는 베드로와 요한의 말을 새겨들을 필요가 있다. 베드로가 힘 있게 설교하는 것을 보고 서기관과 장로들이 그들을 붙잡아 대제사장 앞에 세웠다. 저희들은 명령한다. "도무지 예수의 이름으로 말하지도 말고 가르치지도 말라" 이 말에 베드로와 요한은 단호히 말한다. "하나님 앞에서 너희 말 듣는 것이 하나님 말씀 듣는 것보다 옳은가 판단하라 우리는 보고 들은 것을 말하지 아니할 수 없다"(행4:19,20) 그들의 명령이 하나님의 법에 적합한 것이면 좋겠지만 그렇지 않으면 따를 수 없다는 것이다. 세상의 법이 하나님의 법에 맞지 않을 만큼 악하면 문제가 있다.

시민은 영원한 복락을 누릴 특권이 주어진다. 이 복락은 그리스도와 함께하는 삶이다. 세상이 줄 수 있는 그 어떤 쾌락과 유익이라 할지라도 이 기쁨과 비교할 수 없다.

시민권을 가진 사람은 그 나라로부터 보장을 받는다. 바울이 빌립보에서 전도할 때 귀신 들린 여인을 고쳐 주었다. 그 여인을 이용해 돈을 벌었던 주인은 자기의 수입원이 없어지자 바울을 옥에 가두게 하고 고문하도록 만들었다. 바울은 로마시민권을 가진 자신을 정식 재판 없이 때리고 구속한 것을 놓고 항의했다. 당시 로마시민은 세계 1등 시민으로 간주되어, 재판을 가려하고 잘못 재판하면 로마 황제에게 제소할 특권을 소유하였다. 천국시민권을 가진 우리도 하나

님께 제소(기도)할 권한을 가진다. 그만큼 철저히 보호하신다. 천국
시민권은 로마시민권 이상으로 인정을 받는다. 예수를 구주로 고백
한 당신에게 바로 이 시민권이 주어져 있다. 얼마나 자랑스러운 천
국시민권인가.

65. 지금의 위력

아이들은 대공원과 같은 놀이터를 좋아한다. 가정에 웃음꽃이 피
고 금방 행복을 가져올 듯 보인다. 그러나 정작 부모들은 괴롭다.
먹는 곳을 지나치려면 그것을 사 달라 조르고, 장난감이 보이면 그
것을 사 달라 조른다. '지금' 그것을 사 주지 않으면 큰 일 날 것처
럼 행동한다. 아이들은 '지금'이 중요하다. 나중을 생각하지 않는다.
그러니 더 괴로울 수밖에.

마갈리와 함께 교보문고를 방문했다. 그가 고른 책은 엑하트 톨리
(Eckhart Tolle)가 쓴 [지금의 위력](The Power of Now]이다. 그런데
릭 김(Rick Kim) 목사의 주일 설교 내용도 '지금'에 집착하는 사람
들의 문제점에 초점이 맞춰 있었다. 결코 우연이 아니다. 하나님께서
'지금'을 생각하게 하신 한 주간이었다.

지금의 위력은 삶의 여러 곳에서 나타난다. 물건을 사고자 할 때

도 지금 사면 얼마를 깎아 주겠다 말한다. 지금 아니면 안 된다. 큰 것일수록 지금의 효과는 크다. 나중은 안중에 없다. 지금이 중요하다.

요한복음 3장 16절에 하나님은 '이 세상을 이처럼 사랑하사'라고 하셨다. 그러나 성경은 여러 곳에서 '이 세상'을 사랑하지 말라 하신다. 부정되는 이 세상은 세상의 것, 육적인 것을 말한다. 원래 세상은 코스모스(cosmos)다. 그러나 부정적인 '이 세상'은 '이 세대(this generation, this age)'이다. 이 세대의 특징은 바로 '지금'을 선호한다는 것이다. 현재를 중시하며, 그 현재가 삶의 모든 것이 된다. 미래는 치지 않는다. 지금 사야 하고, 지금 먹어야 하고, 지금 해야 한다. 지금이 삶의 모든 것이요 중심이다.

성경은 지금보다는 장차 올 시간에 대해 기대를 하게 한다. 이 세상보다는 주님과 함께할 영원한 그 시간과 그 나라를 사모하게 한다. 지금은 중요하기는 하지만 그것이 우리 삶의 모든 것이 아니라는 말이다. 그래서 우리로 하여금 지금에 집착하지 않도록 한다.

예수님은 우리에게 이렇게 가르치신다. "화 있을진저 너희 지금 배부른 자여 너희는 주리리로다 화 있을진저 너희 지금 웃는 자여 너희가 애통하며 울리로다"(눅6:25) 개역성경은 '이제'로 표현되어 있지만 개역 개정판에는 '지금'으로 번역되어 있다. 이 글의 맥락에서는 '지금'이라는 표현이 더 적절하다 싶다. 이것을 이 세상으로 바꾼다면 요한 1서 2장 15절의 말씀이 의미상 아주 가깝다. "이 세상이나 세상에 있는 것들을 사랑하지 말라 누구든지 세상을 사랑하면 아버지의 사랑이 그 안에 있지 아니하니" 우리가 이 세상을 사랑하지 않아야 하는 근거가 명백하다.

이 말씀들을 살펴보면 우리가 비록 이 세상에 살지만 왜 이 세대를 본받지 말라고 하는가를 알 수 있다. 우리는 지금의 달콤한 유혹을 이겨내지 못할 때가 많다. 초콜릿을 보면 그것을 먹고 싶고, 과일을 보면 그것이 먹고 싶다. 하와도 동산의 과일이 많은데도 선악과를 먹고 싶은 충동을 이겨내지 못했다. 인간은 모두 지금의 노예가 된지 오래다. 이젠 그 충동의 세계로부터 벗어날 때가 되었다. 이를 위해서 조금쯤 자제할 수 있는 능력을 키우는 연습이 필요하다. 먹지 말아야 할 것을 먹지 않는 연습, 하지 않아야 할 것을 하지 않는 절제력. 그런 연습을 통해 우리는 조금씩 나아질 수 있다.

당신은 지금의 위력에 얼마만큼 사로잡혀 있는가? 아니 당신의 영혼은 얼마만큼 하나님의 나라를 살고 있는가? 주님을 우리로 하여금 이 세상의 종으로 살지 않고 하나님 나라의 백성으로 당당하게 살라 하신다. 그렇게 하려면 한 가지 할 일이 있다. 지금의 유혹에서 벗어나 영원한 세계를 바라보는 것이다.

66. 선한 목자가 되라

신학교에 다닐 때 학교의 교훈 가운데 하나가 바로 '목자가 되라'는 것이었다. 선지동산에서 목회자를 교육하기 때문에 이 말은 아주

중요한 부분에 속한다. 요사이 목사는 많지만 참목사는 보기 힘들다
는 말을 한다. 이것이 어찌 이 시대에만 해당될까. 어느 시대에나
참목자는 적고, 사람들은 그러한 목자를 목마르게 기다린다.

　이것을 아주 잘 보여 주는 성경이 바로 에스겔 34장이다. 이 장을
읽으면 너와 나가 확연하게 구분된다. 너는 거짓 목자를 가리키며,
나는 하나님, 곧 참목자를 가리킨다. 문제는 우리 주변에 거짓 목자
는 많은데 참 목자는 보기 어렵다는 데 있다.

　이스라엘에는 '자기만 먹이는'(2절), 곧 자기만 돌보는(care for them-
selves) 거짓 목자들로 들끓고 있다. 하나님은 목자가 없어 흩어져
들짐승의 밥이 되어 가는(5절) 형국을 바라보며 이스라엘 목자들을
향해 "화 있을진저"라고 말씀하신다. 목자들이 양 무리를 찾지 않아
안타까워하시는 주님, 그리고 목자들을 향해 거푸 "여호와의 말씀을
들을지어다"(7, 9절) 하시고, "목자들이 양 무리를 먹이는 것이 마땅
치 아니하냐"(2절) 하시는 주님의 모습을 보게 된다. 참목자이신 하
나님은 이스라엘 목자들을 향해 4가지를 주문하신다.

양을 찾고 찾으라(11절)

　하나님의 첫 주문은 양을 찾고 찾으라(search for them)는 것이다.
"내 양의 무리가 유리되었고 온 지면에 흩어졌으되 찾고 찾는 자가
없었도다"(6절), "양무리가 노략거리가 되고 들짐승의 밥이 된 것은
목자가 없음이라 목자들이 내 양을 찾지 아니하고 자기만 먹이고 내
양의 무리를 먹이지 아니하였도다"(8절)

건져내라(12절)

하나님의 두 번째 주문은 양을 건져내라(rescue them)는 것이다. "양을 찾아서 흐리고 캄캄한 날에 그 흩어진 모든 곳에서 그것들을 건져낼지라"(12절) '흐리고 캄캄한 날'은 환란을 당하는 날, 심판 날이다. 건져내라는 것은 환란을 당하지 않도록 하라, 그들이 당하는 고통으로부터 자유롭게 하라는 말씀이다. 16절은 양 무리들의 절절한 상황이 소개된다. "잃어버린 자를 찾으며 쫓긴 자를 돌아오게 하며 상한 자를 싸매어 주며 병든 자를 강하게 하려니와" 길을 잃고 헤매는 자, 정처 없이 쫓겨 다니는 자, 상한 자, 병든 자가 많다는 것이다. 하나님은 목자를 향해 이들을 구원하라 하신다.

먹이라(13절)

하나님의 세 번째 주문은 양들을 먹이라(pasture them)는 것이다. "열방 중에서 모아 그 본토로 데리고 가서 산 위에와 시냇가에와 그 땅 모든 거주지에서 먹이되. 좋은 꼴로 먹이고 살진 꼴을 먹이라"(13, 14절) 하셨다. 좋은 장소에 이끌어 좋은 것으로 먹이라는 것이다.

누워 있게 하라(15절)

하나님의 네 번째 주문은 양들로 누워 있게 하라(have them lie down)는 것이다. 누워 있게 한다는 것은 평안하게 하라(tend them)는 것이다.

이 명령을 하신 하나님은 이스라엘 목자들을 호되게 나무라신다.

- "너희가 좋은 꼴 먹은 것을 작은 일로 여기느냐 어찌하여 남은
  꼴을 발로 밟았느냐 남은 물을 발로 더럽히느냐"(18절) 자기만
  먹고 남은 고의적으로 못 먹게 했다는 것이다.
- 이러한 가운데서 양들은 서러운 식사를 한다. "나의 양은 너희 발
  로 밟은 것을 먹으며 너희 발로 더럽힌 것을 마시는도다"(19절)
- "너희가 연약한 자를 강하게 아니하며 병든 자를 고치지 아니하
  며 상한 자를 싸매어 주지 아니하며 다만 강포로 그것들을 다
  스렸도다"(4절)
- "내가 살진 양과 파리한 양 사이에 심판하리라"(20절) 심판 날
  에 잘 먹은 너와 잘 먹지 못한 양을 놓고 심판할 것이라는 예
  고다.

주님은 목자들에게 말씀하신다. "말을 들으나 그대로 행치 아니하
니 이는 그 입으로는 사랑을 나타내어도 마음은 이욕(利慾)을 좇음
이라"(겔33:31) 이제 목자들이 거듭날 차례다. 양은 언제나 참목자를
기다린다. 자기의 양을 사랑하시는 하나님은 오늘도 참목자를 바라
신다.

67. 유다의 세 가지 권면

유다서는 예수의 친동생 유다가 썼다. 유다가 자신이 야고보의 형제라는 사실도 밝히고 있다. 야고보나 유다는 예수님의 친동생으로 초대교회에서 많은 활동을 했다.

성경에 소개된 예수의 형제로 야고보, 요셉, 유다, 시몬 등이 있고 여러 여형제들이 있다(막6:3). 예수님이 살아 계실 때 이들은 예수님을 따르지 않았다. 예수님이 고향, 친척, 직업을 떠나 제자들과 떠돌이 생활을 하면서 귀신 들린 사람들을 고치고 유대인들 듣기에 거북한 말을 하고 다니자 사람들은 예수님을 더러운 귀신 들린 자로 취급했다(막3:30). 그러자 예수님의 형제들이 예수님을 붙잡아 집으로 데려오고자 했다(마3:21). 이것은 형제들도 예수를 믿지 아니했기 때문이다(요7:5). 당시에는 하나님의 뜻을 알지 못한 탓이다.

이 형제들도 나중에 믿게 되고 초대교회의 지도자들이 되었다. 예수님이 부활하신 다음 성령체험을 하고 달라진 것으로 보인다. 사도행전에 "예수의 모친 마리아와 예수의 아우들로 더불어 마음을 같이 하여 전혀 기도에 힘쓰니라"(행1:14) 했기 때문이다. 야고보는 예루살렘 총회에서 지도자 역할을 했다(행15:13). 바울이 예루살렘에 갔을 때도 야고보를 만났다(행21:18). 바울이 자신의 사도직을 언급할 때 "우리가 다른 사도들과 주의 형제들과 게바와 같이 자매된 아내를 데리고 다닐 권이 없겠느냐"(고전9:5) 한 것을 보면 예수의 형제들도 순회전도를 했고, 유다 역시 순회 전도를 한 것으로 보인다. 유다서는 순회하며 설교했던 한 교회에 보내진 것으로 추측된다.

유다는 이 서신을 통해 세 가지를 권면하였고, 모두 "사랑하는 자들아"로 시작한다. 교인들을 향한 사랑이 보인다. 그가 무엇을 권면했는지 살펴보자.

단번에 주신 믿음의 도를 위하여 힘써 싸우라(3절)

유다는 믿음의 도를 위해 싸우라 하며 "하나님의 은혜를 다른 것으로 바꾸지 말라"(4절), "자기 지위를 지키라"(6절), "자기 몸만 기르지 마라"(12절)고 했다. 하나님의 은혜를 다른 것으로 바꾸지 말라는 것은 자기와의 싸움이다. 자기 지위, 곧 처소를 지키는 것은 믿는 자로서의 위치를 지키는 것이다. 그리고 자기 몸만 기르지 말라는 것은 육체의 정욕을 넘어선 꾸준한 자기와의 싸움이자 이웃을 위한 싸움이다.

심판이 있음을 기억하라(14, 15절)

심판은 마지막 때가 있음(18절)을 가리켜 준다. 이날은 경건치 않은 사람들에게는 파멸의 날이지만 그리스도인에게는 승리의 날이다.

유다는 그날 주께서 수만의 거룩한 자와 함께 임하신다(14절)고 말하고, 사도들이 전하는 이 말을 기억하라(17절)고 다시 한 번 못 박는다. 심판은 모든 경건치 않은 자가 행한 모든 경건치 않은 일과 경건치 않은 죄인들이 주님에 대해 거슬러 한 모든 강퍅한 말(15절)에 대한 심판이자 그리스도를 부인하는 자들에 대한 심판이다. 경건치 못한 자는 원망하며 불만을 토하며 그 정욕대로 행하며 그 입으로 자기를 자랑하고(16절), 당을 짓고 육에 속하며 성령이 없는 자(19절)들이다. 성령을 체험한 그가 성령을 강조했다는 점에서 특색이 있다.

지극히 거룩한 믿음 위에 자기를 건축하라(20절)

지극히 거룩한 믿음 위에 자기를 건축하기 위해 그는 성령으로 기도하고, 하나님의 사랑 안에서 자기를 지키며, 영생에 이르도록 그리스도의 긍휼을 기다릴 것(20절)을 강조한다. 기다림의 삶이 중요하다는 것이다. 나아가 그는 의심하는 자를 긍휼히 여기라(22절), 불에서 끌어내어 구원하라(23절)고 말한다.

그는 주님에 대해서도 확고하게 선언한다. 그는 누구신가. 능히 우리를 보호하사 거침이 없게 하실 이다. 우리로 그 영광에 흠이 없이 즐거움으로 서게 하실 자이다. 그러므로 우리는 날마다 믿음에 굳게 서서 하나님께 영광을 돌리는 삶을 살 필요가 있다.

68. 그발 강가에서 받은 하나님의 명령

　에스겔은 그발 강가에서 하나님으로부터 명령을 받았다. 포로생활을 하고 있던 때다. 하나님은 "너를 이스라엘 족속의 파수꾼으로 세웠으니 너는 내 입의 말을 듣고 나를 대신하여 그들을 깨우치라"(겔3:17) 그들을 구원하도록 하기(겔3:18) 위함이며 의인을 깨우쳐 범죄 치 않게 하기(겔3:21) 위함이다. 에스겔이 받은 명령은 크게 세 가지다.

입을 벌리라(2절)

　입을 벌리라 하나님이 두루마리를 먹이시리라(2절). 네 배에 넣으며 네 창자에 깊게 채우라(3절). 보통으로 하는 말씀이 아니라는 것이다.

먹으라(1, 3절)

　그것을 먹으니 그의 입에서 달기가 꿀 같았다(3절). 그는 이 모든 말을 마음으로 받으며 귀로 들었다(10절).

고하라(4, 11절)

　"내 말로 그들에게 고하라"(4절) 이것이 두루마리를 먹은 이유다. 이스라엘 족속은 이마가 굳고 마음이 강퍅하여 하나님의 말씀을 듣고자 아니했다(7절). 그러나 에스겔은 그들이 듣든지 아니 듣든지 그들에게 고할 책임을 부여받았다(11절). 하나님은 에스겔에게 두려워하지 말라고 한다. "그들이 비록 패역한 족속이라도 두려워 말며 그 얼굴을 무서워 말라"(9절)

에스겔은 이 명령을 받은 다음 놀랐다. 그는 성령의 이끌림을 받아 가는 데 근심하며 분한 마음으로 따라갔다(14절). 이스라엘의 죄에 대해 답답한 마음을 가진 것이다. 이것은 이스라엘의 죄악에 대해 에스겔이 느낀 하나님의 심정이리라. 우리를 향하신 답답하고 안타까운 심정, 그 하나님의 심정으로 들어가라. 그때 여호와의 권능이 그를 감동시켰다(14절). 이 사역을 감당하기 위해 필요한 것은 하나님의 손길뿐이다.

그는 그발 강가에 거하는 자들에게 나가 '민답히' 7일을 보냈다. '민답히'란 심히 놀란 상태, 그래서 꼼짝하지 않고 아무 말 없이 지낸 것을 말한다. 이제 그에게 남은 것은 선포뿐이다.

에스겔이 두루마리를 먹었다면 요한은 계시록에서 책을 먹는다. 계시록 10장을 보면 요한이 하나님으로부터 천사의 손에 펴진 책을 가지라는 명령을 받는다. 요한이 그 작은 책을 달라 했을 때 천사는 그것을 먹으라 말한다. 그 책을 먹으니 입에는 꿀같이 달았지만 먹은 후 배에서는 쓰게 되었다. 그 다음 요한은 임무를 부여받는다. "네가 많은 백성과 나라와 방언과 임금에게 다시 예언하여야 하리라"(계10:11)

에스겔과 요한 모두 말씀을 받고 고하는 책임을 다했다. 우리도 말씀을 읽고 깨닫는다. 이제 말씀을 먹은 우리에게 주어진 사명이 있다.

말씀대로 이룰 것이니 그 말씀을 전하고 깨닫게 하는 것이다. 그리고 주님이 재림하시기 전 믿음을 더욱 완전하게 세운다. 주님은 말씀하신다. "너희는 온 천하에 다니며 만민에게 복음을 전파하라"(막16:15)

69. 주는 나의 하나님이시라

이사야 25장은 이렇게 시작한다. "여호와여 주는 나의 하나님이시라" 그 말 속에는 하나님에 대한 무한한 신뢰가 담겨 있다. 계속 읽으니 마치 시편을 읽는 듯하다. 이사야는 왜 여호와를 나의 하나님이라 했을까?

옛적의 정하신 뜻대로 행하셨음이라

"주는 기사를 옛적의 정하신 뜻대로 성실함과 진실함으로 행하셨음이라"(1절) 주님이 하신 일을 살펴보건대 이미 정하신 하나님의 뜻을 성실하게 그리고 진실하게 행하셨음을 알았기 때문이다. 그가 말하는 기사는 정말 기이하고 놀라운 일들(marvelous things)이었다. 그 일들을 주님이 기꺼이 행하시되 성실함과 진실함으로, 즉 '완전히 믿음직스럽게(in perfect faithfulness)' 이뤄 내셨다(NIV 성경).

모든 얼굴에서 눈물을 씻기시며

두 번째로 모든 얼굴에서 눈물을 씻기셨다는 것이다. "주 여호와께서 모든 얼굴에서 눈물을 씻기시며 그 백성의 수치를 온 천하에서 제하시리라"(8절) 이 말씀은 요한계시록 21장의 말씀에서 이뤄진다. "모든 눈물을 그 눈에서 씻기시매 다시 사망이 없고 애통하는 것이나 곡하는 것이나 아픈 것이 다시 있지 아니하리니 처음 것들이 다 지나갔음이라"(계21:4) 이 장면은 새 하늘과 새 땅에서 이뤄지는 장면이다. 이런 일이 왜 가능할까? 그것은 "하나님이 저희와 함께 거하시리니 저희는 하나님의 백성이 되고 하나님은 친히 저희와 함께 계셔서"(계21:3) 가능하다.

우리가 그를 기다렸으니

"그날에 말하기를 이는 우리의 하나님이시라 우리가 그를 기다렸으니 그가 우리를 구원하시리로다 그가 우리를 구원하시리로다 이는 여호와시라 우리가 그를 기다렸으니 우리는 그 구원을 기뻐하며 즐거워하리라 할 것이며"(9절)

하나님의 자녀들은 기다림의 삶을 산다. 그 완전한 구원의 날이 올 것을 기다리는 것이다. 9절 한 절에서 '그를 기다렸으니'가 두 번이나 나온다. 우리만 그날을 기다릴까? 아니다. 우리 하나님도 기다리신다. 우리가 서로 기쁨으로 만날 그날을.

평강에 평강으로 지키시리니

이사야 26장은 구원을 확신하며 우리를 지키시는 하나님이심을 확인한다. "여호와께서 구원으로 성과 곽을 삼으시리로다 너희는 문들을 열고 신을 지키는 의로운 나라로 들어오게 할찌어다 주께서 심지가 견고한 자를 평강에 평강으로 지키시리니 이는 그가 주를 의뢰함이니이다"(사26:1∼3)

우리는 구원의 문을 열고 의로운 하나님 나라로 들어갈 것이다. 그 나라에 들어갈 사람은 심지가 견고한 사람이다. 심지가 견고하다 함은 주님에 대한 믿음이 변함없이 확고한(steadfast) 사람이며, 그 주님을 신뢰하는 사람이다. 주님은 이 어지러운 세상 속에서도 믿음을 지키는 사람들에게 하늘의 평강을 주시며 그 나라의 문을 열게 하신다. 할렐루야.

70. 내 안에 거하라

바울 신학을 한마디로 표현한다면 그것은 '그리스도 안에서'(en Christo)이다. 그는 자신을 가리켜 늘 그리스도의 종 바울이라 했고, 성도들을 가리켜 '그리스도 안에 있는 너희'라 했다. 그리고 우리 모두는 '그리스도 안에', '주 안에' 있는 존재라 했다. 주님이 내 안에, 내가 그리스도 안에 있다는 것이다. 바울에게서 그리스도를 빼면 무엇이 남을까 할 정도로 그리스도를 사랑한다.

요한복음에 주 안에 거하라는 말이 자주 나온다. 요한복음 14장, 15장은 특히 그렇다.

- "내가 아버지 안에 있고 아버지께서 내 안에 계심을 믿으라"(요 14:11)
- "그날에는 내가 아버지 안에, 너희가 내 안에, 내가 너희 안에 있는 것을 알리라"(요14:20)
- "내 안에 거하라 나도 너희 안에 거하리라"(요15:4)
- "나는 포도나무요 너희는 가지니 저가 내 안에 내가 저 안에 있으면 이 사람은 과실을 많이 맺나니 나를 떠나서는 너희가 아무것도 할 수 없음이라"(요15:5)
- "너희가 내 안에 거하고 내 말이 너희 안에 거하면 무엇이든지 원하는 대로 구하라"(요15:7)

요한복음 14장은 예수님 자신이 하나님 아버지 안에 있고, 하나님 아버지께서 자신 안에 있음을 강조한다. 특히 '그날', 곧 주님이 재림하는 날 이것을 확실히 알게 될 것이라 했다. 이것은 15장에서 우리가 주님 안에 있고, 주님이 우리 안에 있음으로 발전한다.

중요한 것은 우리가 주님 안에 있고, 주님이 우리 안에 있으면 열매를 맺을 수 있다는 사실이다. 주님을 우리 안에 모시지 않으면 그 열매는 맺을 수 없다. 우리가 주님으로 충만하면 우리 삶이 달라져 열매를 맺게 된다는 것이다. 주님 충만이 열매 충만으로 이어지는 것이다. 아울러 그런 충만이 있으면 우리의 기도도 달라지고 응답될 것이라는 말씀이다. 그래서 주님은 말한다. "구하라 그리하면 받으리라 너희 기쁨이 충만하리라"(요16:24) 결국에는 기쁨 충만의 상태에 이른다.

우리가 지금 주 안에 있다는 것을 어떻게 알 수 있을까? 그 답은 요한일서에서 찾을 수 있다. 하나님의 말씀을 지키고, 서로 사랑하면 그것으로 우리가 주님 안에 있다는 것을 입증할 수 있다는 것이다.

- "누구든지 그의 말씀을 지키는 자는 하나님의 사랑이 참으로 그 속에서 온전케 되었나니 이로써 우리가 저 안에 있는 줄을 아노라"(요일2:5)
- "만일 우리가 서로 사랑하면 하나님이 우리 안에 거하시고 그의 사랑이 우리 안에 온전히 이루느니라"(요일4:12)

주님 충만은 우리가 주 안에 거하는 것이다. 주님이 우리를 점령하도록 하는 것이다. 주님이 우리 안에 풍성히 거하면 세상 것이 자리할 수 없다. 그때 우리는 이렇게 고백할 수 있다. "내 안에 사는 이 예수 그리스도니 나의 죽음도 유익함이라 나의 왕 나의 주 내 평화 나의 힘 내 안에 사는 이 예수 그리스도니 나의 죽음도 유익함이라" 지금 당신은 하나님 안에서 예수님과 하나 되었다. 이것은 그리스도의 풍성한 임재다. 이보다 행복한 상태가 어디에 있을까.

71. 하늘에 속한 자

이따금 나는 누구인가, 우리는 누구인가라는 생각을 하게 된다. 정체성 문제다. 성경 여러 곳에서 그리스도인의 정체성을 가르쳐 주지만 바울은 고린도전서 15장 49절에서 58절을 통해 간단히 그리스도인이 어떤 사람인가를 잘 가르쳐 주고 있다. 특히 세 가지를 강조한다.

하늘에 속한 자의 형상을 가진 자

바울은 우선 흙에 속한 자와 하늘에 속한 자를 구분한다. 우리는 몸을 가졌기 때문에 흙에 속한 자임이 확실하다. 그러나 몸은 우리를 본능대로 살도록 유도한다. 바울은 혈과 육은 하나님 나라를 유업으로 받을 수 없다고 말한다. 그리고 "우리가 흙에 속한 자의 형상을 입은 것같이 또한 하늘에 속한 자의 형상을 입으리라"(49절) 선언한다.

하늘에 속한 자는 예수님에게 붙은 자(23절), 곧 예수 그리스도를 꽉 붙잡는 자, 예수를 모든 죄의 해결자로 확실히 믿는 자를 말한다. 주님께 속한 자는 "썩을 것으로 심고 썩지 아니할 것으로 다시 산다"(42절) 죽고 썩을 것을 벗고 썩지 아니할 영원한 것을 얻는다. "욕된 것으로 심고 영광스러운 것으로 다시 살며 약한 것으로 심고 강한 것으로 다시 살며"(43절) 욕된 것은 '아트미마'(atmia)로 균형이 잡히지 않은 것(imbalance), 고집 같은 것이다. 이 모든 것을 다 내려놓고 주님의 것으로 갈아입는다. 하늘에 속한 자는 "육의 몸으로 심고 신령한 몸으로 다시 산다"(44절) 육의 몸은 흔적, 곧 죄를 향해 굽어지는 속성을 가졌다. 그러나 주 안에서 새로 태어난다. 변화되고, 거듭난다. 건달이었던 조지 휫필드가 로마서 8장 15절, 곧 하나님의 자녀에 관한 내용을 읽고 거듭나 미국 대각성의 주인공이 되었다. 땅의 것, 썩어질 땅의 것을 다 내려놓을 때 하나님은 당신을 하나님의 사람으로 사용하신다.

하늘의 비밀을 가진 자

그리스도인은 하늘의 비밀을 가진 자이다. 이 비밀은 복음의 비밀이요, 부활 승리의 비밀이다. 죄를 이기고 사망을 이긴다. 이 이김을 주신 이는 예수님이시다. 예수 그리스도로 말미암아 사망을 이기게 된 것이다. 죽을 것이 죽지 아니함을 입고 썩을 것이 썩지 아니함을 입은 것은 사망을 이기고 부활하신 예수 그리스도 때문이다. 그의 부활은 우리에게 부활의 소망을 준다. 우리도 주 안에서 다시 살아나는 것이다. 그리스도인의 삶은 지는 게임이 아니라 이기는 게임이다. 이런 의미에서 죽음은 끝이 아니라 새로운 시작이다. 하늘의 비밀을 가진 자는 세상 부요를 부러워하지 않는다. 이 땅에서부터 하늘의 부요함을 누리기 때문이다.

우리의 수고가 결코 헛되지 않은 자

그리스도인은 이 땅에서의 수고도 결코 헛되지 않는다. 이 땅에서의 수고란 이 세상에 살면서 믿음으로 살려고 했던 모든 것을 가리킨다. 주님을 위한 육체적 고난과 수고, 심지어 병까지 포함한다. 그 순간순간 주님은 우리를 안고 붙드셨다. 따라서 바울은 말한다. "견고하며 흔들리지 말며 항상 주의 일에 더욱 힘쓰는 자가 되라"

72. 예수 그리스도의 심장으로

선생이 제자를 사랑하는 마음이 있으면 그들을 대하는 태도가 달라진다. 물론 제자도 선생을 존경하고 배우고 싶어 해야 한다. 목회자와 교인과의 관계도 마찬가지다. 이것을 가장 잘 드러내는 말씀이 빌립보서 1장이다. 그 사랑의 마음을 "예수 그리스도의 심장으로"라 했다. 서로 이 심장을 가지면 우리의 관계가 달라지리라.

빌립보서 1장은 빌립보 교회에 대한 감사로 시작한다. "너희를 생각할 때마다 하나님께 감사하며"(3절) 무엇이 그리 감사할까? 첫날부터 지금까지 그들이 복음 안에서 교제하기 때문이다. 기도할 때마다 그들을 위해 언제나 기쁨으로 기도한다. 그리고 확신한다. "너희 속에 착한 일을 시작하신 이가 그리스도 예수의 날까지 이루실 줄을 우리가 확신하노라"(6절) 너희 안에 착한 일을 시작하신 하나님. 결국 너희는 예수의 날에 영광스럽게 주님 앞에 설 것이라는 확신이다.

요한도 이렇게 말했다. "사랑하는 자들아 우리가 지금은 하나님의 자녀라 장래에 어떻게 될 것은 아직 나타나지 아니하였으나 그가 나타 내심이 되면 우리가 그와 같을 줄을 아는 것은 그의 계신 그대로 볼 것을 인함이니"(요일3:2) 그와 같을 줄 아는 것은 예수님을 대면해 보게 될 그날에 있을 것이다. 그때 우리가 주님 앞에 영광스럽게 선다.

미래에 대한 소망을 가진 그리스도인에게 필요한 것은 성도의 견인(오래 참음)이다. 끝까지 주님을 신뢰하면 주님은 가장 적절한 방법으로 우리를 위해 이루신다. 마약을 하는 아들 프랭크 문제로 고민하던 빌리 그래햄은 하나님을 끝까지 신뢰했다. 결국 아들은 주님 앞에 돌아와 그의 사역을 잘 이어 가고 있다.

바울은 빌립보 교인들을 생각하며 감사하는 것이 마땅하다 했다. 그 이유를 이렇게 설명한다. "이는 너희가 내 마음에 있고, 나의 매임과 복음을 변명함과 확정함에 너희가 다 나와 함께 참예한 자가 됨이라"(7절) 바울과 빌립보 교회가 복음으로 하나 되었기 때문이다.

바울은 교인들을 진심으로 사랑했다. "내가 그리스도의 심장으로 너희를 어떻게 사모하는지 하나님이 내 증인이라"(8절), "예수 그리스도의 심장으로"는 파열될 만큼 큰 사랑으로라는 뜻이다. 십자가에 매달리면 7일에서 8일 갈 수 있다. 그러나 주님은 심장파열로 가셨다. 이미 숨지셨기 때문에 다리 꺾임도 당치 않으셨다. 그 심장으로 교회를 사랑한다는 말이다. 심장은 마음·정신·사랑·노력·수고·심정 모두를 포함하는 말이다. 그가 예수의 마음과 사랑으로 빌립보 교회를 생각하고 있다. 그리스도의 심장은 바울의 목회관, 선교전략, 신앙교육의 철학을 나타낸다. 바울은 "내가 예수 그리스도를 본받은 것처럼 나를 본받는 자가 되라"고 했다. 우리가 본받아야 할 것은 바로 예수 그리스도의 심장이다. "하나님이 내 증인이라" 예수의 마음을 가지고 빌립보 교회를 사랑하는 것에 대해 하나님이 증인이 되신다고 자신 있게 말하고 있다. 이 사랑에 위선이나 거짓이 없다는 말이다.

끝으로, 바울은 빌립보 교회를 향한 기도를 빼놓지 않는다. "내가 기도하노라 너희 사랑을 지식과 모든 총명으로 점점 더 풍성하게 하사 너희로 지극히 선한 것을 분별하며 진실하여 허물없이 그리스도의 날까지 이르고 그리스도로 말미암아 의의 열매가 가득하여 하나님의 영광과 찬송이 되게 하시기를 구하노라"(9～11절) 사랑으로 풍성하고, 진실되며, 의의 열매를 맺되 늘 하나님께 영광 돌리는 성도가 되기를 간구한 것이다. 헌신은 있었지만 수준은 높지 않았던 빌립보 교회, 바울은 그들이 가장 선한 것을 추구하기 바랐다. 사랑하는 교회가 주님이 기뻐하시는 열매를 맺고 또 맺기를 원했기에.

73. 보내는 자와 보냄을 받은 자

버지니아의 권사님 한 분은 자주 쇼핑센터에 나가 전도지를 돌리며 전도를 한다. 나이가 많아도 주님을 사랑하는 마음 때문이다. 권사님은 이런 말씀을 하시곤 했다. "흑인들은 잘 받는데 백인들은 잘 안 받아" 백인들에 대한 안타까움이 배어 있다. 워싱턴의 한인장로교회는 러시아에 단기선교 팀을 보냈고, 중앙장로교회는 아르헨티나·브라질·멕시코·중국·러시아·파라과이 등 여러 곳에 선교 팀을 보냈다. 한국도 예외가 아니다. 봉덕교회는 인도에 교회를 세우고 낙도를 대상으로 팀을 보내 전도를 한다. 방학이 되면 각 교회는 세계 각 곳에 선교 팀을 보내느라 분주하다. 그리고 단기선교가 장기선교로 이어지기를 기도한다.

한국교회는 16주 코스의 전도폭발훈련도 한다. 현장실습 위주의 훈련이다. 상대방의 노골적인 거부감과 혐오감의 표현을 잘 이겨 낼 수 있는 전도의 기초훈련이다. 한국교회가 이처럼 전도에 박차를 가하는 모습을 보면 주님을 향한 사랑이 얼마나 깊은가를 알 수 있다. 주님이 아니라면 누가 그렇게 할 수 있을까.

선교하면 사도행전 13장을 보게 된다. 안디옥 교회엔 선지자들도 있고 교사들도 있었다. 신약시대 선지자는 예언의 은사를 받아 미래의 일을 알리고 영감 있는 교훈으로 성도들을 가르쳤던 사람들이고, 교사들은 구약성경을 근거로 복음의 의미를 가르쳤던 사람들이다. 선지자와 교사는 사도 못지않게 공헌을 한 사람들이었다.

그 사람들이 누구일까? 바로 바나바, 니게르라 하는 시므온, 구레네 사람 루기오, 분봉 왕 헤롯의 젖동생 마나엔, 그리고 사울(바울)이 그들이다. 니게르는 검둥이를 말하므로 아프리카 사람으로 이해할 수 있고, 구레네는 리비아 북쪽 해변의 사람을 가리키므로 역시 아프리카인이 아닐까 생각된다. 안디옥 교회 구성원 자체가 세계적이었음을 보여 준다.

하나님은 그들에게 선교마인드를 가지게 하셨다. 그들이 금식하며 기도하고 있을 때 성령님의 음성이 들렸다. "내가 불러 시키는 일을 위하여 바나바와 사울을 따로 세우라"(2절) 여기서 보내는 자, 곧 선교의 주체는 성령 하나님이심을 보여 준다. 어느 개인이나 단체가 아니다. 성령님이 직접 명령하시고, 자신의 일을 시키실 것을 밝히신 것이다.

"이에 금식하며 기도하고 두 사람에게 안수하여 보내니라"(3절) 금식, 기도, 안수 이것이 바로 성경적 파송의 원리다. "금식하며 기도하고", 금식은 인간의 가장 기본적인 권리이자 축복인 먹는 것을 포기하는 것이다. 자신들의 생활원리의 기본을 포기하면서 기도했다. 안수는 구약의 제사와 연관된다. 속죄가 필요한 사람이 제물을 가져 온 다음 그 제물에다 그 사람이 직접 안수한다(레1:4). 안수는 제물 드리는 자의 죄가 제물에게 옮겨지는 것을 의미한다. 안수하는 사람의 무엇을 그것에 전가(위임)하고 대신하게 하는 것이다. 선교는 교인 모두가 해야 하는 일이지만 전부가 갈 수 없기 때문에 택함을 받은 바나바와 바울 두 사람에게 교인 모두의 직무와 권리를 위임한다는 뜻이다.

보냄을 받은 자는 바나바와 바울로, 안디옥 교회의 중심인물이었다. 바울은 안디옥 교회가 세워지기 전 약 10년간(다메섹 경험 후) 기록이 남아 있지 않다. 신학자들은 이 기간을 이방인을 위한 사역 준비기간으로, 하나님으로부터 특별한 훈련이 있었던 것으로 보았다. 바나바는 그를 이 교회에 데려와 1년간 함께 가르쳤다. 유능한 교사로서 그 역할을 잘 수행하던 차에 선교사로 주님의 부르심을 받은 것이다.

하나님은 오늘도 주님을 사랑하는 자들의 마음을 움직여 선교사로, 전도자로 부르신다. 주님은 오늘도 주님의 교회에서 충성되게 봉사하고 최선을 다하는 자들에게 관심을 두신다. 그리고 주님이 필요하신 날에 그들을 부르신다. 우리 모두도 그때를 준비해야 하리라.

74. 하나님의 사랑을 우리 안에서 온전히 이루기

요한일서 4장 7절에서 12절을 묵상한다. 요한은 먼저 우리에게 권한다. "사랑하는 자들아 우리가 서로 사랑하자" 사랑이 없는 이 세대를 향한 진한 권고이다. 사랑을 가장 많이 말하지만 사랑은 이미 화석화되고 가뭄의 들녘처럼 메말라 있다. 요한은 이 말씀을 통해 세 가지를 강조한다.

첫째, 사랑은 하나님으로부터 나온다는 사실이다. 하나님의 사랑을 알아야 진정한 사랑을 할 수 있기 때문이다. "사랑은 하나님께 속한 것이니 사랑하는 자마다 하나님께로 나서 하나님을 알고"(7절), "사랑은 하나님께 속한 것이니"(belong to God), 이 말은 사랑은 하나님으로부터 나왔다(come from God)는 것과 같다. '사랑하는 자마다 하나님께로 나서'는 그 사랑이 '하나님으로부터'(ek) 옴을 의미한다. 이것은 사랑의 근원은 하나님이요 하나님으로부터 방출된다는 것을 말한다. 사랑은 하나님의 본성이기 때문이다. 따라서 하나님으로부터 그리스도인에게서 사랑을 빼 버린다면 행복도, 소망도 없다. 그 사랑을 세상에 드러내 세상을 밝혀야 한다.

"사랑하는 자마다 하나님을 알고", 사랑하는 사람은 하나님을 더 깊이 알게 된다. 그것은 하나님이 독생자 예수를 이 땅에 보내신 사랑이다. 이 사랑은 우리를 향한 하나님의 깊은 아가페의 사랑이다. 아가페는 사랑할 수 없는 사람(원수)을 사랑하는 것임에 반해 에로스는 사랑할 만한 대상(애인, 조국, 지혜)을 사랑하는 것을 말한다. 하나님은 우리가 사랑할 만한 대상이어서 사랑한 것이 아니라 우리가 연약할 때, 죄인이 되었을 때, 그리고 원수가 되었을 때 우리를 사랑하셨다(롬5:5). 우리가 먼저 하나님을 사랑한 것이 아니라 하나님이 사랑받을 아무 자격 없는 우리를 먼저 사랑하셨다. 공짜로 받았으니 은혜이다. 하나님의 아가페가 아니면 아무도 구원받을 수 없다.

둘째, 하나님의 사랑은 행동으로 나타난다. "하나님의 사랑이 이렇게 나타난 바 되었으니"(9절), '나타난다'는 희랍어로 '화네로'(phaneroo)다. 이 말은 감추어진 사랑이 보이는 사랑으로 명확히 드러나는 것(manifest, make visible, make clear)이다. 보이는 사랑은 주는 사랑이다. "오직 하나님이 우리를 사랑하사 우리 죄를 위하여 화목제로 그 아들을 보내셨음이라"(10절) 그가 보내신 독생자는 십자가에서 죽지만 그 죽음으로 우리를 살리셨다(9절). 그 사랑이 우리를 살린다. 그리스도인의 사랑도 이웃을 살리는 사랑이 되어야 한다.

셋째, 사랑의 본질은 화목하게 만드는 것이다. "하나님이 우리를 이같이 사랑하셨은즉 우리도 서로 사랑하는 것이 마땅하도다"(11절) 원수는 우리를 분 내게 하고 미워하게 만들며 만나지 못하게 한다. 그러나 하나님은 오히려 우리가 하나님과 원수가 되었을 때 먼저 막힌 담을 허시고 우리와 화목하셨다. 우리도 하나님, 그리고 이웃과의 막힌 담을 헐고 주님의 사랑으로 나가야 한다.

요한은 결론적으로 말한다. "어느 때나 하나님을 본 사람이 없으되 만일 우리가 서로 사랑하면 하나님이 우리 안에 거하시고 그의 사랑이 우리 안에 온전히 이루느니라"(12절) 하나님을 본 사람은 없지만 하나님의 본성인 사랑을 실천하면 그가 하나님을 보여 주는 것이다. 하나님을 사랑하면 그의 온전한 사랑이 우리 안에 자라나 온전한 데까지 이를 것이다. 주의 온전한 사랑을 실천하라. 당신 안에서 온전히 이루라(be perfected in you). 하나님은 그런 당신을 기뻐하신다.

75. 그 길

이스라엘에 관한 류태영 교수의 글을 읽을 때 나의 시선을 끄는 대목이 있었다. 그것은 바로 이스라엘의 국시에 관한 내용이었다. 이스라엘은 "여호와 하나님을 경외하고 그 말씀을 주야로 묵상하며 그 율법을 지키는 것"을 국시로 삼고 있다는 것이다. 이것만이 이스라엘이 살길이라는 것을 알기 때문이다. 이스라엘이 이것을 국시로 삼은 것은 성경의 기본적인 가르침과 맥을 같이한다.

우선 모세를 보자. 모세는 순종에 대한 축복과 불순종에 대한 저주를 확실히 했다. 신명기 28장 1절은 순종에 대한 축복의 말씀이다. "네가 네 하나님 여호와의 말씀을 삼가 듣고 내가 오늘날 네게 명하는 그 모든 명령을 지켜 행하면 네 하나님 여호와께서 너를 세계 모든 민족 위에 뛰어나게 하실 것이라" 그러나 같은 장 15절은 다르다. "네가 만일 네 하나님 여호와의 말씀을 순종하지 아니하여 내가 오늘날 네게 명하는 그 모든 명령과 규례를 지켜 행하지 아니하면 이 모든 저주가 네게 임하고 네게 미칠 것이니"

여호수아의 유언장인 여호수아 23장에서 그는 여러 말로 권한 뒤 이렇게 결론을 내린다. "그러므로 스스로 조심하여 너희 하나님 여호와를 사랑하라"(수23:11) 그리고 결단을 내리도록 촉구한 다음 자신의 선택을 공포한다. "만일 여호와를 섬기는 것이 너희에게 좋지 않게 보이거든 너희 열조가 강 저편에서 섬기던 신이든지 혹 너희의 거하는 땅 아모리 사람의 신이든지 너희 섬길 자를 오늘날 택하라 오직 나와 내 집은 여호와를 섬기겠노라"(수24:15) 모세를 이어 여호수아도 늘 하나님 편에 서 있었음을 볼 수 있다.

열왕기상 2장은 다윗의 유언을 소개하고 있다. 죽을 날이 임박한 것을 안 다윗은 솔로몬을 불러 말한다. "내가 이제 세상 모든 사람의 가는 길로 가게 되었노니 너는 힘써 대장부가 되고 네 하나님 여호와의 명을 지켜 그 길로 행하여 그 법률과 계명과 율례와 증거를 모세의 율법에 기록된 대로 지키라 그리하면 네가 무릇 무엇을 하든지 어디로 가든지 형통할지라 여호와께서 내 일에 대하여 말씀하시기를 만일 네 자손이 그 길을 삼가 마음을 다하고 성품을 다하여 진실히 내 앞에서 행하면 이스라엘 왕위에 오를 사람이 네게서 끊어지지 아니하리라 하신 말씀을 확실히 이루게 하시리라"(왕상2:2~4) 여호와의 길로 나가라는 말이다. "너는 힘써 대장부가 되고"라는 말은 그저 "남자다워라"는 뜻이 아니고 여호와의 계명들을 지키고 사명을 감당함에 있어서 담대히 행하라는 말씀이다. 다윗의 유언도 모세나 여호수아의 유언과 차이가 나지 않는다.

개인적인 이야기지만 이제 고인이 되신 나의 아버님은 어느 날 가정예배를 드리면서 신명기 28장에 있는 축복과 저주의 말씀을 읽은 다음, 본인도 이 말씀이 자신의 유언이 될 것이라 하셨다. 나의 장인 1주기 추도식 때 김관석 목사가 유족들을 위해 고른 말씀은 열왕기상 2장에 있는 다윗의 유언이었다. 믿는 사람들이 가야 할 길은 바로 그 길, 곧 하나님을 사랑하고 경외하는 길이다.

전도서 기자는 이렇게 말한다. "일의 결국을 다 들었으니 하나님을 경외하고 그 명령을 지킬찌어다 이것이 사람의 본분이니라"(전12:13) 그리고 하나님을 경외하고 그 앞에서 경외하는 자가 잘될 것(전8:12)이라 했다. 누가는 고넬료를 다음과 같이 소개한다. "그가 경건하여 온 집으로 더불어 하나님을 경외하며 백성을 많이 구제하고 하나님께 항상 기도하더니"(행10:2) 하나님은 경건한 자의 기도를 외면하지 않으셨다. 우리가 가야 할 길은 더 확실해졌다. 바로 그 길이다. 당신이 남길 유언은 과연 무엇인가?

76. 한나의 기도와 나실인

사무엘상 1장에 한나의 기도가 소개된다. 그의 기도는 간절한 기도였고, 오랜 기도였으며, 통곡의 기도였고, 서원의 기도라는 특징이 있다. 이 기도로 얻은 아들이 바로 선지자 사무엘이다.

한나는 눈물로 기도했다. "눈물로 씨를 뿌리는 자는 기쁨으로 거두리로다"라는 말씀대로 하나님은 그 눈물을 보셨다. 그는 서원 기도를 하면서 자식을 주시면 그를 평생 하나님께 바치겠노라 약속했다. "만군의 여호와여 주의 여종의 고통을 돌아보시고 나를 생각하시고 주의 여종을 잊지 아니하사 아들을 주시면 내가 그의 평생에 그를 여호와께 드리고 삭도를 그 머리에 대지 아니하겠나이다"(11절), '평생에 그를 여호와께 드리고'는 하나님께 바치겠다는 것이며, 바친 이후에는 자식을 자식이라 부를 수 없다. 그래도 "아들을 주세요"라고 기도한 것이다.

그 기도를 마친 다음 그는 집에 돌아갔다. 그리고 성경은 "얼굴에 다시는 수색이 없으니라"고 기록하고 있다. 기도가 응답될 줄 믿은 것이다. 아들을 낳자 그는 아들의 이름을 사무엘이라 지었다. 사무엘은 '하나님이 들으심'이라는 뜻을 가지고 있다. 응답의 선물임을 확신한 것이다.

한나는 하나님께 약속한 것을 지키기 위해 젖 뗄 때까지 기다렸다. 젖 뗄 나이는 4살 정도이다. 그때 이 아이를 하나님께 바치기로 결심한 것이다. "아이를 젖 떼거든 내가 그를 데리고 가서 여호와 앞에 뵈게 하고 거기 영영히 있게 하리이다"(22절) 젖을 뗀 후에는 사무엘을 데리고 여호와의 집으로 나아갔다. 그리고 아직도 어린 사무엘을 여호와께 드리며 엘리에게 말한다. "나는 나의 주 당신 곁에 서서 여호와께 기도하던 여자라 이 아이를 위해 내가 기도하였더니 여호와께서 나의 구하여 기도한 바를 허락하신지라 그러므로 나도 그를 여호와께 드리되 그의 평생을 여호와께 드리나이다"(26~28) 하나님은 약속을 지킨 한나를 축복하셨다. 하나님은 그를 기억하시고 태의 문을 열어 주셨다. 그는 세 아들과 두 딸을 낳았다(삼상 2:21). 3남 2녀를 더 주신 것이다.

여기서 우리가 주목할 것은 한나의 서원기도와 나실인(Nazirite)에 관한 것이다. 나실인은 '성별된, 구별된, 봉헌된'이란 뜻을 가진 '나자르'에서 나온 말로 여호와께 자신을 거룩하게 구별하기로 서원한 사람을 말한다. 이 서원에는 세 가지 중요한 금기사항이 들어 있다. 포도에서 산출되는 모든 것을 먹지 않고, 어떤 시체도 만지지 않으며, 머리카락을 자르면 안 된다는 것이다(민6:1~21). 포도에서 난 것을 먹지 않는 것은 과음으로 인해 만용의 가능성을 배제한 것이다. 일설에 의하면 나실인은 향락을 즐기지 않고, 결혼하지 않으며, 부모가 죽어도 상복을 입지 않고, 아무리 아파도 약을 먹지 않았다고 한다. 물론 서원의 기간이 일정 기간일 수도 있고, 평생일 수도 있다. 서원기간 동안 자란 머리털과 함께 율법이 정한 대로 여러 제사를 여호와께 드렸다. 사무엘이 나실인이었나에 대해서는 논란이 있지만 랍비 네호라이는 평생 그를 하나님께 드리고 삭도를 그 머리에 대지 않겠다는 한나의 서원을 빌어 나실인으로 보았다.

나실인의 서원은 원래 가나안 우상종교의 영향을 배제하기 위한 것이었다고 한다. 한나는 하나님이 주신 아들을 자신의 욕심대로 키우는 것이 아니라 하나님의 사람으로 세워지기를 원했다. 그는 그 약속을 지켰고, 하나님은 그것을 귀하게 보셨다. 하나님을 향해 드린 그 많은 약속을 당신은 오늘도 성실하게 지키고 있는가? 아니면 약속한 사실조차 잊고 있는가?

77. 예수를 깊이 생각하라

히브리서 3장 1절은 이렇게 시작한다. "그러므로 함께 하늘의 부르심을 입은 거룩한 형제들아 우리의 믿는 도리의 사도시며 대제사장이신 예수를 깊이 생각하라" 예수님이 누구신가를 생각하고 그에 맞는 우리의 행동이 요구된다는 것이다. 예수님을 생각하면 우리의 할 일이 보이는 것이다.

3장 1절은 예수님을 우리가 믿는 도리의 사도(apostle)이자 대제사장(high priest)이라 하였다. 사도란 말은 예수의 직제자에 해당되는 말인데 왜 사도란 말을 사용했을까 궁금하다. 여기서 사도는 예수의 제자에 대해 사용한 것이 아니라 예수님 자신이 '하나님의 메신

저'(God's Messenger)이심을 의미한다(Living Bible). 예수님이 우리가 믿는 바, 고백하는바 하나님의 뜻을 잘 전달해 주신 분이라는 뜻이다. 사도는 '아포스톨로스'(apostolos)로 보냄을 받은 자라를 말한다. 특별한 위임을 받고 공적인 임무를 수행하는 사람이다. 예수님은 자신이 하나님의 보냄을 받은 사도라고 친히 말씀하셨다(막9:37;요13:20). 그리고 그분은 우리의 대제사장이시다. 구약시대에 대제사장은 기름부음을 받은 제사장으로 여호와와 이스라엘 백성 사이에 중보자 역할을 했다. 이제 주님은 우리의 중보자로서 다가올 고난에 대해 기도하고, 하나님의 뜻이 가지 안에서 성취되기를 간구하고 계신다. 그리고 결국 자신처럼 우리도 영화롭게 되기를 간구하신다. 이런 주님을 생각하라는 것이다. 이 주님은 모세와도 비교할 수 없는 존재다(히3:5).

히브리서 4장 14절에서 16절을 보면 예수님이 누구신지, 그리고 그를 통해 우리는 어떻게 해야 하는지를 보다 구체적으로 나타내고 있다.

14절을 보자. "우리에게 큰 대제사장이 있으니 승천하신 자 곧 하나님 아들 예수시라 우리가 믿는 도리를 굳게 잡을지어다" 이 말씀은 3장 1절의 말씀을 더 강화시킨다. 대제사장이 아니라 큰 대제사장이다. 그분은 승천하신 분이요 하나님의 아들 예수시다. 주님이 하늘에 가신 것은 우리를 도우시기 위함이다(Living Bible). 믿는 도리를 굳게 잡으라는 것은 중단 없이 그 주님을 신뢰하라는 말씀이다.

15절 상반 절은 "우리에게 있는 대제사장은 우리 연약함을 체휼하지 아니하는 자가 아니요"라 했다. 예수님은 우리의 연약함을 체휼하는 분이라는 말씀이다. 체휼(體恤)하는 분이란 우리를 불쌍히 볼(sympathize) 뿐만 아니라 이해하고(understand), 도와주고 구해 주시는(touch & save) 분이라는 뜻이다. 우리는 연약한 자를 이해하고 돌볼 책임을 갖고 있다.

15절 하반 절은 "모든 일에 우리와 한결같이 시험을 받은 자로되 죄는 없으시니라" 했다. 예수님은 죄 없이 시험을 받으신 분이라는 말씀이다. 그러므로 주님은 우리가 당하는 모든 어려움을 다 체험하시고 아신다. 이 말씀은 우리도 주님처럼 이웃의 사정을 헤아리고 이해해 주어야 한다는 것을 가르친다.

16절은 "우리가 긍휼하심을 받고 때를 따라 돕는 은혜를 얻기 위하여 은혜의 보좌 앞에 담대히 나아갈지니라" 했다. 예수님은 때를 따라 돕는 은혜를 주실 분이라는 말이다. 때를 따라 돕는 은혜란 우리가 도움이 필요한 때에 우리를 도와주시는 은혜를 말한다. 그 은혜를 얻기 위해 그 보좌 앞에 담대히 나가라는 것이다. 우리는 그 앞에 두려움 없이 나갈 수 있다. 그분은 우리의 아버지요, 우리는 그분의 자녀이기 때문이다.

히브리서 4장 12절은 하나님의 말씀은 살았고 운동력이 있다 했다. 히브리서 4장 14절에서 16절은 이 말씀대로 우리로 하여금 살아 있는 신앙생활을 하도록 권하고 있다. 주님을 생각하면서.

78. 아버지의 온전하심과 같이 너희도 온전하라

연변과기대 채플 시간에 옥한흠 목사의 설교가 있었다. 제자 훈련으로도 널리 알려진 분이다. 평신도를 깨워 주님의 제자로 삼는 일이 너무 중요하다고 여겼기 때문이다. 목사님은 그간 자신의 제자 양육에 관한 생각을 총 정리하는 것으로 설교를 마무리했다.

그 가운데서 지금도 잊히지 않는 것은 사복음서에는 제자라는 단어가 많이 나오지만 서신서에는 제자라는 말 대신 '온전한 자'로 나온다는 것이다. 그 예로 그는 에베소서 4장 11절에서 13절을 들었다. 그 가운데 12절은 "이는 성도를 온전케 하며 봉사의 일을 하게 하며 그리스도의 몸을 세우려 하심이라"고 했고, 13절은 "우리가 다 하나님의 아들을 믿는 것과 아는 일에 하나가 되어 온전한 사람을 이루어 그리스도의 장성한 분량이 충만한 데까지 이르리니"라 했다. 골로새서 1장 28절에도 온전한 사람에 관한 말씀이 있다. "우리가 그를 전파하여－각 사람을 가르침은 각 사람을 그리스도 안에서 완전한 자로 세우려 함이니" 이 말씀들을 보면 결코 틀린 말이 아니다.

그렇다고 "온전하라"는 말씀이 사복음서에 없는 것은 아니다. 주님은 우리를 향해 "그러므로 하늘에 계신 너희 아버지의 온전하심과 같이 너희도 온전하라"(마5:48) 하셨다. 또한 구약에도 "온전하라"는 말씀이 있다. 시편을 보자. "온전한 사람들을 주목하십시오. 정직한 사람들을 지켜보십시오. 그런 사람들의 마지막은 평안할 것입니다"

(시37:37, 우리말 성경) 따라서 굳이 '온전한 자' 개념을 서신서에만 한정한다는 것은 무리가 있을 수 있다.

중요한 것은 구약이든 신약이든, 사복음이든 서신서든 하나님은 우리로 하여금 "온전한 자가 되라" 명령을 하셨다는 사실이다. 그러므로 온전한 삶은 예나 지금이나 앞으로도 매우 중요하다고 생각한다.

성경에 온전(perfection)은 완전과 같은 말이다. 이것은 영적인 완전함에 닿으려는 이상적인 상태를 말한다. 우리는 완전한 자가 될 수 없다. 그럼에도 불구하고 하나님은 우리가 예수 그리스도처럼 되기를 원하신다. 예수 그리스도를 따르는 모든 제자는 성화의 과정에서 늘 주님을 더 닮고자 노력해야 할 의무가 있기 때문이다. 하지만 이것은 우리가 노력한다고만 이루어지는 것이 아니다. 주님이 함께하시고, 성령 하나님이 우리의 내면을 변화시켜야 하기 때문이다.

온전함에 해당하는 히브리어 '타밈'(tamim)은 희생 동물이 흠이 없는 것, 즉 하나님께 합당한 것을 말하기도 하고(출12:5), 여호와께 전적으로 헌신하는 것을 의미하기도 한다. 우리는 흠이 있지만 주님이 십자가에서 흘리신 그 귀한 보혈로 인해 그 많던 흠이 제거되었고, 이제 하루하루 더 성숙한 제자로서 그 사랑을 빛나게 해야 할 책임이 우리 각자에게 주어져 있다.

바울은 신앙생활을 하는 우리에게 이렇게 권한다. "이는 하나님의 사람으로 온전케 하며 모든 선한 일을 행하기에 온전케 하려 함이니라"(딤후3:17), "온전히 겸손하고 온유하게 행동하고 오래 참음으로 행동하되 사랑 가운데 서로 용납하고"(엡4:2, 우리말 성경) 어디 바울뿐이겠는가. 예수의 형제 야고보도 말한다. "온전히 겸손하고 온유하게 행동하고 오래 참음으로 행동하되 사랑 가운데 서로 용납하고"(약1:4, 우리말 성경) 이 말씀들은 우리가 하나님의 사람으로 더욱 온전한 자리에 나가야 한다는 것을 가르쳐 준다.

"하나님이 전지전능하시니, 그를 거역하고 온전할 사람이 있겠느냐?"(욥9:4, 표준 새 번역). 우리가 온전하지 못함에도 불구하고 "온전하라" 하시는 것은 우리가 하나님의 사람이기 때문이다. 그분을 사랑한다면 거역이 아니라 오늘도 더 순종하는 자리에 나가야 할 것이다.

79. 골로새서 사랑하기

지금으로부터 20여 년이 되었을까? 미국으로 가는 비행기에 유아들이 많이 탔다. 모두 미국으로 가는 입양아들이었다. 젊은 보모들이 두어 아기씩 맡았지만 워낙 어려 힘들어 하는 모습이 역력했다. 그래서 한 아기를 잠시 맡았다. 태어난 지 몇 달 되지 않은지라 풋풋한 냄새가 정말 싱그러웠다. 아기가 지루해할까 봐 비행기 이곳저곳을 다니며 시간을 보냈다. 그런데 어느 순간 그 아이의 장래에 대한 생각이 미치자 아이를 위해 기도해야 하겠다는 마음이 밀려와 아이를 꼭 안고 간절히 기도를 드렸다. "아기가 어디를 가든지 주님이 꼭 함께하시고, 붙잡아 주세요. 아이의 앞날을 주님께 부탁드립니다"

몇 주 전 입양아 부모와 입양아를 집에서 대접해 달라는 부탁을 받았다. 궁금한 마음으로 지내다 토요일 저녁 그들을 모실 기회를 얻었다. 메릴랜드 주에서 왔다는 미국인 부모는 입양아 조나단을 소개했다. 생후 6개월에 입양되었다는 그는 이제 어엿한 16살의 아름다운 청년의 모습을 하고 있었다. 앞으로 대학에 들어가 경영학과 영화를 전공하고 싶어 했다. 유대인 아버지는 그를 아주 아꼈고, 어머니는 그 아이를 통해 기쁨을 누리고 있었다. 짧은 시간이었지만 먼저 좋은 양부모를 만나게 해 주신 하나님께 감사했다. 그리고 처음으로 한국을 방문했다는 그들에게 참으로 한국이 따뜻한 나라로 기억되었으면 하는 바람, 그리고 좋은 그리스도인이 되었으면 하는 마음이 컸다.

그들을 보낸 다음 나는 오래전 비행기에서 만난 아주 어린 아이가 자꾸만 떠올랐다. 그리고 방금 만난 조나단을 생각하며 하나님의 은혜와 자비가 얼마나 크신가를 느꼈다. 그리고 성경을 펴고 골로새서를 읽었다.

이 서신을 읽으면서 이 교회를 향한 바울의 사랑과 이해, 의와 새로움, 그리고 기쁨과 평안이 밀려왔다. 특히 3장은 매우 의미 있는 명령이 많았다. "땅에 있는 지체를 죽이라"(5절), "이제는 이 모든 것을 벗어 버리라"(8절), "옛사람과 그 행위를 벗어 버리고 새사람을 입으라"(9, 10절), "긍휼과 자비와 겸손과 온유와 오래 참음을 옷 입으라"(12절), "이 모든 것 위에 사랑을 더하라"(14절), "그리스도의 평강이 너희를 주장하게 하라"(15절)

눈을 감고 생각해 본다. 이 땅에서 그리스도인은 어떤 존재로 살아가야 하는가를. 바울은 괴로움까지 기뻐했다. "내가 이제 너희를 위해 받는 괴로움을 기뻐하고 그리스도의 남은 고난을 그의 몸 된 교회를 위하여 내 육체에 채우노라"(골1:24) 고난을 성화의 깊은 경지에까지 이끌어 가는 바울의 마음이 아름답다. 바울은 우리에게 권한다. "그러므로 너희가 그리스도 예수를 주로 받았으니 그 안에서 행하라"(골2:6) 죄로 죽었던 우리를 살리신 하나님, 그리스도와 함께 일으키신 하나님을 생각하면 감사할 것밖에 없다.

바울은 골로새 교회를 향해 편지를 쓰면서 이렇게 말한다. "이는 저희로 마음에 위안을 받고 사랑 안에서 연합하여 원만한 이해의 모든 부요에 이르러 하나님의 비밀인 그리스도를 깨닫게 하려 함이라"(골2:2) 그리스도를 깨달은 자에게 필요한 일은 진정성이다. "눈가림만 하지 말고 오직 주를 두려워하며 성실한 마음으로 하라 무슨 일을 하든지 마음을 다하여 주께 하듯 하고 사람에게 하듯 하지 말라"(골3:22,23), "의와 공평을 베풀라"(골4:1)

우리 모두 죄인들이었다. 그 죄인을 십자가 보혈을 통해 하나님의 아들로 입양하였다. "너희는 다시 무서워하는 종의 영을 받지 아니하였고 양자의 영을 받았으므로 아바 아버지라 부르짖느니라"(롬8:15) 그리고 하나님의 거룩한 자녀가 되게 하셨다. 입양아 조나단을 보며 우리를 향한 하나님의 사랑이 얼마나 큰지 느낀다. 바울이 골로새 교회를 사랑한 것처럼 골로새서를 꼭 안아 본다.

80. 발목만 잠기는 신앙에서 헤엄치는 신앙으로

신앙이 날로 새롭고 깊어진다면 얼마나 좋을까. 그러나 실제는 그렇지 못하다. 말씀을 읽어도 나는 늘 거기 서 있는 것 같고, 위로 올라가지 않으니 답답함이 그지없다. 변화가 필요한 것은 나인데도 자꾸만 다른 데를 본다. 우리 내면에 변화가 일려면 주님이 주시는 생명수가 필요하다. 그 물이 내 안에 넘쳐 나로 하여금 그 속에서 헤엄치게 만들어야 한다.

에스겔 47장 1절에서 12절은 성소에서 물이 흘러나오는 광경을 소개하고 있다. "전 문지방 밑에서 물이 나와서"(1절) 그 생명수의 근원이 성소임을 가리켜 준다.

성소 문지방에서 나온 물은 동으로 흐르다가 우편 제단 남편으로 흘러내린다. 그리고 바깥문 우편으로 흘러내린다. 점점 더 물이 불어난다. 물이 보이기 시작한다. 이제 조금씩 변화를 인식하기 시작한 것이다.

물이 불어나자 발목이 잠긴다. 손에 줄을 잡고 재 본다. 발목신앙이다. 무엇이 발목신앙인가? 이 신앙은 나를 가장 많이 보이려는 신앙이 아닐까? 발목까지만 하나님께 잠기고, 그 나머지 몸은 밖에 드러나 있기 때문이다. "아직 나 여기 있잖소. 이렇게" 말이다. 발목만 들어온 신앙은 깊이가 없다.

물이 더 불어나더니 무릎까지 잠긴다. 무릎신앙이다. 조금씩 하나님을 알아 가니 다행이다. 그러나 더 깊은 데까지 가려면 멀었다. 아직도 주님보다 내가 더 크다.

물이 허리까지 차 온다. 허리라면 반반이리라. 주님 반 나 반. 아직도 나는 나뉘어 있다. 좀 더 주님께 다가가야 할 터인데. 안타깝다. 그래도 이만큼 온 것이 얼마나 대견한가. 박수를 받을 만하다. 노력한 흔적이 보이니까.

5절에 이르니 완전히 달라진다. "다시 일천 척을 척량하시니 물이 내가 건너지 못할 강이 된지라 그 물이 창일하여 헤엄할 물이요 사람이 능히 건너지 못할 강이더라" 물이 넘쳐 헤엄을 치지 않으면 안 될 강이 되었고, 사람이 도저히 건너지 못할 만큼 큰 강을 이루었다. 이제 우리는 큰 강에서 놀게 된다. 헤엄을 치려면 온몸이 물에 잠겨야 한다. 사람이 도저히 건너지 못할 강이니 주님의 도움이 절대 필요하다. 주님의 도움으로 우리는 헤엄을 칠 수 있다. 주님과 함께하는 헤엄신앙이다.

중요한 것은 그 강 좌우편에 수없이 늘어서 있는 나무들이다. 그 나무들은 흘러내리는 물로 각종 먹을 실과가 열려 있다. 그 잎이 시들지 않고 실과가 끊이지 않고 열린다. 달마다 새 실과를 맺는다. 잎사귀는 약재로 쓰인다. 버릴 것이 없다.

나무만 사는 것이 아니다. 강물이 이르는 곳마다 모든 생물이 살고 번성한다. 각처에 모든 것이 산다. 생명수의 힘이 얼마나 귀한가를 본다. 생명수는 생명력이 있다.

강에도 어부가 있다. 배를 띄우고 고기를 잡는다. 고기가 심히 많다. 강이 산 것이다. 엔게디에서부터 에네글라임까지 그물 치는 곳이

되리라 한다. 엔게디는 사해 서쪽 해안의 중간 지점에 위치한 샘의
이름이다. 에네글라임은 '두 송아지의 연못'으로 사해 북서 해안에
위치한다. 도저히 고기를 잡을 수 없는 곳에 고기가 있다는 것은 생
명수의 힘이 얼마나 강한가를 보여 준다. 그 물이 흐르고 흘러 아라
바를 거쳐 바다에 이른다. 그 생명수로 인해 바다의 물이 소생함을
얻는다.

예수님은 자신을 가리켜 생명수라 하셨다. 그 물을 마시는 자는
영원히 목마르지 아니하리라 하셨다. 그렇다. 예수 그리스도의 생명
수는 지금도 우리를 살린다. 죽어 가는 영혼도 소생시킨다. 더 이상
무엇을 바랄까.

81. 두루마리를 먹고 가서 고하라

에스겔 3장 1절에서 11절은 외치기를 두려워하는 에스겔에게 하
나님이 그를 어떻게 준비시키시는가를 보여 준다. 아울러 복음을 들
고 증거해야 할 우리가 증거하기 전에 무엇을, 누구에게, 어떻게 증
거해야 할 것인가를 잘 가르치고 있다.

두루마리를 먹고 가서 고하라

하나님은 먼저 "두루마리를 먹고 가서 고하라"(1절) 하셨다. 두루마리는 하나님의 말씀을 상징한다. 두루마리는 짐승의 가죽으로 만든 것으로 안쪽에 쓰거나 안과 밖 모두에 쓰기도 했다. 에스겔 2장 10절에 따르면 이 두루마리는 안팎에 가득 글이 쓰였다. 하나님은 두루마리를 먹도록 하셨다. 환상 가운데 이뤄진 것이므로 직접 먹은 것은 물론 아니다. 하나님은 왜 두루마리를 먹도록 했을까? 전도자는 복음을 전하기 전에 무엇보다 말씀을 자신의 것으로 만들어야 하기 때문이다. 이것은 말씀의 내면화 작업이다. 내가 먼저 은혜를 받아야 효과적으로 전도할 수 있다.

"입을 벌리니 두루마리를 내게 먹이시며"(2절), 말씀을 받는 자는 입을 벌려야 한다. 마음 문을 열지 않으면 말씀이 들어오지 않으며 이를 소화시킬 수 없다. 하나님의 말씀을 소화시키지 않고 복음을 바로 전할 수 없다.

"내 입에서 달기가 꿀 같더라"(3절) 두루마리에 적힌 하나님의 말씀은 '애가와 애곡과 재앙의 말'(겔2:10)이 기록된 말씀이다. 이 말씀은 사실 이스라엘에게 꿀송이처럼 단 말씀이라기보다 쑥처럼 쓴 말씀이다. 그럼에도 불구하고 에스겔의 입에 그것이 꿀처럼 단 것은 심판을 통해서 하나님의 선하심과 긍휼하심을 느꼈기 때문이다. 참혹한 현실에서도 낙심하지 않고 소망을 갖게 하기 때문이다.

"이스라엘 족속에게 보내는 것이라"(5절) 4~7절의 말씀은 하나님이 그를 말이 다른 백성에게 보내는 것이 아니라 동족인 이스라엘 족속에게 보낸다고 하셨다. 그들은 바벨론에 포로가 된 자들이자 그의 말을 알아듣는 자들이다. 그러나 그들은 하나님의 말씀에 대해 마음이 강퍅한 자들이다. 우리는 그 누구보다 우리의 예루살렘인 이웃과 동족에게 복음을 전하도록 보냄을 받았다. 하나님을 향해 마음을 닫고 있는 그들에게 복음을 전해야 한다. 말이 통하는 그들에게 먼저 복음을 전할 수 있어야 다른 민족에게도 전할 수 있다.

이마가 굳고 마음이 강퍅한 자들에게 나가라

"이스라엘 족속은 이마가 굳고 마음이 강퍅하여"(7절), 이마가 굳다는 것은 '무례하고 건방지고 뻔뻔한'(impudent) 태도를 가지고 있다는 것을 의미한다. 9절은 이스라엘을 가리켜 패역한 족속이라고 했다. 하나님 아버지께서 그들을 자식처럼 돌보았음에도 불구하고 패륜아로 전락했다는 것이다. 그들은 또 마음이 강퍅하여 하나님의 말씀을 듣고자 아니했다.

하나님은 예루살렘의 심판과 함락을 예언했고, 바벨론에서의 장기 정착을 권유하며, 70여 년 후에 이스라엘 국가와 성전의 회복에 대한 비전을 제시했다. 하나님 앞에 죄를 범한 그들이 회개하고 연단하며 깨끗하게 되기까지 적어도 70여 년은 필요하다고 생각하신 것이다.

그러나 하나님의 이 말씀은 그들의 비위를 건드리기에 충분했다. 그들은 예루살렘이 함락되지 않으며 잡혀 온 자신들도 1년 안에 돌아간다는 거짓선지자들의 달콤한 말을 더 신뢰했다. 그들의 이런 기대와는 달리 10년 뒤 예루살렘이 함락되자 그들은 에스겔의 말을 믿기 시작했다.

우리가 복음을 전할 때 죄와 회개를 요구하는 말을 하면 사람들은 기분 나쁘게 생각한다. "내가 죄를 짓지도 않았는데 무슨 회개냐?", "예수를 통해서만 구원을 얻는다는 것은 독단적 도그마다", "예수 믿는 사람 봐라 뭐가 다르냐?"며 듣기 싫어하고, 비판하며, 심지어 핍박한다. 그리스도의 증인된 삶을 사는 자는 이런 핍박을 담대히 이겨내야 한다.

강하고 담대하게 나가라

"네 얼굴을 굳게 하였고 네 이마를 금강석같이 굳게 하였으니"(8, 9절) 뻔뻔한 이스라엘을 향해 말씀을 전하려면, 그들을 똑바로 대하고 말하려면 무엇보다 담대하고 강한 마음이 필요하다. 하나님은 에스겔에게 그 같은 마음을 주셨다. '네 얼굴을 굳게 하였고'나 '네 이마를 굳게 했다'는 것은 '얼굴에 철판을 깔듯 강하게(strong) 하셨다'는 것이다. 철판을 여기서는 "화석(flint)보다 굳은 금강석"이라 표현하였다. 그들의 도전에 눈 하나 깜짝하지 않고 담대히 전할 수 있게 하시려는 것이다.

전도자에게는 이런 담대함이 필요하다. 이 담대함을 우리는 어디서 얻을 수 있을까? 우리의 담대함은 성령을 충만히 받음으로 가능하다. 우리를 담대히 하시기 위해 하나님은 성령을 부어 주신다.

- "오직 성령이 너희에게 임하시면 너희가 권능을 받고 예루살렘과 온 유대와 사마리아와 땅끝까지 이르러 내 증인이 되리라" (행1:8)
- "주여 이제도 저희의 위협함을 하감하옵시고 또 종들로 하여금

담대히 하나님의 말씀을 전하게 하여 주옵소서"(행4:29)

- "빌기를 다하매 모인 곳이 진동하더니 무리가 다 성령이 충만하여 담대히 하나님의 말씀을 전하니라"(행4:31)

성령을 받은 자는 담대해진다. 베드로도, 스데반도, 바울도 그랬다. 말씀을 먹고 성령을 받은 자는 담대히 복음을 전할 수 있다.

82. 유한한 기쁨에서 무한한 기쁨으로

"항상 기뻐하라 쉬지 말고 기도하라 범사에 감사하라 이는 그리스도 예수 안에서 너희를 향하신 하나님의 뜻이니라"(살전5:16~18)

이 말씀을 읽으면 그리스도인은 얼마나 세상 사람과는 다른 삶을 살아야 하는가를 느낀다. 왜냐하면 어찌 항상 기뻐할 수 있고, 어찌 쉼 없이 기도할 수 있으며, 어찌 모든 일에 감사할 수 있을까. 불가능한 일을 우리에게 주문하는 것이 아닐까? 세상적인 계산법으로는 불가능한 일이다. 그러나 하나님의 계산법으로는 가능하다. 그래서 이것이 그리스도 예수 안에서 너희를 향하신 하나님의 뜻이라 하지 않았는가. 하나님이 우리 삶에 개입하시기 때문에 가능한 일이다.

베들레헴은 빵집이라는 뜻을 가지고 있다. 이것은 원래 농사와 연관련 이름이다. 이곳은 팔레스타인 여러 지역 가운데 비가 잘 내리는 곳이었다. 그래서 곡식의 소출이 많은 곳이었다. 다른 말로 말하면 육의 소출이 많은 곳이다. 그러나 이곳이 생명의 떡이 되시는 예수님을 태어나게 한 곳으로 변했다. 영적 소출의 진원지가 된 것이다. 예수와 전혀 상관없던 곳이 예수와 깊게 관계된 곳으로 변한 것이다. 이 모두 하나님의 뜻과 섭리가 있었다. 하나님이 개입하시면 도시의 생명도 변한다.

항상 기뻐하라는 말씀은 매사에 긍정적 사고를 하라는 말씀이다. 맑고 밝은 생각을 가지라는 것이다. 혼탁한 세상을 바라보면, 우리 궁색한 살림을 바라보면 기뻐할 이유가 전혀 없다. 하지만 주님을 생각하면 생각이 달라지고, 삶의 태도가 달라진다. 시린 마음과 아픔, 절망과 낙담, 부정과 미움이 행복으로 바뀌진다. 바울은 권한다. "범사에 헤아려 좋은 것을 취하고 악은 모든 모양이라도 버리라"(살전5:21~22) 그리스도인은 기뻐할 수 없는 환경에서도 기쁨을 창조하는 사람들이다. 우리 주님이 기쁨의 원천이 되기 때문이다. 그리스도인은 희망을 안고 살아가는 사람들이다. 절망이 가득하다면 그만큼 당신이 주님을 모시지 않고 있다는 증거다.

쉬지 말고 기도하라는 말씀은 언제나 하나님과 소통하고 하나님으로부터 지혜를 얻으라는 말씀이다. 그리스도인은 기도로 하루의 문을 열고, 기도로 문을 닫는 사람들이다. 집을 나설 때나 직장에서나 주님을 붙잡아야 한다. 설거지를 하거나 손님을 대할 때도 주님을 의지한다. 이것이 바로 항상 기도하는 삶이다. 그러면 주님은 우리를 붙드실 것이다.

범사에 감사한다. 일할 기회 주신 것 감사한다. 감사(thank)는 하나님을 생각하는(think) 것이다. 하나님을 생각하면 감사할 것밖에 없다. 사업을 하게 되었다면 이 기회를 통해 하나님의 일에 동참할 수 있게 하신 하나님께 기쁨을 드리자. 좋은 날이든 궂은 날이든, 언제 어디서든 하나님께 감사하는 전천후 신앙을 가지자.

항상 기뻐하고, 쉬지 말고 기도하며, 범사에 감사하라 한 다음 이 것은 하나님의 뜻임을 확고히 했다. 이것이 그리스도인을 향한 하나님의 변함없는 생각이라는 말씀이다. 그러므로 우리는 이러한 자세를 확고하게 견지하고 흔들림 없이 나가야 할 것이다.

이를 위해서 우리에게 한 가지 더 필요한 것이 있다. 그것은 바로 성령의 이끄심에 순종하는 일이다. "성령을 소멸치 말며"(살전5:19) 성령의 기름 부으심과 인도하심이 우리 안에 있다면 이 불가능한 일이 가능하다는 것이다. 오늘도 성령님의 이끄심 속에 기쁨이 넘치고 당신으로 인해 많은 사람들이 삶의 기쁨을 얻을 수 있기를 바란다. 유한한 기쁨에서 무한한 기쁨으로의 전환이다.

83. 마르다형과 마리아형

누가복음 10장에 우리가 잘 아는 마르다와 마리아의 이야기가 나온다. 가족 전체가 예수님을 사랑하고 존경하는 관계를 유지하고 있어 정말 부러운 가정이 아닐 수 없다. 오늘 이 집에 예수님이 방문하셨다. 늘 제자들과 함께 다니시니 일행이 있을 법도 하다.

언니 마르다는 주님을 위해 식사를 마련하는 일로 분주한데 동생 마리아는 예수님의 발아래서 말씀을 듣느라 정신이 없다. 조금씩 화가 나기 시작한다. 이처럼 바쁜데 마리아는 눈치도 없지. 급기야 말을 꺼낸다. "예수님, 나를 도와주라 하소서" 알고 보니 마르다는 하고 싶은 말은 하고 마는 성격이네.

눈치 채지 못할 주님이 아니시지. 그런데 주님은 마르다의 기대와는 아주 다르게 반응을 하셨다. "마리아는 이 좋은 편을 택하였으니 빼앗기지 아니하리라"(42절) 당신이 마르다라면 조금쯤 화가 났을지 모른다. 주님의 말씀이니 참았을까? 그 뒤의 장면이 조금 궁금하다. 그러나 주님의 이 말씀으로 이 장면은 막을 내린다.

신학자들은 이것을 놓고 의미 찾기에 나섰다. 그중에 하나가 교회 안에는 마르다형과 마리아형이 있다는 것이다.

마리아형은 봉사형이다. 봉사하는 사람은 분주하다. 마르다처럼 준비하는 일이 많아 마음이 분주하다(40절). 예수님을 섬기는 데 있어 지나치게 들떠 마음이 안정되지 않은 상태에서 신앙생활을 하기도 한다. 때론 다른 사람들이 자기를 돕지 않는 것에 대해 못마땅하게 생각하고 투덜댄다. 그때 주님은 마르다를 부르신다. "마르다야, 마르다야" 두 번이나 부르신다. 이것은 주님이 마르다도 귀하게 생각한다는 것을 보여 준다. 그리고 이르신다. "네가 많은 일로 염려하고 근심하나"(41절) 너무 근심하는 것 같은데 마음을 다소 절제할 필요가 있다는 말씀이다.

그런데 왜 "마리아는 좋은 편을 택했으니 빼앗기지 아니하리라"시며 좋게 보셨을까? 이해가 가지 않을 것이다. 그것은 차분하고 진지한 마음으로 하나님의 말씀을 듣는 신앙생활이 필요하다는 것을 강조하신 것이다. 예수님은 곧 잡히실 것이고, 더 이상 주님의 말씀을 들을 수 있는 시간이 없을지 모르는 상황이다. 예수님은 마르다에게 오히려 부탁하신다. "몇 가지만 하든지 혹 한 가지만이라도 족하니라"(42절) 물론 너무 많이 장만하지 말라는 말씀이다. "한 가지만 있어도 괜찮아" 주님은 '괜찮아' 스타일이시다. 편안함을 준다.

주님은 말씀하신다. "마리아는 이 좋은 편을 택하였으니 빼앗기지 아니하리라" 마리아가 택한 것이 너무도 좋고 중요한데 이 기회를 놓칠 수 없을 것이라는 확신이다. 주님은 오히려 마리아를 격려하셨다. 마리아형은 주님의 발아래 앉아 그의 말씀을 듣는 것이다(39절). 배우는 학생처럼 착하게, 그리고 실천하고자 하겠지.

당시 유대사회는 여인들이 배우는 것을 긍정적으로 받아들이지 않았다. 배움에 있어서도 차별을 둔 것이다. "여자가 배워서 뭘 해" 과거엔 우리도 그렇지 않았던가. 그런데 주님은 차별하지 않으시고, 여성도 하나님 말씀을 듣고 실천함에 있어서 중요한 파트너라는 것을 보여 주셨다. 이것을 안다면 마르다는 이렇게 반응하지 않았을까? "아, 정말 주님은 멋지셔"

마르다는 봉사를 통해 주님께 최선을 다했고, 마리아는 주님께 더 가까이 나아가 최선을 다해 말씀을 경청했다. 최선을 다했다는 점에서 두 자매 모두 칭찬을 받아 마땅하다. 그러나 이 장면을 통해 주님은 우리에게 한 수 더 가르쳐 주고자 하신다. 그것은 하나님의 말씀을 듣는 것이 봉사 못지않게 중요하다는 사실. 신앙에는 균형이 필요하다. "그러니 마르다야, 동생 너무 나무라지 말거라"

84. 내가 여호와의 집에 영원히 거하리로다

시편 23편은 우리가 너무나 애송하는 다윗의 시다. 워싱턴을 방문했을 때 한동안 나의 어머님은 매일 아침 예배 때 이 시를 여러 차례 반복하며 외곤 찬송을 하셨다. 그곳에 머무는 동안 나도 이 시를 함께 외우곤 했다. 마치 어머니와 아들이 합창을 하는 것과 같았다. 어떻게 해서 이 시를 좋아하게 되었느냐고 물었더니 필라델피아에 사시는 고 황규석 목사 사모님의 제안으로 이렇게 하게 되었는데 이 시를 외울 때마다 마음이 평안해진다고 하셨다.

다윗은 이 시를 쓰면서 이렇게 결론을 맺는다. "내가 여호와의 집에 영원히 거하리로다" 왜 그런 결론을 내릴 수 있었을까? 그 이유 몇 가지를 그의 시 속에서 찾아보기로 하자.

첫째, 하나님이 우리의 목자가 되시기 때문이다(1절). 주님이 우리의 주인이 되시고 인도자가 되시므로 걱정 없이 따를 수 있다는 말이다.

손인식 목사의 예화 중 이런 것이 있다. 어떤 목사님이 다른 교회에서 설교부탁을 받았다. 목사님은 시편 23편을 본문 말씀으로 골랐다. 그 교회에서 주보 담당자로부터 전화가 왔다. "목사님, 본문은 무엇으로 할까요?", "시편 23편이네", "설교 제목은요?", "여호와는 나의 목자시니", "이것이 다입니까?", "이 사람아, '여호와는 나의 목자시니' 이거면 됐지 뭐가 더 필요해!" 목사님이 설교를 하러 그 교회를 찾아갔다. 그는 주보를 받아 보는 순간 놀라고 당황함을 금할 수 없었다. 설교 제목이 "여호와는 나의 목자시니 이거면 됐지 뭐가 더 필요해"였던 것이다. 그러나 곰곰이 생각해 보니 이 제목이 너무 좋다는 생각도 들었다. "그럼 그렇지. 여호와는 나의 목자시니 이거면 됐지 뭐가 더 필요해"

둘째, 푸른 초장으로 인도하고 쉴 만한 물가로 인도하시기 때문이다(2절). 주님은 우리를 늘 의의 길로 인도하신다. 그 초장에 가서 꼴을 먹고 생명수를 마시면 우리 영혼이 산다. 주님은 영혼을 소생시키시고 영을 살찌우신다.

셋째, 주님이 우리를 보호하시기 때문이다. 4절을 보자. "내가 사망의 음침한 골짜기로 다닐지라도 해를 두려워하지 않을 것은 주께서 나와 함께하심이라 주의 지팡이와 막대기가 나를 안위하시나이다" 안위가 바로 보호다. 주님은 우리가 사망의 음침한 골짜기를 지날 때, 심지어 원수의 목전에서도 보호하신다. 주님은 주의 지팡이와 막대기로 보호하신다. '주의 지팡이와 막대기'는 철저한 보호를 의미한다. 목자는 지팡이와 막대기를 가지고 다닌다. 지팡이로도 되지만 막대기로 이중 보호를 한다.

넷째, 주의 선하심과 인자하심이 항상 있기 때문이다. 그는 고백한다. "주의 평생에 선하심과 인자하심이 정녕 나를 따르리니"(6절) 이것은 주님이 항상 나와 함께하신다는 것으로 임마누엘 신앙을 가지고 있음을 알 수 있다. 하나님이 나와 함께하시는 것만큼 중요한 것이 무엇이 있을까. 앞의 예화처럼 "'하나님이 나와 함께하시니' 이거면 됐지 뭐가 필요해"

여호와의 집은 꼭 성전만을 의미하지 않는다. 우리가 주님을 모시고 있으면 우리 몸이 여호와의 집이 될 수 있고, 우리 가정이 주님 안에 살면 가정이 여호와의 집이 될 수 있다. 우리가 참다운 평안을 누리고자 한다면 주님만 모시고 사는 가정이 되어야 한다. 주님 한 분만으로 만족하는 삶을 살 때 우리는 고백할 수 있다. "여호와는 나의 목자시니 내가 부족함이 없으리로다" 당신의 집이 주님의 보호를 받는 가정이 되기 바란다. 늘 여호와의 영광을 선포하고, 그 안에서 하늘의 기쁨을 누리는 하나님의 집이 되기 바란다. "내가 여호와의 집에 영원히 거하리로다"

85. 우리의 대제사장이신 예수 그리스도

욤키푸르는 대속죄일로, 대제사장이 1년에 한 번 지성소에 들어갈 수 있는 날이다. 그는 지성소에 들어가 피를 뿌리며 제사를 드린다.

대속죄 제사다. 그는 지성소에 오래 머물러 있을 수 없다. 제사만 드리고 빨리 나와야 한다. 인간 제사장은 오래 머물 수 없다.

예수님은 지성소, 곧 하나님 우편에 머물며 오늘도 우리를 위해 간구하신다. 예수님 당시 사람들은 하늘엔 3층천이 있는 것으로 믿었다. 내부 공간(inner space), 외부 공간(outer space), 그리고 하나님이 계시는 곳(God's abiding space).

히브리서 4장 14~16장은 이 예수님이 우리의 큰 대제사장이라 한다. 대제사장도 아니고 큰 대제사장. 얼마나 미더운 지칭인가. 그분은 승천하신 자, 곧 하나님 아들 예수시니 "우리가 믿는 도리를 굳게 잡을지어다"라고 명령한다.

14절은 "그러므로"라는 말로 시작한다. 당시 예수를 그리스도로 믿는 교인 중 일부가 조금 어려움에 처하자 다시 유대교로 돌아간 사람들이 있었다. 히브리서 3장 12절은 "너희 중에 누가 믿지 아니하는 악심을 품고 살아 계신 하나님에게서 떨어질까 염려할 것이요"라는 말씀은 이것을 입증한다. 교회에서 떨어져 나간 사람들이 종종 교회에 대해 더 적대적이었고, 한 번 옛날로 돌아가면 다시 교회로 돌아오기 어려웠다. 따라서 예수로부터 떨어져 나가지 않도록 할 필요가 있다.

"우리에게 큰 대제사장이 있다"는 것은 우리에게 위로와 소망을 갖게 하실 분이 있으며 그분이 바로 예수라는 것을 강조하고 있다. 우리가 놓치지 않고 끝까지 붙들어야 할 분이 그분이다. 제사장은 하나님과 사람 사이에 서서 사람에게 좋은 온갖 것을 하나님으로부터 가져다준다. 대제사장은 이 제사장 가운데 가장 대표가 된다는 의미를 가지고 있다. 그분이 우리의 죄를 용서받도록 하고, 은혜를 받도록 한다. '큰' 대제사장은 '완전한'이라는 의미를 가지고 있다. 예수님은 참하나님과 참사람으로써 둘 사이를 중보하시는 완전한 대제사장이다. "예수는 영원히 계시므로 그 제사 직분도 갈리지 아니하나니 그러므로 자기를 힘입어 하나님께 나아가는 자들을 온전히 구원하실 수 있으니 이는 그가 항상 살아서 저희를 위하여 간구하심이니라"(히7:24,25) 조그마한 시련에 넘어지지 말고 이 완전한 대제사장 예수를 항상 바라보아야 한다. 불안할 때, 믿음이 흔들릴 때, 고통스러울 때마다 "우리에게는 대제사장 예수 그리스도가 있다"고 외칠 수 있어야 한다.

"우리가 믿는 도리를 굳게 잡을지어다"(14절) 예수 그리스도가 우리의 큰 대제사장이심을 믿는 성도는 무엇보다 예수 그리스도를 굳게 붙잡아야 한다. '굳게 잡다'는 그리스어 '크라테오'는 '놓치거나 빼앗기지 않으려고 힘을 주어 움켜잡는 상태'를 의미한다. '믿는 도리'는 예수 그리스도가 대제사장이심을 굳게 믿는 신앙고백을 말한다. 히브리서 3장 1절도 "그러므로 함께 하늘의 부르심을 입은 거룩한 형제들아 우리의 믿는 도리의 사도시며 대제사장이신 예수를 깊이 생각하라"고 말하고 있다.

우리의 대제사장 예수님은 누구신가? 무엇보다 "우리 연약함을 체휼(體恤)하지 아니하는 자가 아니요"(15절), '우리의 연약함을 체휼하신다'는 것은 주님이 우리의 약함에 대해 동지적인 느낌(a fellow feeling)을 가지고 이해하신다는 뜻이다. 눈높이를 낮추어 우리를 이해(understand)하고 동정(sympathy)하며 우리의 약함(infirmity)에 대해 터치하신다. 그러므로 예수를 붙잡으면 큰 위로와 평안을 얻는다. 우리의 연약함을 체휼, 곧 동정하실 수 없는 분이 아니기 때문이다. 주님만이 우리를 완전히 도울 수 있는 분이시다.

예수님은 또한 죄로부터 완전히 자유로운 분이시다. "모든 일에 한결같이 시험을 받은 자로되 죄는 없으시니라"(15절) 죄와는 전혀 상관이 없으시는 주님, 그러나 성경은 적는다. "모든 일에 우리와 한결같이 시험을 받은 자로되" 이 말씀은 예수님이 우리를 왜 동정하실 수 있는가를 입증하는 말씀이다. 상대를 이해하려면 무엇보다 그 사람의 처지에 들어가 그 사람이 왜 그런가를 알아야 한다. 주님은 이 땅에서 우리가 당한 고난 이상으로 고통과 슬픔, 가난과 두려움에 처했었다. 심지어 그분은 우리를 위해 죽으셨다. 이런 모든 고통을 몸소 경험하셨기 때문에 그분은 우리를 이해하고 도우실 수 있다. "자기가 시험을 받아 고난을 당하셨은즉 시험받는 자들을 능히 도우시느니라"(히2:18) 주님은 이미 고난을 당해 보셨으므로 우리를 너무 잘 아신다. 따라서 우리는 우리의 처지를 이해하고 이로부터 구해 주실 수 있는 주님을 바라보아야 한다.

이런 주님이 있기 때문에 우리는 주님의 보좌 앞에 나갈 수 있다. 히브리서 기자는 말한다. "그러므로 우리가 긍휼하심을 받고 때를 따라 돕는 은혜를 얻기 위하여 은혜의 보좌 앞에 담대히 나아가자"(16절)

"긍휼하심을 받고 때를 따라 돕는 은혜를 얻기 위하여" 은혜에는 우리의 요구대로 주시는 은혜가 있고, 하나님의 방법과 시간에 따라 주시는 은혜가 있다. 하나님은 우리가 필요할 때 구하면 즉각 응답하기도 하신다. 이것이 우리의 요구대로 주시는 은혜이다. 이와 달리 우리가 기도를 해도 바로 응답하지 않으시는 경우가 있다. 이것은 하나님의 방법과 때가 있기 때문이다. 하나님의 때를 기다리기 위해서는 굉장한 인내가 필요하다.

"은혜의 보좌 앞에 담대히 나아갈 것이니라", '은혜의 보좌'는 우리에게 은혜를 주시려고 그 은혜를 넘치도록 쌓아 놓고 우리를 기다리시는 곳이다. "우리 주의 은혜가 그리스도 예수 안에 있는 믿음과 사랑과 함께 넘치도록 풍성하셨도다"(딤전1:14)

'담대히'는 대제사장 예수 그리스도를 의지하고 당당하게 나아가라는 것이다. 구약의 대제사장은 1년에 한 번 백성들의 죄를 속량하기 위해 지성소 안에 들어간다. 그 안에 들어갈 때 너무나 두려워했고, 죽지 아니할까 벌벌 떨며 들어간다. 속설에 의하면 대제사장이 발목에 끈을 묶고 들어간다고 한다. 죽으면 끌어내기 위한 것이다. 다른 제사장이 들어가다 혹시 하나님이 노하시어 죽지 아니할까 두렵기 때문이었다. 그러나 우리는 주님 앞에 나아갈 때 그럴 필요가 없다. 주님은 하나님이시오, 우리의 모든 죄를 자신의 피로 사신 우리의 아버지이시기 때문이다.

'나아간다'는 것은 끊임없이 예수 그리스도를 찾는다는 뜻을 가지고 있다. '나아간다'는 현재 동사이다. 우리가 끊임없는 기도로 주의 이름을 부르며 은혜의 보좌 앞에 계속 담대히 나가야 한다. 그 보좌 앞에, 우리의 큰 대제사장 앞에.

86. 땅과 하늘을 잇는 하나님의 법칙

"주는 그리스도시요 살아 계신 하나님의 아들이시니이다"라는 베드로의 신앙고백에 대한 예수님의 응답은 이 고백 위에 교회를 세울 것이고 "내가 천국 열쇠를 네게 주리니 네가 땅에서 무엇이든지 매면 하늘에서도 매일 것이요 네가 땅에서 무엇이든지 풀면 하늘에서도 풀리리라"(마16:19)이었다. 땅과 하늘이 연결되는 것이다.

마태복음 18장은 이것을 더 구체화하고 있다. 18절을 보자. "진실로 너희에게 이르노니 무엇이든지 너희가 땅에서 매면 하늘에서도 매일 것이요 무엇이든지 땅에서 풀면 하늘에서도 풀리리라" 앞의 내용이 반복되는 것을 알 수 있다. 19절과 20절은 더 구체적이다. "너희 중에 두 사람이 땅에서 합심하여 무엇이든지 구하면 하늘에 계신 내 아버지께서 저희를 위하여 이루게 하시리라. 두세 사람이 내 이름으로 모인 곳에는 나도 그들 중에 있느니라" 이것은 이 땅에서의 교회의 역할과 하나님의 관계가 밀접하게 연관되어 있음을 보여 준다. 이것은 우리를 향하신 '하나님의 법칙'이다.

예수님은 이 법칙을 이 땅에 살면서 실현해 나갈 것을 말씀하신다. "네가 너를 고소할 자와 함께 법관에게 갈 때에 길에서 화해하기를 힘쓰라 저가 너를 재판장에게 끌어가고 재판장이 너를 관속에게 넘겨주어 관속이 옥에 가둘까 염려하라"(눅12:58) 예배를 드리기 전에 서로 화해하도록 하신 것도 마찬가지다. 유대인들은 정월 초하루부터 10일이 되는 날을 '욤 키푸르', 곧 속죄일로 지킨다. 지난 1년간의 잘못과 죄과를 참회하고 기도하며 경건하게 지낸다. 이날엔 모두 금식하고 금주한다. 가죽신과 가죽띠도 하지 않고 좋은 옷도 입지 않는다. 화장도 하지 않는다. 죄인이라 생각하며 온종일 뉘우치며 지낸다. 속죄에는 하나님을 향한 속죄의식과 이웃을 향한 속죄의식이 있다. 먼저 이웃을 향한 속죄 행위를 통해 서로를 용서하고 화해한 다음 하나님께 나가서 용서를 빌 수 있다. 땅에서 먼저 용서하고 화해할 때 하나님께서도 이를 기뻐 받으신다. 미움과 질시를 안고 드리는 예배는 하나님이 결코 원하지 않으신다. 용서와 화해는 이 땅에서 푸는 행위다. 그러면 하늘에서도 푸신다.

회개도 마찬가지다. "내가 너희에게 이르노니 이와 같이 죄인 하나가 회개하면 하나님의 사자들 앞에 기쁨이 되느니라"(눅15:10), "내가 너희에게 이르노니 이와 같이 죄인 하나가 회개하면 하늘에서는 회개할 것 없는 의인 아흔 아홉을 인하여 기뻐하는 것보다 더하리라"(눅15:7) 땅에서 회개하면 하늘에서도 기쁨으로 푼다.

이 땅에서 재물도 어떻게 사용하느냐에 따라 풀리기도 하고 매이기도 한다. "오직 너희를 위하여 보물을 하늘에 쌓아 두라 거기는 좀이나 동록이 해하지 못하며 도적이 구멍을 뚫지도 못하고 도적질도 못 하느니라"(마6:20) 보물을 하늘에 쌓아 두라 하신다. 그러면 이 땅에 있으면서 하늘에 쌓아 둘 수 있는 방법은 무엇인가? 누가복음 12장 33절에 그 답이 있다. "너희 소유를 팔아 구제하여 낡아지지 아니하는 주머니를 만들라 곧 하늘에 둔 바 다함이 없는 보물이니 거기는 도적도 가까이하는 일이 없고 좀도 먹는 일이 없느니라"

우리의 것으로 가난한 사람을 위해 구제하라는 것이다. 이것이 하늘에 보물을 쌓는 방법이다.

여러 보기를 통해 우리는 하나님이 제시하는 삶의 법칙이 있음을 깨닫게 된다. 그것은 우리가 이 땅에 살면서 하나님을 향해서는 죄인으로서 우리의 죄를 고백하고 회개하는 것이며, 이웃을 향해서는 용서하고 화해하며 사는 것이요, 우리 자신의 것을 풀어 구제에 동참하는 것이다. 그러면 하나님은 우리의 모습을 보고 기뻐하시고 하늘의 향연을 베푸신다. 당신이 오늘 열리는 향연의 주요 이유가 되기 바란다.

87. 누가 우리를 그리스도의 사랑에서 끊으리요

유명 설교자 20분에게 "성경 모두를 가져갈 수 없다. 만약 성경 가운데 한 장만 가질 것을 허용할 터이니 택하라면 어떤 장을 택할 것인가?" 물었다. 그 가운데 대다수가 로마서 8장을 택했다. 로마서 8장은 이처럼 '성경 중의 성경'이라 할 만큼 많은 사람들로부터 사랑을 받는 장이다. 왜 이 장이 손꼽히는 것일까? 그것은 우리를 향한 하나님의 사랑이 얼마나 깊고, 깊은가를 잘 보여 주기 때문이다.

"너희는 다시 무서워하는 종의 영을 받지 아니하였고 양자의 영을 받았으므로 아바 아버지라 부르짖느니라"(15절)

우선 우리가 양자의 영, 곧 은혜로 택하심을 받은 자가 되었다고 선언한다. 구약은 이스라엘 민족 전체가 하나님의 맏아들이라 한다(출4:22, 신14:1). 하지만 신약의 경우 은혜로 말미암아 개인적으로 양자가 된다. 그래서 우리 각자가 하나님을 향해 "아바, 아버지"라 부를 수 있다. 그만큼 친밀하고 특별한 관계이다.

종의 영을 받지 아니하였다는 것은 우리는 더 이상 죄성에 따라 살지 않고, 죄의 지배를 받지 않는다는 것을 의미한다. 죄가 더 이상 우리의 삶을 통제할 수 없다. 이것은 "누구든지 그리스도의 영이 없으면 그리스도인이 아니라"는 9절의 말씀과도 연관된다. 이 말은 그리스도인이 육신의 지배를 받으며 사는 것이 아니라 영이 부패한 육신을 통제하며 살아야 한다는 것을 의미한다. '육신의 생각은 사망이요 영의 생각은 생명과 평안'(6절)이기 때문이다. 따라서 그리스도 안에서 살면 생각부터 성령이 통제하신다. 성령이 우리의 생각을 붙잡으신다.

이 땅에 사는 한 사단은 우리를 그냥 내버려 두지 않는다. 때론 우리를 유혹하기도 하고 공격하기도 한다. 그러나 "하나님이 우리를 위하시면 누가 우리를 대적하리요"(31절) 하나님이 우리와 함께하시면 어느 누구도 우리를 대적하거나 무너뜨릴 수 없다. 그 어떤 협박이나 두려움(intimidation)도 우리를 좌절시킬 수 없다. 하나님은 우리를 지키고 보호하신다.

그때 우리는 고백할 수밖에 없다. "누가 우리를 그리스도의 사랑에서 끊으리요"(35절) 환난이나 곤고나 핍박이나 적신이나 칼이나 그 어느 것도 하나님의 사랑으로부터 우리를 끊을 수 없다고 말한다. 하나님의 사랑은 우리의 힘과 용기의 근원이다. "우리를 사랑하시는 이로 말미암아 우리가 넉넉히 이기느니라”(37절) 주님의 택하심을 받은 우리는 더 이상 피해자(victim)가 아니라 승리자(victor)이다.

“우리를 그리스도 예수 안에 있는 하나님의 사랑에서 끊을 수 없으리라”(39절) 하나님과의 특별한 관계는 영원히 계속된다. 그만큼 하나님의 사랑은 죽음보다 강하다. 병도, 고통도, 가난도, 환난도, 핍박도 우리를 그 사랑에서 끊을 수 없다.

하나님의 사랑이 우리가 당하는 고난이나 역경보다 강하다는 것을 인식할 때 어떤 역경과 고난 속에서도 우리는 담대할 수 있다. 그렇지 않으면 넘어진다. 하나님은 우리를 결코 버리지 않으며 고난 앞에서도 항상 용기 있게 살기를 바라신다. 혹시 어려움 가운데 있는가? 그렇다면 그 가운데서 친밀하신 하나님께 나아가자. 그가 팔을 벌려 우리를 안을 것이다. 우리의 고통을 이해하고, 지금까지 소리 없이 지켜보았다고 말하실 것이다. 아니 그 고통 속에 임재해 같이 아픔을 겪었다고 말하실 것이다. 우리의 아픔과 함께하시는 주님, 그 주님을 어찌 사랑하지 않을 수 있을까. 그래서 로마서 8장이 좋다.

88. 소통 실패에는 다 이유가 있다

기도하면 우리는 하나님을 향한 우리 소원에 대한 간구와 그것에 대한 하나님의 응답을 먼저 생각한다. 그것만이 기도라면 문제가 있다. 기도는 무엇보다 우리 마음을 주님께 향하는 것이고, 마음을 열고 주님을 모셔드리는 일이기 때문이다. 꽃망울이 하늘을 향해 그 머리를 들듯 그리스도인은 주님을 향해 고개를 든다. 기도하는 순간 우리는 주님과 소통하기 때문이다.

이사야서의 말씀을 보자. "네가 부를 때에는 내가 응답하겠고 네가 부르짖을 때에는 말하기를 내가 여기 있다 하리라"(사58:9) 주님이 우리의 기도에 기꺼이 소통하시겠다는 것이다. "너희는 내게 부르짖으며 와서 네게 기도하면 내가 너희를 들을 것이요 너희가 전심으로 나를 찾고 찾으면 나를 만나리라"(렘29:12~13) 예레미야서도 마찬가지다.

그러나 주님의 응답은 상황에 따라 달라진다. 빨리 응답하실 때도 있고, 늦어지는 경우도 있다. 아니 아예 응답받지 못하는 경우도 있다. 응답의 속도가 다른 것이다.

빨리 응답하시는 경우는 우리의 생각보다 더 빠르다. "그들이 부르기 전에 내가 응답하겠고 그들이 말을 마치기 전에 내가 들을 것이며"(사65:24) 이 정도면 생각의 속도보다 빠르다.

늦어지는 경우도 있다. 엘리야가 7번이나 비를 달라고 기도했다. 이것은 7번 정도나 그의 마음을 타게 만드셨다는 것을 의미한다. 예수님이 기도에 대해 가르치실 때 한 과부가 재판관을 찾아가 번거롭게 하는 것을 비유하시며 주님을 향한 기도를 함에 있어서도 낙망하지 말고 끈질기게 기도할 것을 말씀하셨다(눅18:1~7). 이 또한 주님이 느리게 응답하실 경우가 있음을 보여 준다.

그러나 전혀 소통이 되지 않는 경우도 있다. 주님이 그 기도에 대해 귀를 닫으시기 때문이다. 어떤 기도가 문제가 되는가? 그것은 크게 7가지로 나눌 수 있다.

첫째, 정욕에 따라 기도하는 경우이다. "구하여도 받지 못함은 정욕으로 쓰려고 잘못 구함이라"(약4:3) 자녀가 공기총을 사 달란다고 해서 생각 없이 사 주는 부모는 없을 것이다. 중요한 것은 주님의 뜻에 합당한 기도여야 한다는 것이다. "그의 뜻대로 무엇을 구하면 들으심이라"(요일5:14)

둘째, 마음에 죄악이 있는 자의 기도다(사59:2;요9:31). "내가 내 마음에 죄악을 품으면 주께서 듣지 아니하시리라"(시66:18)

셋째, 하나님의 말씀을 듣지 않는 자의 기도다(잠1:24~25,28).

넷째, 우상숭배자의 기도다(렘11:11~14).

다섯째, 의심하는 기도다. "오직 믿음으로 구하고 조금도 의심하지 말라 의심하는 자는 마치 바람에 밀려 요동하는 바다 물결 같으니 이런 사람은 무엇이든지 주께 얻기를 생각하지 말라 두 마음을 품어 모든 일에 정함이 없는 자로다"(약1:6~8) 주님은 말씀하신다. "나를 떠나서는 너희가 아무것도 할 수 없느니라"(요15:5)

여섯째, 교만한 자의 기도다(욥35:12~13;눅18:11~14).

예수님은 "항상 기도하라"(눅18:1) 하셨고, 바울도 "쉬지 말고 기도하라"(살전5:17) 하였다. 주님은 우리와 언제나 소통하기를 바라신다. 그러나 우리가 주님과 소통에 실패하는 경우가 발생한다. 소통 실패에는 다 이유가 있다. 먼저 자신이 주님 앞에 바로 서 있는지 살펴보자. 그리고 주님께 영광을 돌릴 수 있는 내용인지 점검해 보자.

89. 기도의 묘미

기도는 사도들의 임무 가운데 하나였다. 사도행전을 보자. "열두 사도가 모든 제자들을 불러 이르되 '우리가 하나님의 말씀을 제쳐 놓고 공궤를 일삼는 것이 마땅치 아니하니 너희 형제들 가운데서 성령과 지혜가 충만하여 칭찬받는 일곱을 택하라 우리가 이 일을 저희에게 맡기고 우리는 기도하는 것과 말씀 전하는 것을 전무하리라'"(행6:2~4) 가난한 교인들을 돌보다 보니 기도와 전도가 소홀해지는 것이 안타까운 제자들이 그 일은 집사를 택해 맡기고 자기들은 보다 사명에 충실하고자 한 것이다. 물론 봉사도 중요하지만 본질적 사명을 게을리해서는 안 된다는 것을 가르쳐 준다.

기도는 바로 제자들이 꼭 해야 할 일 가운데 하나이다. 그러나 우리는 이 일을 너무 쉽게 생각한다. 우리가 일을 하려면 주님을 모시는 일이 매우 중요하다. 그런데 주님을 모시고 생활할 때 가장 중요한 것이 기도다. 기도는 바로 주님과의 대화이기 때문이다. 주님과 상의하지 않고 무엇을 할 수 있을까. 주님 없이 일을 하려는 교인들에게 주님은 말씀하신다. "내가 문밖에 서서 두드리노니 누구든지 내 음성을 듣고 문을 열면 내가 그에게로 들어가 그로 더불어 먹고 그는 나로 더불어 먹으리라"(계3:20), '문을 열면' 이것은 주님에 대한 우리의 분명한 태도가 필요하다는 것을 가르쳐 준다. 주님은 우리와 대화하고 싶어 하신다. 그런데 우리는 문을 닫아걸고 있다. 우리가 마음 문만 열면 주님은 들어오신다.

주님은 제자들에게 전도의 사명을 주실 때도 그들을 성령과 기도로 무장시키셨다. 성령은 주님이 주신 선물이지만 기도는 제자들이 하나님께 간구하는 심령이다. 기도도 전도와 함께 간다. 전도가 예루살렘으로부터 시작해서 땅끝까지 가듯 기도도 같이 간다. 기도 없는 전도는 없다. 기도가 없이 전도한다는 것은 주님 없이 전도하는 것과 같다.

기도를 할 때 기도를 이루시는 때와 방법, 그리고 이에 대한 결정은 주님께 맡겨야 한다. 맡긴다 하면서도 이 일로 주님을 괴롭히면 기도의 본질을 어기는 것이다. 주님이 정하신 때 가장 합당한 방법으로 이루시려 하는데 우리가 자꾸 보채고 흔들면 그 일이 어찌 되겠는가. 이것은 자신이 주님과 싸우고자 하는 것과 다름없다. 주님과 싸워 이길 사람은 아무도 없다. 우리와 하나님 목적에 가장 적합할 때 주님은 우리에게 응답하신다. 그러나 참고 그때를 기다리자. 기다림도 믿음이다.

그리스도의 이름으로 기도하자. 우리의 이름으로 기도한다면 그것은 기도가 아니다. 우리의 부족한 능력, 믿음, 사랑으로 무엇에 쓸까. 기도를 들어주시는 분은 주님이시라는 것을 확실히 알아야 한다.

혼자 하기 어려우면 합심하여 기도하자. "너희 중에 두 사람이 땅에서 합심하여 무엇이든지 구하면 하늘 아버지께서 저희를 위하여 이루게 하시리라"(마18:19) 우리가 기도하면 하나님은 움직이신다.

그러나 기도한다고 무엇이나 되는 것은 아니다. 이 일로 하나님께 영광이 되도록 기도해야 한다. "너희가 내 이름으로 무엇을 구하든지 내가 시행하리니 이는 아버지로 하여금 아들을 인하여 영광을 얻으시게 하려 함이라"(요14:13) 하나님의 이름이 영광을 입도록 기도

하는 것이 중요하다.

1540년 교회개혁을 위해 루터를 도운 루터의 친구 프레드릭 미초니우스(F. Michonius)가 중병에 걸려 죽게 되자 루터에게 고별의 편지를 썼다. 루터가 이를 받고 답했다. "나는 교회개혁을 위해 당신을 필요로 하기 때문에 주님의 이름이 영화롭게 되기 위해 주님은 내가 사는 동안 죽지 않고 나보다 더 오래 살게 하실 것이다. 하나님 이름으로 자네가 살 것을 명령한다" 그는 회복하여 루터보다 두 달 더 살았다. 기도의 묘미를 알면 기도하지 않곤 못 배긴다.

90. 그래도 후회는 없다

주님의 일을 하려 함에는 지체함이 없고, 후퇴함이 없으며, 결코 후회함이 없다. "No reserve, no retreat, no regrets" 이것은 중국 선교를 품에 안고 이집트에서 선교훈련을 받다 죽은 윌리엄 보덴(William Borden)의 말이다.

내가 신학교에서 공부할 때의 일이다. "공부를 하다 죽으면 순교라 말할 수 있을까?" 이 문제를 놓고 설왕설래하는데 교수님이 답을 주셨다. "공부하다 죽으면 순교지. 그러니 열심히 공부하게나" 아직도 목사가 되지 않았는데, 임지에 나가지도 못하고 죽었는데 이런 영광스런 칭호를 얻는 것이 부끄럽기는 하다. 하지만 신학교에서 열심히 공부한다는 것은 모두 주님의 일이 아니던가.

에콰도르 아우카 족의 선교를 품에 안고 선교사로 나선 짐 엘리옷(J. Elliot)이 29살의 나이에 인디언들에게 무참히 죽임을 당했다. 그는 휘튼대학 시절에 이런 일기를 썼다. "영원한 것을 얻고자 영원할 수 없는 것을 버리는 자는 바보가 아니다", "하나님이 젊은 생명을 취하신다 해도 나는 이상하게 생각해서는 안 된다. 나라면 젊은 사람들을 나이 들 때까지 이 땅에 두고 싶겠지만 말이다. 하나님은 영원의 나라로 사람들을 이주시키고 계신다. 내가 그분의 이주대상을 나이든 사람들로 국한해서는 안 된다" 그는 이미 순교를 각오했다.

엘리옷 선교사를 생각하면서 우리는 이렇게 물을 수 있다. 인디언 선교도 못 해 보고 죽었으니 헛된 일 아닌가? 그러나 그렇지 않다. 그로 인해 많은 인디언들이 주님을 영접했으니.

보덴 선교사의 경우는 더 심하다. 그는 1887년 미국에서 태어났다. 1904년 시카고에서 고등학교를 졸업하던 해 그는 이미 큰 낙농장의 법적 상속인으로 이미 백만장자가 되어 있었다. 그의 부모는 그에게 세계 일주를 시켰다. 그는 아시아, 중동 그리고 유럽을 여행하면서 고통받는 사람들을 직접 눈으로 보았고, 그들의 모습이 마음에 큰 부담감을 주었다. 그는 집에 편지를 썼다. "나

윌리엄 보덴

는 불쌍한 이들에게 복음을 전하는 일에 내 한평생을 바치겠습니다"
그리곤 자기의 성경 표지 안쪽에 또박또박 두 글자를 써 넣었다.
"지체할 수 없다"(No reserves)

그 후 그는 예일대학을 졸업했다. 좋은 대학을 졸업한 그에게는
좋은 일자리들이 기다리고 있었다. 하지만 그는 모든 유혹을 뿌리치
고 프린스턴신학교로 진학을 결심했다. 그리곤 성경의 뒷장에 이렇
게 썼다. "후퇴는 없다"(No retreats) 다른 마음을 품지도 않겠다는
것이다. 신학교를 마치고 중국에 있는 회교도들에게 전도하기 위해
서 항해하던 중 선교준비를 위해 이집트에 들렀다. 그런데 이곳에서
그만 뇌막염에 걸려 한 달도 못 되어 죽게 되었다. 죽기 전 그는 자
기의 성경표지 안쪽에 마지막 한마디를 더 남겼다. "No regrets"(후
회는 없다).

보덴이 죽었다는 소식에 사람들은 이렇게 말했다. "하나님의 뜻이
아니었던 게야. 헛된 일을 했어!" 우린들 그런 말을 하지 않았을까?
그러나 그의 친지들과 친구들은 병상에서 쓴 그의 마지막 편지를 받
았다. 그 편지에는 마치 유서와 같은 글이 적혀 있었다. "No reserve,
no retreat, and no regrets" 그가 자신의 성경 속에 남긴 바로 그 글
이었다. 그는 짧은 일생을 살았지만 예수님으로 인해서 후회 없는 삶
을 살았다. 카이로에 있는 그의 무덤의 비문에는 이렇게 적혀 있다.

"윌리엄 보덴(1887~1913), 그리스도에 대한 믿음 외에는 그의 삶을
설명할 길이 없다"

[쉬운 성경] 에스겔 12장 25절에 이런 말씀이 있다. "나는 주 여호와다. 내가 말하려고 하는 것은 지체 없이 반드시 이루어질 것이다. 반역하는 백성들아, 너희 때에 내가 말한 것을 반드시 이룰 것이니, 나 주 여호와의 말이다" 하나님도 하시고자 하는 일은 지체 없이 하신다. 우리도 주님의 일은 지체 없이 해야 한다. "No reserves"

[공동번역] 집회서 32장 19절에 이런 말이 있다. "생각 없이 마구 행동하지 말라. 그래야 네 행실을 후회하지 않게 되리라" 그러나 주님의 일엔 후회함이 없다. "No regrets"

지금 자기의 하는 일에 자신이 없는가? 그러나 그것이 주님의 일이라면 지체하지 말라. 그리고 후퇴하지 말라. 그러면 후회함이 없으리라.

보덴의 유명한 말 하나 덧붙인다. "나 자신에 대해서는 '아니오'라고 말하고 예수님에 대해서는 언제나 '예'라고 말하라(Say 'no' to self and 'yes' to Jesus every time)"

91. 위에 것을 생각하고 땅에 것을 생각하지 말라

성경을 보면 하나님께서 우리에게 "하라" 또는 "하지 말라"는 말씀이 많다. 하나님께서도 어떤 일을 "하리라" 말씀하신다. 이것은 우리가 어떤 행동을 할 때마다 생각을 잘 관리해야 한다는 것을 알수 있다. 생각에 따라 행동이 달라지기 때문이다. 하나님이 진정 그것을 기뻐하실까 생각하고 행동하는 것이다. 생각의 관리가 잘되려면 속도도 중요하지만 그 내용(contents)도 중요하다.

밀턴은 실명되자 "나는 실명이 된 것이 불쌍한 것이 아니라 실명되어 아무것도 할 수 없는 것이 불쌍하다"고 했다. 그는 실명에도 불구하고 정진하여 그 유명한 '실낙원'을 썼다. 실명이 하나님을 향한 그의 마음을 막을 수 없었던 것이다. 그래서 생각이 중요하다.

사람 됨됨이는 생각에 달려 있다고 한다. 무엇을 생각하느냐에 따라 인격이 달라지기 때문이다. 그러므로 사람들로뿐만 아니라 하나님으로부터 칭찬을 들을 수 있는 것들을 생각하자. 그것이 당신의 인격을 말해 줄 것이다.

행복과 불행은 생각에 따라 달라진다. 초가삼간에 살아도 만족하며 사는 사람이 있는가 하면 부하면서도 자기가 가지지 못한 것만 생각하며 불평하고 불만하는 사람이 있다. 생각에 따라 달라진다.

바울은 고린도 교인들에게 권한다. "모든 이론을 파하며 …… 모든 생각을 사로잡아 그리스도에게 복종하게 하니"(고후10:5) 생각을 바로잡아 주님께 복종하라는 것이다. 바울은 골로새 교인들을 향해 "위엣 것을 찾으라" 하였다. "그러므로 너희가 그리스도와 함께 다시 살리심을 받았으면 위엣 것을 찾으라 거기는 그리스도께서 하나님 우편에 앉아 계시느니라"(골3:1) 그리스도인이라면 위엣 것을 찾는 것이 마땅하다는 것이다. 위엣 것은 땅엣 것과 대비된다. 그래서 더 구체적으로 말한다. "위엣 것을 생각하고 땅엣 것을 생각하지 말

라"(골3:2)

위엣 것을 어떻게 찾고 생각해야 하는가? 예수님은 "그 나라와 그의 의를 구하라" 하셨다. 세상이나 세상의 것보다 하나님 나라와 하나님의 의를 찾는 것이다. 영원하지 못한 이 땅의 것보다 영원한 것을 찾는 것이다. 쉽게 말하면 예수를 찾고 사모하는 사람이 되는 것이다.

히브리서 기자는 말한다. "저희가 이제는 더 나은 본향을 사모하니 곧 하늘에 있는 것이라 그러므로 하나님이 저희 하나님이라 일컬음 받으심을 부끄러워 아니하시고 저희를 위하여 한 성을 예비하셨느니라"(히11:16) 이 세상보다 더 나은 본향을 사모하는 자가 하늘에 있는 것, 곧 위엣 것을 사모하는 자이다. 하나님은 저희 하나님 되심을 기뻐하시고 저들을 위해 한 성을 예비하신다 하였다. 생명수 강이 흐르는 새 예루살렘이다.

바울은 "하나님의 나라는 먹는 것과 마시는 것이 아니라 오직 성령 안에서 의와 평강과 희락이라"(롬14:17) 하였다. 그 나라는 세상 나라와는 삶의 방식이 다르다. 우리 속에 세상의 것은 이미 죽었다. 탐심과 정욕과 사욕과 부정으로 가득한 땅의 지체를 죽인 자들이다. 그 대신 예수 그리스도의 생명이 드러난다(골3:3~5). 마음을 땅(일시적인 것)에 두고 사는가 아니면 하늘(영원한 것)에 두고 사는가?

C. S. 루이스는 말한다. "영원하지 않은 것은 영원히 무용지물이다" 세상의 것으로 판단하지 말자. 하나님의 눈, 하나님의 가치로 판단하자. 세상이나 세상의 것을 보지 말고 하늘이나 하늘에 있는 것을 보며 기쁨으로 날아가자. 그러면 그리스도의 평강이 우리 생각을 지켜 주시리라.

92. 가서 너도 이와 같이 하라

예수님이 제자들 중 70명을 택하여 파송했다. 추수할 것이 많아 복음의 일꾼으로 보낸 것이다. 70인들이 돌아오자 감격의 보고대회를 했다. 그들은 한결같이 "귀신들도 우리에게 항복하더이다"며 기대 이상의 성과에 놀라워했다. 주님은 그들에게 말씀하셨다. "귀신이 너희에게 항복하는 것으로 기뻐하지 말고 너희 이름이 하늘에 기록된 것으로 기뻐하라"

이런 좋은 시간을 가지고 있는데 한 율법사가 일어나 주님께 도전적인 질문을 했다. "선생님 내가 무엇을 하여야 영생을 얻으리이까?" 예수를 시험하고자 한 것이다. "율법에 무엇이라 기록되었으며 네가 어떻게 읽느냐?", "네 마음을 다하며 목숨을 다하며 힘을 다하며 뜻을 다하여 주 너의 하나님을 사랑하라 또한 네 이웃을 네 몸과 같이 사랑하라 하였나이다"

"네 대답이 옳도다 이를 행하라 그러면 살리라"

칭찬을 들은 율법사는 자기를 더 돋보이려는 질문을 했다. "그러면 내 이웃이 누구입니까?" 사랑스러운 사람도 있고 미운 사람도 있는데.

예수님은 여기서 그 유명한 선한 사마리아 비유를 드셨다. 사마리아인은 유대인이 싫어하는 사람들이다. 바벨론 포로에서 귀환해 보니 그곳에 남아 있던 사람들이 100% 히브리인으로 신앙을 지키며 살고 있는 것이 아니라 이미 다른 민족과 섞여져 어떤 이는 50%, 어떤 이는 25% 정도의 히브리인으로 된 데다 믿음도 버려 같은 히브리인이라 말할 수 없을 지경이었다. 그래서 유대인들은 그들을 천하게 보기 시작한 것이다.

비유는 어떤 사람이 예루살렘에서 여리고로 내려가다가 강도를 만난 것으로 시작한다. 강도를 만난 자는 '어떤 사람'이기 때문에 꼬집어 유대인이라 말할 수는 없다. 그는 강도 만난 자요 강도를 만나 반죽음 상태에 이르러 도움이 절실한 사람이다.

마침 제사장 한 사람이 지나가고, 이어 레위 한 사람이 지나갔다. 현대말로 하면 목사가 지나가고, 전도사가 지나간 것이다. 그런데 그들은 그 사람을 도와주지 않았다. 제사장은 그 사람이 아주 죽었을 것으로 단정했다. "제사장들은 시체를 만져서는 안 되지" 아직 죽지도 않았는데 죽었다고 단정하고 아예 눈감아 버린 것이다. "나는 아니야" 레위인도 마찬가지였다. 모두 피하여 지나갔다.

제사장과 레위가 지금 제사를 드리기 위해 예루살렘으로 가는 중이라면 조금 이해해 줄 수 있다. "나빠서 그랬을 거야" 그러나 그들은 제사를 드리러 가는 것이 아니라 마치고 오는 중이었다. "예루살렘에서 여리고로 내려가다가" 행사를 다 마치고 가는 중이라면 다르지 않을까? 도와줘도 되고, 누구보다 앞서 도와야 할 터인데도 그들은 자기의 지위만 생각하고 피했다.

사마리아 사람은 달랐다. 자기를 천시하는 유대인일 수도 있는데 "그냥 모른 체하고 지나가지 뭐", "나 아니면 다른 사람이 도와주겠지. 이 길, 나만 다니나 뭐" 자기도 피해 갈 만한 충분한 이유가 있었다. 그럼에도 불구하고 그는 죽어 가는 사람을 좌시하지 않았다.

이 비유는 이웃 사랑이 과연 무엇인가를 생각하게 한다. 이웃은 멀리 있는 것이 아니라 우리 주변에 있다. 도움이 절실히 필요한 사람을 사랑하라. 당신의 도움이 없다면 죽을 수밖에 없는 사람이다. 사랑할 수 없는 사람을 사랑하라. 미운 사람이 죽어 가는구나 고소해하지 말라. 무조건 그를 안고 치유하라. 도와주면 나중에 갚아 주겠지 생각하지 말라. 부비가 더 들면 내가 갚겠다 할 만큼 너른 마음으로, 적극적으로 도와주라. 듣는 것으로 만족하지 말고, 은혜를 받은 것으로 그치지 말자. "너도 가서 이와 같이 하라" 주님의 말씀이다.

93. 당신은 감옥에 있어도 그리스도인이다

사도행전 16장에서 바울과 실라가 보여 준 삶은 매우 역설적이다. 그러나 하나님은 그 이해하기 어려운 역설을 통해 자신의 일을 추진해 가신다. 그 역설은 반전을 낳고, 복음 전파의 길을 연 것이다. 당신이 이해할 수 없는 상황에 처한다 해도 이상하게 생각하지 말라. 주님이 그 상황을 반전시킬지 누구 아는가.

선한 일을 해도 억울함을 당할 수 있다

바울과 실라가 빌립보에서 귀신 들린 자를 고쳐 준 일로 억울하게 투옥되는 일이 발생했다. 귀신 들린 여종은 점하는 사람이었다. 물론 그를 이용해 돈벌이하는 주인이 있었다. 바울 일행이 지나가자 그 여자가 쫓아오며 소리 질렀다. "이 사람들은 지극히 높은 하나님의 종으로 구원의 길을 너희에게 전하는 자라"(행16:17) 이런 일을 한 번만 하는 것이 아니라 여러 날 쫓아와서 그렇게 말하는 것이었다. 이 일로 마음이 괴로워진 바울이 예수 그리스도의 이름으로 명하며 귀신을 쫓아냈다.

그러나 문제는 다른 데서 발생했다. 그동안 귀신 들린 여자를 이용해 돈벌이하던 주인이 화가 난 것이다. 더 이상 돈벌이를 할 수 없게 된 것이다. 그는 무리들을 모아 "이 자들이 이상한 풍속(복음)을 전한다"며 당국에 고발했다. 관리는 "옷을 찢어 벗기고 매우 쳐라" 명령했다. 그리고 옥에 가두고 간수에게 명령했다. "이 자들을 든든히 지키라" 간수는 바울과 실라를 깊은 감옥에 가두고 그 발에 차꼬를 채웠다. 유럽 전도에 나섰다가 봉변을 당한 것이다. 선한 일을 해도 억울함을 당할 수 있다.

찬송할 수 없는 상황에서도 찬송하게 하신다

그러나 바울과 실라는 실망하지 않았다. 좌절하거나 불평하지도 않았다. 두 사람은 밤중에 서로 기도했다. 그리고 하나님께 찬양을 드렸다. 성경은 "죄수들이 듣더라"(행16:25) 기록하고 있다. 그 가운데서도 복음은 전파되고 있었다는 말이다.

이 밤중에 감옥을 울리는 기도와 찬송소리. 상상해 보라. 매 맞고, 옷은 찢기고, 발은 차꼬에 채워지고. 이 상황에서 당신은 과연 찬송할 수 있는가? 그러나 그들은 달랐다. 찬송할 수 없는 상황에서도 찬송한다는 역상황. 그런 환경에서 오히려 기도하고 찬송한다는 것은 그만큼 주님을 사랑하지 않으면 불가능한 일이다. 주님을 미치도록 사랑하라. 그러면 세상이 달라 보인다. 기도할 수 없을 때 오히려 기도가 나오고, 찬송할 수 없을 때 오히려 찬송이 나온다. 누가 그렇게 하는가? 주님이시다. 그것이 기쁨이 되기 때문이다. 주님은 우리가 찬송할 수 없는 상황에서도 찬송하게 하신다. 기도하게 하신다. 기도와 찬송으로 어두운 상황을 밝은 상황으로 바꿔 놓으신다.

도망할 기회가 와도 정직을 지킨다

그 밤에 홀연히 큰 지진이 나서 옥 터가 움직이고 문이 다 열리며 모든 사람의 매인 것이 다 벗어졌다(행16:26). 옥문이 열리고 족쇄 풀린 것이다. 다 도망할 수 있는 기회가 왔다. 억울하게 투옥된 것 아니던가.

간수가 자다가 깨어 옥문이 열린 것을 보았다. 그는 죄수들이 다 도망갔으리라 생각하고 칼을 빼 들어 자살하고자 했다. 그 순간 바울이 소리쳤다. "네 몸을 상하지 말라 우리가 다 여기 있노라" 한 사람도 도망하지 않고 다 여기 그대로 있으니 자살하지 말라는 말이다. 이건 무슨 말인가? 자신의 생각과는 전혀 달랐기 때문이다. 보통 같았으면 다 도망갔을 터인데.

바울과 실라는 그리스도인이니까 도망하지 않았다 쳐도 왜 나머지 사람은 도망하지 않았을까? 놀라운 일이 아닐 수 없다. 한마디로 기적이다. 바울과 실라를 보며 삶을 다시 생각하게 되었을까? "정직하게 살아야지" 하며. 그들의 기도와 찬미 소리를 들으며 달라졌다면 그것은 기적이다. 어떻게 단 한 명도 도망자가 발생하지 않을 만큼 달라졌을까? 갑자기 다 의인이 된 것도 아닌데. 그 뒤에는 주님이 계신다. 주님이 그들의 마음을 붙잡고 계셨기 때문이다.

우리가 이런 상황에 처한다면 어떻게 해야 할까? 이런 때일수록 그리스도인은 달라야 하리라. 그것이 극한상황이라 할지라도. 다른 사람은 다 제 살길을 찾아 간다 해도 그리스도인은 달라야 우리 사회가 희망이 있다. 그 작은 행동 하나로도 얼마든지 하나님께 영광을 돌릴 수 있다.

당신의 모범이 전도의 문을 연다

간수는 등불을 달라고 하며 옥으로 뛰어 들어갔다. 죄수들이 정말 그대로 앉아 있었다. 그러자 갑자기 무서워졌다. 그는 그 자리에서 바울과 실라 앞에 엎드렸다. "이건 믿을 수 없는 일이야"

바울과 실라를 정중히 모시고 나오면서 묻는다. "선생님들이어, 내가 어떻게 해야 구원을 얻을 수 있겠습니까?" 결국 그의 모든 식구들이 그리스도를 영접하고 세례를 받기에 이른다. 바울과 실라의 모범이 전도의 문을 연 것이다. 오늘도 당신이 보인 삶의 모범이 그리스도를 드러내고, 그래서 "당신이 믿는 하나님을 나도 믿고 싶다" 말하도록 해야 한다.

밤중에 드린 바울과 실라의 기도와 찬송 소리는 감옥 안만 울린 것이 아니라 그 안에 있는 모든 심령의 가슴을 울렸다. 죄수들은 도망할 기회가 생겼어도 도망하지 않았다. 오히려 지진으로 깨진 영혼은 간수였다. 그의 마음이 옥토로 변한 것이다. 복음은 언제나 신비하고 놀랍다. 그리스도인은 감옥에 있어도 그리스도인이다. 항상 전도해야 하고, 우리 삶의 모범이신 그리스도를 드러내야 한다.

94. 의인이 많아지면 백성이 즐거워하고

의롭다는 주제는 기독교의 최고의 주제이다. 그럼에도 불구하고 우리는 이런 말만 나오면 대수롭게 여기지 않는다. 언젠가부터 기독교나 성경, 심지어 하나님이야기가 나오면 지루해한다. 무관심하고 적대적인 사람도 많아지고 있다. 그렇다고 해서 우리가 이것을 무시한다면 우리는 의와 멀어지게 될 것이다.

"의인이 많아지면 백성이 즐거워하고 악인이 권세를 잡으면 백성이 탄식하느니라" 잠언 29장 2절의 말씀이다. 이 말씀은 시대와 시대를 관통하는 아주 적절한 말씀이다. 좋은 지도자를 만나는 것도 좋지만 이 땅을 구원할 수 있는 인물이 주변에 많다면 얼마나 살맛이 나는 세상인가.

소돔과 고모라가 의인 열이 없어 망하지 않았는가. 그러므로 의인을 많이 두고, 또 만드는 일만큼 중요한 일은 없다. 우리 주변에 의인이 많아져야 우리가 바라는 행복한 세상도 열릴 수 있다.

의인이란 과연 누구일까? 의인은 하나님을 두려워하고 양심을 따라 행동하는 사람이다. 우리는 사실 하나님 앞에 의인이라 내세울 자격은 없다. 과거에는 율법을 잘 지키면 의롭다고 생각했다. 바울은 스스로 율법의 의로는 흠이 없는 자라 했다. 바리새인으로서 율법을 철저히 지켜 왔기 때문이다. 그러나 율법의 의로는 하나님을 기쁘게 할 수 없다고 말한다. 내가 가진 의는 율법에서 난 의가 아니다. 예수 그리스도를 믿음으로 말미암은 것으로 하나님께로부터 난 의다(빌3:9). 하나님이 기뻐하시는 의는 예수를 구주로 믿음으로 얻을 수 있는 의다. 나의 의로는 의롭다 칭함을 얻을 수 없다. 그래서 더욱 주님 앞에 겸손하게 된다. 나의 삶을 통해 주님의 모습을 더 드러내고자 한다. 이런 점에서 의인은 많을수록 좋다.

존 번연은 [천로역정]에서 우리가 어디에 있든지 언제든지 우리의 의가 부족하다 말씀하지 않으셨음을 강조한다. 예수 그리스도의 의가 크기 때문이요, 우리의 의는 바로 주님의 의이기 때문이다. 예수 그리스도의 의는 영원하다. 따라서 우리의 의도 영원하다. 하나님 앞에 설 때 우리는 나의 의가 아니라 예수의 의를 들고 하나님 앞에 설 수 있게 된다. 그만큼 우리의 의는 하나님 나라와 연관되어 있다.

그러면 이 땅에서는 어떻게 살아야 할까? 요한 웨슬리는 "의인은 믿음으로 말미암아 살리라"는 말씀에 자극을 받아 영국을 하나님 앞에 바로 이끎으로써 영국이 피의 혁명을 가져오는 것을 막을 수 있었다고 말한다. 현실에서도 의인이 많으면 나라도 바꿀 수 있다는 증거다.

의인이 많아지려면 사람이 바뀌어야 한다. 우선 그리스도를 위한 헌신과 거룩함으로 무장해야 한다. 악이 우리 사회에 깊이 뿌리내리지 못하게 한다. 이들이 각 사회 분야에 참여해 악의 구조와 뿌리(원인)를 제거하는 작업을 한다. 법과 제도를 바꿔 강도가 우리 사회에 발을 붙이지 못하게 만든다. 미국의 전도자 찰스 피니는 법을 전공한 사람이었다. 그는 전도도 많이 했지만 노예제도 철폐, 금주, 화해, 여권신장운동에 앞장섰다. 에콰도르에서 미결수들이 한 번 재판을 받으려면 4~5년을 기다리는 것이 보통이었다. 크레스퍼 박사는 예수를 믿고 이 문제의 심각성을 깨달아 사법제도, 교도소개혁에 앞장섰다. 그리하여 3년 이내에 반드시 재판을 받을 수 있게 만들었다.

사회활동에도 적극적으로 나선다. 사회봉사를 통해 사랑의 실천자가 되며 이웃을 향한 모범을 통해 그리스도인이 어떻게 다르게 사는가를 보여 주어야 한다. 뇌물을 좋아하고, 자기 잇속을 챙기거나 명예를 추구하면 안 된다. 공의를 실현해야 그 행동을 통해 그리스도의 의를 보게 된다. 사회를 변화시킬 수 있는 큰일을 통해서만 이뤄지는 것은 아니다. 하나님이 기뻐하시는 신앙생활을 통해 하나님의 의가 드러날 때 사회 전반에 선한 파장을 일으킬 수 있다. 내 편 아니면 적으로 생각하는 이분법을 벗어나, 그리스도의 사람으로서 주어진바 의인으로서의 역할을 다해야 한다.

의인은 다른 사람이 아니다. 예수를 그리스도로 고백하는 당신이다. 당신이 바로 의인으로 살 때 우리 사회는 한 걸음 더 나아질 것이다. 잠언의 말씀을 다시 생각해 본다. "의인이 많아지면 백성이 즐거워하고 악인이 권세를 잡으면 백성이 탄식하느니라" 어찌 백성만 그리 생각하겠는가. 우리를 향한 주님의 기대도 마찬가지다.

95. 거짓 선지자를 경계하라

"거짓 선지자들을 삼가라 양의 옷을 입고 너희에게 나아오나 속에는 노략질하는 이리라 그의 열매로 그들을 알지니 가시나무에서 포도를, 또는 엉겅퀴에서 무화과를 따겠느냐"(마 7:15~16) 예수님의 말씀이다. 마태복음 24장에 가면 말세에 이런 거짓 선지자들이 많이 일어나겠다고 하신다. "거짓 선지자가 많이 일어나 많은 사람을 미혹하게 하겠으며"(마24:11) 이것은 갈수록 거짓 선지자가 많아지고 사람을 미혹하는 일도 많아지리라는 말씀이다. 영적 분별력이 크게 요구되는 시대가 도래하는 것이다.

예수님의 형제이자 야고보의 형제이기도 한 유다는 거짓 선지자들에 대한 경계령을 내리고 있다. "사랑하는 자들아 내가 우리의 일반으로 얻은 구원을 들어 너희에게 편지하려는 뜻이 간절하던 차에 성도에게 단번에 주신 믿음의 도를 위하여 힘써 싸우라는 편지로 너희를 권하여야 할 필요를 느꼈노니 이는 가만히 들어온 사람 몇이 있음이라 저희는 옛적부터 이 판결을 받기로 미리 기록된 자니 경건치 아니하여 우리 하나님의 은혜를 도리어 색욕거리로 바꾸고 홀로 하나이신 주재 곧 우리 주 예수 그리스도를 부인하는 자니라"(유1:3~4) 예수님이 가신 지 얼마 되지 않았는데도 벌써 거짓 선지자들, 이단들이 교회 내에 들어와 미혹하는 일이 일어나고 있는 것이다. 그들은 가만히 들어와 예수 그리스도를 부인하고, 교리를 색욕거리로 바꾸는 작업을 하고 있었다.

요한도 이 문제에 대해 거론하고 있다. "미혹하는 자가 많이 세상에 나왔나니 이는 예수 그리스도께서 육체로 임하심을 부인하는 자라 이것이 미혹하는 자요 적그리스도니 너희는 너희를 삼가 우리의 일한 것을 잃지 말고 오직 온전한 상을 얻으라"(요이1:7) 이른바 영지주의에 대한 경계다. 요한은 일이삼서뿐만 아니라 요한계시록을 통해서 거짓 선지자들을 경계할 것과 적그리스도에 대한 경계를 늦추지 않았다. 결국 우리의 영적 싸움은 그들과의 싸움이 될 것이며, 주님이 오심으로 적그리스도들은 패할 것을 보여 주고 있다. 그사이 그리스도인들은 많은 순교자를 내면서 바른 교훈을 지키기 위해 애

쓴다. 이것은 우리가 앞으로 거짓의 앞잡이인 사단의 세력과 얼마나 치열한 전투를 해야 하는가를 보여 준다.

사도 바울은 이렇게 선언한다. "그때(주님의 심판 날)에 불법한 자(적그리스도)가 나타나리니 주 예수께서 그 입의 기운으로 저를 죽이시고 강림하여 나타나심으로 폐하시리라"(살후2:8) 적그리스도는 종국적으로 하나님의 심판대상이라는 것이다.

우리 주변에도 거짓 선지자들, 적그리스도들이 많다. 주님의 교회에 침투해 교회를 혼란케 만들고, 신앙의 근본을 흔드는 일도 비일비재하다. 미혹된 자들이 많은 것이다. 야고보는 이에 대해 그들로 돌아서게 하라고 말한다. "내 형제들아 너희 중에 미혹하여 진리를 떠난 자를 누가 돌아서게 하면 …… 그 영혼을 사망에서 구원하며 허다한 죄를 덮을 것이니라"(약5:19~20) 미혹을 받았다 해도 주님께 돌아오면 용서를 받을 것이라는 말씀이다. 미혹된 형제를 돌아오게 하고, 구하는 것은 우리의 책임이다.

유다 형제는 우리를 향해 믿음 위에 더 굳게 설 것을 다짐한다. "사랑하는 자들아 너희는 너희의 지극히 거룩한 믿음 위에 자기를 건축하며 성령으로 기도하며 하나님의 사랑 안에서 자기를 지키며 영생에 이르도록 우리 주 예수 그리스도의 긍휼을 기다리라"(유1:20~21)

이제 우리는 무엇이 진리인지를 확실히 파악하고, 무엇이 하나님의 영광을 위한 길인지 조심하며 살펴 가야 한다. 양의 탈을 쓴 이리가 접근하지 못하도록 자신을 더욱 추슬러야 할 것이다. 먼저 말씀으로 무장하고, 정신을 똑바로 차리고, 행동을 분명하게 하자.

96. 그날을 바라보며

우리는 모두 죽게 되어 있다. 셰익스피어는 말한다. "죽음을 제외하고는 아무것도 내 것이 아니다" 노화를 연구하는 학자들도 "안 늙는다. 오래 산다는 말에 속지 말라"고 한다. 세계적으로 매년 5천6백만 명이 죽는다. 이 피할 수 없는 죽음 앞에서 우리는 대책 없이 주저앉아야 하는가?

데살로니가전서 4장 13절에서 18절에 그리스도의 재림과 그리스도 안에서 죽은 자들에 대한 말씀이 소개되어 있다. 이것은 장차 일어날 일이기도 하지만 앞으로 우리가 어떤 상황에 처하게 될 것인가를 명확히 보여 준다. 이 말씀을 보면 더 이상 죽음이 두렵지 않고, 오히려 그날을 바라보게 만든다. 왜 그럴까?

첫째, 예수 그리스도 안에서의 죽음은 소망이 있는 죽음이기 때문이다. 13절을 보자. "형제들아 자는 자들에 관하여는 너희가 알지 못함을 우리가 원치 아니하노니 이는 소망 없는 다른 이와 같이 슬퍼하지 않게 하려 함이라" 그날에 무엇이 이루어지는가를 알면 절대로 슬퍼할 일이 아니고, 오히려 소망을 갖게 된다는 말이다.

죽으면 끝이 아니다. 인간은 영을 가지고 있기 때문이다. 그러나 그리스도를 믿는 자와 믿지 않는 자는 확연한 차이가 있다. 신자들의 경우 영생의 길로 가지만 불신자의 경우 영벌의 길로 가기 때문이다. 예수님은 말씀하신다. "나는 부활이요 생명이니 믿는 자는 죽어도 살겠고 살아서 믿는 자는 영원히 죽지 아니하리라"(요11:25) 신자들은 이 말씀대로 주님과 함께 영원히 사는 기쁨을 누린다. 그러나 불신자들의 죽음은 애통 그 자체다. 예수님은 부자 와 거지 나사로의 비유에서 이렇게 말씀하신다. "불러 이르되 아버지 아브라함이여 나를 긍휼히 여기사 나사로를 보내어 그 손가락 끝에 물을 찍어 내 혀를 서늘하게 하소서 내가 이 불꽃 가운데서 괴로워하나이다"(눅16:24) 어떤 죽음을 맞고자 하는 것은 우리에게 달려 있다. 신·불신은 하나님의 문제가 아니라 우리 각자의 문제이기 때문이다. 따라서 하나님이 우리를 지옥으로 보내는 것이 아니라 우리가 지옥으로 가고 있음을 알 수 있다. 죽음에 대한 유일한 해답자는 예수님이다. 그 주님을 신뢰하고 믿으면 죽음은 더 이상 슬픔이 아니다.

둘째, 하나님께서 예수 안에 자는 자들을 데리고 함께 오시기 때문이다. 14절을 보자. "우리가 예수의 죽었다가 다시 사심을 믿을진대 이와 같이 예수 안에서 자는 자들도 하나님이 저와 함께 데리고 오시리라" 주님이 재림하실 때 함께 올 그들의 영광스러운 모습을 생각해 보라.

셋째, 강림하실 때 살아 있는 자도 자는 자보다 결단코 앞서지 못하기 때문이다. 15절을 보자. "우리가 주의 말씀으로 너희에게 이것을 말하노니 주 강림하실 때까지 우리 살아남아 있는 자도 자는 자보다 결단코 앞서지 못하리라" 주의 호령, 천사장의 소리, 그리고 하나님의 나팔소리가 날 때 그리스도 안에서 죽은 자들이 먼저 일어나고(16절), 그 후에 우리 살아남은 자도 저희와 함께 끌어올려 공중에서 주를 영접하고 영원히 주님과 함께 있게 된다(17절).

바울은 이 여러 말로 서로 위로하라고 한다(18절). 이것이 산 자나 죽은 자 모두에게 위로가 되기 때문이다. 예수님은 생명의 길을 열어 놓으셨다. 그 길로 가는 방법은 예수를 믿는 것이다. "주 예수를 믿으라 그리하면 너와 네 집이 구원을 얻으리라.(행16:31) 죽음 문제를 해결하려면 죄의 문제를 해결해야 한다. 우리에게 영생을 얻게 하기 위해 주님은 우리의 죗값을 십자가에서 치루셨다. 그 십자가는 주님과 함께 영원히 사는 길을 열어 주었다.

97. 어떤 낙성식

"칠월 이십삼일에 왕이 백성을 그 장막으로 들려보내매 백성이 여호와께서 다윗과 솔로몬과 그 백성 이스라엘에게 베푸신 은혜를 인하여 기뻐하며 마음에 즐거워하였더라"(역상1:10)

이 말씀은 솔로몬이 성전을 완성하고 낙성식을 한 후 당시 한 장면을 그린 것이다. 성전을 낙성한 백성들의 그 기쁨 속에는 하나님께서 그들에게 베푸신 은혜를 잊지 않는 모습이 드러난다. 이 말씀이 소록도 중앙예배당 벽에 조각난 타일로 새겨져 있다. 한센병 교인들이 예배당을 주님께 바치게 된 기쁨을 영원히 기억하고 싶었던 것일 것이다. 그 낙성식엔 눈물로 가득 찼으리라.

소록도에 다녀왔다. 그러나 정작 그 소록도에는 들어가 보지 못했다. 나는 그저 멀리서, 배에서 그곳을 바라봐야 했다. 소록도에서 가까운 섬 거금도 해안 마을 오천에 집을 짓고 사시는 집사님과 얘기하던 중 집 근처에 소록도가 있다는 말을 듣고 나의 아내와 나는 언젠가 소록도를 방문하는 꿈을 가졌다. 지금은 하늘에 계신 아버님도 오래전 그 집에 묵었던 터라 한 번 가 보고 싶었는데 그 소망이 이번에 실현된 것이다. 그러나 그 실현은 쉽지 않았다. 그곳에 가지 전 집사님 집에서 이틀을 묵게 되었는데, 하루 저녁은 모기에 시달려 잠을 잘 수가 없었고, 그 다음 날 저녁에는 지네에 물리는 바람에 발이 붓고 쑤시고 따끈거려 잠커녕 늑동 포구에 자리한 한 의원을 찾기에 바빴다. 걷기도 불편해 나는 아내와 집사님을 소록도에 보내고 병원에서 침 맞고, 냉찜질하며 끙끙대고 있어야 했다. 그곳 약사는 내게 이렇게 말했다. "도시사람들은 시골 사는 것을 약과로 생각하지만 힘든 것이 많습니다. 이곳에서 지네물리는 것은 보통이예요. 그보다 더 큰 일도 많지요. 조금 낫다고 약 끊지 마시고 다 드세요" 밤중에 아내가 하던 말이 생각났다. "당신, 선교지 가긴 다 틀렸네요. 이런 것 다 견딜 수 있어야 하는데" 모기 한 마리라도 견디지 못하는 나를 두고 한 말이다. 그러고 보니 다른 곳에 간다는 것은 보통 일이 아니라는 생각이 새삼 들었다.

비록 소록도에 들어가지 못했지만 전날 밤 오천교회 두 장로님과 나눈 대화, 그리고 아내가 다녀온 보고를 통해 소록도의 일면을 읽을 수 있었다. 장로님은 교인들과 소록도 교회를 방문했던 이야기를 해 주었다. 그곳에는 손가락이 다 없어져 팔뚝에 숟가락을 천에 매어 밥을 떠먹는 성도가 있었는데, 직접 먹기가 어려워 자기는 상대방을 위해 떠주고, 상대는 자기를 위해 떠주는 모습을 보았다며 눈시울을 적셨다. 그리고 집으로 오는 차에서 아내로부터 소록도를 방문했던 소감을 들었다.

소록도는 섬이 작은 사슴 모양을 닮았다 하여 소록도라 했다. 소록도가 한센병자들의 집단 수용소로 쓰이게 된 것은 1916년이었다. 당시는 70명이었지만 47년에는 7천 명에 달했다. 2000년에는 800명으로 줄었다. 치료방법도 나아졌지만 우리나라에서는 한센병이 사라지는 병으로 여겨지고 있다. 그만큼 삶의 환경이 좋아졌다는 말이다. 지금은 남미, 인도, 동남아 등에 퍼져 있다고 한다.

소록도 중앙예배당의 모토는 순교정신, 천국생활, 기도능력, 사랑 실천이다. 그들은 어쩔 수 없이 이곳에 들어와 살게 되었지만 하늘에 소망을 두고 믿음생활을 해 왔다. 7개 부락이 있는데 부락마다 교회가 있다고 한다. 그들은 "한센병은 낫는다"는 희망을 가졌고, 불만과 불평을 감사와 은혜로 바꾸었다. 소록도에는 사슴도 뛰어놀고 아름다운 정원이 있다. 밖으로 나올 수 없었던 그들이 그곳에서 천국을 이루고 산 것이다.

그들에게 희망을 준 하나님의 사람들은 많다. 김두영 목사를 비롯한 여러 헌신적인 목회자들의 섬김, 여러 육지 교회의 도움, 그리고 그곳에 와서 손수 그들을 섬겼던 사람들. 벨지움이나 오스트리아인을 위한 공적비는 그들 나라에서 온 수녀들의 헌신과 사랑을 잊지 못한 병자들의 마음이 담겨 있다. 소록도에는 예수님 십자가상이 있다. 이 땅을 변화시킨 분이 바로 예수님이라는 것을 그들은 너무나 잘 알고 있었기 때문이다. 이 땅에서 버림받으며 서럽게 살아온 그들에게 하늘의 소망을 심어 주신 분은 바로 주님이시다. 그 주님이 있어 우리도, 이 땅도 살 만한 가치가 충분히 있다. 나는 언제 다시 소록도에 갈 수 있을까?

98. 내가 새 하늘과 새 땅을 보니

"날빛보다 더 밝은 천국 믿는 맘 가지고 가겠네 믿는 자 위하여 있을 곳 우리 주 예비해 두셨네" 샌포드 베네트(S. F. Bennett)가 지은 찬송가 291장의 가사다. 의사이자 찬송시인인 그에게 어느 날 한 친구가 개업하고 있던 병원을 찾아왔다. 그 친구는 매우 우울한 심정을 가지고 있었다. 베네트는 찬송시로 그의 마음을 치료해 주어야겠다고 생각하고 이 곡을 작사했다. 그리고 이 곡을 본 친구는 이 가사가 너무 좋아 가사에 곡을 붙였다. 그것이 바로 찬송가가 되었다. 작곡한 친구가 바로 조셉 웹스터(J. P. Webster)다. 이 두 사람은 이 세상에서 우울하게 사는 사람들, 특히 죽음을 앞둔 그리스도인들에게 '날빛보다 더 밝은 천국', '찬란한 주의 빛'을 바라보며 살도록 했다. 4절은 마치 하늘에 있는 성도들의 찬송을 듣는 것 같다. "광명한 하늘에 계신 주 우리도 모시고 살겠네 성도들 즐거운 노래로 영광을 주 앞에 돌리리"

이 찬송을 할 때마다 생각나는 사람이 있다. 돌아가신 분들이다. 나는 유족들에게 요한계시록 21장 1~7절의 말씀으로 위로하며 그들의 믿음을 따르도록 했다. 죽음과 새로운 세계로의 이주는 우리에게 큰 소망을 갖게 하기 때문이다. 왜 그런가?

첫째, 새로운 세계로의 입성이기 때문이다. 새로운 세계는 새 하늘과 새 땅(1절), 거룩한 성 새 예루살렘(2절), 하나님의 장막(3절)이다. 그곳은 더 이상 처음 하늘과 처음 땅이 아니다. 하나님이 친히 우리를 위해 예비해 놓으신 곳이다. 그곳은 우리가 믿음으로, 그토록 사모하던 곳이 아니던가.

둘째, 세상고통으로부터 자유하기 때문이다. "모든 눈물을 그 눈에서 씻기시매 다시 사망이 없고 애통하는 것이나 곡하는 것이나 아픈 것이 다시 있지 아니하리니 처음 것들이 다 지나갔음이라"(4절) 처음 것들, 곧 이 땅의 것들이 다 지나간다. 사망도 애통도 곡하는 것도 아픈 것도 더 이상 없다. 그로 인해 세상에서 흘렸던 그 많은 눈물을 주님이 손수 씻겨 주신다. 우리의 슬픔과 아픔이 주님으로부터 보상받는 것이다.

셋째, 새롭게 하시기 때문이다. 5절을 보자. "보좌에 앉으신 이가 가라사대 보라 내가 만물을 새롭게 하노라 하시고 또 가라사대 이 말은 신실하고 참되니 기록하라 하시고" 인간을 포함해 만물을 새롭게 하시는데, 그것은 참으로 그렇다는 것이다. 기록하라는 명령은 변함없이 참됨을 다시금 확신시키려는 목적을 가지고 있다. 우리를 새롭게 하시는 방법은 바로 생명수 샘물을 마시는 것이다. 그것은 요한계시록 22장 전체를 걸쳐 소개되고 있다. 수정같이 맑은 생명수의 강이 하나님과 어린양의 보좌로부터 흘러나와 길 가운데로 흐른다. 강 좌우에 열두 가지 실과를 맺고, 그 나무 잎사귀들은 만국을 소성케 한다. 성령이 말씀하신다. "듣는 자도 오라 할 것이요 목마른 자도 올 것이요 또 원하는 자는 값없이 생명수를 받으라"(계22:17) 그 물을 마시려면 그리스도 예수 앞에 와야 한다.

끝으로, 하나님의 뜻을 다 이루시기 때문이다. "또 내게 말씀하시되 이루었도다 나는 알파와 오메가요 처음과 나중이라"(6절상) 예수님도 십자가상에서 말씀하실 때 "다 이루었다"고 하셨다. 이것은 하나님의 뜻을 종국적으로 성취한다는 점에서 의미가 깊다. 우리가 그 나라에 가기 위해서는 죽음의 강을 건너야 한다. 그곳은 그 강을 건너야 닿을 수 있다. "며칠 후 며칠 후 요단강 건너가 만나리" 그곳은 우리가 서로 만나야 할 소망의 땅이다.

그곳에서 하나님은 우리의 영원한 아버지가 되시고(7절), 우리는 주님의 신부로 아름다운 삶을 살게 된다(2절). 그리스도인에게 죽음은 더 이상 고통이 아니다. 오히려 이 세상에서 주신 사명을 다하고 기쁘게 그 길을 가도록 소망하게 만든다. 우리 주님이 기다리시기에.

제2편 장 메디타치오

1. 하나님의 부르심과 응답하는 삶

출애굽기 3장 1절에서 12절은 하나님이 모세를 어떻게 변화시키시는가를 잘 보여 주고 있다. 하나님의 때가 되어 그를 부르기로 작정하셨기 때문이다. 하나님은 자신의 때, 곧 카이로스에 일할 사람을 부르시고 사명을 주신다.

모세는 원래 "밖으로 끌어내다"는 뜻을 가지고 있다. 이것은 그가 물에서 건져내었음에서 유래된 것이다. 물론 당시 아모세나 투트모세처럼 왕족계열의 이름을 가진 것에서 비롯되었다는 주장도 있다. 그는 나일 강에서 건짐을 받음으로써 새로운 삶을 얻었다. 이제 하나님은 모세 자신이 물에 빠진 이스라엘을 건져낼 차례라고 말씀하신다. 그는 이제 하나님에 의해서 이스라엘을 애굽으로부터 이끌어 내기 위한 역사의 중심에 서게 되었다. 당신이 모세라면 그 부르심에 어떻게 응답할 것인가?

인생 2기에서 3기로의 전환

스데반은 자신의 설교에서 모세의 일생을 크게 3기로 나누었다. 1기는 애굽의 40년으로 교육기간이다. 바로의 궁에서 애굽의 학문을 배우고, 권력을 맛보았던 시기다. 이스라엘 백성들이 노예로 살았던 시기에 궁에서 살 수 있었다는 것은 인간적으로 행운이 아닐 수 없다. 그 속에서 상당한 성취를 이루었다. 커 가면서 이스라엘 민족 구원에 불타 있었지만 그 문제에 대해 하나님의 인도함을 받지 못했다는 아쉬움이 있다. 자기 백성을 보호하려다 애굽인을 살해한 사실이 믿었던 이스라엘인에 의해 폭로되면서 스스로 도피의 길을 택하지 않을 수 없었다. 아직 하나님의 때가 아닌 상태에서 이스라엘의 문제를 자기의 힘으로 해결하려는 것은 얼마나 무모한 것이었는가를 보여 준 사건이었다. 그럼에도 불구하고 그의 1기 40년은 실패한 삶으로 결론을 내려서는 안 된다. 그 하나하나에 하나님의 섭리가 있었고, 비록 인간 모세가 실패한 것처럼 보인다 해도 하나님은 실패할 수 없기 때문이다.

2기는 미디안 광야에서 40년 동안 겸손하게 준비한 기간이다. 이

시기는 단련의 기간이다. 광야의 시련을 통해 겸손하게 자기를 낮추는 영적인 수련기간이 되었다. 그는 장인 이드로의 목자로 생활하면서 양과 목자의 관계를 알게 되었고, 두 아들의 아버지가 되면서 하나님 아버지의 마음을 배우게 되었다. 40년 광야가 그 후 그가 이끌 40년 광야에 귀한 경험이 되었을 것이다.

3기 40년은 이스라엘 백성의 지도자로서 하나님의 부르심에 충실한 삶의 기간이었다. 그는 하나님의 부르심으로 이 기간을 시작했고, 하나님의 사람으로서 광야 이스라엘의 참다운 지도자가 되었다.

우리도 삶의 과정에서 이러한 변화를 겪는다. 그 변화의 속성과 강도는 사람마다 다를 수 있다. 하지만 하나님과의 관계에서 우리의 변화는 필수다.

1기에서 우리는 하나님을 의지하기보다 자기 자신의 삶을 위하여 열심히 살아간다. 신앙생활을 하지만 물질과 명예로부터 결코 자유롭지 못하다. 때로는 하나님을 위해 유익한 일을 해 보려 하지만 자신을 내세우는 결과로 인해 좌절하기 쉽다.

2기에서 삶의 문제에 부딪혀 힘든 생활을 한다. 그러나 그 인생의 광야에서 스스로를 낮춘다. 때로는 소외되고 그 속에서 자신의 무력함을 철저히 인식한다. 신체적 질병이 우리를 괴롭힐 수 있고, 정신적 좌절과 외로움이 우리를 괴롭힐 수 있다. 이 문제는 인간적으로 볼 때 피하고자 하는 길이지만 오히려 축복된 길이 될 수 있다. 주님에 더 가까이 갈 수 있는 길이기 때문이다.

3기는 하나님과 함께하는 삶으로 변화하는 기간이다. 주님은 우리를 부르시고, 우리는 그 부르심에 응답하는 삶을 산다. 주님이 우리 안에 계실 때 우리의 외적 상황은 변하지 않았다 할지라도 영적으로는 풍성한 삶을 살 수 있다. 주님이 내 안에 있기 때문에 우리의 생각이 달라졌기 때문이다. 물질과 명예가 있어 형통한 것이 아니라 주님이 나와 함께 있어 형통함을 느낀다. 더 이상 세상이 두렵지 않고, 주님으로 인해 살맛이 난다.

부르시는 하나님

모세가 애굽에서 살인을 하고 광야에서 40년 동안 양 무리를 치며 살고 있을 때 하나님께서 그를 찾으셨다. 이스라엘을 향하신 하나님의 때, 곧 카이로스가 온 것이다. 일반적으로 그때는 아무도 모른다. 오직 하나님만이 아시고 행동하신다. 그러나 이때에 관해서는 이미 아브라함에게 알려주신 바 있다. 애굽에서의 종살이 400년이 지난 후라는 것이다. 하지만 애굽의 이스라엘이 이것에 대해 얼마나 알고 있었을까.

양을 치며 살았던 모세를 상상해 보라. 과거 왕궁에 비하면 너무나도 대조적이다. 그러나 그 목자의 삶이 훗날 이스라엘 목자가 되게 하기 위한 하나님의 훈련기간, 준비기간이었음을 안다면 그 40년은 결코 헛된 일이 아니리라.

하루는 그가 하나님의 산 호렙산에 이르렀을 때 하나님의 사자가 떨기나무 불꽃 가운데 나타나셨다. '하나님의 산'이란 거룩한 산을 의미한다. 왜 호렙산을 하나님의 산이라 했을까? 하나님이 나타나셨고(출3:2), 하나님의 음성이 들렸으며(출3:4), 하나님의 신이 역사하여 변하여 새사람이 되게 했기(삼상10:6) 때문이다. 호렙산은 시내산의 한 봉우리로 모세가 후에 계명과 율법을 받은 곳이자 엘리야가 이세벨의 눈을 피해 도망 왔던 곳이다. 호렙산은 시내산의 다른 이름이라 하기도 하고, 시내산과 가까이 있는 다른 높은 산봉우리라 하기도 한다.[1] '하나님의 사자'는 하나님이 친히 나타나심을 가리킨다. 이 사자는 4절에서 여호와 하나님으로 표시되고 있다. 떨기나무 불꽃 가운데 나타나신 것은 신적 현현의 표현이다. 하나님 자신과 그의 뜻을 나타내실 때 종종 불이 등장한다. 죄와 관련된 진노의 불도 있지만 모세의 경우는 계시를 하기 위해 불이 등장했다. 불꽃은 하나님의 거룩하심과 영광을 상징한다. 모세는 불꽃은 있지만 나무가 타지 않는 것을 보고 경이롭게 생각했다. 진노의 불이 아니라 하나님의 영광을 드러내는 불이기 때문이다.

놀라움으로 그 불꽃을 바라보고 있을 때 하나님께서 그를 부르셨다. "모세야", "내가 여기 있나이다" 하나님과 모세의 만남이 시작된 것이다. 하나님은 하나님의 일을 하실 때 자기 사람을 부르신다. 모세뿐만 아니라 기드온, 사무엘, 이사야, 예레미야, 에스겔, 호세아, 아모스, 요나 등이 하나님의 부르심을 받았다. 그 부르심은 우리를 인격적으로 만나기 위함이며, 사명을 주시기 위함이다. 그 부르심에 응답해야 한다. "내가 여기 있나이다. 말씀하옵소서"

---

1) 시내산을 방문했을 때 안내자는 다른 산들에는 전갈이 있는데 시내산만큼은 전갈이 없다고 했다.

하나님은 그를 향해 "너의 선 곳은 거룩한 땅이니 네 발에서 신을 벗으라" 명령하셨다. 모세를 향한 첫 번째 명령이다. 모세는 그때까지만 해도 하나님의 임재와 그분의 속성을 잘 알지 못했다. 이 땅은 그가 자주 찾던 곳이 아니던가. 그런데 갑자기 '거룩한 땅'이라니. 땅이 거룩한 것이 아니고 그곳에 하나님이 임재하셨기 때문에 거룩한 것이다. 우리도 마찬가지다. 우리는 결코 거룩한 존재가 아니다. 그러나 우리 속에 하나님이 내재하시기 때문에 우리가 거룩한 사람이 된 것이다. 하나님은 "네 발에서 신을 벗으라" 하셨다. 이슬람은 사원에 들어갈 때 신을 벗는다. 이것은 하나님 앞에 자신을 완전히 낮추고, 겸손할 것을 말한다. 하나님 앞에서 완전히 무장을 해제하고, 그의 종으로 서라는 것이다.[2] 우리가 하나님 앞에 설 때 나 자신의 무엇을 내세울 수 있는가. 가면도 벗고, 완전히 마음을 비운 채 그분의 말씀을 들을 뿐이다.

그 다음 하나님은 자신을 드러내셨다. "나는 네 조상의 하나님이니 아브라함의 하나님, 이삭의 하나님, 야곱의 하나님이니라" 네 조상의 하나님이란 너와 무관한 하나님이 아니라는 말씀이다. 역사의 끈을 잇고 이은 하나님이다. 이 하나님은 조상 아브라함, 이삭, 야곱의 하나님일 뿐만 아니라 바로 너의 하나님이시라는 것이다. 하나님은 자신을 종종 "아브라함의 하나님, 이삭의 하나님, 야곱의 하나님"

---

2) 예수님의 탕자의 비유에서는 돌아온 탕자에게 "신을 신기라"(눅15:22) 하였다. 종의 상태에서 귀한 신분의 상태로 복귀하기 때문이다. 그러므로 "신을 벗으라"는 것은 네 세상적 지위와 명예로 덧입혀진 신을 벗고 완전히 하나님의 종의 위치로 서라는 명령이다. 이 명령을 받은 우리는 종의 입장에서 순종하는 모습을 보여야 한다.

이라 하셨다. 하나님은 아브라함, 이삭, 야곱에게 약속을 주셨다. 그 약속은 네 씨를 통해 구원을 이루시고자 한다는 하나님의 원대한 계획이었다. 그들은 하나님에 의해 선택된 자요, 믿음으로 살고자한 사람들이다. 하나님은 산 자의 하나님이다. 하나님은 과거 그들에게 구원을 약속하셨고, 이제 그 약속을 기억하시며, 앞으로 그 약속을 이루시겠다는 것이다. 이 약속은 믿음의 씨앗을 가진 자들에게 면면이 이어 올 약속이다. 우리 모두도 이 약속에 따라 하나님의 원대한 계획을 이루고 있다는 점에서 축복이 아닐 수 없다.

하나님은 하나님의 사람을 부르신다. 모세가 양 무리를 치고 있을 때 그를 찾으시듯 하나님은 우리가 열심히 생활하고 있을 때 우리를 찾으신다. 하나님은 우리를 부르시며, 그 앞에 복종하라고 말씀하신다. 그리고 믿음으로 산 자를 통해 반드시 언약을 이루겠다고 하신다.

내 백성의 고통을 돌아보고, 그들을 이끌어 내라

하나님은 모세에게 명령을 내리셨다. "애굽에 있는 내 백성의 고통을 돌아보라", '내 백성의 고통'은 그들의 부르짖음, 우고, 그리고 그들이 당하는 학대에서 나온 것이다. 이것은 하나님이 왜 떨기나무 불꽃 가운데 나타나셨는가를 보여 준다. 떨기나무는 가시나무 일종으로 이스라엘의 고난을 상징한다. 예수님께서도 우리를 위해 이 가시면류관을 쓰셨다.

하나님은 모세에게 사명을 주셨다. 이스라엘의 고통을 돌아보는 목자가 되게 하신 것이다. '고통을 돌아보라'는 것은 모세에게만 해당되지 않는다. 우리도 형제의 고통을 외면하지 말고, 그들의 구원을 위해 기도해야 한다. '전도하라'는 것이다.

명령은 계속 이어진다. "아름답고 광대한 땅, 젖과 꿀이 흐르는 땅으로 이끌어 내라" 젖과 꿀이 흐르는 땅은 단지 가나안만을 의미하지 않는다. 영적으로는 하나님 나라를 상징한다. 이 나라는 하나님이 지배하고 통치하시는 나라다. 세상적인 삶, 고통의 세계, 잠시 잠깐의 세계에서 영적인 삶, 평화의 세계, 영원한 세계로의 이전이다. 이 땅으로 가기 위해서는 구원선을 타야 한다. 전도가 지상명령인 이유가 여기에 있다.

우리는 주님의 명령을 받았다. 이제 우리가 해야 할 일은 순복이다. 우리는 주님의 명령을 준행해야 하는 책임 있는 존재다.

너를 보내어 인도하여 내게 하리라

사명을 주신 하나님은 이제 그 사명의 구체적인 이행계획을 제시하신다. 그 계획의 첫째 구상이 바로 "내가 너를 바로에게 보내어 내 백성 이스라엘 자손을 애굽에서 인도하여 내게 하리라"는 것이다.

'너를 바로에게 보내어'는 모세에게 있어서 무섭고도 놀라운 주문이었다. 그는 바로를 두려워하여 40년 동안 숨어 지내지 않았는가.

가는 즉시 살인죄로 붙잡힐 것이다.

'내 백성 이스라엘 자손을' 모세는 과거 단 두 명의 이스라엘 사람도 설득시킬 수 없지 않았는가. 어떻게 그 많은 사람들을 설득할 수 있다는 말인가.

그럼에도 불구하고 하나님은 그를 '보내어 인도하여 내게 하리라' 하신다. '보내어'는 보내는 자가 있음을 말한다. 보내는 자가 주역이 되고, 보냄을 받은 자는 조역이 된다. 여기서 주역은 하나님이 하시고, 모세는 조역만 담당하면 된다. 실제 계획하고 섭리하며 역사하시는 분, 인도하여 내실 분은 모세가 아니라 하나님이다. 8절에서도 그것을 확실히 하신다. "내가 내려와서 그들을 애굽인의 손에서 건져내고 그들을 그 땅에서 인도하여 젖과 꿀이 흐르는 땅에 이르려 하노라" 하나님이 하시겠다는 것이다.

모세는 자신의 인간적 연약함을 먼저 드러낸다. "하나님, 내가 누구관대 바로에게 가며 이스라엘 자손을 애굽에서 인도하여 내리이까?" 그는 인간적으로 힘이 없고 나약한 상태다. 지금 그는 애굽조차 마음대로 갈 수 없는 형편이다. 모세가 강하고 담대해서 부르신 것이 결코 아니다. 그는 살인자요 도망자였으며 연약한 자였다. 겁쟁이에 불과했다. 그럼에도 불구하고 하나님은 그를 택하셨다. 그럼에도 불구하고 그는 먼저 부정적인 반응을 보였다.

리빙 바이블은 그 반응을 적나라하게 표현하고 있다. "주님, 저는 할 수 없습니다"(I'm not the person for a job like that!) 매우 단호하다.

이에 대해 두 가지 해석이 있다. 첫째는 모세가 겸손하게 자기의 무능력을 고백한 것이라는 주장이다. 이것은 과거 혈기왕성했던 옛 모세가 아님을 보여 준다. 과거 같았으면 "나 아니면 안 된다"는 생각을 가졌을 터인데 광야 40년 생활을 통해 자기를 많이 죽였다는 것을 알 수 있다는 주장이다. 이것도 어느 정도 맞다. 둘째, 불신앙은 아닐지라도 사실 두려워 그 일을 맡을 수 없노라 거부한 것이라는 주장이다. 이 주장의 신빙성이 첫 번째 주장의 것보다 더 강하다 할 수 있다. 왜냐하면 그는 여러 차례 그 부르심에 핑계를 댔고, 하나님의 명령에 즉시 순복하기를 거부했기 때문이다.

- "그러나 그들이 나를 믿지 아니하며 내 말을 듣지 아니하고"(출 4:1)
- "나는 본래 말에 능치 못한 자"(출4:10)
- "주여 보낼 만한 자를 보내소서"(출4:13)

실제 모세는 두려웠을 것이다. "나 혼자의 힘으로 어떻게 한단 말인가?" 걱정이 앞설 수 있다. "내 약한 것 주님이 더 아시지 않습니까?" 하소연하는 마음으로 그리했을 것이다.

모세가 안 하겠다고 해서 하나님의 계획이 변경되는 것은 아니다. 하나님은 모세가 아닌 다른 사람, 다른 방법으로도 자신의 계획을 실행에 옮길 수 있다.

에스더서 4장을 보자. 에스더가 왕에게 나아감을 주저하자 모르드게가 말했다. "네가 만일 잠잠하여 말이 없으면 유다인은 다른 데로 말미암아 놓임과 구원을 얻으려니와 너와 네 아비 집은 멸망하리라"(에4:14)

하나님이 주시는 기회는 놓치지 말아야 한다. 사명을 주면서 방관하실 하나님이 아니기 때문이다. 모세는 순종하는 자세를 보였어야 했다. 우리가 전도할 때도 마찬가지다. 하나님은 우리가 하지 않는다 해도 다른 사람을 활용하여 죄인을 구원케 하신다. 우리가 주님을 위해 일할 수 있을 때 열심히 일하는 것은 우리에게 주어진 기회요 축복이다.

정녕 너와 함께하리라

하나님은 모세를 강하게 할 필요를 느끼셨다. 그리하여 누구도 할 수 없는, 오직 하나님만이 하실 수 있는 말을 주셨다.

> "내가 정녕 너와 함께 있으리라 네가 백성을 애굽에서 인도하여 낸 후에 너희가 이 산에서 하나님을 섬기리니 이것이 내가 너를 보낸 증거니라"

'정녕'(certainly)은 강조의 말이자 확신을 갖게 하는 말이다. 리더십은 단지 리더로만 존재하지 않는다. 자신감을 줄 때 리더십은 가치를 발휘한다. '너와 함께 있으리라'(I'll be with you, I'll accompany with you)는 말씀은 하나님 자신의 임재 약속이다. 임마누엘의 하나님이 능력과 함께 임하시는 것이다. 우리의 산성이 되시고, 방패가 되시고, 힘이 되시는 하나님에게 불가능은 없다. 이 이상의 보장이 필요할까? 이것은 최상의 보증이다. 우리 안에 하나님이 계실 때 우리는 할 수 있다. 내가 하는 것이 아니다. 하나님이 하신다.

하나님은 그와 함께하심을 증거하는 표로 출애굽한 이스라엘이 바로 이 산에 와서 하나님을 섬기게 될 것이라 했다. 미래 사건에 대한 하나님의 또 다른 약속이다.

하나님은 이 같은 보장을 여호수아에게도 해 주셨다. 갈 바를 알지 못하고 있는 그에게 하나님은 말씀하셨다. "내가 모세와 함께 있던 것같이 너와 함께 있을 것임이라 내가 너를 떠나지 아니하며 버리지 아니하리니 마음을 강하게 하라 담대히 하라 너는 이 백성으로 내가 그 조상에게 맹서하여 주리라 한 땅을 얻게 하리라"(수1:5~6)

"내가 너와 함께 있으리라" 약한 자를 들어 사용하시는 하나님. 이런 모세를 하나님은 세우시고 함께하셨다. 모세와 함께하신 하나님, 여호수아와 함께하신 하나님이 오늘도 우리와 함께하신다. 사명을 주시되 고아와 같이 내버려 두지 않으시고, 우리를 강하게 하고 담대하게 하신다. 우리는 두려워할 것이 없다. 주님이 있기 때문이다.

지금 우리는 어디에 서 있는가? 하나님 앞에 서 있는가, 세상 앞에 서 있는가. 하나님은 지금도 우리를 부르신다. 떨기나무 사이에서 세미한 음성으로 우리를 찾으신다.

우리는 이미 명령을 받았다. 복음을 전파하고 전도하라는 지상명령을 받았다. "내 백성의 고통을 돌아보고 이끌어 내라" 하신다. 이 사명 앞에 우리가 해야 할 일은 죽도록 충성하는 것이다. 그럼에도 불구하고 우리의 모습을 보면 마치 모세처럼 "저는 할 수 없습니다"라고 말하는 것 같다. "저는 지금 바쁜데요, 그보다 먼저 해야 할 일이 많습니다” 우선 거부해 놓고 본다. 그것은 오히려 핑계일 수 있다. 사실 두렵다. 사람 만나는 것이 두렵고, 입을 열어 말하는 것이 두렵다. 이런 일은 다른 사람이 했으면 어떨까? 이렇다 보면 모세와 다를 것이 없다. 모두가 그런 마음이라면 아무도 주님의 일을 할 수 없다.

두려움이 문제라면 주님의 약속을 믿고 나가라. 주님은 이미 “세상 끝 날까지 너희와 함께하겠다”고 약속하셨다. 이 이상 기다려야 할 보장이 무엇인가. “내가 모세와 함께 있던 것같이 너와 함께 있으리라 내가 너를 떠나지 아니하며 버리지 아니하리라 마음을 강하게 하라 담대히 하라” 이 부르심과 약속에 우리가 지금 해야 할 일은 긍정적인 응답이다. 그 말씀을 신뢰하며 나가는 것이다. 그리고 죽어도 주를 위해서 죽고, 살아도 주를 위해서 죽는 자리에 나가야 한다. 우리가 그 부르심에 적극적으로 응답할 때 하나님의 나라는 우리 속에 더 강한 나라로 세워질 것이다. 하나님은 당신을 기뻐할 것이다.

2. 그리스도인의 정체성 확립과 복음을 위한 사명 다지기

로마서는 기독교 교리의 핵심을 담고 있어 기독교 교리를 가장 체계화한 말씀으로 평가받고 있다. 하이데거가 가장 즐겨 읽었던 말씀이 바로 로마서였다.

로마서는 바울이 로마교회 성도들을 위해 쓴 교리적 서신이다. 로마교회는 사도 바울에 의해 세워진 교회가 아니다. 베드로에 의해 세워졌을 것으로 보는 견해도 있으나 매우 회의적이다. 베드로가 로마교회에 있었다면 바울이 그에 대해 어떤 식으로든 언급했을 터인데 그에 대한 어떤 언급이 없기 때문이다. 이 교회는 A.D. 49년에 세워졌을 것으로 추측된다. 50년에 예루살렘 공회 때 베드로가 예루살렘에 있었기 때문이다.

바울은 제3차 선교여행을 마칠 무렵인 A.D. 57년경 석 달간 헬라에 머물러 있었다(행20:3). 그는 고린도에 머물면서 로마교회에 편지를 쓰기로 결심했다. 당시 로마교회에는 로마나 그리스 출신의 이방성도들과 유대출신 개종자들이 주를 이루고 있었다. 개종한 유대인들은 아직도 율법주의 사고와 형식에 빠져 있었고 다른 이방성도들도 사도들로부터 직접 체계적인 가르침을 받아 본 적이 없어 하나님의 구원계획, 그의 위대한 은혜와 무한한 자비, 놀라운 복음의 말씀을 제대로 접할 수 없었다. 바울은 그들에게 이 은혜의 복음의 말씀을 하루 빨리, 체계 있게 전하고 싶었다.

글을 쓴 뒤 로마교회에 전할 사람을 찾다가 고린도 동쪽 항구도시 겐그리아 교회의 여 집사 뵈뵈를 통해 이 서신을 전하게 되었다. 당시 바울은 어려움에 처한 예루살렘 교회 성도들을 위해 마게도냐와 아가야 교회로부터 헌금을 모아 예루살렘으로 가야 했기 때문에 로마에 갈 수 없었다.

로마서 1장 1절은 바울이 로마교회의 교인들에게 자신이 누구이며, 무엇을 하는 사람인가를 소개하는 대목이다. 그는 자신을 복음을 위하여 부름을 받은 사람임을 명확히 하고 있다. 이것은 우리도 자신의 정체성을 어떻게 해야 하는가를 확고하게 보여 준다.

나는 예수 그리스도의 종이다

바울은 무엇보다 자신을 예수 그리스도의 종이라 했다. 여기서 종이란 청지기란 뜻이다. 노예처럼 비굴하게 사는 것이 아니라 주인의 후사로서 당당하게, 그리고 기쁘게 주의 일을 하는 사람이다. 주님이 맡겨 주신 모든 사명을 기쁨으로 받아들이고, 열심을 품고 주를 위해 살며, 주님을 믿지 않는 자들을 구원하는 역사에 동참하는 것이다. 예수님은 바로 우리의 구원자시며, 지금도 우리에게 구원사역에 동참하도록 하시는 분이다.

종은 희랍어로 '둘로스'(dulos)다. 이것에는 무슨 뜻이 담겨 있을까?

첫째, 주인에게 소속되어 있는 사람이다. 자기에 대한 소유권이 주인에게 있다. 자신을 더 이상 자신의 것이 아니라 주인의 것으로 여기며 완전히 자기를 부인하는 삶을 산다. 예수님의 삶이 그랬다. 하나님의 아들, 곧 본체이신 하나님으로서 권세를 버리고 자기를 비어(철저히 낮아져) 이 세상에 오셨다. 우리를 구원하시기 위함이었다. 예수님께서 우리에게 당부하신 말씀도 자기를 부인하는 삶이다. 우리가 종으로서 자신을 죽이고 오직 주인을 위해 충성하고 봉사하는 것은 그만큼 주인에게 속한 둘로스로서 사는 것임을 보여 준다. 바울은 자신의 주인이 예수 그리스도라 말하고, 자기는 그분에게 소속되어 그분에게 절대복종해야 하는 사람으로 자처했다. 우리는 어떠한가? 나는 내 것일 뿐만 아니라 주님도 내 것이라 여기지 않는가? 그렇다면 무엇인가 잘못되어 있다. 그리스도인은 내 것을 내 것으로 여기지 아니하고 주님의 것으로 여겨 충성 봉사하는 사람이다.

둘째, 주인에게 생명을 맡긴 자다. 당시 주인은 종의 생사권을 가지고 있었다. 우리는 죽기까지 복종하는 자이다. 기독교인에 대한 핍박이 컸을 때 세례를 받는 것은 순교까지 각오한 것이었다. 죽음을 두려워하지 않은 것이다. 바울은 자기의 생명을 온전히 주님께 맡기고 주님을 위해 열심을 내며 살았다. 그리스도인은 생명을 주님께 드린 자이다. 모든 것을 주님께 맡기고 살아간다.

셋째, 오직 주인이 알아주는 것으로 만족하는 자이다. 종은 자신의 명예를 구하지 않는다. 종은 종으로서 충성하고 그것을 주인으로부터 인정을 받고 만족한다. 주인이 잘되는 것으로 만족한다. 그리스도인은 주인이 되시는, 우리의 생명이 되시는 예수 그리스도를 위해 사는 사람들이다. 그분의 영광을 위해 사는 사람이다. 그분의 영광을 가로채는 자는 둘로스가 아니다.

지금 당신은 자신의 소유권과 생사권을 주님께 드리고 있는가? 주님이 인정해 주는 것만으로 만족하는가? 많은 믿음의 선조들이 종으로서의 삶을 살았고, 하나님은 그들을 인정하셨다. 다음은 그 보기들이다.

- 아브라함의 경우 하나님이 인정하셨다. 하나님은 이삭에게 나타

나셔 "나는 내 종 아브라함의 하나님"(창26:24)이라 하셨다. 이 것은 아브라함이 하나님으로부터 종으로서의 삶을 인정받았음을 보여 준다.

- 모세도 마찬가지다. 미리암과 아론이 모세를 비방하자 하나님은 모세에 대해 말씀하셨다. "내 종 모세는 나의 온 집에 충성됨이 라"(민12:7)

- 하나님은 다윗도 인정하셨다. 하나님이 나단에게 말씀하시기를 "가서 내 종 다윗에게 말하기를"이라 하시고, "네가 나를 위하여 나의 거할 집을 건축하겠느냐?"(삼하7:5)며 기쁨을 나타내셨다.

- 하나님의 충성스런 종으로 애굽과 구스가 망할 것에 대해 예언 하기를 그치지 아니한 이사야 선지자에 대해 하나님은 그를 인 정하셨다. "나의 종 이사야가 3년 동안 벗은 몸과 벗은 발로 행 하여 애굽과 구스에 대하여 예표와 기적이 되게 하였느니라"(사 20:3)

선지자들이 하나님의 종으로 인정받음을 선지자들의 입을 통해 증 거하고 있다. 아모스 선지자는 말한다. "주 여호와께서는 자기의 비 밀을 그 종 선지자들에게 보이지 아니하시고는 결코 행하심이 없으 시리라"(암3:7) 그만큼 하나님과 그 종의 관계는 깊다.

바울은 종으로서 어떤 삶을 살았는가?

첫째, 그는 자기를 예수 그리스도의 종으로 자처하고 주님의 종으 로 살았다.

둘째, 그는 자기를 완전히 부인했다. 자기의 것을 분토처럼 여겼다. 그는 가문(로마시민권), 학문(가말리아 문하생), 바리새인 중의 바리새인으로서의 모든 명예를 버렸다. 그는 더 이상 세상의 부와 명예와 권력, 그리고 지식을 좇지 않았다. 오직 주님의 종으로서 사나죽으나 주님의 것임을 확인시켜 주었다.

셋째, 자기의 생명을 주님께 드렸다. 그는 순교를 각오한 전도생활을 했다. 고린도후서 1장을 보면 아시아에서 당한 환란이 언급된다. "힘에 지나도록 심한 고생을 받아 살 소망까지 끊어지고 우리 마음에 사형선고를 받는 줄 알았으니"(고후1:8) 얼마나 힘들었으면 이렇게 말했을까. 그러나 이 고난도 영광스럽게 생각했다. "우리(산 자)가 항상 예수를 위하여 죽음에 넘기움은 예수의 생명이 우리(죽을 육체)에 나타나게 하려 함이라"(고후4:11), "핍박을 받아도 버린 바 되지 아니하고 답답한 일을 당하여도 낙심치 아니하며"(고후4:8) 그는 오직 예수 그리스도께서 주가 되신 것을 전파하고 그 예수를 위하여 종이 된 것을 기뻐했다. 그는 결국 순교의 자리에까지 나갔다.

이러한 헌신과 충성, 죽음을 두려워하지 않는 종으로서의 자세가 우리에게 있는가? 문제는 당신이 누구의 종으로서 정체성을 가지고 사는가 하는 데 있다. 바울은 자신을 예수 그리스도의 종이라 선언하고, 끝까지 그 정체성을 잃지 않았다. 그리스도인은 더 이상 세상의 종이 아니라 예수 그리스도의 종 됨을 고백한 자이다. 세상과는 다른 삶을 살기로 작정한 자이다. 우리는 지금 그 작정한 바와 같이 예수 그리스도의 종으로 살아가고 있는가? 하나님으로부터 "나의 종 누가"라 불릴 만큼 생활하고 있는가? 바울은 "부지런하여 게으르지 말고 열심을 품고 주를 섬기라" 하였다. 우리는 살아도 주를 위하여 살고 죽어도 주를 위하여 죽나니 그러므로 사나 죽으나 우리는 주의 것이다.

복음을 위해 택정함을 받는 사도이다

바울은 자신을 복음을 위해 구별된 사도임을 확실히 했다. 사도는 '아포스톨로스'(apostolos)로 보냄을 받은 자라는 뜻을 가지고 있다. 복음이라는 특정목적을 위해 선별된 사람이라는 것이다. 그리스도인은 바로 이 정체성을 가지고 있어야 한다.

바울의 삶은 한마디로 복음을 위한 삶이었다. 복음은 헬라어로 '좋은, 복된'이라는 뜻을 가진 '유'(eu)와 '소식'이라는 뜻을 가진 '앙겔리아'(angelia)의 합성어다. 이것은 하나님이 우리에게 주신 구원에 관한 기쁜 소식이다.

주님은 우리가 어려운 처지에 있을 때 구원의 소식을 전해 주었다. 인류가 죄악 가운데 있을 때 예수님을 보내셔 우리를 구원하셨다. 하나님 자신이 구원의 본체가 되신 것이다. 우리가 어려움에 처했을 때도 마찬가지다. 아브라함을 비롯해 이삭·야곱·모세·여호수아가 방황하고 고난에 빠졌을 때 "내가 너와 함께하겠다" 하시며 임마누엘의 하나님이심을 보여 주셨다. 포로시대에 하나님은 에스겔 선지자를 통해 희망을 주셨다. 신약시대에는 정치적으로나 영적으로 억압 가운데 있던 이스라엘과 이방에 복음을 주셨다.

복음은 우리의 처지를 바꾸어 주고 변화시킨다. 복음은 위대한 약속이며 그 약속의 실현이다. 로마서 1장에 따르면 복음은 하나님이 선지자들을 통해 그의 아들에 관하여 성경에 미리 약속하신 것이라 했다. 왜 하나님의 아들인가? 하나님의 아들 예수 그리스도는 우리의 결박을 풀어 주고 우리를 자유롭게 하며 우리의 심령에 하늘의 평안을 심어 주기 때문이다. 복음은 단지 우리의 마음만 위로하는 피상적인 터치가 아니다. 역사를 바꾸고, 우리를 바꾼다. 부족한 우리를 주님의 자녀로 만든다.

바울은 오직 예수 그리스도만을 전하기로 작정한 사람이다. "내가 너희에게 하나님의 증거(비밀)를 전할 때 말과 지혜의 아름다운 것(세상 것)으로 아니하고 그리스도와 그의 십자가에 못 박히신 것 외에는 아무것도 알지 아니하기로 작정하였음이라"(고전2:1~2) 그는 '내가 그의 아들의 복음 안에서' 증거하고 기도하고 말한다 했다(롬1:9).

바울은 로마서 첫 어두에서 '나는 복음을 위하여 택정함을 입었으니'라고 기록했다. 택정함을 입었다는 것은 특별한 목적을 가지고 있으며 다른 사람과 구별되어 있음을 의미한다. 즉 복음을 전하기 위해 하나님의 부름을 받았다는 것이다. 성도는 '카다쉬', 곧 구별된 자이다. 그래서 존귀하다. 다윗은 말한다. "땅에 있는 성도는 존귀한 자니 나의 모든 즐거움이 저희에게 있다"(시16:3) 그 즐거움은 주님 때문이다.

우리도 복음을 위하여 부르심을 입은 자들이다. 바울은 이 사실을 확실히 하고 있다. "너희도 그들 중에 있어 예수 그리스도의 것으로 부르심을 입은 자니라"(롬1:6) 그는 로마교회 성도들에 대해서도 '로

마에 있어 하나님의 사랑을 입고 성도로 부르심을 입은 모든 자에게' 하늘의 평강을 구한다.

부르신 주님은 우리를 그냥 놔두지 않으신다. 부르셨으니까 할 일을 주시고, 그 일을 할 수 있는 능력도 주신다. 그 일은 무엇보다 복음 전파이다. 주님은 복음 전파의 대사명을 주시고, 능력을 주신다. "오직 성령이 너희에게 임하시면 너희가 권능을 받고 예루살렘과 유대와 사마리아와 땅끝까지 이르러 내 증인이 되리라"(행1:8) 주님은 성령을 보내 우리의 마음을 강하게 하고 천국복음을 전하게 하며 이 땅에도 하나님의 나라가 임하시도록 하신다. '내 증인이 되리라'는 말씀은 순교자가 되기에 충분할 만큼 주님을 위한 일이라면 체포·구금·추방·죽음을 두려워하지 않으리라는 것이다. 증인은 순교자를 뜻하는 '마르튀스'(martyus)다. 예수님은 말씀하셨다. "나를 인하여 너희를 욕하고 핍박하고 거짓으로 너희를 거슬러 모든 악한 말을 할 때에는 너희에게 복이 있나니 기뻐하고 즐거워하라 하늘에서 너희의 상이 큼이라"(마5:11,12) 주님은 이미 그리스도의 삶이 순교자의 삶인 것을 가르쳐 주셨다. 결코 쉬운 삶이 아니다.

연약한 우리가 어떻게 이런 순교자의 삶을 살 수 있는가? 이것은 성경에서 밝히고 있다.

첫째, 주님께서 우리를 붙드시기 때문이다. 바울은 "이 복음으로 너희를 견고케 하실 하나님"(롬16:26)이라 하였고, "주께서 너희를 그리스도의 날에 책망할 것이 없는 자로 끝까지 견고케 하시리라"(고전1:8) 하였다.

둘째, 우리의 소망이 주님께 있기 때문이다. "그리스도의 증거가 너희 중에 견고케 되어 너희가 모든 은사에 부족함이 없이 우리 주 예수 그리스도의 나타나심을 기다림이라"(고전1:7) 재림의 소망이다. "만일 땅에 있는 장막 집이 무너지면 하나님께서 지으신 집 곧 하늘에 있는 영원한 집이 있는 줄 아나니"(고후5:1) 하늘의 집을 소망한다. "우리가 담대하여 원하는 바는 차라리 몸을 떠나 주와 함께 거하는 그것이라"(고후5:8)

셋째, 오직 주를 기쁘시게 하는 자 되기를 바라기 때문이다. "거하든지 떠나든지 주를 기쁘시게 하는 자 되기를 힘쓰노라"(고후5:9)

끝으로, 환난 가운데서도 위로와 기쁨이 충만하기 때문이다. "내가 우리의 모든 환난 가운데서도 위로가 가득하고 기쁨이 넘치는도다"(고후7:4), "내가 너희를 인하여 범사에 담대한 고로 기뻐하노라"(고후7:16)

바울은 그리스도의 종이자 그리스도의 일꾼이었다. 수고를 넘치도록 하고 옥에 갇히기도 하고 매도 수없이 맞고 여러 번 죽을 고비를 넘겼다(고후11:23~27). 그런 가운데서도 늘 자기를 누르는 일이 하나 있었다. 그것은 모든 교회를 위해 염려하는 것이었다(고후11:28). 그가 얼마나 교회 중심, 주님 중심의 삶을 살았는가를 보여 준다.

바울은 재물을 구한 것이 아니라 우리의 영혼을 구하기 위한 사역에 동참했다. 우리가 주님 앞에 나가도록 기도하고 가르쳤다. 그는 그리스도의 충성된 종이었고, 복음을 위해 자신을 바친 사도였다. 바울은 우리가 다른 복음을 전하면 저주를 받으리라(갈1:9) 하였고, 두려움으로 순종하며 하나님의 전신갑주를 입으라(엡6:5,11) 하였다. 당신은 지금 주님의 종으로서 정체성을 확고히 가지고 있는가? 복음을 위해 생명을 드릴 수 있는 준비가 되어 있는가? 자신을 예수 그리스도의 종으로, 복음을 위해 구별된 자로, 하나님 앞에 부끄럼 없는 자로 서게 되기를 소망한다.

3. 인정받는 삶의 근거와 충만한 기쁨

삼성그룹에서는 전자게시판을 통해 서로 칭찬해 주는 운동을 활발하게 전개해 잔잔한 감동을 주고 있다. 자기 부서 사람뿐만 아니라 이웃 부서, 또는 다른 회사의 사람들을 칭찬하는 글들이 뜬다. 몇 년 전에 구미에서는 한 달에 하루 붕붕 데이를 두어 그날만큼은 나무라지 않고 칭찬하는 운동을 전개해 여러 기업에 자극을 준 일이 있다. 모 방송국에서는 "칭찬합시다"는 운동을 전개하고 있다.

이 운동은 전자통신에 헐뜯는 말이 난무하고, 특히 한국인들에게 부족하다고 생각되는 칭찬을 생활화해 삶에 활력을 주기 위한 것이다. 아침에 칭찬의 말을 들으면 온종일 즐겁다. 하루 종일 칭찬의 말을 들으면 그달의 삶의 모습은 달라진다. 칭찬을 생활화하면 세상이 변한다.

사람은 두 가지 경우를 좋아한다. 첫째는 "누군가 당신을 사랑하고 있어요"라는 말을 들을 때 사람들은 가슴 설레며 어찌할 바 모른다. 또 남으로부터 칭찬하는 말을 들을 때 그저 좋다. 사람들은 왜 칭찬을 좋아할까? 그것은 사람은 누구나 인정받기를 좋아하기 때문이다. 사랑도 우정도 칭찬도 인사도 모두 인정의 한 형태이다.

그리스도인은 사람들로부터 칭찬을 받아야 한다. 그러나 그보다 더 차원이 높은 칭찬은 하나님으로부터 받는 칭찬이다. "하나님 보시기에 좋았더라" 하나님으로부터 받는 인정은 인간적인 것을 뛰어넘을 뿐만 아니라 가장 궁극적인 것이기 때문이다. 우리는 무엇보다 하나님으로부터 인정받는 교회가 되어야 한다.

바울은 빌립보서 1장을 통해 칭찬받아 마땅한 교회 하나를 소개하고 있다. 그는 빌립보 교인을 생각할 때마다 하나님께 감사하고, 기도할 때마다 기쁨으로 기도하게 된다고 말한다. 그가 하나님을 향해 빌립보 교회를 칭찬하고 있는 것이다. 빌립보 교인들이 칭찬받는 근거는 크게 다섯 가지이다. 바울은 빌립보 교인들이 칭찬을 받는 이유들에 대해서, 그리고 앞으로 어떻게 하면 칭찬을 더 받게 될 수 있는가에 대해 때로는 사실의 증언을 통해서 또는 간구를 통해서 여러 가지로 나타내고 있다.

복음 안에서 교제하기 때문이다(5절)

교제는 희랍어로 "코이노니아"라고 부른다. 이 말은 라틴어로 "콤

무누스"라 하며 "좋은 것을 함께 나눈다"는 뜻을 가지고 있다. 이 말은 좋은 것을 함께 나누어 서로 유익이 되게 한다는 의미이다. 우리가 주로 사용하는 community, communism, communication은 물론이고 성만찬을 의미하는 communion도 같은 어원에서 나왔다. 좋은 것을 나누고자 하면 이웃관계도 달라지고, 상대방에게 좋은 것을 주려 하면 결과도 달라진다. 그리스도의 피와 살을 나눈 사람들이 있으면 세상이 달라진다.

빌립보 교회의 코이노니아는 두 가지 점에서 특징이 있다.

하나는 먼저 주님과 하나 되고 그를 통해 이웃을 살리는 복음의 코이노니아, 곧 복음 안에서의 파트너십(NIV)이라는 점이다. 코이노니아의 본질은 살리는 데 있다. 주님은 제자들에게 "하나 되라"고 말씀하시고 성만찬을 행하셨다. 성만찬은 우리가 서로 하나 되기 전에 먼저 그리스도와 하나 되는 작업이 필요하다는 것을 가르쳐 준다. 그리스도와 하나 되지 않고서는 이웃과 진정으로 하나 될 수 없다.

주님과 하나 된 사람들이 해야 할 일은 지체의식을 가지고 소외된 이웃을 살리는 작업에 나서야 한다는 점이다. 만일 우리가 아픈 이웃에 관심을 두지 않고 우리끼리만 좋아 지낸다면 그것은 코이노니아가 아니고 교제병(koinonitis)이 될 것이다. 코이노니티스는 이웃을 소외시키고 우리와 그들 사이를 갈라놓는다. 그것은 하나님의 일이 아니라 사단이 기뻐하는 일이다.

코이노니아는 자기를 희생하고 이웃의 아픔을 먼저 이해하고 배려하는 십자가의 정신에 바탕을 두고 있다. 나보다 남을 먼저 생각하고, 남을 낮게 여기며, 자기의 유익을 구하지 않는 마음가짐이 필요하다. 그리스도인의 지체의식, 공동체의식은 바로 이러한 정신에 바탕을 두고 있다.

크리스토퍼(Christopher)라는 이름이 있다. 콜럼부스도 이 이름을 가지고 있다. 이것은 '그리스도를 품고 있는 사람'(Christ-bearer)이라는 뜻을 가지고 있다. 신화에 따르면 성 크리스토퍼는 폭풍우 치는 밤에 격동하는 강을 건널 때 소외된 한 아이를 꼭 안고 건넜다. 그리스도인은 소외당한 이웃이 되어야 한다. 기쁨만 갖고 고난은 받지 않겠다면 그것은 그리스도 중심의 삶을 사는(Christ-centered) 사람이 아니라 그리스도에 취한(Christoholic) 사람일 뿐이다.

우리의 예배나 봉사 모두 서비스이다. 하나님을 향해 서비스를 할 때 예배가 되고, 이웃을 향해 서비스를 할 때 봉사가 된다. 서비스는 자신을 희생하며 남을 위해 활동하는 것이다. 기업도 이렇게 서비스할 때 이익을 낼 수 있다. 우리가 코이노니아 정신으로 날마다 더 큰 서비스로 봉사할 때 받을 수 있는 복과 기쁨은 세상의 것과 비교할 수 없다. 코이노니아는 이처럼 주는 사람, 받는 사람 모두에게 상생(Win-Win)이 된다.

두 번째 특징은 그러한 교제를 "첫날부터 이제까지" 변함없이 계속해 왔다는 점이다. 일회적이거나 행사 위주가 아니라는 것이다. 말이 그렇지 복음적 교제를 하기란 매우 어렵다. 그러나 빌립보 교인들은 그 정신을 잃지 않고 지켜 나가고자 했다.

진정한 교회는 복음 안에서 남을 살리는 작업을 지속적으로 이어가는 교회이다. 어떤 이는 "교회는 조직이 아니다"고 말한다. 그러나 조직(organization)의 원래 의미는 "살아 있는 유기체로 만드는 것"을 의미한다. 코이노니아는 마음에 맞는 사람들끼리 만나 웃고 즐기는 것을 의미하지 않는다. 복음적 삶을 통해 소외된 이웃을 살리는 위대한 작업이다. 누가 무엇이라 하든지 그 일을 지속적으로 하는 사람들이 칭찬을 받는 것은 당연하다.

착한 일을 하기 때문이다(6절)

여기서 착한 일이란 그저 선한 행동을 의미하지 않는다. 그것은 주님이 자신의 뜻으로 세우신 일, 곧 하나님의 일을 의미한다. 하나님의 일은 도덕적 행위를 뛰어넘는다. 이 일은 궁극적인 구원사역, 곧 세상을 살리는 사역과 연관되는 일이다. 이 일은 하나님이 원하고 기뻐하시는 일이다. 이것이 "하나님의 일"이라는 것은 "너희 속에 착한 일을 시작하신 이가 하나님"임을 자칭하는 말씀에서 더욱 분명해진다. 빌립보 교회가 착한 일을 했다는 것은 하나님의 일에 적극적이었음을 의미한다. 그 일에 열심을 다할 때 하나님은 기뻐하신다.

우리는 하나님이 우리 안에 자신의 뜻을 세우신다는 것을 잊어서는 안 된다. 그 일은 내가 세우는 일이 아니다. 내가 하면 오래가지 못하며 그 일을 이뤄낸다 해도 그 영광은 자신이 취하게 된다. 그러나 하나님은 자신의 종들을 세우고 일하게 하신다.

먼저 주님이 우리 속에 착한 일을 시작하시고 우리가 감히 그 일을 하게 되었다는 것에 감사해야 한다. 우리가 하나님을 택한 것이 아니라 하나님이 먼저 택하셨기 때문이다. 우리는 참으로 하나님의 구원사역에 동참하고 그 일을 감당하기에는 너무나 부족한 사람들이다. 그러나 주님은 우리를 택하셨다. 우리가 뛰어나서가 아니다. 그릇이 우리를 택하는 것이 아니라 우리가 그릇을 택하여 쓸모에 따라 사용하듯 우리를 들어 자신의 사역에 사용하시는 것이다.

그리고 주님이 우리를 계속 이끌어 주신다는 것에 대해서도 감사해야 한다. 바울은 그분이 그리스도 예수의 날까지 이루실 줄을 확신하고 있었다. 그분은 바로 우리 속에 착한 일을 시작하신 분이시다. 그분이 우리를 이끌어 끝까지 그 사역을 이루실 것을 믿는다는 것이다.

핸드릭슨은 예수님을 가리켜 '자석 같은 분'이라고 말한다. 우리에게 힘을 주고 이끄시는 분이기 때문이다. 우리는 주님에 대한 이러한 확신을 가지고 있어야 한다. 이것이 바로 믿음이다.

그리스도 예수의 날은 그리스도 승리의 날, 곧 예수님께서 승리하시기까지를 의미한다. 그날까지 우리가 해야 할 일은 참고 인내하며 하나님의 일을 성취해 나가는 것이다. 하나님이 이 일을 시작하셨으므로 이 일은 하나님이 이루신다. 기필코 이루실 것이므로 실망하거나 낙담할 것도 없다. 세상이 인정해 주지 않는다고 해서 속상해할 것도 없다. 하나님의 종들은 주님이 승리할 그날을 바라보며 묵묵히 일할 뿐이다. 그러면 하나님이 인정해 주신다. 그 인정은 세상의 인정을 뛰어넘는다. 빌립보 교인들은 착하게도 가장 기본적인 이 일에 열심이었다. 그래서 칭찬을 받고 있다.

은혜에 참여했기 때문이다(7절)

바울은 빌립보 교인들이 "나의 매임과 복음을 변명함과 확정함에 나와 함께" 은혜에 참여한 자가 되었다고 칭찬한다. 따지고 보면 그 은혜란 우리가 생각하는 복보다 고난의 의미가 강하다. 복음을 위해 적극적으로 뛰어들어야 하며 감옥에까지 가야 하기 때문이다. 그런데 바울은 그 모두를 은혜라고 말한다. 복음 때문에 고난을 받는 것도 은혜요 감방에 가는 것도 은혜라는 것이다. 이 은혜는 통속적인 은혜의 개념을 초월한다. 복음에 대한 무한한 자신감이 있기 때문인데 이 자신감은 바로 주님이 우리에게 주신 것이다.

은혜를 "카리스마"라 한다. 이것은 하나님으로부터 받는 선물(gift), 호의(favor), 은총(grace)을 의미한다. 은혜는 인간으로부터 나오지 않고 하나님으로부터 나오기 때문에 카리스마이다. 빌립보 교인들은 이 은혜를 복음전파에 사용하였다. "형제 중 다수가 나의 매임을 인하여 주 안에서 신뢰하므로 겁 없이 하나님의 말씀을 더욱 담대히 말하게 되었느니라"(빌1:14)

우리는 이 은혜를 받는 것만으로 인식하였다. 우리는 은혜를 축복으로 받는 좋은 어떤 것으로 생각하거나 설교를 듣고 난 후 감정적으로 좋은 느낌을 주는 어떤 것 정도로 인식해 왔다. 이것은 은혜의 차원을 크게 낮추는 것이다.

초대교인들은 주님을 적극적으로 변호하고 그분의 남은 고난에 동참하는 것을 은혜요 영광으로 생각했다. 복음의 사역자로 일하게 하신 것도 은혜요 주님을 위해 감방에 가는 것도 은혜이다.

"그리스도를 위하여 너희에게 은혜를 주신 것은 다만 그를 믿을 뿐만 아니라 또한 그를 위하여 고난도 받게 하심이라"(빌1:29)

이것은 받기만 하는 은혜(사해은혜)가 아니라 주는 은혜(갈릴리은혜)이다. 우리가 주는 은혜에 참여하면 할수록 죽어 가는 생명을 살린다. 그러나 받기에만 익숙하면 그만큼 생명을 살릴 수 없다. 주는 은혜에 열심히 참여한 빌립보 교회를 칭찬하지 않을 수 없다.

고난에 참여할 수 있는 능력(talent), 복음을 위해 헌신할 수 있는 능력은 하나님이 우리에게 주신 하늘의 선물이다. 그 선물, 그 하늘의 능력이 바로 카리스마이다. 하나님이 이 능력을 주시지 않으면 우리는 고난의 길을 갈 수 없다. 그러므로 하나님의 은혜이다. 세상은 이 카리스마를 자신의 영광을 위해 사용한다. 그러나 그리스도의 사람들은 주님을 위해 사용한다.

바울은 빌립보 교인들을 향해 "너희가 다 나와 함께" 이 은혜에 참여했다고 말한다. 어느 소수만 고난에 참여한 것이 아니라 예외 없이 모두가 바울과 함께 참여한 것이다. 그 은혜에 참여한 사람들의 감동과 은혜를 적어 놓은 것이 바로 성경이다. 눈물 어린 사도행전은 지금도 쓰이고 있다. 주님이 오시는 그날까지 우리의 행전은 쓰일 것이고, 은혜는 지속될 것이다.

예수 그리스도의 심장을 가지고 일하기 때문이다(8절)

예수 그리스도의 심장은 바울만 가진 것이 아니다. 빌립보 교인들도 이 심장을 가지고 일했다. 심장은 자비, 사랑을 상징적으로 나타낸다. 9절에서 "너희 사랑"을 언급한 것은 모두가 이 심장을 가지고 있다는 것을 입증한다.

성경에서 심장은 문자적으로 창자에 해당한다. 가롯 유다가 예수를 배반하고 자살한 사건에서 그의 창자(행 1:18)가 나온 것에서 이 단어가 사용되고 있다. 그러나 예수 그리스도의 심장과 가롯 유다의 창자를 구별해야 한다. 예수의 심장에는 십자가의 의와 풍성한 사랑을 담고 있지만 가롯 유다의 심장은 배반과 불의를 담고 있기 때문이다.

우리가 예수의 심장을 가지고 있다는 것은 한마디로 근본적으로 체질이 개선되었음을 의미한다. 체질이 개선된 사람은 완전히 변화된 삶을 살아야 한다. 예수의 심장을 가지라는 것은 바로 우리에게 변혁된 삶이 필요하다는 것을 강조하고 있다.

예수의 심장을 가진 사람은 하나님의 정신이 살아 있는 사랑을 한다. 바울은 "너희 사랑을 지식과 모든 총명으로 점점 더 풍성하게 하사"(9)라고 당부한다. 사랑 위에 지식과 총명을 더하라는 말씀은 십자가의 사랑은 분별 있는 사랑이어야 함을 의미한다.

사랑은 열정이 있는 것을 말한다. 열정(enthusiasm)은 원래 우리 안에 내재한 "하나님(Theos)의 열심"을 드러내는 것이다. 지식과 총명, 분별은 사랑을 펴는 목적과 방향이 분명하다는 것을 말한다. 십자가의 사랑은 의미 없는 사랑, 맹목적인 사랑이 아니라는 것이다. 십자가의 사랑은 구원을 이루는 목적이 뚜렷한 사랑이다.

- 이 사랑은 거짓과 참을 분별할 수 있는 사랑이다. 진리의 순수함을 유지하는 사랑이다.
- 이 사랑은 정체된 사랑이 아니라 발전해 나가는 사랑이다.
- 이 사랑은 세상이 사랑할 수 없는 사람을 사랑하는 사랑이다.

세상 사람들은 자기 마음에 드는 사람을 골라 사랑한다. 자기가족 중심으로 사랑을 한다. 그러나 그리스도인들은 사람을 가리지 않으며 원수까지 사랑한다. 그래서 이런 사랑을 하는 사람은 세상이 감당할 수 없다고 말한다.

우리도 하나님의 정신이 살아 있는 사랑을 해야 한다. 그리스도인은 주님의 사랑을 통해 발전하고 성장하는 사람들이다. 이런 그리스도인들이 바로 빌립보 교인들이었다.

의의 열매가 가득하기 때문이다(11절)

의의 열매는 구원의 열매이다. 이것은 사랑과 수고를 더할수록 맺히는 천국열매이다. 그 열매는 하나님 보시기에 좋은 열매이며, 하나님이 바라시는 바로 그러한 열매이다. 우리가 수고하고 힘들수록 하나님은 물론 하늘의 천군 천사가 기뻐한다. 스데반이 고통을 당할 때 그를 향해 일어서신 주님을 상상해 보라. 우리가 주님을 위해 고난을 받을 때 주님은 우리를 향해 일어서신다. 주님이 관심을 보이는 그 자체로도 영광이 된다.

바울은 빌립보 교인들이 의의 열매가 가득하기를 간구했다. 지금까지도 많은 열매를 맺어 왔지만 계속해서 그 열매를 더하라는 것이다. 이것은 이 땅의 삶 속에서도 얼마든지 천국의 열매를 맺을 수 있음을 보여 준다. 이것은 이 땅에서도 하늘나라의 삶을 맛볼 수 있음을 의미한다.

바울은 무엇보다 그 열매 앞에 "예수 그리스도로 말미암아"라는 말을 강조해서 썼다. 하나님과 상관이 없는 열매는 칭찬받을 수 있는 열매가 아니기 때문이다. 그 열매는 복음을 통해 죽은 자를 살리는 열매라는 점에서 보통 열매와는 성격이 다르다. 하나님의 나라에는 하나님의 것만 들어가고 하나님이 기뻐하시는 열매만 창고에 쌓인다. 인간의 공적을 자랑하는 열매는 허용되지 않는다.

바울은 "의의 열매가 가득하여 하나님의 영광과 찬송이 되게 하시기를 구하노라"고 간구했다. 이것은 하나님께 영광을 돌리고 찬송이 될 수 있는 것은 의의 열매라는 것임을 가르쳐 준다. 입술의 찬양만이 하나님께 영광을 돌리는 것이 아니다. 입술보다 더 중요한 것은 우리의 몸, 우리의 삶 모두를 통해 의의 열매를 맺는 그것이다. 그 자체가 하나님을 향한 찬양이요 하나님께 영광을 돌리는 것이다.

현대인은 외양을 중시한다. 교회도 예외가 아니다. 그러나 우리는 그것이 "예수 그리스도로 말미암은 의의 열매"인지 확인할 필요가 있다. 의의 열매가 아닐 경우 하나님의 영광과 찬양이 되지 않기 때문이다. 우리가 관심을 두어야 할 것은 외적인 성장이 아니라 하나님

나라의 확장이다. 규모가 커지는 것에 만족하지 말고, 복음이 전파되고 치유의 역사가 일어나며 사랑의 능력이 나타나는 것에 감사하자.

지금까지 빌립보 교회가 칭찬받은 이유와 앞으로 어떻게 해야 더 칭찬받을 수 있는가에 대해 살펴보았다. 그 가운데 예수 그리스도와 복음이 있다는 점에 특징이 있다. 예수 그리스도와 복음이 있는 곳에는 생명이 있다. 그 속에는 영적인 변화가 있고, 이웃을 살리는 힘이 있다.

우리가 영적으로 살면, 그 힘으로 이웃을 살리면 하나님으로부터 칭찬을 받는다. 그리스도인이 칭찬을 받으면 하나님께 영광이 된다. 그 영광은 말과 입술에 있는 것이 아니라 우리의 행동에 달려 있다.

- 복음 안에서 교제하는가? 아니면 자신의 기쁨을 위해 교제하는가?
- 주님의 이끄심을 받는가? 아니면 자신의 주장대로 사는가?
- 고난을 은혜로 생각하는가? 아니면 저주로 생각하는가?
- 십자가의 사랑으로 날마다 나아가는가? 아니면 맹목적 애정으로 나아가는가?
- 예수 그리스도로 말미암아 의의 열매를 가득히 맺는가? 아니면 자기의 영광을 위해 교만의 열매를 맺는가?

바울은 말한다. "내가 그리스도 안에서 너희 자랑이 풍성하게 하려 함이라. 오직 너희는 그리스도 복음에 합당하게 생활하라"(빌 1:26,27)

4. 오직 성령의 능력으로

성전 재건 방해공작과 약해진 마음

스가랴는 바사 왕 고레스와 해방령을 받아 총독 스룹바벨과 대제사장 여호수아와 함께 바벨론에서 돌아왔다. B.C. 538년으로 추정되고 있으며, 약 5만 명이 돌아왔다. 해방령에는 예루살렘에 돌아가 성전을 건축해도 좋다는 허가까지 포함되어 있다. 당시 스가랴는 어렸다.

예루살렘에 돌아온 그들은 2년 만에 성전의 기초를 놓았다. 그때 사마리아 사람들이 성전 재건에 함께 참여할 것을 요청했지만 그들은 거절했다. 그러자 사마리아 사람들은 성전 재건을 방해했다. 이로 인해 성전 재건이 14년이나 중단되었다.

B.C. 521년 다리오 왕이 바사 왕에 오르자 성장하여 선지자가 된 스가랴는 학개와 함께 성전 재건을 촉구했다. 그는 학개와 동시대 인물로, 바벨론에서 출생한 선지자이자 예언자이자 제사장이었다. 그는 성전 건축을 위해 힘쓸 것을 강조했다.

성전 재건이 추진되던 중 유브라데 강 서쪽을 책임 맡았던 닷드내가 다리오 왕에게 상소를 올려 공사가 잠시 중단되었다. 그러나 다리오 왕은 고레스의 조서를 그대로 인정하여 다시 공사를 진행시킬 수 있게 되었다.

그러나 불행하게도 유대인들의 마음이 변하기 시작했다. 성전 재건이 자꾸 방해를 받는 것은 하나님이 그 일에 함께하시지 않기 때문으로 생각한 것이다. 학개와 스가랴는 백성들의 생각이 잘못되었음을 지적하며 그들의 무관심을 깨우치려 노력했다. 14장으로 구성된 스가랴서의 말씀은 성전 건축이 인간의 힘으로 되는 것이 아니고 오직 성령의 능력으로만 할 수 있음을 강조한 것이다. 그들은 자신의 생각이 잘못되었음을 인식하고, 성전 재건에 나섰다. 그리고 B.C. 516년에 성전의 완공을 보았다.

주님은 주의 백성들이 절망하고 체념하고 있을 때 주의 사자들을 보내어 힘을 주시고, 강하게 하시고, 주의 일을 마무리 짓게 하셨다. 주의 일, 성전 건축은 인간이 하는 것이 아니라 주님께서 하시는 일임을 일깨워 준 것이다.

하나님은 예루살렘을 자신이 임재해 계시는 곳으로 삼으려 했다. 그러나 이스라엘 백성들이 이러한 복을 받을 믿음 준비가 되어 있지 않자 하나님은 스가랴로 하여금 회개를 촉구하게 하고 8가지의 이상을 보여 주셨다. 스가랴 4장은 등대와 두 감람나무에 대한 이상으로, 이 이상을 통하여 하나님의 성령은 만물을 통치하며 활력을 불어넣는 근원이심을 보여 주었다.

오직 나의 신으로 되느니라

천사가 이 이상을 보게 하려고 잠자는 스가랴를 깨웠다. 마음을 일깨우어 영적인 것을 보게 한 것이다. 성령의 깨워 주시는 은혜 없이는 하늘의 것을 보거나 생각할 수 없다. 그러므로 ‘성령의 깨워 주심’을 사모하자.

스가랴가 본 것은 순금등대와 일곱 등잔과 두 감람나무였다. 스가랴서 4장 2절과 3절은 그 모습을 잘 그려내고 있다. “순금 등대가 있는데 그 꼭대기에 주발 같은 것이 있고 또 그 등대에 일곱 등잔이 있으며 그 등대 꼭대기 등잔에는 일곱 관이 있고 그 등대 곁에 두 감람나무가 있는데 하나는 그 주발 우편에 있고 하나는 그 좌편에 있나이다”

그러나 그는 이것이 무엇을 의미하는지 알지 못했다. 천사는 스가랴에게 이것이 무엇인지 아느냐고 물었다. 그는 이 물음에 겸손히 “내가 알지 못하나이다”라고 대답했다. 칼빈은 이 모습을 보고, 이것은 마치 주님의 가르침에 어린아이같이 자기를 내어 맡기는 태도라 했다. 바른 태도라는 것이다. 정직하게 자신의 무지를 고백할 때 하나님은 결코 물리치지 아니하시고 가르쳐 주신다.

지금 주님은 성전을 건축하다 원수들의 방해 때문에 낙심한 스룹바벨에게 용기를 주기 위해 스가랴로 하여금 이 이상을 보게 하신 것이다. 순금등대는 그리스도를 상징한다. 등대는 하나님의 빛을 선민에게 쉬지 않고 비춘다. 일곱 등잔은 하나님의 교회를 상징한다. 교회는 세상을 비추는 빛이다. 기름을 공급하는 7관의 기름은 성령을 상징한다. 7관은 교회의 빛, 복음의 빛이 온 땅에 충만할 것을 나타낸다. 이것은 교회의 머리 되시는 그리스도께서 스룹바벨을 세워 성령을 주시고 역사케 하신다는 것을 의미한다.

스가랴서 4장 6절은 여호와께서 스룹바벨에게 하신 말씀임을 밝히고 있다. 약해진 그를 강하게 하실 이는 오직 하나님이심을 가르쳐 준다. 하나님의 말씀을 보자.

"이는 힘(power)으로 되지 아니하고 능(strength)으로 되지 아니하고 오직 나의 신(Spirit)으로 되느니라"(6절)

우리가 매우 선호하는 구절이다. 힘은 이 세상에 속한 여러 모양의 세력을 뜻한다. 예를 들어 군대의 힘, 재물의 힘, 권세의 힘 등이 있다. 능은 인간의 정력이나 담력을 말한다. 그러므로 힘이나 능은 인간의 힘, 인간의 요소를 가리킨다. 하나님은 이 일이 인간의 힘이나 그 어떤 세력으로 되는 것이 아님을 확실히 하셨다. "오직 나의 신으로 되느니라" 나의 신은 성령의 능력이다. 성령의 계속적인 힘의 공급으로 이 성전을 재건할 수 있다는 것이다. 인간이 아니라 하나님이다. 이것은 우리가 우리 자신, 곧 인간을 신뢰하는 잘못된 믿음에서 하나님만을 신뢰하는 신앙으로 돌아가야 한다는 것을 말해 준다.

"큰 산은 스룹바벨 앞에서 평지가 되리라"(7절)

큰 산은 성전 재건을 방해하는 모든 원수, 하나님 나라를 대항하는 자, 자기를 스스로 높이는 자들을 총칭한다. 방해하는 세력이 큰 산 같을지라도 하나님의 도우심으로 그것은 평지가 된다. 그들의 잘못함이 드러나고 코가 납작하게 된다는 말이다. 이것은 성전 재건이 하나님의 은혜로 마치게 될 것임을 의미한다. 그가 머릿돌을 놓을 때 무리들은 외치게 될 것이다. "은총, 은총이 그에게 있을지어다"

"그 손이 전의 지대를 놓았은즉 그 손이 또한 그것을 마치리라"(9절)

하나님께서 처음부터 끝까지 힘을 주어 그 일을 마치게 하겠다는 말씀이다. 끝까지 함께하실 것을 약속하신 것이다. 이보다 더 확실한 보장이 더 있겠는가.

"작은 일의 날이라고 멸시하던 자가 누구냐 다림줄이 스룹바벨의 손에 있음을 기뻐하리라"(10절)

어떤 사람들은 성전 재건이 의미 없고 하찮은 일이라며 애써 격하시켰다. '작은 일'이 말하는 것이 바로 그것이다. 그러나 그 일을 하나님은 귀하게 보셨다. 하나님은 성전 재건 계획을 가지고 계셨고, 스룹바벨을 통하여 그것을 완성시키고자 하셨다. 다림줄이란 바로 건축하는 일과 건물을 바로 세우도록 관리하는 일을 말한다. 이것은 정녕 하나님께서 성전 재건을 바라고 계시고 스룹바벨을 다시 세워 일을 마무리 지으실 것을 강력히 시사하는 것이다.

스가랴는 계속해서 등대 좌우의 두 감람나무는 무슨 뜻이냐고 물었다. 그것도 세 번씩이나. 하나님은 그 뜻을 단번에 알려 주시지 않았다. 선지자로 하여금 진리를 사모하는 마음을 더 깊게 하신 것이다. 그때서야 하나님은 말씀하셨다.

"이는 기름 발리운 자 둘이니 온 세상의 주 앞에 모셔 섰는 자니라"(14절)

'기름 발리운 자 둘'의 원문에 '신선한 기름의 아들들'이다. 성령이 충만하여 그 기름이 뚝뚝 떨어지는 자들이라는 뜻이다. '모셔 섰는 자'란 하나님의 명령을 기다리며 언제든지 순종하려고 준비하며 서 있는 자들이다. 이 둘은 당시 하나님이 쓰시고자 하는 두 인물로 대제사장 여호수아와 이스라엘 통치자 스룹바벨을 가리킨다. 이 두 사람은 그리스도의 두 직분, 곧 대제사장으로서, 왕으로서 오실 메시야를 예표한다. 두 직분은 그리스도에게 통합되었고 다시 우리에게 계승되었다. 오늘의 교회는 이 세상에 있어서 제사장이자 세상을 다스려야 할 통치자(벧전2:9)이기 때문이다.

우리는 어떤 일을 하다가 중도에서 실망하고 좌절하는 일이 많다. 주님의 일을 하다가도 시험을 받고 넘어지기도 한다. 바벨론에서 예루살렘에 돌아온 유대인들은 처음엔 큰 기쁨과 기대를 안고 성전 재건을 시도했다. 그러나 중도에 여러 주변 세력의 질시와 미움, 적대감 때문에 중단되었다. 그들은 실의에 빠졌고, 성전 재건을 하나님이 기뻐하지 않으신 것은 아닌지 의심하기도 했다.

그러나 하나님은 그의 자녀들을 일으켜 세우고 용기를 주시며 성전을 재건하도록 했다. 선지자 학개와 스가랴를 보내어 하나님의 종 스룹바벨과 대제사장 여호수아를 강하게 하셨다. 그리고 그 일은 인간의 어떤 힘이나 능력으로 되는 일이 아니고 오직 성령의 능력으로, 주님의 은혜로 성취된다는 것을 가르쳐 주셨다.

성전인 우리가 폐허되어 있지 않는가? 좌절과 실망에 빠져 있지는 않는가? 쓰러진 성전을 재건하기 위해서는 주님의 힘이 필요하다. 희망의 끈을 놓고 절망하는 순간에 주님이 찾아오신다. 우리의 문을 두드리시고 들어와 문제를 다시 보도록 하신다. 그리고 말씀하신다. "은총이 너희에게 있을지어다. 네 손이 그 일을 시작하였으니 네 손이 그 일을 마치리라" 주님이 우리와 함께하시는 한 우리는 결코 실패하지 않는다. 넘어지지 않는다. 주님은 결국 우리를 일으켜 세우시고 승리케 할 것이다.

5. 악한 세상에서 '그 믿음으로' 살기

세상은 악하다. 그 악한 세상에서 불의한 자가 성공하며 사는 것을 볼 때 의인의 마음은 괴롭다. 또 국제관계에서도 악한 나라가 패권을 잡고 군림할 때 선한 나라의 백성은 마음이 아프다. 어떻게 이런 일이 있을 수 있는가? 하나님은 계시지 않는 것인가? 이런 의문이 생길 때 하박국서는 그 답을 준다.

하박국은 남국 유다 요시야 왕 때 선지자이다. 주전 650년에서 627년 사이에 활약했다. 그는 부패한 유다의 심판을 전하고, 유다를 진멸한 바벨론의 심판을 예언한 인물이다. 그는 악인은 망하고 의인은 산다는 진리를 가르쳤다. 즉 유다가 악할 때 유다는 망하고 바벨론이 악할 때 바벨론은 망하며, 유다가 하나님을 찾을 때 살고 우리가 하나님을 찾을 때 산다는 것이다. 세상에서는 불의가 승리하는 것처럼 보인다. 그러나 결국 우리 모두는 하나님 앞에 서고, 심판을 받게 된다. 그 앞에서는 불의가 설 수 없다. 그러므로 악한 세상에서 믿음을 지키며 살 때 궁극적으로 승리한다.

하박국의 의문

하박국서는 의문으로 시작된다. 그 의문은 하박국서 1장에 잘 나타나 있다. "왜 하나님께서 불의를 그냥 두시는가?"(합1:2~4) 하는 것이다. 왜 이 땅에서는 의로운 자가 고생을 하며 불의한 자가 불의를 저질러도 잘 사는가? 강포를 행하고, 하나님을 멸시하며, 남의 것을 자기 것으로 빼앗는 데도 왜 보란 듯이 잘 사는가? 이에 대해 하나님은 "그들은 그 힘으로 자기 신을 삼는 자라 이에 바람같이 급히 몰아 지나치게 행하여 득죄하리라"(합1:11) 답하셨다. 그 힘은 자기의 힘, 세상적인 힘이다. 자기의 이기적인 목적을 위해 불의를 마다하지 않는 사람은 심판을 받으리라는 것이다.

그의 의문은 계속된다. "왜 악을 차마 보지 못하시는 하나님께서(합1:13) 더 악한 자(바벨론)를 사용하시는가? 왜 악인이 자기보다 의로운 사람(유대)을 삼키되 잠잠하십니까?(합1:13) 그래도 좋은 것입니까?" 이 의문은 유다를 심판하시겠다는 하나님의 계시에 대한 의문이다. 하박국 2장은 이 의문에 대한 하나님의 답을 기다리는 하박국의 모습으로 시작된다.

대답을 간절히 기다리는 하박국

2장은 하나님의 답을 기다리는 초조한 하박국의 모습을 보여 준다. 1절에 그는 이렇게 말한다. "내가 내 파수하는 곳에 서며 성루(망루)에 서리라" 내가 내 파수하는 곳은 성루다. 그곳에서 파수꾼이 아침을 기다림같이 하나님의 응답을 기다리겠다는 것이다. 그러므로 이 말은 "내가 올바른 위치에 서 있으리라, 항상 깨어 있는 마음으로 서 있으리라, 주님의 뜻이 무엇인지 알아내리라, 반듯이 하나님께서 말씀해 주시리라"는 마음을 담고 있다. 이것은 하나님을 향한 마음이 얼마나 큰가를 보여 준다. 그는 계속해서 말한다. "그가 내게 무엇이라 말씀하실는지 기다리고 바라보리라" 하나님의 말씀만 바라보며, 기도하는 마음으로 기다리겠다는 것이다. 어쩌면 당돌하게 보일 수 있지만 그의 마음속에는 하나님의 뜻을 알고 싶은 간절함이 있다.

하나님의 대답 1: 이 묵시를 정녕 이루리라

하박국서 2장 2~4절에는 하나님의 대답 가운데 한 부분이 제시되어 있다. 그것은 묵시, 곧 말씀대로 되리라는 것이다.

2절을 보자. "이 묵시를 기록하여 판에 명백히 새기되 달려가면서도 읽을 수 있게 하라" 묵시는 예언의 말씀이다. 장차 유다가 어떻게 될 것이라는 말씀이다. '달려가면서도 읽을 수 있게 하라'는 것은 모든 사람에게 알게 하라는 것이다.

3절에 "이 묵시는 정한 때가 있나니" 하신다. 묵시는 어느 지정된 때, 곧 하나님의 때(카이로스)를 위해 주어진다. 정한 때는 하나님의 약속이 완전히 이루어지는 때다. 심판 때요 구원의 때다. 이때 묵시가 성취된다. 이때는 하나님이 정하신 시간으로 하나님만 아시고 하나님이 이루신다. 이때는 인간이 아무리 자기 힘으로 어찌해 보려 해도 바꿀 수 없다. 이것은 하나님만이 역사를 주관하신다는 것을 알 수 있다. 우리는 하나님의 때를 기다릴 줄 알아야 하며, 인간의 뜻이 아니라 하나님의 뜻이 온전히 이루어지도록 기도해야 한다. 그 때는 종말이다. 하나님은 "그 종말이 속히 이르겠고"라 하신다. 이 종말은 그 묵시가 성취될 시기, 곧 악의 세력이 끝장날 시기를 말한다. 속히 이른다. 악이 심하면 심할수록 그 종말은 빨라진다.

하나님은 그 약속을 확실히 하신다. "결코 거짓되이 아니 하리라"(3절) 하신 말씀을 꼭 이루시겠다는 것이다. 인간의 약속이 아니다. 하나님의 약속이다. 그리고 우리에게 주문하신다. "비록 더딜지

라도 기다리라 지체되지 않고 정녕 응하리라” 왜 그 시간이 오지 않
느냐고 말할 수 있다. 그러나 지연된 것도 아니고 더딘 것도 아니다.
우리가 해야 할 일은 오직 하나님의 때를 기다리는 것이다.

하박국에 대한 하나님의 대답은 묵시를 이룰 때가 있고, 그때를
기다리면 묵시를 정녕 이루시겠다는 것이다. 하나님은 세상을 지켜
보고 계신다. 그리고 그때가 오면 움직이신다.

하나님의 대답 2: 죄인을 판단하겠다

하나님은 더 나아가 ‘죄인을 심판하겠다’ 하셨다. 죄인은 무슨 잘
못이 있었을까? 다음은 그 내용이다. 교만하고 정직하지 못하기 때
문이다. 4절을 보자. “보라 그의 마음은 교만하여 그의 속에서 정직
하지 못하니라” 여기서 죄인은 갈대아 사람이다. 그들은 무엇보다
교만했다는 것이다. 교만은 하나님이 싫어하시는 것이다. 교만은 하
나님보다 자기를 더 중하게 여기고, 자기를 하나님의 자리에 앉힐
때 나타난다. 이것은 영적으로 죽었다는 것을 의미한다. 하나님은 이
미 갈대아인의 마음을 아셨다. 하나님을 두려워하지 않는 갈대아인
은 드러내 놓고 자신의 힘을 과시하며 악을 행했다. 그럼에도 불구
하고 하나님은 유다를 깨닫기 위해 갈대아인을 사용하셨다. 갈대아
인들이 하나님 앞에 바르기 때문에 유다를 치는 도구로 사용하신 것
이 아니다. 갈대아인의 죄는 더 크다. 하나님은 그들의 죄를 하나씩

열거하셨다.

첫째, 그들은 욕심이 크다. "교만하여 가만히 있지 아니하고 그 욕심을 음부처럼 넓히며 그는 사망 같아서 족할 줄을 모르며 만국을 모으며"(5절) 가만히 있지 않는 것을 '술을 즐기며 궤휼하며'로도 표현했다. 술 취한 자가 자기 행동을 가누지 못함같이 바벨론이 행동을 자중할 줄 모르고 영토 확장에 광분하는 것을 말한다. 침략하고 노략질하는 것이다. 하나님은 괴롬을 당한 민족의 아픔을 아신다. 그리고 그 침략에 대해서도 저주가 임할 것을 말씀하신다. "괴롭힘을 당한 민족이 가만있겠느냐 너희들도 노략을 당할 것이다"는 것이 7~8절의 내용이다.

9~11절에는 탐심에 대한 하나님의 저주가 나타나 있다. "불의가 이를 취하는 자에게 화 있을 진저"(9절), "네가 여러 민족을 멸한 것같이 네 집에 욕을 부르며"(10절), "담에서 돌이 부르짖고 집에서 들보가 응답하리라"(11절) 침략한 것으로 집을 짓고 담장과 들보를 그 죄악으로 세웠으니 그 지은 집이 증거가 되어 담장과 들보가 그 죄악을 소리쳐 말한다는 것이다. 바벨론이 죗값을 피하지 못하며, 그 탐심 때문에 망한다는 것이다.

둘째, 잔인하고 광포했다. "피로 성읍을 건설하며"(12절) 피는 무자비한 노역을 가리키며, 성읍건설은 자신의 헛된 영광을 나타낸다. "이웃에게 술을 마시우되 그로 취하게 하고 그 하체를 드러내며"(15절) 이웃나라와 화친하자 하고 이웃을 불러들인 뒤 그들을 노예로 삼고 탄압한다. "사람의 피를 흘리며 땅과 성읍과 그 모든 거민에게 강포를 행한 것"(17절)이 지적된다. 12절에서 17절까지는 바벨론이 얼마나 잔인한가를 드러내고 그것을 공격하고 있다.

나아가 그로 인해 나타날 현상에 대해서도 언급한다. 무엇보다 여호와의 구속(구원)을 바라는 것이 세상에 편만해진다. "여호와의 영광을 인정하는 것이 세상에 가득하리라"(14절) 또한 비신앙적인 것이 드러난다. "너의 할례 아니한 것을 드러내리라"(16절) 잔인성에 대한 하나님의 저주가 있게 된다. "강포를 행한 것이 네게로 돌아오리라"(17절), "여호와의 오른손의 잔이 네게로 돌아올 것이라"(16절) 바벨론은 그 잔인성 때문에 망하리라는 것이다.

셋째, 우상숭배를 했다. 종교적 죄악을 저지른 것이다. '새긴 우상, 부어 만든 우상, 금과 은으로 입힌 것'은 우상에 대한 표현이다. 이 우상을 스승으로 알고 그것으로부터 교훈을 얻고자 했고, 그것을 신으로 믿고 의지하며 숭배했다. 지금은 새긴 우상이 아니라 할지라도 자기를 인생의 최정점에 놓고 자기신격화에 급급하지 않는가. 자기를 최고의 기준으로 삼고 남을 판단하고 있지 않는가.

하나님은 말씀하신다. "우상은 거짓스승이다. 우상에 무엇이 유익한 점이 있겠느냐?"(18절) 우상은 아무 도움을 줄 수 없다. "그것에 무슨 생기가 있겠느냐?"(19절) 생명이 없는 우상에게 도움을 청하는 것 자체가 어리석다. 믿을 만한 점이 도무지 없다. 그런데도 그것을 숭배하는 것은 하나님을 모독하는 것이다. 바벨론은 우상숭배로 망할 것이다. 하나님보다 자기를 숭상하는 사람도 마찬가지다.

우리가 섬겨야 할 분은 오직 하나님 한 분뿐이시다. 20절은 그 사실을 명확하게 드러낸다. "오직 여호와는 그 성전에 계시니 온 천하는 그 앞에서 잠잠할지니라" 하나님을 대적하는 것은 자멸을 초래할

뿐이다. 우리에게 생명을 주실 수 있는 분은 오직 하나님이시다. 우리는 그의 뜻에 순종해야 한다. 순종할 때 우리를 구원의 길로 인도하신다.

하나님의 대답 3: 의인은 그 믿음으로 말미암아 살리라

하나님은 "그러나 의인은 그 믿음으로 말미암아 살리라"(4절)는 결론적인 답을 주셨다. 여기서 의인은 하나님의 사람을 말한다. '그 믿음으로'는 하나님을 믿는 믿음이다. 우상도 아니요 세상도 아니며 자기 자신도 아니다. 오직 하나님을 전적으로 신뢰하는 것이다. 4절의 원문은 "그의 믿음으로써 된 의인은 살리라"이다. 이 말씀은 "믿음으로 의롭다 함을 얻는다"(롬1:17;갈3:11)는 바울의 이신득의와 맥락을 같이한다. 루터는 이 말씀에 영향을 받아 교황의 잘못된 행동을 담대히 지적할 수 있었다.

"의인은 그 믿음으로 말미암아 살리라"는 말씀은 무슨 뜻인가? 첫째, 믿음으로 의인된 자는 살게 된다는 것이다. 믿음이 구원의 통로가 되는 것이다. 둘째, 의인은 하나님을 믿고 참으며 산다. 하나님을 믿는 자는 참으며 하나님의 때를 기다려야 한다. 그때는 하나님이 공의로 심판하는 때이다. 하박국은 여기에서 자기의 질문에 대한 답을 얻었다. 이 세상에서 악인이 아무리 판을 친다 해도, 불의한 자가 이 땅에서 잘되는 것 같아 보이지만 결국 하나님의 심판 앞에서 밝히 드러날 수밖에 없다. 자기 입이 그 죄를 스스로 드러내고, 하나님께서도 그 죄를 밝히 아시고 판단하신다. 셋째, 의인은 진실함과 충성함으로 산다. 본문 각주를 보면 '진실함으로'라 명시되어 있다.

믿음으로 의롭다 함을 얻은 사람은 계속 믿음으로 살아야 한다. 믿음은 하나님을 전적으로 신뢰하는 삶이요, 예수 그리스도 없이는 한시도 살 수 없다고 고백하는 삶이다. 믿음은 구원의 시작이자 완성이다. 구원에 절대 필요하다.

하박국은 그의 궁금증에 대한 갈증을 풀고 하나님께 기도했다. 하박국 3장 모두 그의 기도문이다. 주의 백성을 치심은 주의 백성으로 깨닫도록 하심이다. 하나님께 돌아오도록 하심이다. 악인은 심판을 받을 것이며 주님께서는 주를 의지하는 백성을 구원하신다. 그는 구원의 기쁨을 이렇게 노래한다.

"비록 무화과나무가 무성치 못하고 밭에 식물이 없으며 외양간에 소가 없을지라도 나는 여호와를 인하여 즐거워하며 나의 구원의 하나님을 인하여 기뻐하리로다 주 여호와는 나의 힘이시라 나의 발을 사슴과 같게 하사 나로 나의 높은 곳에 다니게 하시리로다"(합3:17~19)

비록 지금 내가 가진 것이 없고, 열거한 이 모든 것이 없을지라도 하나님만 있으면 된다는 고백이다.

지금 악이 횡행하고, 악인이 잘 살고, 악인이 세력을 누리며 의인이 고통당한다고 생각하고 삶이 불공평하다고 생각하는가? 그리스도인이 되어 더 어려움이 많고, 세상 살기 쉽지 않다고 푸념한 적은 없는가? 오늘의 하박국은 얼마든지 있다.

그럴 때 하나님은 말씀하신다. 때가 이르리니 말씀대로 정녕 이루리라. 하나님의 공의로운 심판 앞에서 악인의 죄는 피할 길이 없다. 이 모든 것을 하나님께서 주관하신다는 확고한 믿음 위에 설 때 우리는 구원을 얻을 수 있고 기쁨을 얻을 수 있다. 그래서 주 여호와는 우리의 힘이 된다. 하나님은 말씀하신다. "이 묵시는 정한 때가 있나니 비록 더딜지라도 기다리라 정녕 응하리라. 의인은 그 믿음으로 말미암아 살리라" '그 믿음'을 든든히 붙잡고 주님과 함께 승리하기를 기원한다.

6. 약할 때 강함 주시는 하나님과 다시 일어선 엘리야

인간은 약하다. 성경은 아담, 아브라함을 비롯하여 노아, 다윗 등 많은 믿음의 선조들이 잘못했음을 숨기지 않고 파헤쳐 교훈하고 있다. 하나님은 엘리야를 향해서도 "네가 어찌하여 여기 있느냐?"(왕상 19:1~5, 8~10) 하셨다. 엘리야의 약함, 그것은 인간의 모습이다.

열왕기상 18장은 갈멜산 상에서 바알 선지자들과 경쟁하여 이기는 모습이 소개되어 있다. 그는 하나님의 권능과 임재를 체험했다.

아합이 바알을 섬기고 하도 말을 듣지 않자 비가 오지 않도록 기도했다. 3년 6개월 동안 비가 오지 않았다(약5:17). 나아가 그는 기도의 힘으로 비를 오게 했다.

열왕기상 19장은 엘리야가 이세벨을 피하여 호렙산으로 도망한 사건을 기록하고 있다. 18장의 사건은 이세벨의 분노를 샀다. 바알 선지자들을 죽였기 때문이다. 이세벨은 이스라엘 아합 왕의 아내로 시돈 왕 엣바알의 딸이자 철저한 바울숭배자, 아세라 신 숭배자였다. 바알은 '주인, 남편'이라는 뜻을 가지고 있으며 풍년을 가져다주는 신이다. 이스라엘은 여호와를 광야의 신으로, 농사와 관계없다고 생각해 비가 오지 않으면 더욱 바알을 섬겼다. 아세라 신은 아스다롯, 아나트와 함께 가나안 3대 여신 가운데 하나다. 아세라는 풍요, 다산, 사랑, 쾌락의 여신이다. 바알이나 아세라 모두 풍요와 연관되어 있어 이것들을 섬기게 되었다. 이세벨은 엘리야에 관한 이적을 듣고서도 하나님을 두려워하기보다 엘리야를 죽이고자 했다. 이세벨이 진리에 대해 얼마나 눈이 멀었는가를 보여 준다.

이 사건에 앞서 이세벨은 평소 하나님의 선지자들을 죽였다. 엘리야는 수배 대상이었다. 그런데 그가 아합 왕에게 나타나 왕이 바알을 섬긴 것을 책망하였다. 왕이 엘리야를 향해 '이스라엘을 괴롭게 하는 자'(왕상18:17)라 했지만 엘리야는 오히려 왕을 향해 "내가 아니라 당신이라" 했다. 18장에서 엘리야는 매우 용기가 있다. 그러나 19장에서의 엘리야는 아주 대조적이다. 그가 얼마나 약해 있는가와 함께 하나님께서 그를 어떻게 일으켜 세우시는가를 살펴보자.

일어나 그 생명을 위하여 도망하여(3절)

이세벨이 사람을 보내 "내가 내일 이맘때에 네 생명을 취하리라 그렇지 아니하면 신이 나에게 벌을 내리리라"(2절) 하였다. '신이 나에게 벌을 내리리라'는 말은 사람을 저주할 때 사용하는 말이다(삼상3:17). 너를 꼭 죽이고야 말겠다는 의지와 저주의 표현이다. 이세벨은 왕비였고, 그는 무엇이든 할 수 있는 위치에 있었다. 그의 남편 아합 왕은 그녀의 손에 잡혀 있어 아무도 그를 말릴 수 없었다.

엘리야는 이세벨의 성품과 기질을 잘 알고 있었다. 한 번 말하면 그대로 이행한다. 엘리야는 그 여인의 저주와 위협 앞에 떨다 못해 도망하기로 결심했다. 인간이 생명의 위협을 느끼면 거짓말을 하든지 도망을 한다. 아브라함과 베드로는 거짓말을 했고, 모세는 도망을 했다. 이것은 인간이 얼마나 연약한 존재인가를 보여 준다. 성경은 갈멜산에서 놀라운 승리를 보여 준 그가 일어나 그 생명을 위하여 도망했다고 기록하였다. 그도 모세처럼 도망의 방법을 택한 것이다.

한 여인의 협박에 떨고 있는 그의 모습은 갈멜산에서의 당당한 모습과 대조된다. 그래서 야고보는 엘리야도 우리와 성정이 같은 사람(약5:17)이라 했던가. 그는 목숨을 부지하기 위해 도망했다. 하나님보다 자신의 생명을 생각했다. 순교가 아닐 비겁하게 도망의 길을 택했다. 위대한 신앙인이라 해서 한결같이 강한 것은 아니다. 우리의 신앙은 하나님께 의지하고, 그분이 함께하실 때만 강해질 수 있다. 하나님보다 문제를 크게 보기 시작할 때 문제는 더 커 보이고 우리는 그만큼 더 약해진다.

죽기를 구하여

엘리야는 허무감·허탈감·좌절감에 빠졌다. 그는 세상을 비관하고 죽기를 간구했다. 선지자로서 얼마나 우둔한 기도인가. 그러나 인간인 그로서 더 이상 피할 곳이 없었다. 물론 하나님께 피해야 한다고 말하기는 쉽다. 하지만 우리는 쉽게 세상에서 도피처를 찾는다. 이웃나라 유다도 피할 곳이 못 되었다. 당시 유다 왕 여호사밧은 비록 선량한 왕이기는 했지만 아합 왕과 동맹관계를 맺고 있어 잡히면 죽게 된다. 그는 광야를 택할 수밖에 없었다.

그는 자기 사환을 유다 최남단인 브엘세바에 남겨 두고 광야로 들어갔다. 하루쯤 들어가 한 로뎀 나무 아래 앉아 죽기를 간구했다. "여호와여 넉넉하오니 지금 내 생명을 취하옵소서 나는 내 열조보다 낫지 못하니이다"(4절), '넉넉하오니' 선지자의 길이 얼마나 힘들고 고통스러운 것인가를 보여 준다. '나는 내 열조보다 낫지 못하니이다' 이 말은 "내 조상보다 고난을 견딜힘이 부족한 나에게 왜 이 시련을 주시나이까?"라는 하소연이 담겨 있다. 탄식의 소리다. 하나님의 도우심을 구해야 할 그, 피해야 할 곳은 오직 여호와인 줄 안 그가 이 절박한 순간에 오히려 하나님을 원망하고 있는 것이다.

이처럼 약하고, 보잘 것 없는 엘리야의 모습 속에서 우리는 무엇을 배워야 하는가? 엘리야가 강했던 것은 하나님의 권능 때문이었다는 것과 인간은 무력하다는 것이다. 우리도 때론 로뎀 나무 아래 앉아서 좌절하고, 부서진 모습을 보여 주고 있지 않는가? 한 여인의 위엄이 하나님의 위엄보다 크고 강한가? 그는 죽는 것이 두려워서, 목숨을 부지하기 위해 도망했으면서도 너무 염치없게도 하나님을 향해서는 죽고 싶다 거짓말하고 있다. 엘리야는 얼마나 이율배반적인가.

우리라고 이러한 엘리야보다 나은 것은 없다. 성경은 엘리야의 약한 모습을 통해서 우리 자신을 발견하도록 한다. 너 자신도 별 수 없는 인간이라는 것을 가르쳐 주고 있다. 하나님은 지금도 우리의 약함을 인식하고, 하나님께 돌아오도록 하신다.

사십 주 사십 야를 행하여

엘리야는 40주 40야를 가 하나님의 산 호렙에 이르렀고, 그곳 굴에 들어갔다. 숨어 살기로 결심한 것이다. 40주 40야는 밤낮을 가리지 않고 도망했음을 말한다. 모세는 하나님의 법을 받기 위해 40일 호렙산에 있었고, 예수님은 시험을 이기기 위해 40일을 금식하셨으며, 엘리야는 살기 위해 40일간 도망했다. 하나님의 산이란 이방인들에게는 두려움을 주는 산이라는 의미다. 그는 목적지를 호렙산으로 정했다. 그것은 하나님이 정하신 것이 아니다. 지리적으로 멀고, 사람이 함부로 가까이 못 할 산을 의지한 것이다. 차마 이곳까지 따라오지 못할 것으로 생각한 것이다. 굴에 들어가 숨어 있는 엘리야. 갈멜산에서의 당당한 엘리야의 모습과는 얼마나 비교가 되는가.

그때 하나님은 엘리야를 찾으셨다. "엘리야야, 네가 어찌하여 여기 있느냐?" 9절과 13절에 이 물음이 반복된다. 두 번이나 물으신 것이다. 하나님이 호렙산을 찾아온 것을 탓하는 것은 아니다. 여인이 두려워 피했다는 사실이 가슴을 아프게 한다. 하나님이 그를 찾으시는 것은 "하나님의 선지자인 네가 왜 이세벨을 피하여 비겁하게 도망했느냐? 결정적인 순간에 왜 하나님을 의지하지 못하는가?" 책망하는 뜻이 담겨 있을 것이다. 그 책망은 우리에게도 들린다. 우리도 종종 하나님을 전적으로 의지하지 못하고 세상을 향해 소리치지도 못하면서 호렙산으로 숨기 때문이다.

오직 나만 남았거늘

그러나 그의 대답은 너무 자기 변호적인 것이었다. 인간적인 변명일 수 있지만 그 속엔 이기성이 깊게 담겨 있다. 엘리야는 먼저 자기를 내세운다. "나는 여호와를 위하여 열심히 특심하오니" 이 말이 10절과 14절에 반복된 것을 보면 자기에 대한 확신이 강한 것을 알 수 있다. 이것은 "제가 하나님을 위해 열심히 일해 오지 않았습니까? 하나님은 아시지 않습니까?"라는 말과 다름이 없기 때문이다. 이 말은 자기를 위한 공치사이다. 그는 지금 하나님을 위해 열심히 특심하여 이 산에 숨어 있는가? 열심히 특심하다면 지금 굴에 숨어 있는 대신 오히려 자신을 해하려는 이세벨에 맞서야 하지 않는가?

나아가 그는 "오직 나만 남았거늘"(10, 14절)이라 했다. 바알을 추종하는 이스라엘 자손들이 하나님의 선지자들을 죽이고 이제 자기만 남아 있다고 말하는 엘리야, 모두 바알에게 무릎을 꿇었는데 오직 자신만 홀로 믿음을 지켰다고 말하는 엘리야, 그는 자신을 과신하고 있었다. 그는 지금 죽음의 위협 앞에서 혼비백산한 자신의 모습을 합리화하고 있다.

바알에게 무릎 꿇지 않은 7천을 남겨 놓으신 하나님

그때 하나님은 말씀하셨다. "내가 이스라엘 가운데 바알에게 무릎을 꿇지 아니하고 바알에게 그 입을 맞추지 아니한 7천 인을 남겨 놓았다"(18절) 이 말씀을 문자적으로 보면 타락이 극심한 시대에도 하나님은 신실한 7천 명의 남은 자를 보호하시고 계셨음을 알 수 있다. 상징적으로 보면 7은 완전한 수를 의미하고, 천은 많음을 상징하므로 하나님은 믿음을 지키는 많은 사람들을 남겨 두셨음을 알 수 있다. 이 말씀에 그는 우선 놀라움과 함께 자신을 합리화하려 했던 자신이 부끄러웠을 것이다.

나아가 하나님은 그에게 하나님의 능력이 얼마나 큰가를 보여 주셨다. 크고 강한 바람이 산을 가르고 바위를 부수며 바람 후에 지진이 있게 하셨다(11절). 하나님의 엄위하신 능력이 인간의 힘을 가르고 교만을 부수며 우리의 죄를 근본적으로 뒤집고 흔들어 깨우치시는 것이다. 하나님은 왜 이것을 보여 주셨을까? 이것은 하나님이 이

세벨보다 강하고, 아합보다 강하니 인간을 두려워하지 말고 하나님의 능력을 믿고 나가라는 것이다. 또한 우리의 잘못된 생각, 교만한 마음을 깨뜨리라는 것이다.

하나님은 엘리야에게 앞으로 해야 할 일에 대해 언급하셨다. 사명을 주신 것이다. "다메섹에 가서 하사엘에게 기름을 부어 아람 왕이 되게 하라 예후에게 기름을 부어 이스라엘 왕이 되게 하라 엘리사에게 기름을 부어 너를 대신하여 선지자가 되게 하라"(15, 16절) 두 왕과 선지자를 바꾸는 일이다. 하사엘은 전쟁의 칼이 되었다. 엘리사로부터 기름부음을 받은 다음 아합 왕가를 무찌르는 세력이 되었다. 예후는 정의의 칼이 되었다. 우상숭배를 장려한 아합 왕가를 철저히 파멸시켰기 때문이다. 그리고 엘리사는 엘리야로부터 기름부음을 받고 선지자가 되었다. 왜 '너를 대신하여'라고 했을까? 하나님의 말씀보다 이세벨의 위협을 더 두려워한 선지자의 잘못이 있었기 때문이다. 이것은 엘리야 시대의 막이 내렸음을 의미한다.

하나님의 산 호렙에서 하나님을 만난 후 엘리야는 달라졌다. 자신의 잘못됨을 크게 깨달았다. 그는 숨어 있던 굴을 나와 이스라엘로 들어갔다. 사밧의 아들 엘리사를 만나 자신을 좇게 하였고, 사마리아에 내려가 아합 왕을 만나 그의 멸망을 담대히 예언하였다. 하나님에 대한 신뢰가 다시금 살아났기 때문이다.

엘리야는 강해 보이지만 연약한 부분도 있었다. 갈멜산에서 그는 강한 자로 등장한다. 그러나 이세벨의 위협 앞에서 그는 너무도 초라했다. 오죽하면 도망하면서 죽기를 간구했을까. 그의 마음속에 전능하신 하나님은 어디에 갔을까? 안타깝기 그지없다. 그러나 호렙에서 다시 하나님을 뵙고 난 후 달라졌다. 엘리야는 더 이상 로뎀 나무 아래 있지 않고, 호렙산 굴에도 있지 않다. 담대히 이스라엘에 들어가 자기의 목숨을 찾는 아합 왕을 만나 죄를 지적하고 회개를 촉구했다. 선지자다운 모습으로 다시 돌아온 것이다. 지금 나는 어디에 있는가? 로뎀 나무 아래서 죽기를 간구하고 있지는 않는가? 그 나무 아래서 잠을 자고 있지 않는가? 40일 밤낮 광야 길로 도망하고 있지 않는가. 호렙산 굴속에서 숨어 있지 않는가? 하나님은 지금 우리에게 물으신다. "네가 어찌하여 여기 있느냐?" 약할 때 강함 주시는 하나님을 의지하라. 다시 일어선 엘리야를 보라. 이제 우리가 움직일 때다.

7. 하나님의 나아만 변화 작전

단순한 치병사건을 넘어서

열왕기하 5장은 하나님이 이방의 군대장관 나아만을 어떻게 변화시키고, 어떻게 들어 사용하시는가를 보여 준다. 이방에 구원이 이른 것이다. 예수님도 이 사건을 두고 말씀하신 바 있다. "선지자 엘리사

때 이스라엘에 많은 문둥이가 있었으되 그중에 한 사람도 깨끗함을 얻지 못하고 오직 수리아 사람 나아만뿐이니라"(눅4:27) 이것은 단순한 치병사건이 아니다. 엘리야의 대표적 사건이 갈멜산에서 바알 신봉자를 처단한 사건이라면 엘리사의 대표적 사건은 림몬 신봉자를 하나님의 사람으로 만드는 사건이다. 당시 이스라엘의 신앙에 문제가 있었다. 하나님에 대한 전적인 신뢰가 부족했기 때문이다. 하나님은 이 사건을 통해서 하나님을 참으로 인식하고 하나님만을 경배하는 것이 우리가 해야 할 일임을 가르쳐 주고 있다.

당시 역사적 상황과 선지자 엘리사의 스타일

당시 요단강 동북부에서부터 티그리스, 유프라테스 유역까지 관장한 아람 왕은 벤하닷 2세였다. 그는 셈 계통으로 나홀의 자손이었다. 이스라엘의 왕은 아합 왕의 아들 여호람이었다. 아합은 길르앗 라못에서 가진 아람과의 전투에서 전사했다. 아람과 이스라엘은 자주 부딪혔다.

당시 선지자는 엘리사였다. 그는 갈멜산 또는 사마리아 성읍에 거처를 삼고 활동했다. 그는 스승 엘리야와 다른 방법을 사용했다. 엘리야는 투쟁적 인물이어서 극한투쟁을 벌인 다음 광야로 도망 다니는 스타일이었다. 이에 반해 엘리사는 극한투쟁을 피하는 스타일이었다. 왕들과 자주 왕래했을 뿐만 아니라 사람들의 요구에 따라 병을 고치거나 불쌍한 사람을 돕는 등 일상에 관계되는 일을 많이 했다.

나아만은 누구인가

성경은 나아만을 아람 왕의 군대장관으로 '크고 존귀한 자'라 하였다. 당시 아람은 주변을 휘어잡던 나라였다. 그 나라의 군대장관이라면 대단한 존재가 아닐 수 없다. 여기서 '크고 존귀한 자'란 두 가지로 해석이 가능하다.

첫째, 세상의 눈으로 볼 때 지위와 명예가 있다는 것을 말해 준다. 그는 앗수르와의 전투에서 큰 공을 세웠다. 이 전투를 성공으로 이끈 사건을 두고 성경은 "이는 하나님께서 전에 저로 아람을 구원케 하셨음이라"(1절) 하였다. 이 전투에서 하나님의 간섭과 섭리가 있었다는 것이다. 이것은 하나님이 이스라엘뿐만 아니라 세상나라를 주관하신다는 것을 보여 준다. 이로 인해 그는 큰 용사가 되었다. 무훈이 그를 존귀한 자의 반열에 올려놓았고, 그는 그 나라 왕이나 백성들로부터 사랑을 받게 되었다. 세상의 인기를 누리게 되었다. 이것이 그를 교만하게 만들었을 것이다.

둘째, 복음의 눈으로 볼 때 그에 대한 전도가 매우 중요하다는 것을 암시한다. 예를 들어 주님이 바울 한 사람을 택하셨을 때 이방이 어떻게 변하게 되었는가를 보면 알 수 있다. 중요한 위치에 있는 인물이 복음을 받게 되면 그 영향력이 크게 작용할 수 있다.

그러나 그는 문둥병에 걸려 있었다. 이 병은 당시엔 최고의 불치병으로 죽을병 취급을 받았다. 이것은 하나님께서 그에게 주신 시련이었다. 결국 하나님을 찾게 만들었다. 우리가 당하는 시련, 육신의 아픔도 우리로 하여금 보다 하나님께 가까이 나아가도록 만들어 준다는 점에서 영적인 성장을 가져오는 기회가 된다. 그의 병은 몸 전체에 퍼진 것이라기보다 국부적이었던 것으로 보인다. 11절에 '당처 위에 손을 흔들어'라고 말하고 있는데, 당처는 헌데가 생긴 바로 그 자리를 의미하기 때문이다.

복음의 때가 찼다

2절에서 4절은 아람 나라에 복음 전할 때가 찼음을 보여 준다. 당시 이스라엘은 아람을 미워해 선교사를 파송하지 않았다. 그러나 하나님은 아람으로 하여금 떼를 지어 선교사를 사로잡아 가게 하셨다 (2절). 그 선교사 중 하나가 바로 2~3절에 소개되는 한 작은 계집 아이다. 길르앗 라못 전투 이후 아람과 이스라엘은 국경지대에서 자주 사소한 싸움을 벌여 왔다. 그는 아람 사람들에게 포로가 된 이스라엘 여인으로, 나아만 부인에게 수종하는 일을 맡았다. '한 작은 계집 아이'라 한 것은 아람에서의 천한 지위를 의미한다. 그러나 그 여인은 작은 여선교사로서의 역할을 잘 수행했다.

이 여인이 한 일은 "하나님을 믿으라" 적극적으로 전도한 것이 아니다. 그가 할 수 있는 전도는 고작 "우리 주인이 사마리아에 계신 선지자 앞에 가시면 좋겠습니다. 병을 고칠 수 있을 것입니다"며 하나님의 선지자 엘리사를 소개한 것이 전부다. 그것도 직접 전하지 못하고 자기 상관인 주모에게 자기 생각을 피력했을 뿐이다. 그러나 역사는 이 작은 소신, 곧 전도에서 시작된다. 여인은 하나님과 하나님의 사람 엘리사를 신뢰했다. 그것은 그저 해 본 말이 아니다. 어쩌면 죽음을 각오한 선언일 수 있다. 왜냐하면 나아만이 가서 고치지 못하고 돌아올 경우 먼저 죽어야 할 당사자이기 때문이다.

그녀는 지금까지 수종만 들었던 생활에서 변화의 중요한 조역으로 등장했다. 그는 포로의 어려운 삶에 좌절하지 않고, 그 가운데서도 하나님의 사람으로서 자기의 역할을 찾아냈다. 우리의 작은 전도, 외침, 조역이 앞으로 어떤 변화를 일으킬지 어찌 알리. 따라서 우리의 역할을 절대 과소평가해서는 안 된다.

이 기쁜 소식이 주모를 통해 나아만의 아내, 나아만, 그리고 아람 왕에게까지 전달되었다. 이것은 전달과정에서 위계가 잘 지켜졌음을 보여 준다. 왕에게 보고되고 승낙을 얻었다.

믿고 준비했다

5~6절은 믿고 준비했음을 보여 준다. 나아만은 여종의 "고치리이다"라는 기쁜 소식을 듣는 즉시 믿고 움직였다. 이것은 신앙생활에도 기민성이 필요하다는 것을 보여 준다. 아브라함도 이삭을 바치라는 명령 앞에 아침 일찍 떠나지 않았던가. 이것은 얼마만큼 순종의 도가 큰가를 보여 준다. 우리도 지체하지 않는 신앙이 필요하다.

'고치리이다'는 히브리말은 '아사프'다. 이것은 '다시 받다'는 뜻을 가지고 있다. 이스라엘에서는 문둥병자를 성읍 밖으로 쫓아낸 다음 병이 나으면 다시 받으므로 이 단어를 사용했다. 다시 정상으로 돌아올 수 있다는 기쁨이 얼마나 컸을까? 하나님은 그로 하여금 그 히브리 여종의 말을 귀담아 듣게 하셨고, 또 그의 마음을 움직이게 하셨다. 나아만을 빨리 하나님의 사자 엘리사 앞으로 가도록 하신 분은 바로 하나님이시다.

나아만은 왕의 허락을 얻어 냈다. 왕은 이스라엘 왕에게 보내는 친서까지 가지고 가게 했다. 그는 또한 빈손으로 가지 않았다. 고침을 받으면 감사의 표시로 주고자 은 10달란트, 금 6천 개, 의복 10벌은 준비했다. 이것은 그가 얼마만큼 병 나음을 간절히 원했는가를 보여 준다. 병 걸렸을 땐 "이번만 낫게 해 주신다면" 기도했다가 병 나으면 잊어버리는 우리의 빈 약속과는 차원이 다르다.

믿음 없는 이스라엘 왕의 모습

6절과 7절은 믿음 없는 이스라엘 왕의 모습을 잘 나타내고 있다. 믿음으로 나온 이방인들과 그들 앞에서 신앙 없는 모습 보여 주었다는 점에서 매우 대조적이다.

아람 왕은 친서에서 "내 신하 나아만을 당신에게 보내오니 당신은 그 문둥병을 고쳐 주소서"라 하였다. 이스라엘의 여호람 왕은 그 글을 읽고 자기 옷을 찢었다. "내가 하나님도 아닌데 어떻게 사람을 살리고 죽일 수 있는가, 어떻게 이 문둥병을 고치라 하느냐. 이것은 필시 꼬투리를 잡으려는 것이 분명하다" 생각했기 때문이다.

이 모습은 이스라엘에 참선지자가 있다는 말을 듣고 온 나아만 앞에서 믿음 없음을 그대로 노출한 사건이다. 자신도 말했듯이 "내가 하나님도 아닌데"라 했으면 하나님께 간구하는 모습을 보이던지, 선지자 엘리사를 찾아야 했다. 이 사건은 이스라엘의 신앙에 문제가 있음을 보여 준다. 하나님을 전적으로 의지하지 않았고, 하나님께 간구하는 자세가 결핍되었다. 우리는 이런 상황에서 어떤 태도를 취할까? 하나님께 나아갈까? 아니면 내 힘으로 해결하려 들까?

왕이 어찌하여 옷을 찢었나이까

8절에서 10절은 이스라엘 왕에 대한 엘리사의 요구가 적혀 있다. 선지자 엘리사가 왕의 행태에 적지 아니 실망했기 때문이다. 그는 단호히 질책했다. "왕이 어찌하여 자기 옷을 찢었나이까?" 왕의 불신앙적 태도를 책망한 것이다. 그리고 요구한다. "그 사람을 내게로 오게 하소서. 저가 이스라엘 중에 선지자가 있는 줄을 알리이다" 하나님의 사람으로서 얼마나 자신감이 넘치는 말인가. 두려움에 떠는 왕과는 대조적이다. 이 자신감은 하나님에 대한 전적인 신뢰에서 나온 것이다. "하나님이 함께하시면 고치지 못할 병은 없다"

나아만 일행이 위엄 있는 모습으로 말과 병거를 이끌고 엘리사

집문 앞에 도착했다. 보통사람 같았으면 그 위엄에 눌렸을 것이다. 그러나 엘리사는 나와 보지도 않고 심부름하는 종을 보냈다. 엘리사가 직접 나와 자기를 맞을 줄 알았던 나아만의 예상은 빗나갔다.

엘리사는 나아만의 교만을 알았다. 그가 병이 낫기를 원한다면 그 자신부터 먼저 깨어져야 한다는 것을. 그 교만은 그 자신이 가진 육체적인 병보다 더 고질적인 것이었는지 모른다. 자기고집이 고질화되면 하나님까지도 무시하게 되므로.

나아만의 진짜 병은 교만이었다

11절과 12절을 보면 나아만의 진짜 병은 교만이었음을 알 수 있다. 그는 문 앞에 나와 보지도 않은 엘리사의 태도와 "너는 가서 요단강에 몸을 7번 씻으라. 네 살이 여전하여 지리라"(10절)는 말에 불만이 가득했다. "내가 누군데 감히. 뭐 요단강에 가서 씻으라고!"

나아만은 몸을 돌이켜 분한 모양으로 그 자리를 떠났다. 그러면서 말했다. "내 생각에는 저가 내게로 나아와 서서 그 하나님 여호와의 이름을 부르고 당처 위에 손을 흔들어 문둥병을 고칠까 했도다" 나와서, 하나님 이름을 부르고, 손을 흔들어 고칠 것을 기대한 그. 이것은 그가 얼마나 마술적인 치료방법을 생각했는가를 보여 준다. 자기 나라에서처럼 일종의 미신적 신앙행태를 기대한 것이다. 하지만 엘리사는 나아만으로 하여금 말씀을 의지하는 신앙을 가르치고자 했다.

나아만은 또 말한다. "다메석 강 아바나와 바르발은 이스라엘 모든 강물보다 낮지 아니하냐 내가 거기서 몸을 씻으면 깨끗하게 되지 아니하랴” 그는 엘리사의 말을 무시하고 분개했다. 아바나는 제베다니 남쪽 고원에서 발원하여 다메석까지 흐르는 강으로, 오늘의 바라다 강이다. 바라다는 ‘차가운’이라는 뜻을 가지고 있다. 그리고 바르발 강은 헬몬산 남쪽에서 발원하여 다메석 남쪽 평야나 하이야니 호수로 흘러들어 간다. 이 강 모두 아름답고 깨끗하고 투명하다. 이스라엘 강들과는 비교가 되지 않는다. 대표적인 요단강은 진흙 색깔을 띤 혼탁한 강물이 아닌가.

13절을 보면 나아만을 돌이키는 데 그 종들의 역할이 컸음을 알 수 있다. 종들이 나와 간청한 것이다. “내 아버지여, 선지자가 당신을 명하여 큰일을 행하라 하였더면 행치 아니 하였으리이까 하물며 당신에게 이르기를 씻어 깨끗하게 하라 함이리이까” 입원을 하라 했어도 했고, 수술을 하라 해도 했어야 하는데 이에 비해 이것은 너무나 작은 일 아닌가. “그러니 마음을 고정하옵소서. 화낼 일이 아니듯 하옵니다” 바르게 조언했다. 나아만은 종들을 잘 만났다. 이것은 부하의 역할이 얼마나 중요한가를 보여 준다.

나아만이 순종했을 때

나아만이 회개하고 순종했을 때 그는 놀라운 이적을 체험했다. 그는 우선 말에서 내려왔다. 이것은 부하의 조언을 겸허히 받아들였음을 의미한다. 낮아지고 겸손해진 것이다. 이것은 그가 변화했다는 증표이다.

나아가 그는 하나님의 사람의 말대로 순종했다. 자기 옷을 벗었다. 교만의 옷을 벗은 것이다. 그리고 요단강 물에 7번 몸을 담고 씻었다. 바르지 못한 마음, 비뚤어진 시각, 죄악으로 더럽혀진 몸을 씻은 것이다. 6번만 담고 그만두었더라면 그는 낫지 못했을 것이다. 그러나 그는 참고 순종했다. 7번은 자신을 죽이고 또 죽이며 하나님 앞에 철저히 낮아짐의 수를 의미한다. 7은 완전수다. 완전히 낮아짐이다. 이러한 마음에 하나님께서 함께하신다.

그 결과 그는 고침을 받았다. 그의 살이 어린아이의 살과 같이 깨끗해진 것이다. 이것은 몸과 마음이 순수하게 고침을 받았음을 의미한다. 하나님은 이 과정을 통해 교만의 옷을 벗기고 겸손의 옷을 입히신 것이다.

깨끗한 몸이 되자 나아만은 엘리사를 찾았다. 그때서야 엘리사도 그를 만나 주었다. 나아만이 엘리사를 만나 얘기한 것을 보면 그가 결국 만난 것은 하나님이었음을 알 수 있다. 그는 엘리사 앞에서 다음과 같이 고백했다. 놀라운 신앙고백이 아닐 수 없다.

- "내가 이제는 이스라엘 외에는 온 천하에 신이 없는 줄을 아나이다"(15절) 신 인식을 바로 가진 것이다. 참된 신인식이다.
- "다른 신에게는 제사 드리지 아니하고 다만 여호와께 드리겠나이다"(17절) 오직 하나님께만 헌신하고 경배할 것을 다짐한 것이다.
- "내가 림몬의 당에서 몸을 굽힐 때 이 일에 대해서 하나님께서 당신의 종을 사유(용서)하시기 원하나이다"(18절)

림몬은 폭풍과 전쟁의 신으로 일종의 바알신이다. 그는 벤하닷의 부하로서 하지 않으면 안 될 일에 대해 미리 용서를 구한 것이다. 이제 하나님을 알고 섬기는 사람으로서 양심의 가책을 가진 것이다. 하나님을 향한 자신의 마음이 곧음을 아시고 이것만은 용서해 달라는 그의 간청은 그 자신 림몬의 전에 서게 될 때에도 하나님을 향한 마음을 잊지 않겠다는 것을 나타낸다. 하나님을 향한 충성의 고백이자 놀라운 고백이 아닐 수 없다. 나아만이라는 이름은 원래 '즐겁다'는 뜻을 가지고 있다. 이제 그의 마음에는 하나님을 아는 지식으로 충만하고 기뻤을 것이다.

우리는 지금 나아만의 병을 가지고 있지 않는가? 세상적으로 성공했다고 자만하고, 심중에 하나님은 더 이상 필요 없다 하고, 내가 최고다 하지 않는가. 하나님에 대해서 교만하고, 이웃에 대해서도 교만하고, 모든 것을 자기 위주로 생각하며 나의 만족, 나의 욕구 충족을 최우선으로 삼지 않는가. 우리는 모두 '나'라는 말에서 내려와야 한다. 말씀 앞에 보다 낮아지고 겸손해야 한다. 그리고 말씀에 순종하여 요단강물에 7번 씻어 내야 한다. 하나님의 강물, 말씀의 강물, 보혈의 샘물에 철저하게 씻고 또 씻어야 한다. 이같이 뼈를 깎는 철저함이 있을 때 주님은 우리를 고쳐 주신다. 무딘 살에 새살이 돋게 하시고 우리 영혼을 거듭나게 하신다. 주님은 이와 같이 고침을 주시는 분이시다. 우리는 나아만처럼 은혜 받을 자격이 있는 사람이 아니었다. 그러나 주님은 자신을 의지하는 자에게 손을 내밀고, 구원하고, 보호하며, 힘을 주신다. 우리를 변화시켜 새로운 사람으로 만들어 주신다. 이 하나님을 믿고 신뢰하라.

8. 불순종과 고범죄 벗어나기

고범죄, 하나님에 대한 의도적인 도전죄

요사이 사랑의 하나님만 말하고, 그저 입으로 예수님을 구주로 시인만 하면 천당 가는 것으로 쉽게 생각하는 경향이 있다. 그러나 하나님은 철저히 순종할 것을 요구하고, 참다운 신앙고백을 원하며, 더 높은 차원의 신앙생활을 바라신다. 하나님은 결코 불순종의 자식들을 안식으로, 젖과 꿀이 흐르는 땅으로, 하나님의 나라로 인도하지 않으신다. 그들이 회개하지 않는 한, 주님께 돌아오지 않는 한 회복될 수 없다. 그 보기가 광야 40년이다. 불순종하는 이스라엘은 모두 광야에서 죽었고, 순종하는 이스라엘만 가나안에 들어갈 수 있었다. 철저한 선별과정인 것이다. 이로 인해 출애굽한 이스라엘 가운데 여호수아, 갈렙, 그리고 광야에서 다시 태어난 사람들만 들어갈 수 있었다.

민수기 15장 29절에서 31절에 불순종의 예로 고범죄를 들었다. 29절에 이 죄는 '무릇 그릇 범죄한 자의 죄'다. '그릇'이란 '잘못된'(wrong)

으로 하나님에 대해 잘못되었음을 의미한다. 30절에는 '무릇 짐짓 행한 자의 죄'라 했다. 짐짓은 하나님에 대해 의도적이고 고의적인 범죄라는 말이다. 고의는 하나님의 말씀을 무시하고, 명령에 불복종한 것을 말한다. 부하가 상사의 명령을 듣지 않는 것도 문제인데 죄인이 하나님을 무시하고, 자신을 하나님의 자리에 앉혔다면 어찌 문제가 되지 않겠는가.

고범죄는 하나님에 대한 의도적 도전죄이다. 전쟁 수행 중 상사의 명령에 불복하면 군법에 처한다. 이순신도 명량해전 때 일본수군이 두려워 피할 구석만을 찾는 조선수군을 향해 군법에 따라 다스리겠다고 호통을 쳤다. 부모를 거역할 경우 집안에서 쫓김을 당하기도 했다. 현대에는 나이든 부모를 학대하거나 존손 상해 사건이 빈번하게 일어난다. 노인들이 자식이나 손자들로부터 폭행을 당한다는 뉴스도 종종 있다. 세상이 더 악해져 감을 느낀다. 하나님에 대해 이런 일이 벌어지는 경우 성경은 말한다. "그 백성 가운데서 끊어질 것이다" 하나님의 백성이 될 자격조차 없다는 말이다. 이 일을 결코 좌시하지 않겠다는 것이다. 우리는 하나님의 백성이요 그의 명령을 준수해야 할 그의 군사들이다. 결코 이런 죄에 빠져서는 안 된다.

차별 없는 법 적용

성경은 법 적용에 차별을 두지 않는다. "이스라엘 자손 중 본토 소생이든지 그들 중에 우거하는 타국인이든지 무릇 그릇 범죄한 자에게 대한 법이 동일하거니와"(민15:29) 법 적용의 개방성과 동등성에 관한 언급이다.

이스라엘의 개방성을 살펴보자. 이스라엘 민족 가운데는 이방인들이 끼어 있었다. 이들은 이스라엘 민족의 피를 가지고 있지는 않았지만 이스라엘 민족이 섬기는 여호와를 자기 하나님으로 삼은 사람들이다. 타국인이라 할지라도 여호와를 자기 하나님으로 삼는다고 고백하면 그 신앙고백에 따라 같은 믿음을 가진 형제로 받아들여 공동체 생활을 함께했다. 그러므로 이스라엘 공동체는 신앙의 공동체, 성도의 공동체, 그리고 오늘날의 교회적 성격을 가졌음을 알 수 있다. 그 가운데는 이스라엘의 지도자로 부각된 사람도 있다. 그 보기로 갈렙과 장군 우리아를 들 수 있다. 룻이나 라합처럼 믿음의 혈통을 이은 사람도 있다. 그러므로 이스라엘의 선민사상은 육적인 혈통만을 의미하는 것이 아니라 믿음의 혈통을 잇는 것이 그 기본임을 알 수 있다.

오늘날의 교회도 주를 그리스도로 고백하는 사람이면 누구나 교회 공동체의 일원으로 받아들인다. 그에게도 '택하신 족속이요 왕 같은 제사장이요 거룩한 나라요 그의 소유된 백성'임을 인정한다. 그가 할 일은 더 이상 어두운 곳에서 사는 것이 아니라 기이한 빛에 들어가게 하신 자의 아름다운 덕을 선전하는 일이다(벧전2:9). "너희도 산돌같이 신령한 집으로 세워지고 예수 그리스도로 말미암아 하나님이 기쁘게 받으실 신령한 제사를 드릴 거룩한 제사장이 될지니라"(벧전2:5) 이것은 이스라엘의 육적 혈통을 가진 사람만이 선민이 아니라는 뜻이다. 모든 성도들이 선민이며 아브라함의 후손들이다.

그들은 하나님으로부터 긍휼을 얻는 자이다. "너희가 전에는 백성이 아니더니 이제는 하나님의 백성이요 전에는 긍휼을 얻지 못하였더니 이제는 긍휼을 얻는 자니라"(벧전2:10) 그의 백성 됨에는 유대인뿐만 아니라 이방인 모두가 포함되어 있다. "그러므로 후사가 되는 이것이 (예수 그리스도의) 은혜에 속하기 위하여 믿음으로 되나니 이는 그 약속을 그 모든 후손에게 굳게 하려하심이라 율법에 속한 자(유대신자)뿐만 아니라 아브라함의 믿음에 속한 자(이방신자)에게도니 아브라함은 하나님 앞에서 우리 모든 사람의 조상이니라"(롬4:16) 유대인이 어떻게 생각하든 하나님은 아브라함을 세상 모든 사람의 조상으로 삼게 하셨다. 호세아서를 보자. "내가 나를 위하여 저를 이 땅에 심고 긍휼히 여김을 받지 못하였던 자를 긍휼히 여기며 내 백성 아니었던 자에게 향하여 이르기를 너는 내 백성이라 하리니 저희는 이르기를 주는 내 하나님이시라 하리라"(호2:23), '이 땅'은 유대만 가리키는 것이 아니라 온 세상을 가리킨다. 바울과 베드로는 이 말씀에 힘을 입어 이방선교를 추진했다(롬9:25;벧전2:10). 바울이 호세아의 글을 재인용하며 이방선교를 강조한 것을 보면 잘 알 수 있다. "호세아 글에 이르기를 내가 내 백성 아닌 자를 내 백성이라 사랑치 아니한 자를 사랑한 자라 부르리라"(롬9:25) 다음은 로마서에 나오는 여러 관련 구절들이다.

- "유대인이나 헬라인이나 차별이 없음이라 한 주께서 모든 사람의 주가 되사 저를 부르는 모든 사람에게 부요하시도다"(롬10:12)

- "누구든지 주의 이름을 부르는 자는 구원을 얻으리라"(롬10:13)

- "이사야가 이스라엘에 관하여 외치되 이스라엘 뭇 자손의 수가 비록 바다의 모래 같을지라도 남은 자만 구원을 얻으리니"(롬 9:27)
- "주께서 땅 위에서 그 말씀을 이루사 필하시고 끝내시리라 하셨느니라"(롬9:28)

'차별이 없음, 주의 이름을 부르는 자, 누구든지, 남은 자' 등은 그저 입으로만 "주여, 주여" 하는 자가 아니다. 혈통만 내우는 자는 더구나 아니다. 누구든 하나님을 향해 바른 신앙을 가진 자들만이 구원을 얻을 수 있다는 것이다. 주님은 이 말씀을 이루신다. 이처럼 성경은 열린 마음을 가지고 있다.

법 적용의 동등성에 대해 생각해 보자. 일단 여호와를 나의 하나님으로, 예수님을 나의 구주로 고백하는 성도가 되면 이스라엘인이든 이방인이든 모두 하나님의 법, 그리스도의 법을 따라야 한다. 그 법은 무엇보다 육체의 정욕을 제어하게 만든다. 제어하는 것은 그만큼 모범을 보이는 것이다. 모범을 통해 다른 사람들로 하여금 회개하고 주를 믿게 해야 한다.

- "사랑하는 자들아 나그네와 행인 같은 너희를 권하노니 영혼을 거슬러 싸우는 육체의 정욕을 제어하라"(벧전2:11)
- "그 후로는 다시 사람의 정욕을 좇지 않고 오직 하나님의 뜻을 좇아 육체의 남은 때를 살게 하려함이라 음란, 정욕, 술 취함, 방탕, 연락, 우상숭배, 이방인의 뜻을 좇아 행한 것이 지나간 때로 족하도다"(벧전4:2,3)

나아가 진리를 순종하게 한다. 말씀 순종이다. "너희가 진리를 순종함으로 너희 영혼을 깨끗하게 하여"(벧전1:22), "너희가 거듭난 것이 썩어질 씨로 된 것이 아니요 썩지 아니할 씨로 된 것이니 하나님의 살아 있고 항상 있는 말씀으로 되었느니라"(벧전1:23)

불신앙의 위험성

고범죄는 실수로 범한 것도 아니고 부지중에 범한 것도 아니다. 의도적이다. 일부러, 고의적으로 범한 것이다. 그래서 고범죄이다. 성경에서는 '짐짓' 범했다고 말한다. 민수기 15장 30절을 보자. "본토 소생이든지 타국인이든지 무릇 짐짓 무엇을 행하면 여호와를 훼방하는 자니 그 백성 중에서 끊쳐질 것이라" 고범죄를 범한 사람은 여호와를 훼방한 죄로 처단될 것을 말한다.

같은 장 31절에서도 계속된다. "여호와의 말씀을 멸시하고 여호와의 명령을 파괴하였은즉 그 죄악이 자기에게로 돌아가서 온전히 끊쳐지리라" 고범죄는 무엇보다 하나님의 말씀을 멸시한 것에서 문제가 발생한다. 자기 생각을 더 앞세우다 보니 하나님의 말씀은 항상 뒷전이다. 하나님의 명령을 의도적으로 파괴했다는 점에서 또한 문제가 된다. 그런 사람은 용서받지 못한다. 백성 중에서 끊쳐진다는 것은 죽어 마땅하다는 것이다.

고범죄의 한 예를 들어 보자. 민수기 15장 32절에서 36절에 안식일에 나무를 한 사람의 죽음에 관한 사례가 소개되어 있다. 안식일은 언약의 상징으로 안식일을 범하는 것은 심각한 죄이다. 하나님을 전적으로 기뻐하고 의지하는 삶에서 벗어나 있기 때문이다. 안식일에 나무를 한 것은 우선 안식일을 거룩하게 지키라는 하나님의 명령을 거역한 행위다. 나아가 불을 피우려 한 의도가 분명하다. 그는 계명을 어긴 죄로 돌로 쳐 죽임을 당한다. 오늘날의 기준에서 보면 심한 징벌일 수 있다. 하지만 당시 공동체를 일사불란하게 통제해야 할 입장에서 보면 당연할 수 있다. 더욱이 하나님이 엄히 내리신 명령인데.

이 문제에 대해 히브리서 4장은 이렇게 지적하고 있다. "그러므로 우리는 두려워할지니 그의 안식에 들어갈 약속이 남아 있을지라도 너희 중에 혹 미치지 못할 자가 있을까 함이라"(히4:1) 홍해를 건너왔다고 해서 모두 가나안 땅에 들어갈 수 있는 것은 아니다. 철저한 심사과정을 거쳐야 한다. '혹 미치지 못한 자'에는 복음 전함을 받기는 했으나 듣는 자가 믿음을 온전히 화합하지 아니한 자(히4:2)나 복음 전함을 먼저 받았지만 순종치 아니한 자들(히4:6)이다. 이들에 대해 하나님은 "내 안식에 들어오지 못하리라"(히4:5) 하셨다. 여기에는 광야생활에서 불순종한 이스라엘뿐만 아니라 현재 불순종하는 우리도 포함되어 있다. 이들은 하나님이 베푸시는 안식에 참여할 수 없다. 하나님의 안식은 창조 이래 그의 백성들에게 열려 있었다. 그러나 그들은 불순종으로 그것을 얻지 못했다. 하지만 순종하는 자는 안식에 참여한다. "이미 그의 안식에 들어간 자는 하나님이 자기 일을 쉬심같이 자기 일을 쉬느니라"(히4:10), "그러므로 우리가 저 안

식에 들어가기를 힘쓸지니 이는 누구든지 저 순종치 아니하는 본에 빠지지 않게 하려함이라"(히4:11)

그러므로 이것을 생각하라

이제 우리는 어떻게 해야 할 것인가? 첫째, 하나님의 법이 왜 있는지 생각해 볼 필요가 있다. 하나님의 법은 왜 있는가? 그것은 우리로 하여금 하나님의 뜻을 바로 따르기 위해서다. "내가 이 세대를 노하여 가로되 저희가 항상 마음이 미혹되어 내 길을 알지 못하는도다 하였고"(히3:10) 우리는 바른길, 주님의 길이 무엇인가를 염두에 두고 그 길로 가도록 노력해야 한다. 또한 그것은 하나님을 전적으로 의지하기 위해서 존재한다. 우리는 연약한 존재다. 우리는 자신의 연약함을 인정하고 그의 도우심을 항상 간구할 필요가 있다. 하나님의 법은 우리로 하여금 그분께 나아가도록 만든다. 하나님의 법은 하나님을 위해 있는 것이 아니라 우리를 위해 있는 것이다. 예수님도 안식일이 사람을 위해 존재한다 말씀하지 않으셨는가. 하나님의 사람이 그 법을 따르면 모두 유익을 얻는다.

둘째, 강퍅한 마음을 갖지 않도록 해야 한다. "오늘날 너희가 그의 음성을 듣거든 광야에서 시험하던 때와 같이 너희 마음을 강퍅케 하지 말라"(히3:7~8) 히브리서 4장 7절의 말씀은 다윗의 글에서도 언급된다.

셋째, 하나님으로부터 떨어질까 염려한다. "형제들아 너희가 삼가 혹 너희 중에 누가 믿지 아니하는 악심을 품고 살아 계신 하나님에게서 떨어질까 염려할 것이요"(히3:12)

끝으로, 예수 그리스도를 전적으로 신뢰한다. 예수님은 우리를 영원한 안식으로 인도하실 분이기 때문이다. "그러므로 함께 하늘의 부르심을 입은 거룩한 형제들아 우리의 믿는 도리의 사도시며 대제사장이신 예수를 깊이 생각하라"(히3:1)

죄를 시인하고 용서를 구하라.

하나님은 용서하신다. 용서 못 할 것은 없지만 문제는 철저한 회개가 있어야 한다는 것이다. 고범죄는 더욱 더 그렇다. 그 죄는 여호와의 금령을 어긴 죄요 여호와께 신실하지 못하여 범한 죄이기 때문이다. 레위기 6장에 따르면 고범죄를 지었더라도 죄를 지은 사람이 공개적으로 자기의 죄를 시인하고, 그 죄로 인해 피해자가 발생한 경우 그 피해자에게 손해를 배상한 다음 속건제를 드리면 죄를 용서받을 수 있는 규정이 있다(레6:1~17). 속죄제는 여호와의 금령을 범한 죄에 대해 속죄하기 위한 것이고, 속건제는 성물에 대한 죄, 사람들 사이의 죄에 대해 속죄를 비는 것이다. "제사장은 여호와 앞에서 그를 위하여 속죄한즉 그는 무슨 허물이든지 사함을 얻으리라"(레6:7) 그 속죄는 하나님 앞에서의 속죄다. 이를 위해서는 철저한 회개와 변화가 필요하다. 예수님은 "너희 죄가 주홍같이 붉을지라도 흰 눈처럼 희어지리라" 하셨다. 온전하게 깨끗하게 됨을 의미한다.

하나님은 우리를 그의 자녀로 삼으셨다. 그의 백성으로 선택된 것이다. 이것은 오로지 하나님의 사랑 때문이다. 우리가 자격이 있기 때문이 아니다. 우리의 혈통을 묻지 않으시고 예수님을 구주로 고백케 하시고 그의 자녀로 삼으셨다. 주님은 우리를 주님의 법에 따라 살게 하셨다. 이 법은 천국백성이 마땅히 지켜야 할 법이다. 마음과 뜻, 온 힘을 다하여 주 여호와 하나님만 섬기는 것이다. 그 법을 지킴으로 우리는 참된 안식과 자유를 누릴 수 있다. 그러나 우리는 때로 불순종을 보인다. 사단의 유혹을 받아 육체의 정욕을 따르게 된다. 사단은 지금도 두루 다니며 삼킬 자를 찾고 있다. 베드로는 말한다. "이방인의 뜻을 좇아 악을 행한 것이 지나간 때로 족하도다" 그만큼 했으면 많이 했다는 말이다. 이제는 돌아와야 한다. 우리는 회개하고 주님께 나아갈 때 용서함을 받을 수 있다. 주님만이 우리 죄를 사할 수 있는 분이다. 주님은 지금도 "오라 내가 너희를 편히 쉬게 하리라" 하신다. 오직 주님을 향해 겸손하게 나갈 때만 안식을 얻을 수 있다. 이제 주님만을 든든히 붙잡고 나갈 때다.

9. 무너진 관계, 주 안에서 회복하기

삶은 관계다. 우리는 태어나면서부터 관계를 맺으며 산다. 관계가 좋으면 기쁘지만 그렇지 않으면 고달파지기도 한다. 누구든 관계에서 완전한 사람은 없다. 부딪히면서, 깨어지면서, 아파하면서 죽기까지 배워 나가는 것이 관계다.

그리스도인은 인간관계를 넘어 하나님과의 관계를 먼저 바로 하고, 그 관계를 바탕으로 성도들 사이에 하나님 나라를 이뤄야 하는 책임을 가지고 있다. 이 관계는 세상의 관계와는 차원이 다르다. 그만큼 뛰어난 것이지만 이 땅에서 실현하기 어렵다는 문제도 안고 있다. 당신은 지금 하나님과의 관계, 이웃과의 관계에서 성공하고 있는가?

오늘 하나님과 당신의 관계는 맑은가

우리는 일기예보에 관심이 많다. 비가 올지, 맑을지, 바람이 불지 궁금하다. 그날 예보에 따라 우산을 들고 나가야 하는지, 어떤 옷을 입고 가야 할지 생각하게 된다. 그리스도인에게 있어서 날씨보다 더 중요한 것이 있다. 하나님과 우리 자신과의 관계이다. 그 관계가 오늘 맑음인지, 구름이 끼어 흐린지, 비바람 치는 험한 관계인지 알 필요가 있다.

하나님과의 관계에 대해 우리의 모습을 다시금 성찰케 하는 다음과 같은 시구가 있다. "나의 모습은 언제나 하나님은 3등, 오늘도 당신에게 하나님이 1등이길 원합니다"는 내용을 담고 있다. 작자는 미상이다.

1등은 하고 싶은 일, 2등은 해야 하는 일, 3등은 하나님 만나는 일.
하고 싶은 일 다 하고, 해야 하는 일도 다 마치고
그 후에 여유가 있으면 하나님을 만나 줍니다.
하나님은 3등입니다.

어려운 일이 생길 때도 하나님은 3등입니다.
내 힘으로 한 번 해 보고
그래도 안 되면 가까이 있는 사람에게 도와 달라고 하고
그나마도 안 될 때 하나님을 부릅니다.
하나님은 3등입니다.

거리에서도 3등입니다.
내게 가장 가까이 있는 것은 내 자신, 그 다음은 내 마음을 알아주는 사람.
그 다음에야 저 멀리 하늘에 계신 하나님이십니다.
하나님은 3등입니다.

그런데 하나님께 나는 1등입니다.
무슨 일이 있어도 내가 부르기만 하면 도와주십니다.
내가 괴로워할 때는 만사를 제쳐 놓고 달려오십니다.
아무도 내 곁에 없다 생각 들 때는

홀로 내 곁에 오셔서 나를 위로해 주십니다.
나는 하나님께 언제나 1등입니다.

나도 하나님을 1등으로 생각했으면 좋겠습니다.
만사를 제쳐 놓고 만나고
작은 고비 때마다 손을 꼭 붙잡는 내게
1등으로 가까이 계신 하나님이셨으면 좋겠습니다.
내게 1등이신 하나님을 나도 1등으로 모시고 싶습니다.

당신은 하나님을 진정 주인으로 모시고 사는가

하나님과의 관계에서 중요한 것은 나의 주인은 하나님이시고 나는 종이라는 것을 인정하는 것이다. 하나님과 나의 관계를 주인과 종의 관계로 설정하다니 너무한 것 아닌가 생각할 수도 있다. 그러나 하나님은 우리를 지으신 자시요 우리는 지음을 받은 피조물이기 때문에 그럴 수밖에 없다.

종은 항상 하나님이 우리의 주 되심(Lordship)을 인정하고 그의 말씀에 따라야 할 의무와 책임이 있다. 주님은 우리에게 줄 수 있지만 종은 주인에게 어느 것도 줄 수 있는 능력이 없다. 종이 주인에게 할 수 있는 것은 명령을 받을 준비와 종으로서 그 명령에 대한 헌신뿐이다.

바울은 자신을 가리켜 그리스도의 종이라 했다. 당시 로마에서는 노예에게 "――의 종"이라는 낙인(stigma)을 찍었다. 이것은 주인에게서 벗어나지 못한다는 것을 의미한다. 로마 티투스 장군의 부하들은 그 장군의 부하임을 보이기 위해 낙인을 찍었다. 그들은 이 낙인을 자랑스럽게 생각했다.

종은 주인이 맡겨 주신 것을 충성스럽게 감당해야 하는 청지기정신(stewardship)을 가지고 있어야 한다. 청지기는 집을 돌보는 사람이요 하나님 앞에서 시간·재능·소유·생명을 잘 관리할 책임이 있는 사람이다. 누가복음 12장 42~48절에서 청지기의 역할에 대해 잘 표현해 주고 있다. 우리의 주인은 하나님이요 그분은 만물의 소유자시다. 인간은 그분의 위임을 맡은 관리자(시24:1;민32:22)일 뿐이다. 청지기는 자기에게 맡겨진 모든 것, 시간·재산·재능, 심지어 자기의 몸까지 자기의 것으로 생각하지 않는다. 그것은 모두 하나님의 것이다. 청지기가 받는 칭찬까지도 그것은 나의 것이 아니라 하나님의 것이다.

청지기는 주인 앞에서 계산해야 하는 의무를 가지고 있다. 우리는 모두 하나님의 청지기로서 맡겨 준 모든 일에 대해 계산하는 날이 있다. 그날을 생각하면서 준비하는 마음을 가져야 한다.

하나님은 깨끗한 그릇을 쓰기 원하신다. 청지기는 정직해야 한다. 땀을 흘리지 않고 쉽게 살려 하기보다 더 많이 흘려야 한다. 돌아가는 것이 지름길로 생각하며 가지 말아야 할 길은 가지 않는다. 청지기는 하나님 앞에 무릎을 꿇는 일이 많다. 자신의 섬김을 돌아보고 앞으로 더 나은 섬김을 위해서다.

당신은 진정 하나님과 인격적 관계를 가지고 있는가

하나님과의 관계를 바로 한다면서 아직도 하나님을 멀리 계시는 분으로 여기고 있다면 문제다. 성경을 보면 믿음의 선배들은 철저히 하나님과 인격적 관계를 유지했다. 그것을 가장 잘 나타내는 곳이 시편이다. 시편은 하나님을 향해 자신의 모든 것을 고백하고 위로받고 찬양하는 모습을 적나라하게 보여 주고 있다. 우리도 그런 의미에서 날마다 일기를 쓰듯 하나님을 향해 자신의 시편을 써 보라 권하고 싶다. 일 년 후 자신의 시편을 읽어 보면 하나님과 자신의 관계가 어떠한가를 알 수 있기 때문이다. 그렇게 하지 않더라도 하나님을 향해 '아바 아버지'라 부를 수 있다면 그만큼 인격적으로 가깝다는 것을 보여 준다. 믿음의 선배들이 하나님과의 인격적 관계에서 어떤 고백들이 있는지 살펴보자.

첫째, 하나님은 나의 모든 잘못과 실패를 아신다고 고백한다. "하나님이여 나의 우매함을 아시오며 내 죄가 주의 앞에서 숨김이 없나이다"(시69:5) 하나님은 나의 죄 때문에 놀라지 않으신다. 이미 알고 계시기 때문이다. 그러므로 우리는 하나님 앞에서 정직할 필요가 있다.

둘째, 하나님은 나의 모든 감정과 좌절을 아신다고 고백한다. "나의 유리함을 주께서 계수하셨으니 나의 눈물을 주의 병에 담으소서 이것이 주의 책에 기록되지 아니하였나이까"(시56:8), "아비가 자식을 불쌍히 여김같이 여호와께서 자기를 경외하는 자를 불쌍히 여기시나니 이는 저가 우리의 체질을 아시며 우리가 진토임을 기억하심이로다"(시103:13,14) 하나님은 우리가 얼마나 좌절과 고난을 당하고 있음을 아신다. 하나님은 우리의 아픔에 대해 동정적이고 불쌍히 여기신다. 하나님이 나의 모든 아픔을 감찰하실진대 그 고난 모두를 하나님께 맡기라.

셋째, 하나님은 나의 미래를 아신다고 고백한다. "여호와가 말하노라 너희를 향한 나의 생각은 내가 아나니 재앙이 아니라 곧 평안이요 너희 장래에 소망을 주려하는 생각이라"(렘29:11) 하나님은 나의 내일을 아신다. 하나님이 나의 장래를 아신다는 것을 내가 알고 있다면 나는 하나님께 도움을 구해야 한다.

넷째, 하나님은 나의 모든 두려움을 아신다고 고백한다. "구하기 전에 너희에게 있어야 할 것을 하나님 너희 아버지께서 아시느니라"(마6:8) 하나님은 나의 모든 필요를 아신다. 그러므로 걱정할 것은 아무것도 없다. 오직 기도할 뿐이다.

다섯째, 하나님은 나의 모든 믿음을 아신다고 고백한다. "사람에게 보이려고 그들 앞에서 너희 의를 행치 않도록 주의하라 그렇지 아니하면 하늘에 계신 너희 아버지께 상을 얻지 못하느니라. – 네 구제함이 은밀하게 하라 은밀한 중에 보시는 너의 아버지가 갚으시리라"(마6:1,4) 하나님은 우리의 거짓된 선행도 아시고, 거짓된 겸손도 다 아신다. 진정한 선행이라면 갚으신다. 선행을 하되 낙심하지 말자.

끝으로, 하나님의 인도와 임재 속에 산다고 고백한다. 하나님은 가시적이든 불가시적이든 여러 형태로 우리를 인도하신다. 가시적 인도로는 불기둥과 구름기둥에서 찾아볼 수 있다. 불가시적 인도로는 하나님의 말씀과 성령의 이끄심이 있다. 시편 저자는 고백한다. "주의 빛과 주의 진리를 보내어 나를 인도하사"(시43:3) 여기서 빛은 '쉐키나'로 하나님의 영광, 곧 우리를 인도하시는 하나님을 가리킨다.

이러한 삶의 모습은 하나님과 우리의 관계가 매우 인격적이고, 밀접하게 연관됨을 가르쳐 준다. 이 친밀함이 우리 속에 있어야 한다. 그만큼 서로 사랑한다는 것을 보여 주기 때문이다.

제임스 패커의 하나님의 인도하심과 나의 반응

복음주의 신학자 제임스 패커는 성경의 관점에서 하나님의 인도에 대해 우리가 어떻게 반응해야 하는가를 아래와 같이 가르치고 있다. 이것을 보면 우리가 하나님과 얼마나 인격적 관계를 유지하고 있는가를 알 수 있다.

- 하나님을 위해 내가 할 수 있는 최선의 일이 무엇일까를 생각하며 살아간다.
- 성경의 가르침에 주목한다. 성경은 하나님 사랑과 이웃 사랑을 명령하고 기쁘고 활동적인 삶을 강조한다.
- 성경에 등장하는 위인들의 경건한 믿음, 예수님의 사랑과 겸손을 본받는다. 그러면 절대로 그릇된 길로 가지 않는다.
- 지혜를 활용하여 최선의 행동을 결정한다. 고립적인 신앙생활을

지양한다. 하나님의 뜻을 발견했다고 생각하거든 그 판단이 옳은지 점검한다. 자신보다 더 지혜로운 사람들에게 조언을 구하라.

- 하나님의 인도에 민감하게 반응한다. 특별한 사역이나 봉사에 관심을 가지는 경우, 또는 이유 없이 마음이 불안한 경우 등이 그 예다. 후자의 경우는 무엇인가 변화가 필요하다는 증거일 수 있다.

- 마음의 평화를 소중히 여기라. 바울은 하나님의 평강이 그분의 뜻을 따르는 이들의 마음과 생각을 항상 안전하게 지켜 줄 것이라 했다.

- 상황의 한계를 예의 주시하라. 한계가 제거되지 않는다면 하나님의 뜻으로 받아들여라.

- 결정의 순간이 올 때까지 하나님의 뜻이 확연하게 드러나지 않을 수도 있다. 그래도 조급해하지 말고, 하나님이 한 번에 한 걸음씩 인도해 주시기를 기대하라.

- 때로 하나님은 우리가 원치 않는 길로 인도를 인도하신다. 그런 경우에도 기꺼이 복종한다.

- 그릇된 결정을 내렸더라도 모든 것이 끝나는 것은 아니다. 하나님은 우리를 용서하시고 다시 회복시켜 주신다. 주님은 우리를 인도하시는 목자시다. 그 사실만으로도 우리는 큰 위안을 얻을 수 있다.

당신의 삶에서 이웃은 과연 무엇인가

십계명을 요약하라면 그것은 하나님을 사랑하고 이웃을 사랑하라는 것이다. 이것은 하나님을 사랑하는 사람은 그의 피조물인 이웃을 사랑하는 것이 마땅하다는 것이다. 나아가 그 이웃을 내 몸과 같이 사랑하라 하셨다. 우리는 이웃을 내 몸과 같이 생각하고 있는지, 과연 인격적인 사랑을 하고 있는지 묻는다면 부끄러울 따름이다.

이웃에는 우리 삶에 관여되는 모든 사람, 특히 당신의 도움이 필요한 사람들, 이 땅, 자연, 동식물 모두 포함된다. 십계명뿐만 아니라 여러 규례들에서는 부모와 가정, 공동체 속의 가까운 이웃과의 관계를 아주 자세히 언급하고 있다. 이웃을 멀리까지 가서 찾을 필요는 없다. 가장 가까운 사람과의 관계가 먼저 바르게 되어야 한다. 그리고 그 관계를 보다 멀리 확대하며 사랑을 펴야 한다.

이웃과의 관계에서 보다 좋은 관계를 유지한다는 것은 생각보다 어렵다. 그리스도인들은 주님을 생각해서 참고 견딘다. 그렇다고 해서 문제가 해결되는 것은 아니다. 관계가 좋지 않으면 언젠가 폭발할 가능성이 크다. 보다 나은 관계를 위해 우리가 해야 할 일은 한두 가지가 아니다.

첫째, 주 안에서 상대를 수용하는 것이 중요하다. 인간적으로 받아들일 수 없는 이웃도 있을 것이다. 그런 경우 내 힘으로 할 수 없다. 예수님께서 나를 위해 피 흘려 주셨다는 사실을 생각하며 상대를 받아들이고 대화한다. 상대를 받아들이지 않으면 상대는 당신으로부터 멀어지게 된다. 부모가 자식을 받아들이지 않을 때 다른 곳, 다른 사람에게 가게 된다. 자기에게 관심이 없는 줄 알고 관계를 포기한다. 무관심은 결국 이웃을 잃게 만든다. 탕자의 비유에서 아버지가 받아들이고 수용했을 때 돌아왔음을 잊어서는 안 된다. 아버지는 언제나 자식을 받아들이고 그와의 관계를 좋게 유지하고자 하였다.

둘째, 시간을 투자한다. 관계가 회복되었다는 것은 상대와 더 많은 시간을 갖겠다는 의미이다. 사랑하는 사람은 더 많은 시간을 갖고자 한다. 시간은 관심과 사랑을 나타내기 때문이다. 따라서 사랑하면 할수록 시간을 더 많이 투자해야 한다. 더 자주 만나고 관심사를 나눈다. 시간을 나누고 좋은 것을 나눔으로써 주 안에서 깊은 결속력을 유지한다. 자녀들과 함께하고, 이웃과도 눈을 마주하며 삶의 아름다움을 이야기하라.

끝으로, 집단적 노력이 요청된다. '라이언 일병 구하기'에서 8명의 군인이 일병 한 사람을 구하는 작전을 전개한다. 한 생명을 구하기 위해 8사람이 희생된다. 인간관계의 회복에도 그런 집단적 노력이 필요하다. 아래의 필립스 아카데미의 정신은 이러한 모습을 반영하고 있다.

필립스 아카데미의 논 시비 정신

미국의 교육은 대학으로부터 출발했다. 이른바 하버드, 예일, 프린스턴 등 아이비리그에 속하는 대학들이 그 출발이다. 아이비(ivy)는 담쟁이넝쿨이 캠퍼스에 널려 있을 만큼 역사가 오랜 것을 가리킨다. 이 대학들에 들어가기 위해 대학준비 학교들이 세워지게 되었는데 이것이 미국 고등학교의 출발이다.

이 가운데 필립스 아카데미(Phillips Academy)가 있다. 이 학교는 1778년 사무엘 필립스에 의해 세워진 학교로 보스턴 북쪽 25마일에 앤도버(Andover)와 뉴 헴프셔 주 엑시터(Exeter) 등 두 학교가 있다. 이 학교의 오랜 전통 못지않게 부시 대통령 등 훌륭한 동문들이 배출되었다. 우리가 주목해야 할 것은 이 학교가 가지고 있는 두 가지의 건학 이념이다.

하나는 'Finis origine pendet'이다. 이것은 '끝은 처음에 달려 있다'(the end depends on the beginning)는 뜻이다. 이 말은 로마시인 만리우스(Manlius)의 시 'Astronomic'에서 따온 것이다. 시에서 따왔지만 이 뜻은 처음의 바탕이 중요하다는 것을 가리키고 있다. 대학이 끝이라면 처음은 고등학교 교육이라는 의미도 담고 있지만 성경 중심의 바탕이 중요하다는 의미가 더 강하다.

다른 하나는 '논 시비(non sibi)'이다. 이것은 '자신을 위해서가 아니다(not for self)', 곧 '자기를 위해 살지 않는다'는 이타정신을 담고 있다. 이 말은 시인 루칸(Lucan)의 시 'Pharsalia'에 '카토(Cato)는 자신을 위해 태어난 것이 아니라 모든 세계를 위해 태어났다'는 말에서 따온 것이다. 이 학교가 이것을 학교의 모토로 삼은 것은 교육이 자신을 위한 것이 아니라 남을 위한 것임을 가르치려는 데서 출발했다.

'자신을 위하지 않는' 인물을 가르치기 위해 이 학교는 고린도전서 10장 31절과 누가복음 6장 38절을 택했다.

"그런즉 너희가 먹든지 마시든지 무엇을 하든지 다 하나님의 영광을 위하여 하라"(고전 10:31) 하나님의 영광을 위해서 사는 인물을 키우겠다는 것이다.

"주라 그리하면 너희에게 줄 것이니 곧 후히 되어 누르고 흔들어 넘치도록 하여 너희에게 안겨 주리라 너희의 헤아리는 그 헤아림으로 너희도 헤아림을 도로 받을 것이니라"(눅 6:38) 이 말씀 중에 '주라'에 주목했다. 이웃에게 자신의 가장 소중한 것을 주는 인물이 되는 학생을 키우겠다는 것이다.

강영우 교수는 이 학교를 방문하고 이 학교의 교육이념을 확인한 다음 자녀들을 꼭 이 학교에 다니게 하도록 결심했다. 우리는 지금 어떤 이념을 가지고 교육하고 있는가? 많은 사람들은 자기 자신만을 위해 살고자 한다. 그러나 성경은 하나님을 위하여, 그리고 이웃을 위해 살라고 가르친다.

하나님과의 관계, 그리고 이웃과의 관계에서 당신은 어떤 상태에 있는가? 하나님과 이웃은 지금 당신과 아주 멀리 있는가? 그렇다면 이제 관계를 회복할 필요가 있다. 우선 하나님이 당신 편에 서 계신지 묻지 말라. 오히려 당신이 하나님 편에 서 있는지 확인하라. 당신이 하나님 편에 서 있는 한 영적인 전쟁에서 승리할 수 있다. 이웃에게도 다가가라. 왜 그리 멀리 있느냐고 불만하지 말라. 그 원인이 나에게 있다고 생각하고 따스한 마음으로 다가가라.

적어도 당신이 하나님을 향해, 이웃을 향해 한 걸음 다가설 때 당신은 삶의 경기장에서 승리할 수 있다. 삶은 전쟁과 같다. 사람들은 전쟁에서는 꼭 승리해야 하고, 경기에서도 이겨야 한다고 말한다. 그러나 너무 승부에 집착하지 말라. 그것은 세상논리다. 하나님의 나라에서는 당신이 하나님을 넘어뜨리고, 이웃을 쓰러뜨렸는가에 관심이 있지 않다. 오히려 하나님과 이웃을 위해 얼마나 피 흘리고 헌신했는가를 기뻐한다. 당신이 얼마만큼 헌신했느냐에 따라 이 세상은 당신의 고귀한 인간정신을 기억하게 될 것이고, 하나님은 당신을 기뻐할 것이다. 이것이 바로 무너진 관계를 주 안에서 회복하는 가장 좋은 방법이다.

10. 보라 날이 이르리니

유대인의 실망과 좌절, 그리고 범죄

말라기서 4장 1절에서 6절은 하나님의 심판을 강조하고 있다. 말라기는 '나의 사자, 여호와의 사자'라는 뜻을 가지고 있다. 스룹바벨 성전과 제사장들의 부패상이 언급된 것을 보아 성전 재건 이후에 활동한 선지자로 추정된다. 구약시대 마지막 선지자로서 귀환 후의 종교적 부패를 책망하고 회개를 촉구하며 하나님의 말씀에 순종하도록 했다.

당시 유대인들은 실망과 좌절 가운데 있었다. 유대인들은 부푼 꿈을 안고 포로에서 귀환했다. 학개와 스가랴의 설교에 감동을 받아 성전을 재건했다. 이 성전은 바벨론이 파괴해 버린 영광스런 솔로몬 성전과 비교할 수 없는 것이었지만 장차 더 큰 영광이 임하리라는 예언의 말씀에 감동되어 없는 가운데서, 그리고 주위의 질시와 고난을 무릅쓰고 지어 낸 피와 땀의 결실이었다. 그러나 수십 년이 지나도 임하리라 하던 그 큰 영광이 나타나지 않자 유대인들의 기대와 소망은 조금씩 무너지고 희미해지기 시작했다. 선지자들이 약속했던 그 번영이 돌아오기는커녕 하루하루의 생활은 고통과 고난의 연속이었다. 게다가 기근과 흉작이 계속되었다. 그들은 하나님의 사랑을 의심하기 시작했다. 심지어 하나님의 말씀, 하나님의 공의로운 통치에 의문을 품기 시작했다.

그들은 결국 하나님 앞에 죄를 범하기 시작했다. 그들은 여호와 보시기에 악을 행하는 것이 선하다고까지 말하게 되었고, 하나님의 명령을 준행하는 것은 무익한 것이라 주장하기도 했다. 제사장들은 병든 제물을 가져오거나 토색한 것을 가져와 부패한 제사를 드리고, 성전 의무를 번거롭게 생각하거나 코웃음 치는 등 불경스럽기 짝이 없었으며, 형식에 그쳤다(말1:13). 그들은 백성들까지 그릇 인도했다. 백성들은 조강지처를 버리고 이방여인과 결혼하고, 마술·간음·부정·약자 압제·불경건이 팽배했다(말3:5). 말라기 선지자는 그들의 회개를 촉구했다. 순결한 제사를 드려라, 율법을 지켜라, 온전한 십일조를 드려라, 이혼을 정죄하며 이혼하지 말라, 하나님은 이혼을 싫어하신다(말2:16) 당부, 당부했다.

심판의 날, 그들은 뿌리까지 태워지리라(1절)

그는 특히 심판의 날이 찾아올 것과 그때 그들은 뿌리까지 태워지리라 예고했다. "보라 날이 이르리라" 그날은 극렬한 풀무 불 같은 날이다. 그 불은 용광로의 불과 같다. 심판 날이 임하리라는 것이다. 그날에 교만한 자, 악을 행하는 자는 초개와 같이 살라진다. 초개는 짚(straw), 보리의 그루터기(stubble)로 쉽게 말하면 지푸라기처럼 잘 태워지리라는 것이다. 이것은 말라기 3장 15절의 말과 비교된다. 사람들이 "교만한 자가 복되다. 악을 행하는 자가 창성한다, 하나님을 시험하는 자가 화를 면한다"는 것과는 전혀 반대된다. 가지는 물론 뿌리까지 남김없이 태워진다. 뿌리까지란 철저한 심판이 있으리라는 것을 가리킨다. 악을 행하는 제사장, 백성들은 이 재앙을 피할 수 없다. 그러나 제대로 살라는 경고다.

그러나 하나님을 경외하는 자는 다르다(2~3절)

선지자는 하나님을 경외하는 자에게 "의로운 해가 떠올라 치료하는 광선을 발할 것"(2절)을 말했다. 구원함을 얻는다는 말이다. 여기서 '의로운 해'는 예수님의 오심을 의미한다. 세례 요한의 아버지 사가랴는 "하늘에서 떠오르는 태양이 우리를 찾아와 평화의 길로 인도하시리라"(눅1:78,79) 하였다. 주님이 이 땅에 오셔서 우리를 죄로부터 자유로움을 주신다. 치료하는 광선이 바로 그것이다. 병든 세상을 치유하기 위해 오시는 것이다. 광선의 본문은 원래 '날개'(with healing in his wings)이다. 날개를 광선으로 번역한 것은 의로운 태양이 어둠의 세력을 물리치는 것과 쉽게 연관될 수 있기 때문이다. 그때 "너희가 나가서 외양간에서 나온 송아지같이 뛰리라" 하였다. 기쁨에, 모든 정죄에서 자유로움을 얻게 됨에 기뻐 뛰는 것(leaping with joy)이다.

나아가 "의인들이 악인을 밟을 것이다"(3절) 의인이 승리를 얻게 된다. "나의 정한 날에 그들이 너희 발바닥 밑에 재와 같으리라" 나의 정한 날은 하나님이 움직이시는 날, 심판 날이다. 그날에 해방과 자유를 얻은 의인들이 원수들을 완전히 진멸한다. 원수에 대한 궁극적인 승리이다. 발바닥 밑에 재와 같게 된다는 것은 "원수로 발등상이 되게 하기까지"(시110:1)라는 말씀을 연상케 한다. 이 승리는 하나님의 승리이자 성도의 승리이다. 영광에 들어간 성도는 예수 그리스도와 함께 다스리는 권세가 주어진다(계2:26~27). 악이 득세하는 가운데서도 믿음을 굳게 지키는 자에게는 주님께서 이러한 영광을 주신다. 그러므로 실망하거나 좌절하지 말고 전진하라.

그러므로 율례와 법도를 기억하라(4절)

말라기 선지자는 권한다. "그러므로 율례와 법도를 기억하라" 율례와 법도는 좁게는 하나님이 호렙산에서 온 이스라엘을 위해 모세를 통해 내리신 법이고, 넓게는 모든 하나님의 말씀이다. 기억하라는 것은 지켜 행하라는 뜻이다. 말씀을 행동에 옮기라는 것이다. 말씀의 실천은 그날을 기다리고 맞아야 할 모든 그리스도인들이 마땅히 해야 할 사항이다.

말라기 선지자는 율법을 경시하는 당시의 제사장들과 유다백성들에게 최후의 통첩을 보내고 있다. 이것은 구약의 마지막 명령이기 때문이다. 이것은 우리를 향한 마지막 통첩이자 명령이기도 하다.

그날이 이르기 전에 선지자 엘리야를 보내리니 회개하라
(5~6절)

선지자는 여호와의 크고 두려운 날이 이르기 전에 할 일이 있음을 말해 준다. 그 일은 미래에 철저히 대비하고 회개하라는 것이다. "돌이키지 아니하면 저주와 진노로 진멸하겠다"(시9:13~17)는 말씀과 "도끼가 나무뿌리에 놓였으니 회개에 합당한 열매를 맺으라"(마3:10)라는 말씀이 담겨 있다.

하나님은 그날에 회개를 위해 "선지자 엘리야를 너희에게 보내리니” 하셨다. 엘리야는 선지자들의 대표이다. 우리를 회개시키기 위해 보내시겠다는 것이다. 주님이 오시기 전 회개의 포문을 열어 그 길을 평탄하게 준비 작업을 했던 세례 요한이 바로 선지자 엘리야(마 11:14)이다. 세례 요한은 죄를 담대히 책망하고, 백성들이 하나님과 바른 관계에 서도록 훈계했다. “주의 길을 곧게 하라” 외쳤다. 회개와 개혁의 필요성을 강조한 것이다. 그는 엘리야의 정신과 능력을 가지고 주님보다 먼저 와 회개를 선포했다.

요한은 와서 회개운동을 일으켰다. 회개는 돌이키는 것이다. “아비의 마음을 자녀에게 돌이키게 하고 자녀들의 마음을 그들의 아비에게로 돌이키게 하리라” 그의 외침(강한 설교)이 아버지와 자녀를 한데 묶어 한마음이 되게 한다. 한마음은 회개하는 마음, 사랑으로 가득 찬 마음이다. “돌이키지 아니하면(회개하지 아니하면) 두렵건대 내가 와서 저주로 그 땅을 칠까 하노라”(말1:6) 부모와 자녀 사이에 올바른 의무관계가 회복되지 않으면, 하나님의 자녀가 하나님의 길에 돌아오지 아니하면 저주가 임할 것이다.

이 세대는 지금 하나님으로부터 멀어지고 있다. 종말이 가까웠다 말하면서도 그 종말이 자기와는 전혀 상관이 없는 일로 생각하고, 하나님의 말씀을 읽으면서도 그것을 생활에 옮기지 않으며, 하나님의 자녀로서 가져야 할 의무와 바른 태도를 저버린 지 오래되었다. 우리는 왜 하나님 대신 물질을 더 가깝게 느끼고, 돈이면 다 해결된다고 생각하며 하나님을 멀리하고 있는가? 왜 우리는 율법을 형식이라 못 박고 중시하지 않는가? 우리는 왜 신앙생활에서 경건을 잃고 있는가? 왜 우리의 가슴속에 주님을 모시지 않고 있는가?

하나님은 우리에게 말씀을 통해 지금도 회개할 것을 촉구하신다. 선지자 엘리야는 구약에만 존재하지 않는다. 주님은 지금도 선지자를 보내셔서 회개하도록 하신다. 성경의 모든 말씀은 우리로 하여금 회개하고 주 앞에 나와 주님의 자녀로서 바르게 살라 가르치고 있다. 지금까지 주 안에서 살고자 했는가? 그러면 그 길을 계속 가라. 그 길이 아무리 어렵고 험해도 나아가라. 지금까지 주님과 멀어진 삶을 살았는가? 그러면 주님 앞에 돌아오라. 그를 가까이하라. 무섭고 두려운 그날이 이르기 전에.

11. 유다를 향한 하나님의 진노와 회개의 촉구

예레미야 애가 2장은 하나님의 진노에 대해 언급하고 있다. 애가는 히브리어로도 '에카'(ekah)다. 이 말은 '어찌하여, 슬프다, 큰 소리로 높여 운다'는 뜻을 가지고 있다. 탄식과 비통의 감정을 표시한 말이다. 이것은 B.C. 587년 유다 멸망으로 예루살렘이 폐허화되고 백성들이 포로로 잡혀간 사건과 연관된다. 왜 그랬을까? 이것은 죄에 대한 하나님의 심판의 결과다. 하나님의 진노가 임한 것이다. 그들은 하나님을 향한 영적 의무를 다하지 못했다. 그럼에도 불구하고 이스라엘이 회개하지 않고 죄악 가운데 거하며 하나님을 대적했기 때문이다.

2장의 1절에서 10절은 하나님의 심판(성소와 성곽의 훼파), 11절에서 19절은 슬픔과 수치(심판을 목격한 자의 애가), 그리고 20절에서 22절은 하나님을 향한 탄원(감찰하소서)과 주의 진노의 날 상황에 대한 진술로 이루어져 있다.

하나님의 심판(1~10절)

먼저 1절에서 3절은 유다 환난에 대한 서곡이다. "하나님이 진노하사 처녀 시온을 구름으로 덮으셨는고"(1절) 처녀 시온은 예루살렘을 말하며 이스라엘의 고귀함을 드러낼 때 이 말을 사용하고 있다. 이 구름은 진노의 구름으로, 하나님이 쏟으시는 멸망의 구름이다. "이스라엘의 아름다운 것을 하늘에서 땅에 던지셨음이어"(1절) 이스라엘의 아름다운 것은 성전, 성소, 유다의 종교적 제도를 말한다. 하늘에서 땅에 던지셨음은 별이 하늘에서 떨어짐같이 파괴되는 것을 의미한다. "견고한 성을 헐어 땅에 엎으시고 나라와 방백으로 욕되게 하셨도다"(2절), "맹렬한 진노로 이스라엘 모든 뿔을 자르셨음이어 맹렬한 불이 야곱을 사르셨도다"(3절) 뿔은 세력, 힘을 상징한다.

4절과 5절은 하나님께서 이스라엘을 원수같이 대하시는 장면이 소개된다. "원수같이 활을 당기고 살육하고 노를 불처럼 쏟으셨도다"(4절) 원수같이 대하신 것은 하나님의 징계가 격렬함을 나타낸다. "주께서 원수같이 되어 이스라엘을 삼키셨음이어" 징계가 심하므로 하나님이 원수처럼 보이는 것이다. 징계받을 때 그렇게 보이기 쉽지만 고치시기 위한 사랑의 매임을 인식해야 한다(히12:6).

6절에서 10절은 유다왕국과 그 제도가 폐기되는 내용을 담고 있다. "성막을 동산의 초막같이 헐어 버리시며 공회처소를 훼파하셨도다"(6절) 성막이나 공회처소는 하나님과 만나는 장소로 성막, 성전을 뜻한다. 이 중요한 곳을 동산의 초막같이 허신다. 아주 쉽게, 허무하게 무너뜨리신다. 그뿐만 아니다. "절기와 안식일을 잊어버리게 하시며 왕과 제사장을 멸시하셨도다"(6절) 절기는 이스라엘을 구원하신 하나님의 행사를 기념하기 위한 것이고, 안식일은 이스라엘의 구속과 안식의 의미가 담겨 있다. 의미가 깊은 그런 절기와 안식일을 잊게 하겠다는 것은 더 이상 기억하지 못하게 하고, 거룩한 예배로부터 제외시키겠다는 것이다. 그 제도를 폐하겠다는 것은 파멸을 뜻한다. 이것은 하나님의 단호하심을 보여 준다.

유다의 슬픔과 수치(11∼19절)

11절에서 19절은 유다의 슬픔과 수치가 그대로 나타나 있다. 11절에서 13절은 유다가 당한 극도의 비극에 대해 언급한다. "내가 무엇으로 네게 증거하며 무엇으로 네게 비유할꼬"(13절) 참상의 극심함을 나타내고자 하신다. 그 극심함은 전쟁과 기근으로 인한 근심과 파괴로 이어진다. 기근의 모습을 보자. 어린 자녀와 젖 먹는 아이들이 성읍 길거리에서 혼미한 가운데 있다(11절). 어미의 품에서 혼이 떠날 때 곡식과 포도주가 어디 있는가 묻는다(12절). 이것은 아이들이 양식이 없어 어미의 품에서 죽어 가면서 어미에게 먹을 것을 달라고 하는 말이다. 파괴도 크다. "파괴됨이 바다같이 크니 누가 너를 고칠소냐"(13절) 회복될 수 없을 만큼 큰 파괴가 있을 것이라는 것이다. 이러한 참상에 대해 예레미야는 말한다. "내 눈이 눈물에 상하며, 내 창자가 끓으며, 내 간이 땅에 쏟아졌으니"(11절) 마음이 극도로 애통하며 고통스러움을 보여 준다.

14절은 수치를 당하는 이유가 명시되어 있다. 이것은 예레미야 당시 사건으로 거짓 선지자의 잘못된 예언으로 인해 미혹케 만든 때문이다. "네 선지자들이 헛되고 어리석은 묵시를 보았으므로"(14절) 재앙이 올 것이 분명함에도 평화와 번영만을 말함으로써 백성을 기만했다(렘14:13;23:17,25). 재난을 경고하지 않았다. 파수꾼 노릇을 제대로 하지 못한 것이다. 이것은 민족의 죄악을 조장시킨 결과를 초래했다. "거짓 경고와 미혹케 할 것만 보았도다"(14절) 백성들의 죄악을 제대로 지적해 주지 않고 허황된 꿈을 꾸게 한 것은 선지자들의 책임이다.

15절과 16절은 유다가 비웃음을 당하게 될 것임을 말해 주고 있다. "지나가는 자가 너를 향하여 박장(손가락질)하며 처녀 예루살렘을 향하여 비소하고(비웃고) 너를 향하여 이를 갈며 천하의 희락이라 일컫던 성이 이 성이냐 우리가 바라던 날이 이날이라 우리가 저를 삼켰도다” 유다와 예루살렘은 이방인의 비웃음거리가 되고, 바벨론은 쾌재를 부른다.

유다의 참상은 이미 하나님이 정하셨던 일이다. 죄 때문이요 회개가 없었기 때문이다. “여호와께서 이미 정하신 일을 행하시고 옛날에 명하신 말씀을 다 이루셨음이어”(17절)

유다는 깨달아야 하고 회개해야 한다. “처녀 시온의 성곽아 너는 밤낮으로 눈물을 강처럼 흘릴지어다 네 눈동자로 쉬게 하지 말지어다 밤 초경에 일어나 부르짖을 지어다 네 마음을 주의 얼굴 앞에 물 쏟듯 할지어다 네 자녀의 생명을 위하여 주를 향하여 손을 들지어다”(18~19절) 초경은 해질 때에서 10시까지, 2경은 10시에서 2시, 3경은 2시에서 해 뜨는 시각까지를 말한다. 주를 향해 손을 들라는 것은 간절히 구하라는 것이다. 우리에게 필요한 것은 눈물의 회개요, 마음을 쏟아 놓는 간절한 부르짖음이요, 하나님을 향해 손을 드는 전적인 의지이다.

하나님을 향한 예레미야의 탄원(20~22절)

예레미야는 “여호와여 감찰하소서 뉘게 이같이 행하셨는지요”(20절) 이 탄원과 함께 유다의 참상을 진술하였다. 여인들이 자기 아이를 먹으며 제사장들과 선지자들이 잘못 지도한 죄로 성소에서 죽임을 당하며(20절) 남녀노소 가릴 것 없이 죽임을 당하며(21절) 여호와께서 진노하신 날에 피하거나 남은 자가 없다(22절). 피할 수 없는 철저한 진노이다. 이 공의의 심판은 하나님의 신실하심을 보여 주고 있다. 이 또한 회개를 위한 것이다.

하나님께서는 약속을 철저히 지키시고 공의로 심판하신다. 하나님의 징계는 우리로 하여금 하나님께로 눈을 돌리게 하기 위한 사랑의 징계이다. 이것은 우리를 회개의 자리로 나아가게 하고, 모든 것이 하나님의 손에 달려 있음을 깨닫게 한다. 우리를 용서하시고 다시 일으켜 주실 분은 오직 하나님 한 분뿐이시다(호6:1~3).

유다의 고통과 참상

예레미야 애가 4장은 하나님의 심판으로 인한 유다의 고통을 자세히 기록하고 있다. 1절에서 22절은 히브리 알파벳순으로 기록했다는 점에서 특색이 있다.

1절에서 10절은 예루살렘 참상에 대한 탄식이 기록되어 있다. 이것은 죄의 결과이다. 이 절들에서는 영광스러운 지난날과 치욕스러운 현실을 대비시켜 참상의 정도가 얼마나 심각한가를 보여 주고 있다.

우선 성전을 보자(1절). 지난날에 성전의 금·정금·성소의 돌은 성전의 영광을 나타낸다. 그러나 지금 금은 빛을 잃고 정금이 변하였으며 돌이 거리에 쏟아졌다. 성전이 훼파되었음을 말해 준다.

시온의 아들들은 정금같이 보배로웠다. 예루살렘 거민이 그만큼

존귀했다는 말이다. 그러나 지금은 토기장이의 질항아리 신분으로
바뀌었다. 산산조각으로 부서지는, 천대받는 신분이 되었다(2절).

백성들은 젖을 내어 새끼를 먹이는 들개(타닌)였다. 자식을 잘 돌
보기 때문이다. 칼빈은 타닌을 뱀으로 해석했다. 지혜로웠다는 것이
다. 그러나 그것이 지금은 광야의 잔인한 타조와 같은 존재로 바뀌
었다. 타조는 알을 낳아도 그것을 잊어버린다. 자식조차 돌보지 않음
을 말해 준다. 젖먹이가 목말라 해도, 먹고 싶어 해도 떡을 떼 줄
사람조차 없다(3~4절).

귀인들은 진수를 먹고 붉은 옷(사치스런 옷)을 입었다. 그러나 지
금 그들은 거리에서 외로운 존재로, 거름더미를 안은 불쌍한 존재가
되었다. 재난이 귀인들에게도 같이 미친 것이다(5절).

7절과 8절은 존귀한 자에 대해 언급한다. 칼빈은 이를 나실인일지
모른다고 말한다. 하여튼 존귀한 자의 몸은 눈보다 깨끗하고 산호보
다 붉었다. 마광한 청옥, 곧 루비나 사파이어처럼 윤택했다. 그러나
그 존귀한 자의 얼굴이 숯보다 검고 가죽이 뼈에 붙어 막대기같이
되었다. 심하게 여윈 것이다. 거리에서도 누군지 알아주는 사람이 없
다. 기근에 의한 죽음이 팽배하다. 칼에 죽은 자가 오히려 주려 죽
은 자보다 나을 정도다. 칼에 죽은 자는 순간적으로 죽은 자다(9절).
주려 죽은 자보다 오히려 편안한 죽음을 맞는 셈이라는 것이다. 얼
마나 참혹한 말인가. 심지어 자녀를 삶아 식물을 삼을 정도이니 얼
마나 먹을 것이 없으면 그리되었을까(10절).

하나님의 맹렬한 노가 시온에 불을 지펴 그 지대를 사르고 있다
(11절). 대적과 원수가 예루살렘 성문으로 들어갈 줄을 세상 열 왕과

천하 모든 백성이 믿지 못하였다(12절). 하나님의 분노로 생각조차 할 수 없었던 일이 벌어진 것이다. 이것은 주전 589∼587년에 일어난 바벨론의 예루살렘 침공을 말한다.

환난의 원인

환난의 원인에 대해서는 여러 절에서 지적되고 있다.

첫째 심히 큰 죄 때문이다. "처녀 내 백성의 죄가 소돔의 죄악보다 중하도다"(6절) 소돔의 죄악은 음란과 방종이었다(유1:7, 벧후2:6). 그런데 유다의 영적 음란(우상숭배)이 소돔에 뒤지지 않았다는 것이다(사3:9, 렘23:14, 겔16:46∼63). 용서받지 못할 죄를 지은 것이다.

둘째, 지도자들의 잘못이다. 그들의 잘못은 여러 구절에서 지적된다. "그 선지자들의 죄와 제사장들의 죄악을 인함이니 저희가 성읍 중에서 의인의 피를 흘렸도다"(13절) 여기서 그 선지자들이란 거짓 선지자들을 말한다. 그들은 다가올 하나님의 진노를 평화로 바꾸어 거짓 증언한 죄를 지었다. 제사장들도 권력을 남용하고 참선지자들을 죽임으로써 무고한 자의 피를 흘리게 했다. 하나님을 대적한 것이다.

백성들도 헛되이 그들을 따르다가 변을 당했다. "저희가 거리에서 소경같이 방황함이어 그 옷이 피에 더러웠음으로 사람이 만질 수 없도다 사람이 저희에게 외쳐 이르기를 '부정하다, 가라, 가라, 만지지 말라' 하였음이어 이방인이 이르기를 '저희가 다시는 여기 거하지 못하리라' 하였도다"(14~15절) 다른 사람들이 유다 백성들을 나병환자 대하듯 "부정하다, 가라, 만지지 말라" 하였으니 얼마나 경멸을 당하는가. 심지어 이방인들로부터도 따돌림을 당한다. 제사장들과 장로들마저 조롱을 당한다. "하나님께서 노하여 그들을 흩으시고 저희가 제사장들을 높이지 아니하였으며 장로들을 대접치 아니하였음이로다"(16절)

셋째, 하나님보다 이웃 애굽의 도움을 청한 죄이다. "우리가 헛되이 도움을 바라므로 우리 눈이 상함이어 우리를 구원치 못할 나라(애굽)를 바라보고 바라보았도다"(17절) 환난 날에 바라보아야 할 곳은 바로 하나님이다.

끝으로, 하나님에 대한 소망보다 왕의 도움 아래 편히 살기를 바란 죄 때문이다. "여호와의 기름 부으신 자(시드기야 왕)가 저희 함정에 빠졌음이어(렘39:4~7, 52:7~11) 우리가 저를 가리키며 전에 이르기를 우리가 저의 그늘 아래서 열국 중에 살겠다 하던 자로다"(20절)

유다의 망함을 기뻐하지 말라

유다의 망함을 기뻐하지 말라. 교만한 에돔을 벌하시는 하나님이시다. 21절과 22절을 보자. 에돔은 형제로서 유다의 고통당하는 것을 보고 기뻐했다. 주전 597년에 반바벨론 동맹에 함께 가담했으나 바벨론이 유다를 치러 오자 유다 치는 데 협조한 것이다. 하나님은 역전될 것을 예고하셨다. 고통의 잔이 에돔에게도 이를 것이며 주께서 에돔의 죄악을 벌하시고 잘못을 드러내실 것이다(21~22절). 배반자 에돔을 징벌하시겠다는 것이다.

나아가 처녀 시온이 회복될 것을 말씀하셨다. "네 죄악의 형벌이 다 하였으니 주께서 다시는 너로 사로잡혀 가지 않게 하시리로다"(22절) 유다 회복에 관한 말씀이다. 유다는 회개를 통해 주님을 찾게 되고 그 결과 주님만 의지하게 되었다. 이 말씀은 회개한 백성들에 대한 하나님의 위로와 소망을 선포하고 있다. 이것은 어려움을 당할수록 회개하고 하나님만 의지하는 자세를 가져야 함을 가르쳐 주고 있다.

12. 여호와를 찾으라, 그가 널리 용서하시리라

새로운 삶의 길을 찾고 싶은가? 바른길을 가고 싶은가? 그렇다면 여호와를 찾으라. 그러면 답을 얻을 수 있다. 우리 삶에 궁극적으로 중요한 것은 여호와를 찾는 것이다.

이사야도 이것을 강조했다. 이사야서 55장을 보면 회개의 삶을 촉구하면서 참구원을 얻고자 하면 "여호와를 찾으라" 호소했다. 이사야는 웃시야 왕이 죽은 B.C. 739년에서 므낫세 왕에게 순교당한 B.C. 680까지 활동한 유다의 선지자로 상류가문 출신이다. 이사야서는 유다의 죄에 대한 책망과 심판, 회개의 촉구, 회개에 따른 하나님의 위로와 회복 계획 등이 담겨 있다. 위로의 하나님께서 구원자 메시야를 보내 나라가 회복되는 것이다. 이 모두 하나님의 은혜이다.

유다의 잘못에 대한 경고

하나님은 유다의 잘못을 경고했다. 북이스라엘의 전철을 밟지 말라는 뜻이 담겨 있다. 유다는 무슨 잘못을 했을까?

첫째, 유다는 북이스라엘의 멸망에 초조한 나머지 하나님보다 이웃 강대국에 의지했다. 이사야는 유다가 외국과 동맹을 맺는 것에 대해 어리석은 왕들의 통치방식이요, 하나님에 대한 반역이라며 강하게 경고했다. 그는 "오직 여호와를 신뢰하라" 촉구했다(사7:4, 3:1~17) 하나님보다 다른 것을 의지하고, 그것을 통해서 문제를 해결하려는 것은 어리석은 삶의 방식이다. 창조주에 대한 전적인 신뢰와 그의 뜻에 따르는 삶이 중요하다.

둘째, 므낫세 통치기간 우상숭배라는 악습이 재개됨으로써 영적으로 타락했다. 이스라엘은 물론 유다까지 우상숭배를 함으로써 이중성, 양면성, 세속성을 드러냈다. 복의 근원은 하나님뿐인데 우상을 통해서도 복을 확보하고 싶어 한 죄를 범한 것이다. 이사야는 오직 하나님만을 섬겨야 한다는 것을 역설했다.

너희는 여호와를 만날 만한 때에 찾으라

이러한 잘못에 대해 이사야는 회개를 촉구했다. 과거의 악한 생활과 불의한 생각 속에 사로잡힌 모든 삶을 버리고 하나님께 돌아와 그분에게 자신의 모든 삶을 맡기라는 것이다. 이사야가 촉구한 회개는 아주 심플하다. "너희는 여호와를 만날 만한 때에 찾으라 가까이 계실 때에 그를 부르라"(사55:6)

'너희는'는 누구인가? 일차로는 하나님의 백성이라 자부하는 유대인이지만 그리스도인이라 생각하는 우리도 포함된다. 이것은 범죄한 하나님의 백성을 향하신 하나님의 명령이자 우리를 향하신 명령이다. 우리는 언제나 자신을 살펴 죄 속에 있지 않나 판단해야 한다. 하나님보다 다른 것을 의지하지 않는가? 우리 속에 하나님 대신 우상으로 자리 잡은 것은 없지 않은가?

여호와는 우리가 찾아야 할 궁극적인 대상이다. 여호와는 우리의 주(Lord)시다. 우리가 그분을 주님이라 고백할 때는 우리는 그분의 종이라는 의미를 담고 있다. 종은 주인의 뜻을 찾고 살펴야 한다. 주인이 보이지 않는다고 해서 마음대로 해서는 안 된다. 보이지 않을수록 더 잘해야 한다. 신학자들 가운데는 하나님을 죽었다 하거나 출타 중이라는 말까지 사용한다. 이것은 얼마나 잘못된 생각인가를 보여 준다.

이사야는 여호와를 찾으라(Seek ye the Lord) 했다. 찾으라는 것은 죄를 적극적으로 포기하라는 말과 같다. 이것은 우리로 하여금 행동하도록 요청하는 말이다. 이 행동은 하나님에 대해서는 긍정적으로, 죄에 대해서는 부정적으로 행동해야 한다는 것이다. 이것이 그리스도인의 바른 자세다.

언제 찾아야 하는가? 만날 만한 때다. 영어 번역은 크게 두 가지다. 하나는 '그를 찾을 수 있을 적에'(while he may be found)이다. 그리고 다른 하나는 '찾으면, 찾는 한 그를 만날 수 있다'(while you can find him)이다. 원뜻은 '그러면 너는 그를 만날 수 있을 것이다' 또는 '네가 그를 찾을 수 있는 한'이다. 이것을 미루어 우리가 하나님을 찾는 것이 매우 중요하다는 것을 알 수 있다. 우리가 하나님을 찾을 때 우리를 만나 주신다. 죄지은 자식이 부모를 애타게 찾으며 잘못을 빌려 할 때 만나 주시지 않겠는가? 죄 속에 있어 괴로울 때 우리는 적극적으로 그를 찾아야 한다. 그러면 그는 결코 우리를 외면하지 않고 만나 주시고 들어주시고 문제를 해결해 주시고 살게 하신다. 우리가 죄를 범하고, 구원받을 필요가 있을 때 우리는 하나님을 찾아야 한다.

나아가 그분을 불러야 한다. "너희는 그를 부르라"(Call ye upon him) 부르는 것은 주님을 향한 우리의 절규이다. 주님밖에 소망이 없음을 크게 인식하고 그분을 부르는 것이다. 그 부름은 주님이 내 안에 찾아오시도록 초청하는 것이다. 밖이 아니라 나의 중심에 모시는 것이다. 더 이상 주님이 떠나지 않도록, 그리고 오직 주님을 위해 살겠다는 부름이다.

언제 불러야 할까? 가까이 계실 때(while he is near)이다. 이때는 지금이다. 이때는 하나님께서 용서하고자 하실 때이다. 부모의 마음이 열려 있을 때 찾는다. 또한 주님이 우리에게 가까이 다가와 계실 때이다. 우리가 주님을 찾을 때 주님은 가만있지 않으신다. 우리를 향해 가까이 오시고, 내주하신다. 그 순간, 바로 지금. 얼마나 기다렸던 시간인가. 이것은 구원의 때가 있음을 보여 준다. 지금은 은혜받을 만한 때요 구원의 때라 하지 않았는가. 시기의 포착이 중요하다. 우리 모두는 하나님을 만날 필요가 있는 존재다. 그분만이 우리의 죄를 용서하실 수 있기 때문이다. 그분만이 우리의 구원자이시기 때문이다.

불의한 생각을 버리고 여호와께 돌아오라

"불의한 생각, 악한 길을 버리고 여호와께 돌아오라" 이사야의 주문은 강력하다. 우선 버릴 것이 있다. 그것은 우리가 가고 있는 악한 길, 불의한 생각 등이다. 악한 길이라 함은 우리가 가는 길이 주의 길에서 벗어나 있음을 말한다. 우리가 주님을 만나기 위해서는 악한 길이 아니라 의로운 길이어야 한다. 불의한 생각은 우리의 심중의 생각까지도 잘못되어 있음을 말해 준다. 겉으로는 드러나지 않지만 내면적인 계획과 생각까지 포함된다. 악한 길의 행동이 겉으로 드러난 것이라면 불의한 생각은 겉으로 드러나지 않는다. 겉뿐만 아니라 안까지 모두 문제가 있다는 것이다. 오죽하면 하나님이 이렇게 말씀하실까. "이 백성이 입술로는 나를 존경하되 마음은 내게서 멀도다"

이제 우리가 해야 할 일은 하나다. 주님의 길이 아니면 가지 않고 주님의 뜻이 아니면 과감히 버리는 것이다. 외양뿐만 아니라 내면까지 악한 것은 모양이라도 버린다. 싹둑 잘라 버리고(cast off), 자취조차 남기지 않고 없앤다(banish). 이를 위해서 우리는 주님께 돌아와야 한다. 돌아오는 것(return to the Lord)은 주님을 향해 우리의 방향을 완전히 바꾸는 것(turn)이다. 다른 길로 갔다가 원 길로 되돌아옴이요 다시는 뒤를 돌아보지 않고 앞만 보고 달려간다는 점에서 완전한 변화다. 쟁기를 쥔 자는 뒤를 보지 않는다. 앞만 보고 가야 한다. 롯은 뒤를 돌아보다 죽음을 맞았다. 그러나 바울은 푯대를 바라보는 삶을 살았다. 그 푯대는 예수 그리스도다. 우리는 옛사람을 과감히 벗어 버리고 오직 그리스도만을 바라보고 가야 한다.

그리하면 그가 긍휼히 여기시리라

회개하면 용서하신다. 용서의 서(恕)는 마음을 같이한다는 뜻을 가지고 있다. 하나님이 잘못을 시인하고 회개하는 우리 속에 들어오셔서 우리를 이해하고 용서하시는 것이다. "그리하면 그가 긍휼히 여기시리라 우리 하나님께로 나아오라 그가 널리 용서하시리라"(사 55:7b) 하나님은 회개하는 우리를 불쌍히 여기신다. 그것은 용서를 비는 자녀에 대한 아비의 마음이다. 그 속에 눈물이 있고, 포옹이 있고, 위로가 있다. 자비로우신 하나님이시다. 그 하나님은 우리를 널리 용서하신다. '널리'는 '풍성하게'(abundantly), 많이, 크게'라는 뜻을 가지고 있다. 우리 하나님은 마음이 넓으신 분이다. 용서는 사면(pardon)이다. 사면은 그 죄에 대해서 다시 묻지 않는다. 하나님은 사죄의 은총을 베푸는 분이시다. 이 하나님이 바로 우리가 섬기는 하나님이시다.

하나님은 모든 죄인들에게 용서와 평안과 행복을 약속하신다. 이 사야서 55장의 '너희'는 같은 장 1절의 목마른 자들이다. 하나님은 목마른 모든 사람들을 향해서 은혜로운 약속을 주시고 있다. 너희는 포로로 될 자나 포로가 된 자들에게만 국한된 것도 결코 아니다. 유대인이든 이방인이든 죄 가운데 있는, 그리고 구원을 목말라하는 모든 사람들이 그 대상이다.

하나님의 용서를 받기 위해서는 먼저 하나님을 찾고 회개하는 것이 중요하다. 우리는 기도를 통해 주님을 만날 필요가 있다. 그분 앞에 우리의 불의한 생각을 내어놓고 회개하면 하나님은 너른 마음으로 용서하고 받아들이신다.

하나님은 우리에게 말씀으로 강한 확신을 심어 주신다. 인간은 쉽게 변하고 믿기 어렵다. 그러나 하나님은 우리와 다르다. 생각이 다르고 길이 다르다. 말씀하신 것은 하나도 빠짐없이 이루신다. 그러므로 우리가 신뢰해야 할 분은 우리 자신이 아니라 주님이시다. 주님을 찾는 자들에게 용서를 약속하는 성경의 말씀들이 결코 헛되지 않은 그 모두 주님의 말씀이기 때문이다.

주님의 용서는 우리에게 완전한 변화를 주신다. 우리가 죄 가운데 있을 때 가진 슬픔과 불안을 기쁨과 평안으로 바꾸어 주신다. 우리의 영혼이 기쁘다. 12절에서 산들이 노래하고 나무조차 손뼉을 치는 것은 이 기쁨이 큰 것을 말한다. 가시나무 같고 찔려 같은 우리가 여호와의 나무인 잣나무와 화석류로 바꾸어진다. 완전한 변화이다. 이것은 하나님이 우리에게 주시는 영원한 축복의 징표이다.

지금 나는 무엇을 의지하고 있는가? 그리스도인이면서 그리스도인답지 않다는 말이 왜 들리는가? 이것은 우리가 그만큼 영적으로 타락했고, 주님으로부터 멀어진 때문이 아닌가. 잘못되어 있다면 이제 방향 전환을 해야 한다. 주님을 찾고 불러야 한다. 주님은 순도 100%의 믿음을 원하신다. 하나님에 대한 신뢰와 세상에 대한 의지가 혼합된 믿음을 원치 않으신다. 오죽하면 십계명에 "나 외에 다른 신을 섬기지 말라" 하셨을까. 하나님이 이스라엘과 유다에 대해 경책하시고, 그들을 포로로 생활하도록 하신 이유가 바로 여기에 있다. 온전히 주님을 섬기자. 오직 여호와만을 바라자. 오직 예수 그리스도를 바라보며 살자. 순도 100%의 신앙을 위해 오늘도 주님을 찾고, 부르고, 그에게 돌아가자. 그리하면 주님은 우리에게 자비를 베푸시고 널리 용서하실 것이다.

13. 삶에서 기도에서 그 형제보다 존귀한 자 되기

역대상은 여러 족장들을 지루하게 기록하고 있다. 2장은 유다 12 지파의 족보, 3장은 다윗의 후손 족보, 4장은 유다의 다른 후손들을 소개하고 있다. 그러다 갑자기 야베스에 와서 그냥 넘어가지 않았다. 그는 다른 사람보다 다른, 뭔가 언급해도 좋을 만한 특별한 것이 있었다는 것을 지적하고 싶었기 때문이었을 것이다. 역대상 4장 9절에 소개된 그에 대한 첫마디는 "그 형제보다 존귀한 자라"다. 다른 형제와는 확연히 다르다는 것이다. 그는 유다의 여러 후손 가운데 하나님으로부터 존귀하여 여김을 받았을 뿐만 아니라 성경에 600여 명의 인물이 기록되지만 그 가운데 믿음과 기도의 인물로서 야베스의 이름이 당당히 거론되고 있다.

그가 존귀하게 여김을 받은 이유를 성경의 다른 부분에서는 찾아볼 수 없다. 그래서 역대상에 나타난 부분(프랙탈)을 통해 그의 삶 전체를 조명해 볼 수밖에 없다.

이름이 주어진 한계를 뛰어넘은 사람

무엇보다 그는 그의 이름이 주어진 한계를 뛰어넘었다. 야베스라는 이름은 '고통스러운(painful)'이라는 뜻을 가지고 있다. "내가 수고로이 낳았다 함이었더라" 이름이 '미스터 고통'(Mr. Pain)이라는 것이다. 성경은 야베스의 모친이 그를 낳았을 때 고통스러웠음을 보여 준다. 그녀의 산고와 난산은 집안뿐만 아니라 동네 사람에게도 잘 알려져 있었을 것이다. 그를 보면, 아니 그의 이름만 들어도 그 고통과 고난이 생각났을 것이다. 야베스 자신도 자기 이름을 들을 때마다 그런 생각을 하지 않았을까?

자녀의 이름을 지을 때 생각해서 지을 필요가 있다. 이름이 자녀에게 미치는 심리적, 영적 영향이 클 수 있기 때문이다. 예를 들어 나오미의 두 아들 말론과 기룐의 이름이 가진 의미는 '허약하다', '수척하다'였다. 결국 그들은 다 죽고 말았다. 반대로 솔로몬의 이름은 '평화'라는 뜻을 가지고 있다. 솔로몬은 다윗 때와는 달리 전쟁이 없는 평화를 누릴 수 있었다.

성경은 야베스가 어떤 특별한 능력이나 달란트를 가진 것으로 묘사하고 있지 않다. 우리처럼 매우 평범한 인물이었고, 오히려 육체적인 것이든 정신적 능력이 모자라든 보통사람보다 못한 어떤 조건을 가지고 있음을 보여 준다. 그는 신체적인 핸디캡이 있음에도 그 어려움을 주님이 주시는 힘으로 이겨 내고자 했다. 이것은 그의 육체적인 조건에 비해 믿음이 얼마나 성숙해 있는가를 보여 준다. 어디 그뿐인가. 그의 이름 때문에 자기에게 돌아오는 사회적 편견은 얼마나 견디기 어려운 것이었을까?

그러나 그는 그 모든 것을 믿음으로 넘어서고자 했다. 그는 어려서부터 여러 가지로 힘든 상태에 있었지만 하나님을 향한 그의 믿음은 날로 성숙했다. 그는 주어진 현실을 불만하며 주저앉는 믿음이 아니라 그 한계를 뛰어넘고 자라는 믿음(growing faith)을 가졌다. 자신의 한계를 뛰어넘고자 하는 이 믿음, 그래서 그는 존귀한 자임에 틀림없다.

그는 기도하는 사람이었다

하나님이 야베스를 존귀하게 보는 또 하나의 이유는 그가 기도하는 사람이었다는 사실이다. 이것은 그의 삶의 다른 면보다 오직 그의 기도 내용을 소개하는 데서 찾아볼 수 있다. 10절은 이렇게 시작된다. "야베스가 이스라엘 하나님께 아뢰어 가로되" 이스라엘 하나님께 기도했다. 하나님을 향해 기도할 뿐만 아니라 그 하나님께 가까이 나가고자 했다. 그의 기도문 가운데 "주의 손으로 나를 도우사"는 자신을 도울 수 있는 것은 오직 주의 손, 곧 전능하신 하나님임을 고백하고 있다.

'아뢰어 가로되'는 단순히 기도했다는 것을 의미하지 않는다. 'cried out', 부르짖었다. 야베스는 고통을 복으로 전환시켜 주실 분은 오직 하나님이시라는 것을 확신했다. 그만큼 하나님을 신뢰했다. "너는 내게 부르짖으라 내가 네게 응답하겠고 네가 알지 못하는 크고 비밀한 일을 네게 보이리라"(렘33:3)

야베스의 기도 내용 가운데서도 환난과 고통이 있었음을 볼 때 야베스 자신의 삶의 과정에서도 근심과 고통이 있었음을 보여 준다.

그러나 그 내용이 무엇인지는 정확하지 않다. 그래서 그는 하나님께
나아가 기도했을 것으로 보인다.

고난을 당했을 때 반응은 부정적인 반응과 긍정적인 반응 등 두
가지로 나타날 수 있다. 부정적으로 반응할 경우 고난에 굴복하고
체념에 빠지고 말 것이다. 그러나 긍정적으로 반응할 경우 고난을
극복하고 이에 도전하고자 할 것이다. 야베스의 기도는 바로 고통에
대한 긍정적 반응이다.

자신의 거룩한 지경이 넓혀지기를 기도했다

그의 기도는 짧고 소박하다. "주께서 내게 복을 더하사 나의 지경
을 넓히시고 주의 손으로 나를 도우사 나로 환난을 벗어나 근심이
없게 하소서"

"주께서 내게 복에 복을 더 하사" 야베스는 하나님께 복을 달라고
간구했다. 그는 주님의 은총 입기를 간구했다. 그는 그 복이 자신의
힘으로 소유할 수 있는 것이 아니라 하나님이 주실 수 있는 것, 곧
은혜(charismata)라고 생각했다. 하나님이 복의 주체라는 것이다. 이
러한 관점은 인간이 복의 주체라는 다른 종교관과는 다르다.

"나의 지경을 넓히시고", '나의 지경'은 하나님이 정해 준 땅이자
물려받은 땅이다. 지경을 넓혀 달라는 것은 하나님께 복을 달라고
기도하는 또 하나의 표현이다. 이러한 기도를 유치한 기복적 기도로

보아서는 안 된다. 기복신앙은 복 자체가 목적이 되는 것이지만 야베스의 기도는 복만 받기에 그치지 않기 때문이다. 지경을 넓혀 달라고 해서 넓혀질 수 있는 것도 아니다. 지경을 함부로 사고팔지 않기 때문이다. 따라서 여기서 지경은 단순히 땅만을 의미하지 않음을 알 수 있다. 야베스는 위대한 야망(great ambition)을 가졌다. 그것은 거룩한 지경의 확장이다. 그는 아무런 꿈도 없이 표류하는 삶을 산 것이 아니라 삶의 목표를 주님의 목표로 확장시켰다.

위대한 야망은 작은 생각이 아니라 영적으로 큰 생각이다. 우리는 단지 교회가 커지는 것만 야망할 것이 아니라 하나님을 위한 우리의 미션이 넓어지도록 야망해야 한다. 이를 위해서는 우리의 기도가 달라야 한다. 더욱 승화된 기도를 드려야 한다. "나의 육신적 성공이 아니라 내가 주님을 위해 일할 수 있는 일터, 영적 지경을 넓혀 주옵소서. 주님보다 더 무거운 십자가를 지기 원합니다. 거룩한 지경을 넓혀 주옵소서"

브루스 윌킨슨이 쓴 「야베스의 기도」가 한동안 베스트셀러가 되었다. 그 원인이야 여러 가지가 있지만 이 책의 부제, 곧 '내 삶을 기적으로 채우는 기도의 원리'를 배우고 체험하고 싶었기 때문이었을 것이다. 그런데 쇼그린과 로비슨은 저자의 의도와는 전혀 다른 결과를 낳았다고 비판했다. 윌킨슨의 책을 읽으면서 사람들은 야베스의 기도를 마치 하나님은 나를 위해 존재하고 나에게 복을 주시기 위해 사는 분으로 이해하고 자기에게도 이런 복을 가져다주는 분이기를 바랐다고 비판한다. 윌킨슨이 가르치고자 한 것은 '모든 것이 나를 위한 것'이 되기 위한 기도가 아니라 그 모두가 하나님의 영광을 나타내는 것이었다. 그럼에도 그 야베스의 원대한 기도를 자신의 욕구만 채우는 복으로 한정시킨 우를 범했다는 것이다. 그의 표현대로 강아지 성도가 되어야 하는데 고양이 신자가 되고 만 것이다. 우리는 그 비좁은 사고의 틀에서 벗어나야 한다.

나아가 위대한 야망은 겸손한 가운데 나와야 한다. '내가' 아니라 하나님이 도우시면 나는 할 수 있다는 겸손함이다. 위대한 야망은 만족감을 준다. 그 만족은 그 야망이 비록 나를 통해 달성되지 않는다 할지라도 하나님께서 언젠가는 다른 사람을 통해서라도 이루시라는 행복한 만족감이다.

그의 기도는 그저 위대한 기도로 마무리되지 않는다. "주의 손으로 나를 도우사 환난을 벗어나 근심이 없게 하소서", "주의 손으로 나를 도우사" 그는 무엇보다 자신의 삶에 하나님의 능력(God's power in his life)이 나타나도록 기도했다. 그는 자신의 삶에 하나님의 임재(God's presence in his life)가 있기를 기도했다. "너희가 얻지 못함은 구하지 아니함이요"(약4:2)라는 말씀을 기억하자. 나아가 그의 기도는 매우 소박하고 인간적이고, 현실적이다. "나로 환난을 벗어나 근심이 없게 하소서" 그는 자신의 삶에 하나님의 보호하심(God's protection over his life)을 기도했다. 그래서 우리는 그의 기도를 진솔하다 말할 수 있다. 이것은 그가 얼마나 진실한 기도의 삶(genuine prayer life)을 살았는가를 보여 준다.

하나님이 기도에 응답하는 존재가 되었다

야베스의 기도는 기도한 것으로 끝나지 않았다. 그에 대한 마지막 언급은 이 말로 결론지어진다. "하나님이 그 구하는 것을 허락하셨더라" 하나님은 그의 기도(big request)를 들으시고 응답하셨다. 그의 기도가 얼마나 진정한 기도였는가, 나아가 그가 얼마나 진실한 삶을 살았는가를 보여 준다. 이 말씀은 단지 하나님이 그의 기도에 응답했다는 사실에 국한되지 않는다. 하나님으로부터 인정을 받았다는 것이다. "그 형제보다 존귀한 자니" 하나님이 인정하시면 최고가 아닌가. 그 이상 무엇을 바랄까.

야베스는 성령을 받은 사람이었거나 예수를 아는 사람이 아닌 구약시대의 사람이었다. 그러나 우리는 주님이 주시는 성령을 받고, 예수를 아는 사람들이다. 그러므로 우리는 야베스의 수준을 넘는 기도를 드리고, 우리의 한계를 뛰어넘을 수 있을 만큼 성숙해야 한다. 자기의 주어진 현실에 불만을 품고 하나님을 향해 항의의 주먹을 휘두르는 것이 아니라 주님을 붙들고 그 한계를 뛰어넘을 때 주님은 우리를 향해 '그 형제보다 존귀한 자'라는 칭호를 붙여 주실 것이다.

14. 지혜 있는 삶과 성령 충만한 삶

에베소서 5장 15절에서 21절의 말씀은 우리로 하여금 두 가지 형태의 삶을 살도록 강조하고 있다. 하나는 지혜로운 삶이며, 다른 하나는 성령 충만한 삶이다.

오직 지혜 있는 자같이 하여

"너희가 어떻게 행할 것을 자세히 주의하여 지혜 없는 자같이 말고 오직 지혜 있는 자같이 하여 세월을 아끼라 때가 악하니라 어리석은 자가 되지 말고 오직 주의 뜻이 무엇인지 이해하라"(15~17절)

지혜 있는 자가 되려면 어떻게 해야 할까?

첫째, "어떻게 행할 것을 자세히 주의하라"(15절)고 말한다. '어떻게 행할 것'(walk)은 어떻게 걸어갈 것인가를 말한다. 방향이 뚜렷하고, 걸음을 걸을 때는 주의하는 것이 중요하지 않겠는가. "자세히 주의하여"(be very careful)가 바로 그에 해당한다. NKJV은 "사방을 살펴 걸으라"(walk circumspectively)고 말한다. 가시가 많은 땅, 고난의 땅을 통과할 때 조심해 걸을 필요가 있다. 그 이유는 때가 악하기(16절) 때문이다. 때가 악하다고 말할 만큼 우리는 위험스럽고 파괴적인 세상에 살고 있다.

둘째, "오직 지혜 있는 자같이"(15절) 행동하는 것이다. 지혜는 예수님 자신을 의미한다. 예수님을 인격적으로 표현한 것이다. 따라서 "지혜 있는 자같이 하라"는 말씀은 내 안에 "그리스도가 있는 자같이 행동하라"는 말이다. 모든 그리스도인에게 지혜가 주어졌다. 그리스도인은 지혜의 빛을 드러내야 한다. 그러므로 이 지혜는 실천적 지혜임을 알 수 있다. 지혜는 우리가 '어떻게 행할 것'을 가르친다. 함무슐트 유엔사무총장은 UN에 문제가 생길 때마다 하나님께 기도했다. 지혜를 얻기 위해서였다.

셋째, 세월을 아끼는 것이다(16절). 세월을 아낀다는 것은 시간을 잘 사용하라는 말이다. 세월을 아끼기 위해서는 무엇보다 지혜로워야 한다. 지혜로운 자는 시간을 낭비하지 않는다. 순간순간을 중요하게 생각하며 생활한다. 술 취하지 않는 것, 성령 충만을 받는 것도 세월을 아끼는 중요한 방법이다.

지혜 있는 자가 되려면 세월을 아껴야 한다. "아낀다"는 말은 악한 때로부터 "기회를 사 온다"는 뜻을 가지고 있다. 사 오는 것인 만큼 귀중한 세월을 최대로 활용할(make most of time) 필요가 있다. 우리의 시간을 조금도 허비하지 않고 모든 기회를 잘 활용하여 주님의 뜻에 따라 살아야 한다. 시간은 하나님이 우리에게 준 선물로 값지고 한정되어 있다.

그런데 우리는 오히려 세상을 사기 위해 하나님을 팔고 있지 않는가. 어려움이 닥치면 하나님을 팔아, 어느 교회나 교인임을 내세워 그 위험을 피하고자 하지 않는가. 그리스도인은 그 어려움 속에서도 주님을 드러내야 한다. 그리스도인의 참모습을 보여 주어야 한다.

세월은 화살처럼 날아간다. 40대는 시속 40㎞로 달려간다는 말이 있다. 체감속도는 더 빠를 것이다. 날아가는 세월을 붙잡아 둘 수도 없다. 우리는 그 세월 속에서 어떤 삶을 살아야 하는가를 생각해야 한다.

시간은 크로노스와 카이로스가 있다. 크로노스란 평범한 시간이다. 그러나 카이로스란 평범 속의 특별한 순간이다. 이 순간은 착한 일을 할 수 있는 기회의 순간이다. 우리가 착한 일을 하려고 하면 방해하는 세력도 있다. 그러나 그 기회를 기쁨으로 살 필요가 있다. 그리스도인은 이 세상의 삶을 큰 기회의 삶으로 바꿔 놓아야 한다. 기회는 "나는 너의 기회다"며 소리치며 나타나지 않는다. 카이로스의 기회를 잡기 위해 혼신의 힘을 다해야 한다. 달란트가 주어졌을 때 이익을 거둬들일 수 있어야 한다.

끝으로, 주의 뜻이 무엇인가 이해하는 것이다(17절). 성령 충만한 삶은 주의 뜻이 무엇인가 이해하는 삶이다. 어리석은 자가 되지 말라. 주의 뜻이 무엇인지 분별하라. 선하시고 기뻐하시고 온전하신 뜻이 무엇인지 분별한다. 자기고집을 세울 것이 아니라 주님의 뜻을 앞세운다. 나의 원 대로가 아니라 하나님의 뜻을 세운다. 주님도 우리로 하여금 "뜻이 하늘에서 이룬 것같이 이 땅에서 이뤄지도록" 기도하게 하시지 않았는가.

오직 성령 충만을 받으라

"술 취하지 말라 이는 방탕한 것이니 오직 성령 충만을 받으라 시
와 찬미와 신령한 노래로 서로 화답하며 너희 마음으로 주께 노래하
며 찬송하며 범사에 우리 주 예수 이름으로 항상 아버지 하나님께 감
사하며 그리스도를 경외함으로 피차 복종하라"(엡5:18~21)

지혜로운 자에게 필요한 것은 성령 충만한 삶이다. 이 말씀은 성
령 충만하면 여러 모로 삶의 모습이 달라진다는 것을 보여 준다. 어
떻게 달라지는가?

첫째, 술 취하지 않는다(18절). 술 취하는 것은 시간을 낭비하기에
가장 쉬운 방법이다. 당시에는 술이 문제였지만 지금은 마약중독이
나 컴퓨터 중독도 해당될 것이다. 당시 에베소는 방탕한 도시로 이
름이 나 있었다. 술을 많이 먹는 것을 자랑했을 뿐만 아니라 술을
신으로부터 감화받는 방편으로 생각했다. 알렉산더 대왕은 술 마시
기 대회를 개최해 30명이나 죽은 사건도 있었다.

술 취하지 말라고 말하는 것은 술 취함이 방탕함(debauchery)으로
이끌기 때문이다. 방탕함은 '아소티아'(asotia)로 "저축하지 않음, 낭
비하고 사치함"을 의미한다. 방탕은 감각을 통한 부패·마약·알코
올·섹스 등을 포함한 부도덕적 행위와 연관되어 있다. 술 취함과
방탕은 우리를 영적이기보다 육체 지향적으로 이끌고, 영원한 것을
사모하기보다 잠시 머물 세상을 사모하게 만든다. 이것은 우리의 관
심과 에너지를 하나님과 그의 일에서 멀어지게 만든다.

- 노아는 술 취함으로 인해 자식을 저주하기에 이르렀다.
- 롯의 딸들은 아비를 술 취하게 한 뒤 모압과 암몬을 얻었다. 성경은 모압과 암몬 자손은 영원히 여호와의 총회에 들어오지 못한다고 못 박았다.
- 벨사살 왕은 예루살렘 성전기명으로 술잔치를 벌이다 멸망당했다.

잠언은 술이 사람을 거만하게 하고 건강을 해치며 판단을 흐리게 한다며 보지도 못 하게 하고 있다. 성경은 술 먹는 자를 지혜 없는 자로 간주한다. 감독은 술을 즐기지 않아야 하고, 집사는 술에 인 박이지 않아야 한다고 말한다. 성경에서 술을 긍정적으로 묘사한 곳은 바울이 비위가 약한 디모데에게 포도주를 약으로 조금씩 쓰라는 것뿐이다.

둘째, 오직 성령의 충만함을 받는다(18절). 바울은 술보다는 성령에 취할 것을 가르치고 있다. 120문도가 성령 충만함을 받았을 때 마치 새 술에 취한 것처럼 보였다. 그러나 술에 취한 것과 성령 충만은 근본적으로 다르다. 술은 방탕하게 하는 것이지만 성령 충만은 우리를 주 안에서 바로 세우기 때문이다. 우리가 술 취한 사람의 행동을 보면 보통 때와 달리 이상한 사람으로 보는 것처럼 우리가 성령 충만하면 세상 사람들은 전과 다른 사람이라 생각한다. 따라서 우리는 술에 취할 것이 아니라 성령 충만함을 받아야 한다.

성령 충만은 성령 안에서 충만케 되는 것(filled with Spirit), 곧 성령 안에서 생활하고 사는 것을 말한다. 성령 충만하면 그 안에서 9가지 열매를 맺게 된다. 인 치심을 받은 자는 성령을 근심케 하는 자가 되어서는 안 된다. 성령 충만함을 받아 날로 주님의 뜻을 세워 가야 한다.

"받으라"는 말씀은 내가 성령을 마음대로 채우는 것이 아니라 받는 것이다. 성령님이 나를 채우도록 해야 한다. 성령을 충만히 받기 위해서는 나를 비워야 한다. 주님은 구하는 자에게 가장 좋은 성령을 주시겠다고 말씀하셨다.

"받으라"는 말의 희랍어 시제는 "계속적으로 채움을 받으라"(continually being filled, continuous, on-going)는 의미를 가지고 있다. 어떻게 계속 채움을 받을 수 있는가? 그것은 기도와 하나님의 말씀이다. 기도를 통해 계속 하나님과 커뮤니케이션을 하고, 말씀을 통해 그 뜻을 헤아려 행동한다. "성령 충만함을 받으라"는 것은 우리가 하나님 안에 계속적으로 거하지 않으면 안 된다는 것을 가르쳐 준다. 그렇지 않으면 자꾸 세상으로 나가기 때문이다.

우리가 성령 충만을 받아야 하는 이유는 다음과 같다.

- 우리는 질그릇 같은 인생이다. 더러워진 우리의 인격을 성령으로 씻어 내야 하기 때문이다.
- 성령의 힘으로 악한 영을 물리쳐야 하기 때문이다.
- 성령을 받아야 권능을 받고 주님의 증인으로서 살아갈 수 있기 때문이다. 우리가 성령을 받아야 전도의 현장에서 힘 있게 주님을 증거할 수 있다.

성령 충만은 한 번만 받고 그만두는 것이 아니다. 계속 매일 받으며 새롭게 살아가야 한다. 주님만 바라보며 주님을 기쁘시게 해야 한다.

셋째, 서로 화답하는 삶을 산다(19절). 시와 찬미, 신령한 노래로 서로 화답하게 된다. 영적인 소통이 왕성하게 일어나는 것이다. 성령 충만하면 우리의 삶이 단절에서 소통으로 달라진다. 이 소통을 통해 날마다 새로운 기쁨을 더하신다. 말씀 안에 거하고, 긍정적으로 생각하고 대화하며, 시와 찬미와 신령한 노래들로 화답하고 감사한다.

성령 충만하면 서로 찬송으로 화답하는 삶을 산다. 시와 찬미, 신령한 노래로 서로 화답한다. 시(psalms)와 찬미(hymns), 신령한 노래(spiritual songs)는 술 취한 사람들의 노래가 아니다. 하나님께 속한 사람들의 노래이다.

"서로 화답하고"는 이 노래가 혼자서가 아니라 공동체성을 띠고 있음을 보여 준다. 초대교회에서는 '교창'이라는 것이 있었다. 노래를 서로 주고받는 것이다. 사랑의 교제를 나누고, 기쁨을 나눈다. 이 가운데 찬송이 넘친다. 우리가 하늘나라에 가서도 해야 할 것은 찬송이다. 찬송하기를 싫어하면 성령을 충만히 받지 못했음을 의미한다. "서로 화답하고"는 간증의 찬송이다. 하나님이 주신 은혜에 대한 감사와 찬양이다.

넷째, 마음으로 주께 노래하며 찬송한다(19절). "서로 화답하고"가 다른 사람과 함께 찬양을 나누는 것이라면 "마음으로"는 자기의 삶 속에서 하나님을 향해 드리는 찬송이다. 길을 가면서, 샤워를 하면서도 찬송을 한다. 삶 전체가 찬송이 되게 한다.

성령 충만하면 하나님을 향해 온 마음으로 노래한다. 바울과 실라가 하나님을 찬양할 때 옥 터가 흔들렸다. 하나님의 능력이 나타난

것이다. 웨슬리, 미국의 대각성 운동, 빌리 그래햄 등도 찬송을 중시
했다.

성령 충만한 그리스도인은 노래하는 그리스도인(singing Christian)
이 되어야 한다. 노래하고 찬송해야 할 이유는 다음과 같다.

- 찬양은 성경적이기 때문이다. 시편은 하나님의 뜻을 수행하기
  위한 사람을 위해 좋은 안내역할을 하고 있다. 그 시편에 많은
  찬양시가 기록되어 있으며 150번 이상이나 기쁨으로 찬양할 것
  을 강조하고 있다.

- 찬양은 실제적이기 때문이다. 찬양은 우리의 두려움·쓰라림·
  미움·질시·의심·후회·죄의식으로부터 벗어나게 하고 하나
  님께 복종하도록 만든다.

- 찬양은 육체적이기 때문이다. 하나님께 영적 예배를 드릴 때 우
  리의 몸도 함께 드려야 하나님이 기뻐하신다(롬12:1). 우리는 분
  노나 다툴 것(거룩하지 못한 손)이 아니라 기도하거나 찬양하며
  그때 거룩한 손을 든다(딤전 2:8). 내 입술이 주를 찬양하며 내
  손을 들어 주를 송축한다(시 63:3~4).

다섯째, 범사에 감사한다(20절). 성령 충만하면 범사에 감사한다.
좋은 일에만 감사하는 것이 아니라 어려운 일을 당해도, 어떤 일이
일어난다 할지라도 감사한다. 감사하지 못할 환경 속에도 감사한다.

감사는 신앙의 표현이다. 성령 충만은 감사 충만으로 나타나야 한
다. 범사에 하나님께 감사한다. 범사는 우리가 어디에 있든지, 무슨
일을 당하든지 감사하는 것을 말한다. 불평과 불만은 성령과 조화를

이루지 못한다. 크리소스톰은 심지어 우리가 지옥에 갔다 해도 감사해야 한다고 했다. 그곳 사람에게 교훈을 줄 수 있기 때문이다.

감사는 제사이다. "감사로 제사를 드리는 자가 나를 영화롭게 하나니"(시50:23). 감사는 예수의 이름으로 해야 한다. 그분 때문에 우리가 구원을 받았고 그분만이 우리의 중보자이시기 때문이다.

끝으로, 그리스도를 경외하므로 피차 복종한다(21절). 그리스도를 경외하므로 피차 복종하라는 이 말씀은 모든 인간관계에서 기본이 되는 말씀이다. 성령이 충만한 사람은 서로 복종하는 삶을 산다. 여기서 두 가지를 가르치고 있다.

하나는 "그리스도를 경외하므로(reverence)"이다. 이것은 '겸손한 마음으로', '존중하는 마음으로'라는 뜻이다. 그리스도를 경외하고 그분께 복종하는 것은 성령 충만한 결과이다. 그리스도인의 복종적 삶은 주님 안에서 성령 충만한 가운데서 서로 경외한다는 점에서 일반적 복종과 다르다. 다른 하나는 "피차 복종"한다. 서로가 복종하고 존중한다. 그리스도인의 복종은 공격적인 것이 아니다. 온유와 겸손, 오래 참음이 우리 가운데 있어야 한다.

바울은 에베소 교인들에게 예수님 중심의 지혜로운 삶과 성령 중심의 성령 충만한 삶을 살도록 부탁했다. 이것이 어찌 에베소 교인들에게만 해당될까. 현대를 살아가는 우리뿐만 아니라 우리의 후손들도 꾸준히 이어 나가야 할 삶의 방식이다. 이러한 삶을 통해 내가 달라지고 가정과 교회, 그리고 우리가 속한 사회가 달라진다. 이러한 삶을 거부할 그리스도인은 이 땅에 아무도 없다.

15. 바울의 옥에 갇힘과 복음의 진보

빌립보서 1장 12절에서 18절은 옥에 갇히게 된 바울의 형편, 그럼에도 불구하고 복음은 더 진보하게 되었음을 잘 나타내고 있다. 바울이 갇혔으면 복음 전파가 후퇴해야 하는데 어인 일인가? 그 속에는 보이지 않는 성령의 움직임이 있었음을 알 수 있다.

옥에 갇힘이 복음의 진보를 가져오다

"나의 당한 일이 도리어 복음의 진보가 된 줄을 알기 원하노니"(12절) 바울은 자신이 옥에 갇히게 된 것이 오히려 복음의 진보(advance)가 되었다고 말한다. 자신이 옥에 갇히게 됨으로 복음 전파의 끝이 된 것이 아니라 오히려 복음 전파의 길을 개척하는 기틀, 곧 발전의 계기가 되었다는 것이다. 진보란 장애물을 없애고 계속 전진하는 것을 의미한다.

'도리어'는 그리스어로 '말론'(mallon)으로 예상과 달리 정반대 결과가 나타났다는 것을 강조하고 있다. 바울의 갇힘과 매임이 예상과는 달리 복음의 진보가 되었다는 것이다. 바울은 갇힘을 통해 당시의 엘리트인 로마 군인들을 만나 복음을 전했고, 가이사의 집, 곧 로마 황실의 사람에게도 복음이 전파되었다. 바울의 갇힘이나 매임이 복음의 진보를 가로막은 것이 아니라 더욱 복음을 전할 수 있게 되었다. 갇힘이 실패가 아니라 복음 전파를 위한 성공의 열쇠가 되었다는 것은 역설이다. 사람에게는 그것이 끝으로 보이지만 하나님에게는 시작이다. 사람에게는 그렇게 보일지라도 전혀 그렇지 않다. 따라서 하나님에게는 실패나 손해란 없다.

이 가르침에서 우리는 우리의 보는 방식에 문제가 있음을 가르쳐 준다. 감옥에 있으면서 별을 보는 사람과 진창을 보는 사람의 태도는 각각 다르다. 우리가 바울과 같은 시련과 고통 속에 있다고 가정해 보자. 이때 "왜 이런 일이 하필 나에게 일어났는가? 왜? 왜?" 하면서 부정적 태도를 유지하면 결국 하나님과 멀어질 수밖에 없다. 그러나 그 시련을 통해 복음의 진보를 생각하며 기뻐할 만큼 긍정적 태도를 유지한다면 세상을 보는 눈이 달라질 것이다. 우리도 고통으로부터 도망하려 하지 말고 긍정적 믿음으로 고통을 어루만질 필요가 있다. 자신의 매임이 하나님의 주권 아래서 복음의 진보가 되었음을 기쁘게 생각하고 있는 바울의 모습을 생각해 보라.

시위대 안과 기타 모든 사람에게 전파된 복음

"나의 매임이 그리스도 안에서 온 시위대 안과 기타 모든 사람에게 나타났으니"(13절) 바울의 쇠사슬 매임이 어떻게 복음의 진보로 나타나는가? 온 시위대 안, 기타 모든 사람들, 그리고 믿음의 형제들에게 나타나고 있다. 자신이 갇히게 됨으로써 시위대 안과 그 밖에 모든 사람에게 복음이 전파되게 되었으며, 믿음의 형제들에게 용기를 주고 담대히 복음을 전할 수 있게 해 주었다는 것이다.

온 시위대 안은 복음의 진보가 어떻게 나타났는가를 보여 주는 첫 부분이다. 시위대는 왕궁수비대를 말한다. 가이사의 정예 군대들이다. 바울은 그 감옥에서도 병사들에게 복음을 전했다. 바울은 다른 사람과 달리 평온함과 침착함을 유지하는 가운데 복음을 전했다. 시위대원들은 바울이 여느 잡배와는 달리 도덕적인 너비와 영적인 깊이가 있는 것을 알았고, 그가 전하는 복음을 듣고 감동했을 것이다.

하나님은 감옥에 있는 바울, 쇠사슬에 묶인 바울을 사용하셨다. 그는 비록 몸이 묶여 있었지만 하나님의 말씀은 묶여 있지 않았다. 하나님께서는 우리의 매임도 그분의 유익을 위해 사용하신다. 바울의 고백을 들어 보자.

> "복음을 인하여 내가 죄인과 같이 매이는 데까지 고난을 받았으나 하나님의 말씀은 매이지 아니하니라"(딤후2:9)

기타 모든 사람들에게 나타난 것은 복음 진보의 두 번째 증거다. 기타 모든 사람들이 누구인가에 대해서 여러 추측이 가능하지만 로마 법정의 관리들이 아닌가 생각된다. 바울은 감옥과 법정을 오가는 상태에 있었기 때문이다. 그들은 바울이 주장하는 바를 알기 위해 노력했을 것이고 그래야 판단이 가능했을 터이기 때문이다. 빌립보서 4장 22절에 바울은 "특별히 가이사 집 사람 중 몇"에게 안부를 전하도록 기록하고 있는데 이 사람들이 바로 그 당시에 바울로부터 복음을 받은 '기타 모든 사람들'이었을 것으로 생각된다. 복음의 진보는 미미한 곳에서부터 시작되어 높은 데 이른다. 결국 로마는 기독교를 국교로 지정하게 된다.

겁 없이 담대히

"형제 중 다수가 나의 매임을 인하여 주 안에서 신뢰하므로 겁 없이 하나님의 말씀을 담대히 말하게 되었느니라"(14절) 이 말씀은 빌립보 교회가 그에게 얼마나 기쁨을 주었는가를 보여 준다.

바울의 갇힘이 빌립보 교인들에게 분발하는 계기를 만들어 주었다. 복음의 진보가 나타난 세 번째 증거는 감옥 밖에 있는 성도들 가운데 상당수가 그의 매임을 인하여 더욱 강해져 겁 없이 복음을 증거하게 되었다는 데 있다. 그의 매임이 전도의 열을 떨어뜨리는 것이 아니라 오히려 믿음의 형제들에게 용기를 주고 담대히 복음을 전하게 만들어 준 것이다. 성도들이 담대한 마음으로 더욱 힘 있게 복음을 전파하게 된 것은 바울이 갇힘과 매임이 더 이상 복음의 장애물이 되지 않았다는 것을 의미한다.

빌립보 교인들의 상당수는 교회 개척 멤버들이다. 개척 당시 바울이 투옥되었을 때 감옥에서 옥문이 터짐을 잘 알고 있었다. 그러므로 바울의 매임도 두려워하지 않았다. 그 두려움 없는 믿음이 그들을 겁 없이 전도하는 인물로 만들었다.

하나님은 그런 상황 속에서도 복음을 진행시키셨고, 성도들은 바울이 고난 가운데 있을 때 하나님을 신뢰하고 담대하게 복음을 전파하게 되었다. 어머니가 아프면 평소에 집안일을 하지 않던 식구들이 집안일을 나누어 열심히 하듯 바울이 갇히게 되자 성도들이 더 열심히 신앙생활을 하게 되고 전도하게 되었음을 보여 준다. 하나님은 고통과 고난 가운데서도 복음을 이토록 진보케 하신다. 그러므로 복음 진보의 주인공은 인간이 아니라 하나님이시다.

어떤 이들은 투기와 분쟁으로

"어떤 이들은 투기와 분쟁으로"(15절) 어떤 성도들은 바울의 지도력을 시기하는 마음으로, 즉 자신들의 영향력을 확보하기 위해 열심히 전도했다. 즉, 바울이 옥에 갇히자 그를 평소 시기했던 사람들이 바울이 감옥에 간 것을 잘된 것으로 생각하며 열심을 낸 것이다. 이런 사람을 17절은 '저들'이라고 표현하고 있다. 저들은 사람을 외모로 일하고 바울을 모략하며 교회에 분쟁을 일으키는 사람들이었다. 17절에 따르면 "저들은 나의 매임에 괴로움을 더하게 할 줄로 생각하여 순전치 못하게 다툼으로" 그리스도를 전파했다. 순전치 못하다는 것은 바른 마음을 가지고 행동하지 않았다는 뜻을 담고 있다. 다툼으로는 파당(partisanship)을 지었음을 의미한다. 그리고 이렇게 전도하면 바울의 형편을 더욱 악화시킬 것으로 생각했다. 하나님의 일을 생각하기보다 사람의 일을 생각한 것이다. 이런 파당적 행동은 인간적으로 바울의 마음을 괴롭게 만들 수 있었다.

어떤 이들은 착한 뜻으로

"어떤 이들은 착한 뜻으로"(15절) 순전치 못하게 파당을 만들어가며 전도하는 사람들과는 대조적이다. 바울이 복음을 변호하기 위해 세운 바 된 하나님의 종으로 인정하고 사랑으로 전도했다. 16절은 이런 사람을 가리켜 '이들'이라 표현하고 있다. 이들은 바울을 이해하는 사람들이었고, 참으로 전도하고자 하는 사람들이었다.

외모로 하나 참으로 하나 무슨 방도로 하든지

"외모로 하나 참으로 하나 무슨 방도로 하든지"(18절) 외모로 하는 것은 가식적으로(pretense) 하는 것을 말한다. 참(true)과는 반대된다. 외모로 하든 참으로 하든 무슨 방도로 하든 전파되는 것은 그리스도였다. 바울은 이 역설에 주목하였다. 매임을 당했을 때도 복음이 전파되고, 모함을 받고 돌팔매질을 당해도 복음이 전파된다. 어떤 방도로든 복음은 진보한다. 이것이 바로 능력 있는 기독교의 비밀이다.

전파되는 것은 그리스도니 내가 기뻐하리라

"전파되는 것은 그리스도니 내가 기뻐하리라"(18절) 어떤 방도로 전도를 하든지 전파되는 것은 그리스도니 그것이 기쁘다고 말한다. 그리스도가 존귀하게 되면 된다는 것이다(20절).

바울의 이 같은 태도는 그의 인격이 얼마나 높은가, 그의 가슴이 얼마나 넓은가를 보여 준다. 그는 결코 마음의 평정을 잃지 않았고 목적이 분명했다. 바울은 저들의 시기와 파당을 본 것이 아니라 복음이 전파된 것을 보았다는 점에서 매우 독특하다. 시기와 파당과 같은 나쁜 환경을 보면 분노가 생기고 마음의 상처를 받지만 오히려 복음 전파라는 좋은 환경을 바라봄으로써 기쁨을 찾았다. 환경이 어떻든지 복음만 전파되면 되기 때문이다.

어려운 환경일수록 더 많이 기도했을 것이고 더 많이 하나님을 의지하게 되었을 것이다. 그는 살든지 죽든지 예수 그리스도만 존귀하게 되면 족하게 생각했다. 그의 이러한 성숙한 신앙은 고난 속에서 오히려 자라게 되었다. 고난을 신앙의 성숙으로 승화시킨 것이다. 바울이 옥에 갇히든 시기를 받든 그리스도만 존귀하게 되기를 바랐던 것처럼 그리스도인은 환난과 고난 속에서 세상을 바라볼 것이 아니라 예수 그리스도를 바라보아야 한다.

저들이든 이들이든 모든 것이 협력하여 선을 이루었다고 보는 바울의 모습. 자신에 대한 어떤 미움이나 질시 모두 묻어 버리고 오직 하나님의 뜻, 하나님의 목적, 복음의 진보만을 생각하는 바울을 보

자. 우리 자신의 모든 매임이 복음의 진보가 되기를 기도하자. 기독교는 무력한 종교가 아니다. 능력이 있다. 어떤 상황에서든 그리스도의 심장을 가지고 복음의 능력을 회복하자. 우리가 성령님을 잃지 않는 한 복음의 진보는 계속된다. 끝까지.

16. 택하신 족속, 왕 같은 제사장, 거룩한 나라, 그의 소유된 백성

우리는 모두 그리스도인이다. 하지만 이따금 우리는 예수 안에서 그리스도인은 어떤 위치일까 생각하곤 한다. 성경은 우리를 가리켜 '하나님의 자녀', '그 나라의 백성' 등 다양하게 표현한다.

그러나 베드로전서 2장 4~10절에서 그리스도의 신분은 다소 특이하게 그려진다.

- 사람에게는 버린 바가 되었으나 하나님께는 택하심을 입은 보배로운 산돌이신 예수께 나아와 너희도 산돌같이 신령한 집으로 세워지고 예수로 말미암아 하나님이 기쁘게 받으실 신령한 제사를 드릴 거룩한 제사장이 되라.

  경에 기록하였으되 보라 내가 택한 보배롭고 요긴한 모퉁이 돌을 시온에 두노니 저를 믿는 자는 부끄러움을 당치 아니하리라 하였으니 그러므로 믿는 너희에게는 보배이나 믿지 아니하는 자에게는 건축자들이 버린 그 돌이 모퉁이의 머릿돌이 되고 또한 부딪치는 돌과 거치는 반석이 되었다 하니라 저희가 말씀을 순종치 아니하므로 넘어지나니 이는 저희를 이렇게 정하신 것이라.

- 너희는 택하신 족속, 왕 같은 제사장, 거룩한 나라, 그의 소유된 백성이니 이는 너희를 어두운 데서 불러내어 그의 기이한 빛에 들어가게 하신 자의 아름다운 덕을 선전하게 하려 함이라 너희가 전에는 백성이 아니더니 이제는 백성이요 전에는 긍휼을 얻지 못하였더니 이제는 긍휼을 얻은 자니라.

베드로는 산돌, 택하신 족속, 왕 같은 제사장, 거룩한 나라, 소유된 백성, 긍휼을 얻는 자 등이 바로 그리스도인의 신분임을 확실히 하고 있다. 이것은 내가 사는 이유이기도 하다.

베드로 당시 이 글을 받는 성도는 핍박 가운데 있었다. 예수를 그리스도로 고백한다 해서 집안에서 쫓겨나기도 하고, 나라로부터 배척을 받으며, 재산을 빼앗기기도 하고, 매까지 맞았다. 이 말씀을 우리도 읽고 있지만 지금의 우리 처지와는 완연 다르다. 그들은 얼마든지 자기의 처지를 잘못 생각할 수 있다. 베드로는 그들에게 그리스도인이 영적으로 어떤 신분인가를 가르침으로써 육적으로 어려운 처지에 있는 성도들로 하여금 힘 있게 살아가도록 만들었다. 베드로가 본 그리스도인은 과연 어떤 신분의 사람인가? 이것이 궁금하다.

사람에게는 버린 바가 되었지만 주님으로부터 택함을 받은 산돌

"사람에게는 버린 바가 되었으나"(4절) 그리스도인은 이 세상에서 버림을 받을 만큼 아주 보잘 것 없는 것으로 취급을 받는다. 그러나 2장에서는 이 그리스도인을 산돌, 택하신 족속, 왕 같은 제사장, 거룩한 나라, 그의 소유된 백성, 긍휼을 얻은 자 등 여러 가지로 부르고 있다.

4절과 5절에 우리를 가리켜 거푸 '산돌'이라 했다. 예수님은 택하심을 받은 보배로운 산돌이시다. 산돌이신 예수, 우리도 그의 백성이니 산돌이 되어야 함은 마땅하다. 산돌같이 신령한 집으로 세워질 뿐만 아니라 하나님이 기쁘게 받으실 제사를 드리는 제사장이 되어야 한다고 말한다.

우리가 신령한 집으로 세워지려면 모퉁이 돌, 곧 머릿돌을 바로 세워야 한다. 그 돌의 역할이 중요하기 때문이다. 베드로는 여기서 이사야 28장 16절의 말씀을 인용한다. "보라 내가 택한 보배롭고 요긴한 모퉁이 돌을 시온에 두노니 저를 믿는 자는 부끄러움을 당치 아니하리라" 그 돌은 우리에게는 보배로운 산돌이다. 그러나 믿지 않는 사람들에게 있어서 그 돌은 건축자의 버린 돌일 뿐이다. 그러나 보라. "건축자의 버린 그 돌이 모퉁이의 머릿돌이 되고"(7절) 이것은 예수님이 누가신가를 보여 주는 대표적인 부분이다. 건축자가 버린 바로 그 돌이 모퉁이의 머릿돌이 되었다. 머릿돌은 이 돌을 통해 모두가 연결되는 기준이 되는 돌을 의미한다. 우리는 바로 머릿돌 되시는 예수와 연결된 존재들이다.

저희와 너희가 확실하게 구분되는 존재들

4절에서 10절에서 확연하게 구분되는 존재는 바로 '저희'(they)와 '너희'(you)다. 베드로는 말씀을 통해 저희와 너희를 완연히 구분하였다. 저희는 믿지 않는 자를 가리키는 반면 너희는 서신을 받는 성도를 가리킨다.

저희의 성격은 부딪히는 돌(stone of stumbling)이자 거치는 반석(rock of offence)이다. 그들은 말씀을 순종하지 아니해 자신뿐만 아니라 남도 넘어지게 한다.

그러나 너희는 이와는 성격이 다르다. 택하신 족속, 왕 같은 제사장, 거룩한 나라, 그의 소유된 백성이다. 우리를 족속, 제사장, 나라, 백성으로 묘사했다. 그리고 우리는 택함을 받고, 왕 같으며, 거룩하고, 하나님의 소유가 되었음을 확실히 했다.

택하신 족속(chosen generation), 왕 같은 제사장(royal priesthood), 거룩한 나라(holy nation, dedicated nation), 그의 소유된 백성(God's own people, peculiar people, God's own purchased, special people), 얼마나 아름답고 귀한 명칭인가. 이 명칭을 감당하기엔 너무나 부족한 우리들이 아닌가. 그럼에도 불구하고 주님은 우리를 이렇게 귀하게 보셨다.

주님께 보답하는 길은 하나다. 택함을 받았으면 택함을 받은 사람답게 사는 것이다. 로얄 페밀리의 일원이 되었으면 그 일원답게 행동하는 것이다. 거룩한 나라요 그분의 소유된 백성이면 우리 삶에서 하나님을 나타내고 헌신된 삶을 사는 것이다. 하나님이 피로 사신 자답게 확실한 삶을 사는 것이다. 이것이 바로 "이는 너희를 어두운 데서 불러내어 그의 기이한 빛에 들어가게 하신 자의 아름다운 덕을 선전하게 하려 하심이라"는 말씀에 부합하는 삶이다.

택하신 족속

택하신 족속(9절)이란 그리스도인이 선택함을 받은 귀한 존재라는 뜻이다. 우리는 우연히 태어난 존재가 아니다. 우리가 그 많은 시대 가운데 이 시대를 택하거나 이 관계를 택한 것이 아니다.

택하신 족속이란 하나님이 우리를 택하신 목적이 있다는 것을 보여 준다. 그 목적과 이유는 하나님께서 아신다. 하나님의 뜻과 목적에 따라 하나님이 우리를 이 시대, 이 관계에 두셨다. 그러므로 우리는 하나님이 허락하신 이 관계, 이 시대의 삶을 감사하며 그분의 뜻을 이루기 위해 최선을 다해야 하는 사람들이다.

하나님에 의해서 선택되었다는 것은 하나님께 용납되었다는 것을 의미한다. 수많은 사람들 가운데서 하나님으로부터 용납되었다는 것은 축복 중에 축복이 아닐 수 없다. 따라서 우리도 다른 사람을 용납할 수 있는(acceptable) 그리스도인이 되어야 한다.

왕 같은 제사장

왕은 '다스린다'는 특징을 가지고 있다. 하나님이 우리 인생을 다스린다는 뜻이다. 여기서 왕 같은 제사장(9절)은 우리를 다스리는 하나님과 그의 백성을 만나게 해 주는 역할을 한다는 것을 보여 준다. 우리는 세상에서 그리스도를 중보해야 할 존재라는 뜻이다.

제사장은 백성의 죄를 지고 하나님 앞에 나가 용서함을 받고 백성에게 용서함을 받았음을 선포하는 책임을 맡고 있다. 그리스도인은 제사장으로서의 특권을 가지고 있다. 하나님께 직접 나갈 수 없었던 존재가 이제는 직접 나갈 수 있는 존재가 되었다.

제사장은 어떤 삶을 살아야 하는가? 공동체의 죄를 지고 기도하는 사람이 되어야 한다. 그들이 고통을 가하는 공동체라 할지라도 그들을 위해 기도한다. 환란을 받는 공동체를 위해 기도한다. 이 제사장 노릇을 잘했을 때 받는 영광이 왕과 같다.

거룩한 나라

그리스도인을 가리켜 거룩한 나라(9절)라 한 것은 구별된 삶을 살아야 할 존재라는 의미다. 거룩한 나라란 우리가 영적으로 하나님 나라에 속했음을 말한다. 성도는 육적으로는 한 나라의 국민이지만 영적으로는 하나님께 속한 백성이다. 모범적인 국민으로 살아가다가도 국가가 예수를 배반하도록 하면 저항한다. 성도는 하나님의 백성이기 때문에 내면으로는 하나님의 통치를 받는 거룩한 나라의 백성이다. 세상이 자기 방식대로 간다 해도 성도에게 안 맞는 것은 안 맞는 것이다.

그의 소유된 백성

그의 소유된 백성(9절)이란 하나님이 우리를 가장 애지중지하며 아끼는 백성이라는 뜻이다. 우리를 가리켜 자기의 소중한 존재라고 말씀하시는 분은 우리 하나님이시다.

유명인이 가진 물건이나 옷 등이 고가에 팔려 가는 것을 볼 수 있다. 누구의 것만으로도 그 물건은 인정을 받는다. 주님은 우리를 위해 십자가에 죽으셨을 만큼 헤아릴 수 없는 값을 치루셨고, 우리는 주님의 것이 되었다. 유명인이 가진 물건에 비할 수 없는 값어치이다. 우리는 그만큼 값어치만 있다고 자랑할 것이 아니라 그 값어치를 할 수 있는(valuable) 그리스도인이 되어야 한다.

고난과 핍박을 받을지라도, 환란의 현장에 있을지라도, 순교를 당한다 해도 성도는 주님의 소유이다. '너희는 나의 소유다. 너는 내 것이다' 세상 사람들은 마지막에 해피엔드로 끝날 때 박수를 친다. 해피엔드는 사람의 기대와 바람이다. 다 해피엔드로 끝나고 나만 예외일지라도 하나님의 소유된 백성이 된 것으로 만족한다. 하나의 밀알이 땅에 떨어져 죽으면 많은 열매를 맺는다. 이것이 하나님의 독특한

섭리이다. 고난의 현장에 있다 할지라도, 사람들이 '하나님이 너를 버렸다'고 말하는 상황에 처한다 할지라도 너희는 하나님의 소유이다.

그리스도인은 눈동자와 같이 지키는 하나님 가운데 있다. 성령이 함께하는 가운데 주님을 변절하지 아니하고 고난의 관문을 통과한다. 이것을 통해 바로 하나님이 우리를 눈동자와 같이 지키신다는 것을 알 수 있다.

하나님의 아름다운 덕을 선전하는 자

우리를 이처럼 귀한 신분으로 만드신 목적은 어두운 데서 불러내어 그의 기이한 빛에 들어가게 하신 하나님의 아름다운 덕을 선전하기 위함이다. "이는 너희를 어두운 데서 불러내어 그의 기이한 빛에 들어가게 하신 자의 아름다운 덕을 선전하게 하려 하심이라"(9절) 우리는 하나님을 선전하며(하나님께 영광을 돌리며) 살아야 하는 사람들이다. 전도도 하나님을 선전하는 일이요, 우리가 삶에서 그리스도를 드러내는 것도 선전하는 일이다.

하나님을 선전하는 사람들은 자신과 일, 교회를 통해 오로지 하나님을 자랑하며 하나님을 선전하며 살아야 한다. 나를 선전하거나 자신을 자랑해서는 안 된다. 이것이 우리의 존재 이유요, 복 받는 길이다.

어떻게 선전하며 살아야 하는가? 방법은 소극적 방법과 적극적 방법 등 크게 두 가지다. 소극적 방법으로는 육체의 정욕을 제어한다. 육체의 정욕 때문에 하나님을 선전하지 못하기 때문이다. 적극적인 방법은 이방인 가운데서 자신의 행실을 선하게 가지는 일이다. 나 때문에 교회에 가기 싫다는 말을 들으면 그것은 하나님을 선전하는 일이 아니다. 우리의 선한 행실을 보고 우리가 믿는 하나님께 영광을 돌리고 하나님을 믿게 되면 그것은 하나님을 적극적으로 선전하는 일이 된다. 그리스도인은 자신의 행실을 통해 보이지 않는 하나님을 보이며 사는 사람들이다.

우리 모두가 목사는 아니지만 그리스도의 사역자로서 일(ministry)할 수 있게 되었다. 주님으로부터 일할 수 있는 능력을 부여받았으므로(capable) 다른 사람을 도울 수 있는 거룩한 일에 힘써야 한다. 권고하는 날에 열방을 위해 흩어져 일하자. 온 세계에 예수님을 전하자. 언제나 이 가르침에 걸맞은 백성, 제사장, 나라, 백성이 되자.

긍휼을 얻은 자

베드로는 우리가 주님으로부터 긍휼을 얻은 자(10절)라고 말한다. 용서함을 받았다는 것이다. 그러나 우리는 용서함을 받은 것으로 만족해서는 안 된다. 긍휼을 얻은 자로서 앞으로 어떻게 살아야 하는가에 삶의 초점을 맞춰야 한다.

이 귀한 신분을 어떻게 받았는가? 은혜로 받았다. 우리의 힘과 노력으로 받은 것이 결코 아니다. 내 모습은 결코 거룩한 나라일 수 없다. 우리는 원래 하나님의 백성이 아니었다. 우상숭배에 익숙한 사람들이었다. 그러나 예수님 때문이다. 하나님이 우리를 긍휼히, 곧 불쌍히 여겨 주셨기 때문이다. 주님이 채찍에 맞음으로 우리가 나음을 입었고, 십자가에서 우리의 그 무거운 죄의 짐을 지심으로 우리의 신분이 높아지게 되었다.

궁휼은 하나님의 인격이다. 우리는 그 인격을 배워 가야 한다. 하나님의 궁휼하심을 알면 세계가 보이기 시작한다. 하나님이 우리의 죄를 용서하심으로 우리는 그의 궁휼을 얻은 자, 곧 용서함을 받은 자가 되었다. 주님은 우리의 죄를 묻지 아니하시고 심판도 하지 않으신다. 주 안에는 어떤 정죄도 없다. 우리는 이처럼 용서함을 받았음을 자랑할 것이 아니라 남을 용서할 수 있는(forgivable) 사람이 되어야 한다. 주님을 삶에서 드러내고 전하는 자가 되어야 한다.

베드로는 우리가 주님으로부터 생명을 얻었을 뿐만 아니라 우리가 감당하기 어려운 아름다운 칭호를 얻었다는 사실을 말해 주었다. 우리 안에 주님을 향한 감사함이 있다면 스스로 자신을 돌아보고, 적어도 삶의 갱신을 다짐해야 한다. 자기변혁을 꾀하는 것이다. 베드로는 말한다. "나그네와 행인 같은 너희를 권하노니 영혼을 거슬러 싸우는 육체의 정욕을 제어하라"(11절) 이것은 하나의 예다. 우리가 절제의 삶을 사는 것도 주님께 보답하는 일이다. 그 보답은 큰 것에서만 시작되는 것이 아니다. 육체의 욕망을 제어하려는 우리의 작은 결심에도 주님은 기뻐하신다. 우리가 이보다 더 큰일을 한다면 얼마나 기뻐하실까?

17. 광활한 곳에 나를 세우신 하나님,
그리고 승리하게 하신 하나님

시편 118편 1절에서 21절은 하나님은 나에게 있어서 어떤 분이신가를 잘 드러내고 있다. 하나님은 나를 광활한 곳에 세워 그 고통을 이기게 하신다. 우리가 그곳에서 어떻게 그것을 극복해 나가는가를 관심 있게 지켜보고 계신다. 단순히 그 고난을 피하는 것이 아니다. 고난으로 인해 내가 오늘도 더 강해지고 승리할 수 있게 만든다. 시편 118편은 우리가 아무리 고통 중에 있다 할지라도 하나님이 내 편인 것만 알아도 감사할 수 있어야 한다는 것을 가르쳐 주고 있다.

여호와께 감사해야 할 이유, 나를 광활한 곳에 세우셨기에

시편 저자는 "여호와께 감사하라 저는 선하시며 그 인자하심이 영원함이로다"(1절)라고 말한다. "여호와께 감사하라" 이 말은 고난 가운데 있을 때 자신이 누구를 가장 신뢰해야 하는가를 보여 준다. 당신은 누구를 가장 신뢰하는가? 무엇보다 하나님과 나의 관계를 가장 튼튼한 자일로 묶으라.

감사해야 할 특별한 이유는 무엇인가? 그것은 고통 중에 드린 기도를 들으셨기 때문이다. "내가 고통 중에 여호와께 부르짖었더니"(5

절) 시편 저자는 고통 가운데 있었으며 그 가운데서 여호와께 부르 짖었다. 그는 자신이 곤경에 처해 있음을 전쟁 상황과 같이 묘사하고 있다. 마치 열방이 나를 에워싸 끊임없이 공격해 오는 것과 같다는 것이다. 이렇듯 어려운 상황에서 우리는 나는 혼자 남았다며 절망하기 쉽다.

그때 하나님은 어떻게 그에게 응답하셨는가? "여호와께서 응답하시고 나를 광활한 곳에 세우셨도다"(5절) 여호와께서 응답해 주신 것은 즉각 모든 고통을 순간에 제거시키는 방식이 아니라 자신을 '광활한 곳'에 세우고 그곳에서 고통과 대적하도록 하셨다. 하나님이 자신의 문제에 관심을 가지고 움직이기 시작하신 것이다.

광활한 곳은 치열한 전투가 벌어지는 전쟁터이다. 열방이 나를 에워싸고 있는 대전투의 자리이다. 그곳은 싸움과 전쟁이 있는 곳이다. 인생의 시련이 있는 곳이 우리가 서 있는 광활한 곳이다. 우리는 광활한 곳에 세우시고 믿음으로 승리하도록 하신다. 광활한 곳은 큰일을 도모할 수 있는 큰 무대이다. 하나님은 광야에서 담금질을 통해 단련시키신다. 정말 실력 있는 자는 광야에서 하나님의 사람으로서 그 야성을 드러낼 수 있는 사람이다.

시편 저자는 광활한 땅에서 승리할 수 있는 비결을 가르쳐 주고 있다.

- 하나님께 피하라.
- 하나님이 내 편인 것을 대적 앞에서 과감하게 부르짖으라.
- 하나님이 내 편이므로 하나님의 권능의 손이 나를 붙들도록 기도하라.

광활한 곳에서 두려움이 없는 이유

광활한 곳에 서 있어도 우리가 두려워하지 않는 이유는 무엇일까? 그것은 간단하다. 우리가 하나님 편에 서고, 하나님이 내 편이 되시기 때문이다. "여호와께서 내 편이시라 내게 두려움이 없나니 사람이 내게 어찌할꼬"(6절) 그러므로 하나님에 대한 영적 관계가 끊어지지 않도록 하라. 주님을 향한 우리의 시선이 흐려지지 않도록 하라.

우리는 편 가르는 것을 나쁜 것으로 말하지만 하나님은 내가 하나님과 사단 중 어떤 편에 서 있는지 확실하게 하기를 원하신다. 하나님은 지금도 편 가르기를 계속하신다. 이것은 하나님이 우리를 사랑하시기 때문이다. 사랑은 편들기다. 여호와는 에서를 미워하시고 야곱을 사랑하셨으며, 사울을 폐하시고 다윗을 세우셨다. 내가 하나님 편에 설 때 하나님은 내 인생의 후원회 회장이 되신다. 광활한 곳에 서 있을 때 외치라. "하나님은 내 편이시다!"

시편기자는 그 절망적 상황에서 하나님이 내 편인 것을 발견했다. 문제를 보지 않고 주님을 보았다는 것이 얼마나 귀한가. 우리는 어린아이와 같다. 아이는 "아빠가 내 편"이라는 것을 잘 안다. 그래서 아빠나 엄마가 곁에 있으면 안심하고 평안을 누린다. 불안하면 엄마나 아빠를 찾으며 운다. 내 편인 엄마가 오면 모든 것이 해결되리라는 생각 때문이다. 우리도 아이와 마찬가지로 하나님이 내 편이라는 것을 확신하면 어떤 환경 가운데서도 안정을 누릴 수 있다. 하나님은 우리에게 있어서 희망이요 구원이시다. 구약은 기본적으로 하나님이 우리에게 3가지 약속을 하셨다.

- 나는 너의 하나님이다. 28절에도 나타나 있다. "주는 나의 하나
  님이시라"
- 너는 내 백성이다.
- 나는 너와 함께하겠다.

이 약속은 임마누엘 되시는 하나님이심으로 드러난다. 시편기자는 고난 가운데서 하나님의 이 약속을 발견했다. 시편 118편 22절에서 29절까지는 바로 건축자의 버린 돌이 집 모퉁이의 머릿돌이 되시며, "여호와의 이름으로 오는 자가 복이 있음이여"라고 말함으로써 예수님이 임마누엘이심을 예언하고 있다. 이 하나님이 내 편이시면 두려울 것이 없다. 하나님은 권능을 가지신 분이기 때문이다.

광활한 곳에서 승리할 수 있는 비결

"여호와께 피함이 방백들을 신뢰함보다 낫도다"(8절) 이것은 우리가 가장 신뢰할 수 있는 분은 하나님임을 가르쳐 준다. 이 말은 하나님께 피하는 것이 광활한 곳에서 이길 수 있는 비결임을 보여 준다. 이 8절은 성경에서 가장 가운데 해당하는 절이다. 이 절은 사람을 신뢰하고 사람에게 피하는 것보다 하나님께 피해야 승리한다는 것을 성경의 중간에 서서 가르쳐 준다. 다윗이 항상 여호와를 신뢰하고 그에게 피할 때 어디를 가나 하나님이 이기게 해 주셨다. 하나님은 우리의 궁극적인 신뢰 대상이어야 한다.

성경은 공격보다 방어를 중시한다. 여러 시편 저자는 하나님을 가리켜 "나의 반석이시요 요새이시며 방패이시고 피할 바위이시다"고 고백한다. 이것은 공격적 개념이기보다 방어적 개념이다. 도망은 피해야 하는 길을 찾아내는 능력이다. 즉 피하는 것도 중요한 실력이다. 다윗은 도망자였으며, 카타콤은 도망의 현장이다.

그리스도인의 삶은 도망의 삶이다. 그러나 그리스도인은 집이나 재산이나 명예 등 세상을 향해 도망하는 것이 아니라 하나님을 향해 도망한다. 하나님은 인생 최고의 도피처가 되기 때문이다. 예수님은 우리의 피난처(shelter)요 안식처가 되신다. 우리가 피할 곳이다.

광활한 곳에서 내가 해야 할 일들

여호와께 피하는 자는 주님을 믿고 나간다. 시편 118편 저자는 이 문제에 있어서 단호함이 있다. "열방이 나를 에워싸고 에워쌌으나 내가 여호와의 이름으로 저희를 끊으리로다"(11절) 끊겠다는 것은 "주의 이름으로 그들을 진멸하겠다"(KJV), "주의 기를 앞세우고 나아가 그들을 무찌르겠다"(Living Bible)는 말이다.

이 단호함은 한 번으로 끝나지 않는다. 계속 이어진다. "저희가 나를 에워싸고 에워쌌으니 내가 여호와의 이름으로 저희를 끊으리로다"(12절), "저희가 벌과 같이 나를 에워쌌으나 가시덤불의 불같이 소멸되었나니 내가 여호와의 이름으로 저희를 끊으리로다"(12절),

'가시덤불의 불같이 소멸되었나니'는 저들, 곧 고통이 진멸되었음을 의미한다. 계속 주님을 믿고 나가는 것이다.

결정적 순간에 구원을 베푸시는 하나님

이러한 결의 아래 주님을 믿고 나아가는 자를 하나님은 마냥 그대로 놔두지 않으신다. 결정적인 순간에 간섭하셔서 상황을 반전시킨다. 이 말씀을 보자. "네가 나를 밀쳐 넘어뜨리려 하였으나 여호와께서 나를 도우셨도다"(13절) 적이 나를 밀쳐 넘어뜨리려는 순간 주님이 개입하신 것이다.

여기서 시편 저자는 하나님이 자신의 편이고, 나를 돕는 자 중에 계시며, "네게 두려움이 없다. 사람이 네게 어찌 하리" 소리친 것이 공허한 말이 아니었음을 깨닫는다. "여호와께서 내 편이 되사 나를 돕는 자 중에 계시니 그러므로 나를 미워하는 자에게 보응하는 것을 내가 보리로다"(7절) 한 그 말이 그대로 이루어지는 것이다. 나를 향하신 하나님의 구원을 본다.

우리를 향하신 하나님의 이 구원 사역에 우리는 감사할 것밖에 없다. " 여호와는 나의 능력과 찬송이요 나의 구원이 되셨도다 의인의 장막에 기쁜 소리 구원의 소리가 있음이여 여호와의 오른손이 권능을 베푸시며 여호와의 오른손이 높이 들렸으며 여호와의 오른손이 권능을 베푸시는도다"(14~16절)

"여호와는 나의 능력과 찬송이시오 또 나의 구원이 되셨도다"는 말씀은 하나님이 왜 오직 신뢰의 대상이 되는가를 보여 준다. 14절과 15절에서는 결국 기쁨의 소리, 찬송의 소리가 터져 나온다. 기쁜 소리, 구원의 소리. 광활한 곳에서 이 같은 믿음을 가지고 승리함으로써 우리의 삶 속에서도 기쁨의 소리, 구원의 소리, 곧 승리의 함성이 터져 나와야 한다.

"여호와의 오른손이 권능을 베푸시며"(15절) 광활한 땅에서 승리할 수 있는 길은 하나님의 권능을 붙드는 것이다. 여호와의 오른손은 권능의 손을 상징한다. "두려워 말라 내가 너와 함께함이니라 놀라지 말라 나는 네 하나님이 됨이니라 내가 너를 굳세게 하리라 참으로 너를 도와주리라 참으로 나의 의로운 오른손으로 너를 붙들리라"(사41:10)

하나님이 내 편이므로 하나님의 권능의 손이 나를 붙들도록 기도하라. 하나님의 권능의 오른손을 의지하라. 하나님을 의지한 다윗의 작은 돌은 바위보다 더 큰 골리앗을 무너뜨렸다. 골리앗만 무너뜨린 것이 아니라 그의 군대와 그의 나라를 무너지게 했다.

광활한 땅에서 살아남은 자가 해야 할 일

광활한 땅에 서 있어도 죽지 않고 승리를 맛본 우리는 어떤 삶을 살아야 할까? 시편 저자는 "내가 죽지 않고 살아서 여호와의 행사를 선포하리로다"(17절) 말한다. 앞으로 하나님의 권능을 선포하고 증거하는 삶을 살겠다는 것이다.

이것은 영적으로 성숙한 삶을 살겠다는 것을 의미한다. 고난에 처해 있을 때, 낙심하고 있을 때 우리 자신은 어떤가? 매일의 삶에서 우리는 얼마나 영적으로 성장하고 있는가? 성장이 없다면 영적 성장 계획표를 만들고 꾸준히 성장하도록 노력하라. 훼니 제인 크로스비는 병들고 가난했을 때 오히려 찬송시를 지었다. 95세까지 만여 편의 시를 지어 세계에서 가장 많은 찬송시를 작사한 인물이 되었다. 이것이 그의 영적 성장 계획표다. 그 시들은 자신을 영적으로 성장하게 만들었을 뿐만 아니라 그 가사로 찬송하는 모든 이들의 영성을 높여 주었다. 그들을 십자가 앞에 이끈 것이다.

시편 저자는 덧붙인다. "여호와께서 나를 심히 경책하셨어도 죽음에는 붙이지 아니하셨도다"(18절) 우리가 잘못할 때 주님은 우리를 경책하신다. 회개하고 돌아서게 하신다. 죽지 않게 하시고, 구원의 길로 인도하신다. 아무리 어려운 고난에 처했다 해도 우리를 죽게 내버려 두지 않으신다. 우리의 영혼을 살리신다.

오늘도 삶이 불만스러운가? 어려울 때마다 주님이 주신 복을 세어 보자. 가능하면 영적 대차대조표를 만들어 주님이 우리에게 주신 그 많은 것에 감사하자. 이 땅에서의 삶이 전부가 아니다. 영원한 나라에서 얻을 것이 더 많다. 그래도 없다 할까. 셀 것이 없다면 이것 하나로 감사하자. 오늘 우리가 주 안에 있음을.

영국의 정치가이자 빅토리아 여왕의 넷째 사위이기도 한 존 캠벨(J. Campbell)은 캐나다 총독으로 부임하기 전 시편 121편을 바탕으로 이런 시를 지었다. 찬송가 73장이다.

"내 눈을 들어 두루 살피니 산악이라 날 돕는 구원 어디서 오나 그
어디서 하늘과 땅을 지은 여호와 날 도와주심 확실하도다.

주께서 나의 가는 곳마다 지키시며 졸지도 않고 깨어 계셔서 늘 지
키네. 이스라엘을 지키시는 이 쉬지도 않고 살펴 주신다.

여호와 나의 보호자시니 늘 지키네 오른편 그늘 되신 날개로 가려
주사 낮에는 해가 상치 못하며 또 밤의 달이 해치 못하네.

여호와 나의 영혼 지키사 늘 보시며 내 모든 환난 면케 하시고 늘
지키네 이날로부터 영원 무궁히 주 너의 출입 지켜 주시리"

캠벨은 누구를 의지했을까? 여왕인가? 아니다. 여호와시다. 시편
118편 저자는 이렇게 결론을 내린다. "내게 의의 문을 열지어다 내
가 들어가서 여호와께 감사하리로다 이는 여호와의 문이라 의인이
그리로 들어가리로다 주께서 내게 응답하시고 나의 구원이 되셨으니
내가 주께 감사하리이다"(19~21절) 우리 모두 그 문에 들어갈 수
있기를 바란다.

·저자·

양창삼　　　**·약 력·**

서울대학교 정치학과(학사, 석사)
서울대학교 대학원(경영학석사)
웨스턴일리노이대학교(MBA)
연세대학교 대학원(경영학박사)
총신대학교 대학원(M.Div., Th.M.)
연변과기대 상경대학 학장
한양대학교 경상대학 학장
한양대학교 산업경영대학원 원장
현, 한양대학교 경상대학 경영학부 교수 / 목사

·기독교 관계 저서·

고난의 신학(한국학술정보, 2008)
기독교세계관과 삶의 리포지셔닝(한국학술정보, 2007)
구약의 이해(한국학술정보, 2007)
단순한 믿음이 주는 기쁨(기독신문사, 2005)
뒤틀리는 삶의 문제와 기독교적 답변(한양대 출판부, 2004)
자본주의 문화와 기독교의 사회적 책임(한양대학교 출판부, 2004)
21세기가 원하는 크리스천 리더(총회출판국, 2003)
평신도를 위한 신학 이야기(예영, 2003)
목회자, 당신은 일류인간(한국강해설교학교출판사, 2002)
영성회복의 신앙(기독신문사, 2001)
기독교교육행정(대한예수교장로회 총회, 2000)
교회행정학(총회교육국, 1998)
기독교와 현대사회(한양대 출판부, 1997)
교회경영학(엠마오, 1996)
기독교사회학의 인식세계(대영사, 1988)
그 외 다수

메디타치오 시리즈 1

주님과 함께 하는 고요한 이 시간

- 초판 인쇄 2008년 11월 7일
- 초판 발행 2008년 11월 7일

- 지 은 이 양창삼
- 펴 낸 이 채종준
- 펴 낸 곳 한국학술정보㈜
  경기도 파주시 교하읍 문발리 513-5
  파주출판문화정보산업단지
  전화 031) 908-3181(대표) · 팩스 031) 908-3189
  홈페이지 http://www.kstudy.com
  e-mail(출판사업부) publish@kstudy.com
- 등 록 제일사-115호(2000. 6. 19)
- 가 격 38,000원

ISBN 978-89-534-0199-0 93230 (Paper Book)
       978-89-534-0200-3 98230 (e-Book)

시니어가 아닌 신이어로 산다

Senior 新Year

시니어(Senior)가 아닌
신이어(新Year)로 산다

초판 1쇄 발행 2026년 1월 11일

지 은 이 박서연
발 행 인 권선복
편   집 한영미
디 자 인 김소영
전 자 책 서보미
마 케 팅 권보송
발 행 처 도서출판 행복에너지
출판등록 제315-2011-000035호
주   소 (157-010) 서울특별시 강서구 화곡로 232
전   화 0505-613-6133
팩   스 0303-0799-1560
홈페이지 www.happybook.or.kr
이 메 일 ksbdata@daum.net

값 22,000원

ISBN 979-11-24134-07-8 (13190)

시니어가 아닌 신이어로 산다

가슴 뛰는 인생 2막 사용설명서

Exciting Life Act II Instruction Manual

박서연 지음

시니어Senior가 아닌 신이어新Year로,
인생 2막의 위대한 변신

요즘 들어 문득 이런 생각이 든다.

언제부터인가 내 주변사람들의 말 속에서 '젊음'보다 '건강', '성장'보다 '안정'을 더 자주 듣게 되었다.

거울 속 나이테처럼, 우리도 모르게 세월의 흔적이 조용히 쌓여갔다. 그 흔적 사이사이에서, 삶의 깊이와 온기를 새삼 느낀다.

그런데 어느 날, 신문 한 구석에서 우연히 눈길을 끄는 기사가 있었다.

"2025년, 대한민국의 중위연령 46세." 그 한 줄의 숫자가 묘하게 마음에 남았다.

'중위연령'이란, 모든 사람을 나이순으로 세웠을 때 정확히 가운데에 선 사람의 나이다. 그 가운데의 나이가 마흔여섯이라면, 이제 이 사회의 중심에는 중년이 서 있다는 뜻이다.

젊음이 세상을 이끌던 시대는 지나고, 이제는 경험이 세상을 움직이는 시대로 들어섰다.

다시 말해, 우리는 시대의 중심에 선 세대가 된 것이다.

그런데 이상하지 않은가.

중심에 서 있지만, 왠지 '뒤로 물러나야 할 세대'처럼 느껴지는 이 모순.

'아직 젊다'와 '이제 다 왔다' 사이에서 우리는 하루에도 몇 번씩 마음의 균형을 잃곤 한다.

하지만 나는 이제 이렇게 생각하려 한다.

우리가 오래 사는 시대에 태어났다면, 그만큼 오래 성장해야 하는 책임도 함께 받았다고.

60세가 되면 마침표를 찍던 시절은 끝났다. 이제는 60에 다시 배우고, 70에 새로운 일을 시작하고, 80에도 여전히 내일을 이야기하는 시대다.

100세 시대라 불리는 지금, '얼마나 오래 사느냐'보다 중요한 것은 '어떻게 오래 살 것인가'이다.

그 질문 앞에서 우리는 더 이상 과거의 시니어가 될 수 없다.

나는 이제 **시니어**(Senior)가 아니라 **신이어**(新Year)로 살아가려 한다.

매일을 새해처럼 맞이하며, 조금 느려도 나의 속도로 걷고,

조금 부족해도 나답게 살아간다.

잃는 대신 배우고, 멈추는 대신 바라보고, 흘러가는 대신 남겨두며 살아간다.

나이 듦은 끝이 아니다.

그건 새로운 문장을 써 내려가기 위한 쉼표일 뿐이다.

시간은 나를 닳게 하는 게 아니라, 조금씩 나를 빛나게 다듬어 가는 손길이라는 것을 이제야 알게 되었다.

이 책은 그런 사람들의 이야기다.

통계 속 숫자가 아닌, 여전히 배우고, 사랑하고, 다시 시작하는 사람들의 기록이다.

이 책은 단지 '나이 듦'을 이야기하기 위해 쓰이지 않았다.

나는 이 책을 통해, 여전히 '살아 있는 우리 세대의 얼굴'을 세상에 보여 주고 싶었다.

퇴직 후의 공백, 부모로서의 역할이 끝난 뒤 찾아오는 낯선 자유, 그리고 그 안에서 다시 자신을 발견해 가는 수많은 이들의 여정을 담고 싶었다.

우리는 더 이상 뒤로 물러날 세대가 아니다.

배우고, 일하고, 사랑하며 여전히 세상을 움직이는 세대다.

다만, 그 사실을 우리가 먼저 믿어야 한다.

이 책이 그 믿음을 다시 세우는 작은 불씨가 되길 바란다.

삶의 한가운데 서 있는 누군가가 이 책을 펼쳤을 때, "그래, 나도 아직 살아가고 있어."

그 한마디를 스스로에게 건넬 수 있기를.

"시니어가 아닌 신이어로 산다."

이 말은 내 인생의 선언이자, 당신에게 전하고 싶은 약속이다.

나이 듦을 두려워하지 말고, 당신의 인생 2막을 마음껏 빛내라.

이 책이 그 길에서 당신의 가슴을 뛰게 하기를, 그리고 다시 살아보고 싶다는 희망의 불씨가 되기를 바란다.

2025년 11월

박서연

인생 2막에도 다시 시작할 용기를 주는 책

방극천 · KBS 교수협의회장

우리는 모두 시간이라는 여행을 하고 있다. 그리고 노후는 그 여행의 종착점이 아니라, 가장 찬란한 발견의 순간이 될 수 있다. 이 책은 '인생 2막을 바라보는 자세'를 바꾸는 것만으로도, 삶의 깊이와 풍요로움이 얼마나 달라질 수 있는지를 섬세하게 보여 준다. "은퇴 후 노후를 어떻게 보낼 것인가?"라는 질문에 대한 답을 찾아가는 동안, 우리는 '몸도 마음도 여유로운 인생 2막'이 그저 꿈이 아닌 현실이 될 수 있음을 깨닫게 된다.

이 책은 '행복한 인생 2막 설계'가 얼마나 중요한지, 그리고 '성공적인 노후를 위하여 미리미리 하는 은퇴 준비'가 어떤 의미를 가지는지 따뜻하게 설명해 주고 있다. 우리가 '다시 꿈꾸는 멋진 인생'을 향해 나아갈 때, '아직은 포기할 수 없는 나'의 열정과 가능성이 얼마나 소중한지 일깨워 준다. 이 책은 나이 듦이 결코 멈춤이 아니라, 오히려 새로운 시작을 위한 에너지임을 느끼게 할 것이다.

'인생 2막의 일, 그 새로운 성장'을 통해 사회 속에서 나만의 역할을 찾고, '나를 위한 깊은 성찰'로 내면의 평화를 얻는 방법을 제시하고 있다. 인생 2막을 삶의 가장 아름다운 황금기로 만들고자 하는 모든 분께, 이 책이 지혜롭고 따뜻한 동반자가 되어 줄 것을 확신한다.

매년 새롭게 태어나는 듯한 설렘을 안겨 주는 책

정용한 · 성남시의회 국민의힘 대표의원, KBS스포츠예술과학원 경영자과정 주임교수

나이 듦에 대한 깊은 통찰과 새로운 희망을 제시하는 책이다. '시니어'라는 단어가 주는 고정관념을 깨고, 삶의 새로운 시작을 선언하는 '신이어'의 삶으로 독자들을 이끌어 줄 것이다. 단순히 나이를 먹는 것이 아닌, 매년 새롭게 태어나는 듯한 설렘을 안겨 주는 책이다.

이 책을 통해 당신의 인생 2막은 더 이상 끝이 아니라, 무한한 가능성의 시작이 될 것이다.

…

당신의 인생 2막, 쉼이 아닌 가장 빛나는 순간으로

강광민 · 베스트셀러 『비행기』 저자

삶의 두 번째 악장을 풍요롭게 연주히기 위해서는 섬세한 준비가 필요하다. 이 책은 '행복한 인생 2막을 설계하기 위한 성공적인 노후 준비'에 대한 실질적이면서도 따뜻한 조언을 담고 있다. 단순히 재정적인 부분뿐만 아니라, 정신적·관계적·육체적인 측면에서 '미리미리 하는 은퇴 준비'의 중요성을 강조하고 있다.

지난 세월의 경험을 바탕으로 '다시 꿈꾸는 멋진 인생'을 그릴 수 있도록, 잠재되어 있던 열정과 희망의 씨앗을 발견하는 순간들을 선사하며 당신의 인생 2막이 단순한 쉼이 아닌, 가장 빛나는 순간이 될 수 있음을 알려 주는 책이다.

Contents

PART 1.
신이어의 시선, 나이 듦을 새롭게 보다

Chapter 1

인생 2막, 다시 설계하는 용기

Chapter 2

삶의 품격으로 나이 드는 법

PART 3.
신이어의 삶, 다시 일어서는 힘

Chapter 1

일로 다시 피어나다

Chapter 2

마음이 빛나는 사람, 신이어의 품격

Chapter 3

다시 나로 선다

매일 새롭게 사는 기술

Epilogue

PART 1.

신이어의 시선,
나이 듦을
새롭게 보다

인생 2막, 다시 설계하는 용기
삶의 품격으로 나이 드는 법

인생 2막,
다시 설계하는 용기

"항상 꿈꾸어라.
인생은 꿈꾸는 만큼 다시 빛난다."

― 엘리너 루스벨트 ―

나이 듦의 고정관념을 넘어,
삶을 다시 보다

나이가 들었다고 해서 성장이 멈추는 것은 아니다.

오히려 마음만 있다면, 새로운 취미를 시작하거나, 평생 배우고 싶었던 것을 배우며, 새로운 인연을 맺는 등 삶의 폭을 넓힐수 있는 소중한 기회가 찾아온다.

은퇴 후 제2의 인생을 시작하며 사업을 하거나 봉사 활동에 참여하며 다채로운 하루를 살아가는 분들이 많다. 중요한 것은 나이에 굴하지 않고 계속해서 자신을 발전시키고 도전하는 마음이다.

나이가 들면서 인간관계도 또한 자연스럽게 달라진다.

형식적인 만남보다 진심으로 소통하고 마음을 나눌 수 있는 깊은 관계에 눈이 가고, 가족과의 시간을 더 소중히 여기며, 오래된 친구들과 추억을 나누고, 새로운 인연을 만들어 가는 과정에서 삶의 풍요로움을 느낀다.

또한 젊은 세대와의 대화를 통해 서로의 경험과 관점을 나누는 일은 예전에는 느끼지 못했던 또 다른 배움과 즐거움을 선사한다.

"퇴직은 끝이 아니라, 다시 나를 만나는 시작이었어요."

이선재 씨(가명, 67세)는 35년간 몸담았던 회사를 떠난 뒤, 처음에는 공허함과 두려움이 마음을 스쳤다고 한다. 하지만 곧 그는 그 시간을 **배움의 시간**으로 바꾸었다.

스마트폰으로 유튜브 영상을 만들고, AI 챗봇에게 글쓰기 코치를 받으며 자신의 이야기를 세상과 나누는 법을 새롭게 배워나갔다.

"예전에는 젊은 사람들만 할 수 있다고 생각했는데, 지금은 오히려 제 나이니까 할 수 있는 이야기가 있더라고요."

그는 말한다.

"나이가 들어가는 건, 더 이상 무언가를 이루지 못한다는 뜻이 아니에요. 오히려 시간을 더 자유롭게 쓸 수 있다는 뜻이죠."

'인생 2막은 소멸이 아니라, 자기 회복의 시기'라는 깨달음.

시니어가 아닌, **신이어로 살아가는 첫걸음**은 '가능성의 언어'를 다시 배우고, 삶의 매 순간을 주체적으로 채우는 데서 시작된다.

은퇴 후 인생,
우연이 아닌 계획이다

은퇴는 삶의 종착점이 아니라, 새로운 장을 여는 출발점이다.

많은 사람들은 은퇴를 맞이하며 그저 흘러가는 대로 시간을 보내고, 우연히 찾아오는 만족에 기대기 쉽다. 하지만 진정한 은퇴 후 삶은, 미리 그려보고 **마음을 담아 준비한 계획 속에서** 비로소 풍요롭게 완성된다.

계획된 삶은 단순히 목표를 세우는 것이 아니다. 내가 소중히 여기는 가치와 관심, 가능성을 확인하고, 그것을 하루하루의 일상 속에서 실천하며 나를 살아가는 과정이다.

나에게 중요한 일을 먼저 하고, 배우고 싶은 것을 배우며, 만나고 싶은 사람을 만나고, 시도해 보고 싶은 일에 용기를 낼 때, 삶은 더 깊고 의미 있게 흐른다.

계획은 나이가 들수록 삶을 주체적으로 만들고, 자신감과 만족감을 동시에 안겨준다.

은퇴 후 삶을 계획하는 새로운 방법

1. '가치 지도'를 그리기

내가 소중히 여기는 가치와 관심사를 시각화한다.

2. 계절 단위로 생활 설계하기

계절마다 이루고 싶은 작은 프로젝트를 세운다.

3. 배움과 성장의 루트 확보

꾸준히 배우고 경험할 길을 만든다.

4. 의미 있는 경험 중심으로 시간 배분

마음에 남는 경험과 작은 성취로 하루를 채운다.

5. 계획과 실천을 기록하며 되돌아보기

성취와 깨달음을 기록하며 성장을 확인한다.

은퇴는 멈춤이 아니다. 선택과 행동이 이어지는 연속선 위의 시간이다. 계획적인 은퇴 후 삶은 개인의 만족을 넘어서 가족과 지역사회, 공동체에도 활력을 주고 긍정적인 변화를 만든다.

우연이 아닌 계획 속에서 우리는 여전히 성장하고, 나이와 상관없이 세상과 연결되며 의미 있는 시간을 만들어 간다.

은퇴 후 삶은 우연히 흘러가는 시간이 아니다.

자신의 가치와 관심을 따라 계획하고, 계절처럼 변화를 담고, 의미 있는 경험을 쌓아갈 때, 우리는 스스로 삶의 설계자가 된다.

계획과 실천이 만들어낸 은퇴 후 인생은 단순한 여가가 아니라, 풍요롭고 보람 있는 새로운 장이다.

편안한 인생 2막, 커뮤니티 케어_{community care}가 답이다

은퇴 후의 삶을 떠올리면 우리는 종종 '돌봄'을 생각한다.

하지만 그 돌봄이 꼭 시설 안에서 이루어져야 하는 걸까?

이제 돌봄의 무게중심은 '시설'에서 '마을'로, '전문가'에서 '이웃'으로 이동하고 있다. 이것이 바로 커뮤니티 케어의 핵심이다.

사례 1 – 60세 이상 '이웃 돌봄 모임'

서울 성북구의 한 마을에서는 60세 이상 주민들이 직접 만든 '이웃 돌봄 모임'이 있다. 혼자 사는 어르신의 생일을 챙기고, 병원 동행을 자청하며, 저녁엔 함께 밥을 나눈다.

이 모임의 주체는 복지사가 아니라, 바로 당사자인 어르신들이다. 이들은 스스로를 '신이어 공동체'라 부른다. 누군가의 도움을 기다리는 대신, 함께 돌보는 삶을 선택했기 때문이다.

"누구든 한 번쯤은 아플 수 있고, 외로울 수 있잖아요. 그래서 우린 서로의 약을 챙기고, 마음도 챙겨줘요."

사례 2 – 정옥자 씨(가명, 70대 초반)

그녀의 말에는 삶의 깊이에서 우러난 지혜가 담겨 있다.

그녀는 복지의 대상이 아니라, 누군가의 돌봄 주체로 살아가고 있었다. 이처럼 커뮤니티 케어는 '함께 사는 힘'을 되찾게 한다.

돌봄의 주체가 내가 되고, 내 이웃이 되고, 그 연결이 하나의 지역 문화가 된다.

이제 인생 2막의 삶은 '누가 나를 돌봐줄까?'에서 '어떻게 함께 살아갈까?'로 전환되고 있다.

"함께 사는 힘, 그것이 진짜 복지다."

"혼자 밥 먹는 시간이 가장 길었어요. 그때부터 외로움이 몸속 병처럼 번지기 시작했죠."

사례 3 – 박영순 씨(가명, 74세)

그녀는 남편을 먼저 떠나보낸 후, 세 딸이 모두 출가하면서 5년째 혼자 살고 있다. 식탁 위엔 늘 반찬 두세 가지가 놓이지만, "누구랑 먹는 밥이 제일 맛있다"라는 말이 요즘 그에게 가장 크게 와닿는다고 했다.

그런 그녀가 달라지기 시작한 것은, 마을 복지관에서 시작한 '커뮤니티 케어 프로그램'에 참여하면서부터다. 주 3회, 지역 어르신들과 함께 점심을 먹고 노래를 부르며, 젊은 세대와 함께 '디지털 일기 쓰기'를 배우기 시작했다.

"사람들이랑 어울리니 외롭단 말이 절로 사라졌어요. 이젠 집이 아니라, 마을이 내 가족 같아요."

커뮤니티 케어와 디지털의 만남

최근에는 AI 돌봄 로봇, 디지털 말벗 서비스, 건강관리 앱 등 기술이 사람을 연결하는 매개체로 활용된다.

서울 관악구에서는 홀몸 어르신에게 AI 말벗 '효돌이'를 제공하고 있는데, 이 장치는 단순한 대화가 아니라, 외로움 예방과 정서적 케어의 통로로 작동한다.

효돌이는 "오늘 기분이 어때요?"라고 묻고, 감정 변화를 기록해 준다. 이 데이터를 기반으로 지역 복지사는 정기적으로 안부 전화를 건다. 기술이 따뜻함을 대체하는 것이 아니라, 사람을 다시 연결시키는 매개체가 되고 있는 것이다.

커뮤니티 케어의 목표는 돌봄의 효율이 아니라, 삶의 품격을 유지하는 것이다. 이웃과 이웃이 서로를 돌보는 사회, 기술이 인간의 마음을 잇는 사회. 그것이 진정한 의미의 고령사회 준비다.

한국의 고령화 속도는 세계에서 가장 빠르다. 이제는 요양시설의 수보다, 지역 안에서 스스로를 돌보는 구조가 훨씬 중요해졌다. 그 변화의 중심에는 '신이어 세대'가 있다. 기술을 이해하고, 스스로 봉사하며, 또 다른 세대를 품는 신이어들이다.

마을이 복지관이 되는 순간

사례 – 서울 은평구의 '두레마을 케어센터'

서울 은평구의 '두레마을 케어센터'는 커뮤니티 케어의 대표적인 성공 사례다. 여기선 어르신들이 돌봄의 '수혜자'가 아니라, '주체자'다. 매일 오전엔 건강 체조를, 오후엔 말벗 AI 교육을 함께한다. 디지털에 익숙하지 않은 어르신들이 젊은 세대와 짝을 이뤄 스마트폰으로 안부 영상을 찍고, 서로의 하루를 공유한다.

박영순 씨(가명, 69세)는 이곳의 'AI 돌봄 봉사단 1기'다.

"이젠 내가 돌봄을 받는 게 아니라, 돌봄을 주는 사람이 되었어요."

그녀는 홀로 지내는 어르신에게 말벗 AI 설치를 도와주고, 앱을 통해 건강 기록을 전송하는 일을 한다.

"우리 세대는 돌봄의 대상이 아니라, 돌봄의 주체로 다시 태어나야 해요."

이 말은 커뮤니티 케어의 철학을 정확히 담고 있다.

세대가 연결되는 돌봄의 언어

커뮤니티 케어의 핵심은 **관계회복과 세대 간 연결이다.** 기술은 도구일 뿐, 사람을 이어주는 중심은 관계다.

은평구에서는 청년 20명이 '디지털 케어 도우미'로 활동하며, 스마트폰 교육, AI 스피커 설정, 영상통화 앱 설치 등을 돕는다.

이 단순한 기술 교류가 어르신들의 자존감을 회복시켰다.

"나도 이제 메시지 보낼 줄 알아요."
"손주 얼굴을 매일 볼 수 있으니 하루가 즐겁죠."

이 경험은 단순한 기술 습득이 아니라, 사회적 고립에서 다시 관계 속으로 복귀하는 과정이었다.

이 프로그램은 이후 자원봉사, 일자리, 소셜 창업으로까지 이어지고 있다. 지금 전국적으로 확산 중인 '디지털 돌봄 플랫폼'은 이런 커뮤니티 케어의 디지털 버전이라 할 수 있다.

AI 말벗 서비스, 건강 데이터 공유, 이웃 간 안부 연결, 온라인 공동 식사 모임 등 기술을 매개로 마을 전체가 하나의 '생활 케어 네트워크'가 된다.

정부와 지자체가 추진하는 '스마트 돌봄 마을' 프로젝트에서는 고령세대의 일상 데이터를 수집해 건강·정서 지원을 자동으로 맞춤 제공한다.

박 씨의 말벗 AI는 '오늘은 식사량이 줄었다'라는 정보를 감지하면 담당 사회복지사에게 알림을 보낸다.

이처럼 AI와 지역 돌봄이 결합된 시스템은 고독사, 우울증, 건강 악화를 사전에 막는 역할을 한다.

복지의 본질은 '관계'다

　복지의 궁극적인 목적은 '돌봄의 제도화'가 아니라 '관계의 회복'이다. 사람이 사람을 만나 웃고, 나누고, 기대는 순간. 그때 비로소 진짜 복지가 시작된다. 커뮤니티 케어는 인생 2막의 삶을 시설에서 지역으로, 수동에서 능동으로, 단절에서 연결로 옮기는 혁신이다.

　그 속에서 신이어 세대는 '함께 살아가는 지혜의 세대'로 자리매김한다.

　"나 혼자는 약하지만, 우리로 모이면 따뜻해진다."

　이 단순한 진리가 커뮤니티 케어의 핵심이자, 신이어 시대가 우리에게 건네는 가장 따뜻한 메시지다.

　커뮤니티 케어는 복지의 미래가 아니라, 지금 여기서 우리가 살아가는 방식의 변화다. 돌봄은 제도가 아니라 문화이며, 그 문화의 중심에는 언제나 사람, 그리고 관계가 있다.

　커뮤니티 케어에 대한 좀 더 자세한 사항은 아래 사이트를 참고 바란다.

* 참고 사이트

https://korea.kr/special/policyCurationView.do?newsId=148866645

Aging in Place,
나이 들어도 편안한 환경

지역 커뮤니티가 어떻게 지속 가능한 인생 2막의 삶으로 이어 질까? 그 해답은 바로 'Aging in Place', 즉 '내가 살아온 곳에 서 나이 들어가기'에 있다.

돌봄은 시설이 아닌 삶의 터전 안에서 이루어질 때 비로소 따 뜻해진다. 내가 걸어온 골목, 매일 마주하던 사람들, 익숙한 풍 경 속에서 자연스럽게 나이 들며 살아가는 것, 그것이 진정한 인생 2막의 품격이다.

커뮤니티 케어가 사람 사이의 연결을 회복하는 사회적 해법 이라면, Aging in Place는 익숙한 지역에서 독립적으로 존엄하 게 나이 들어가는 방법이다.

두 개념은 서로 떨어져 있지 않다. 지역이 곧 돌봄의 현장이 되고, 삶의 터전이 곧 복지의 중심이 되는 시대, 그 변화의 한가 운데, 신이어 세대가 있다.

"내가 살던 곳에서, 존엄하게 나이 들고 싶다"

사례 – 김종한 씨(가명, 70세)

그는 평생을 살던 서울 성북구의 단독주택에서 아직도 홀로 살아간다. 아내를 먼저 떠나보낸 후, 한때는 요양시설 입소를 고민하기도 했다. 그러나 그는 결심했다.

"내가 세상을 떠나는 그날까지, 내 집의 문고리를 직접 잡고 싶다."

그의 선택은 단순한 '고집'이 아니라 'Aging in Place(지역사회 내 노후)'라는 새로운 삶의 방식이었다. 이 개념은 '익숙한 지역에서 가능한 한 오래 독립적으로 살아가는 것'을 뜻한다. 즉, 요양시설 중심이 아닌, 지역과 기술이 함께 만드는 '삶의 연속성'이다.

나이 듦의 새로운 공간 실험

사례 – 김철수 씨(가명, 72세)

그의 집에는 특별한 장치들이 있다. 거실 천장에는 낙상 감지 센서가, 욕실에는 자동 온도 조절기가 설치되어 있다. 무엇보다 그의 벗이 되어 주는 것은 ‘말벗 AI’다. 하루 세 번 정해진 시간에 인사하고, 날씨를 알려 주고, 약 복용 시간을 챙겨 준다.

“기계가 사람처럼 말 걸어줄 줄은 몰랐어요. 이젠 혼자 밥 먹을 때도 덜 외로워요.”

그의 AI는 단순한 인공지능 스피커가 아니다. 복지관과 연계된 디지털 돌봄 플랫폼에 연결되어 있어, 일정 시간 반응이 없으면 담당 사회복지사에게 자동으로 알림이 간다. 지역 커뮤니티 케어 시스템과 기술이 결합된, 고령 맞춤형 모델이다.

마을이 함께 만드는 ‘안전망’

성북구는 몇 해 전부터 ‘스마트 에이징 존(Smart Aging Zone)’을 시범 운영하고 있다. 지역 복지센터, 주민센터, 의료기관, IT 스타트업이 협력하여 AI 돌봄, 방문 간호, 식사 배달, 생활 편의 서비스를 통합 제공한다. 이 사업의 핵심은 ‘노인을 위한 돌봄’이 아니라 ‘노인과 함께하는 마을 만들기’다.

기술과 인간의 손이 만날 때

Aging in Place의 핵심은 '기술'이 아니라 '사람'이다.

아무리 훌륭한 시스템이라도, 그 안에 온기가 없다면 오래 지속되지 못한다. 김 씨의 집을 방문한 복지사는 이렇게 말했다.

"AI가 건강을 지켜주고, 사람이 마음을 지켜주는 구조가 가장 이상적이죠."

이제 우리 사회가 만들어야 할 고령 친화적 환경은 '노인을 보호하는 공간'이 아니라, **스스로 삶을 이끄는 사람이 중심이 되는 공간이다.**

그 안에서 시니어는 단순한 소비자가 아니라, 자신의 삶을 직접 설계하는 주체로 자리 잡는다. 기술이 외로움을 덜어주는 손길이 되고, 공동체는 서로의 존엄을 지켜주는 울타리가 된다.

이 두 가지가 만날 때 비로소 **진짜 의미의 신이어 라이프**, 따뜻하고 존중받는 '함께 사는 삶'이 완성된다.

Aging in Place는 단지 주거 정책이 아니다. 그것은 나이듦을 존중받을 권리에 대한 조용한 선언이다. 사람은 누구나 익숙한 공간에서, 익숙한 사람들과 함께, 존엄하게 나이들고 싶다. 그리고 그 권리를 지켜주는 진짜 힘은 거대한 제도보다 일상 속 이웃의 연대, 그리고 삶을 돕는 기술의 따뜻한 손길이다.

"살던 곳에서, 나답게, 그리고 함께"

이것이 신이어 세대가 세상에 던지는 새로운 화두다. 이제 인생 2막의 우리는 보호받아야 하는 존재가 아니다. 스스로 삶을 설계하고 선택하는 주체이며, 지역과 미래 세대의 길을 함께 밝히는 든든한 동반자다.

나이 듦의 통찰,
진정한 나를 찾아서

젊을 때 우리는 자신을 '역할'로 정의하며 살아간다.

부모로서, 직장인으로서, 사회 속 한 사람으로서의 나. 늘 해야 할 일과 책임, 주변의 기대 속에서 자신을 채워간다. 하지만 나이가 들면서, 조금씩 그 역할의 옷을 내려놓을 때가 온다.

누군가가 기대하는 모습이 아니라, 오롯이 **나 자신으로 서는 시간**이 찾아온다.

그 순간 우리는 조용히 스스로에게 묻는다.

"나는 누구인가?"
"이제 무엇으로 살아야 하는가?"

나이 듦의 통찰은 이 질문에서 시작된다.

더 이상 남의 기준에 맞춰 살아가지 않아도 되는 자유, 그 자유 속에서 **진짜 나를 다시 만나는 시간**, 그것이 인생 2막이 주는 가장 큰 선물이다.

나이를 거듭할수록 삶은 더 간결해지고, 무거웠던 책임에서 벗어나 나를 돌볼 여유가 생긴다. 그 속에서 작은 선택과 순간의 기쁨을 소중히 여기며, 내 마음이 원하는 대로 하루를 채우는 경험은 진정한 인생 2막의 풍요와 평화를 선사한다.

내려놓음의 용기에서 시작되는 '진짜 나'

사례 – 최정희 씨(가명, 60대)

그녀는 35년간 교사로 일하다가 정년퇴임 후 깊은 공허감에 빠졌다.

"직함이 사라지자, 나도 사라진 기분이었어요."

하지만 그녀는 퇴직 한 달 뒤, 우연히 들른 도서관에서 '시 창작반'을 만났다. 그때부터 매일 시를 쓰며, 자신을 새롭게 발견했다.

"이제야 내가 누구인지 조금은 알 것 같아요. 나는 '누군가를 가르치는 사람'이 아니라, '느끼는 사람'이었더라고요."

그녀의 변화는 단순한 취미의 발견이 아니다. 그건 역할의 상실이 아니라, 존재의 회복이었다. 나이 듦은 잃어가는 시간이 아니라, 불필요한 껍질을 벗기며 '본래의 나'를 되찾는 과정일지도 모른다.

나이 듦은 퇴보가 아니라 '깊어짐'이다

철학자 칼 융은 이렇게 말했다.

"인생의 전반부는 세상을 확장하는 시간이고, 인생의 후반부는 나 자신에게로 돌아오는 시간이다."

젊은 시절, 우리는 늘 성장과 성취를 좇으며 바쁘게 달려간다. 그러나 나이가 들면 삶의 속도는 느려지고, 시선은 외부에서 내부로 향한다. 인생 2막은 관계와 내면, 삶의 의미를 돌아보는 시간이다.

나이 듦의 진정한 통찰은 '깊어지는 용기'에 있다. 과거의 성취나 외부의 평가에 흔들리지 않고, 내 마음과 생각을 솔직히 마주하며, 조용히 자신만의 삶의 가치를 새롭게 발견하는 용기다. 나이를 먹는다는 것은 결코 퇴보가 아니다. 오히려 세월 속에서 쌓인 경험과 기억, 감정을 통해 마음이 더 넓어지고, 생각이 더 깊어지는 과정이다. 그 깊이 속에서 우리는 비로소 **진정한 자유와 평화**를 맛본다.

'진짜 나'를 만나는 시간의 미학

나이 듦을 받아들이는 일은 단순히 '세월의 흐름을 인정'하는 것이 아니다. 그건 나를 용서하고, 나를 품는 일이다. 지금까지의 실패, 선택, 상처, 그리고 후회까지 모두 나의 일부로 받아들이는 것.

정년 후 인생학교에서 만난 김성호 씨는 이렇게 말했다.

"예전엔 늘 '무엇을 이뤄야 한다'라는 생각에 쫓겼어요. 그런데 이제는 하루의 커피 한 잔이 내 인생의 의미가 되더군요."

그는 자신을 '작은 행복을 발견하는 전문가'라고 표현했다.

나이 듦의 통찰은 새로운 것을 찾는 것이 아니라, 이미 내 안에 있는 것을 깨닫는 것이다. 이 깨달음이 삶의 균형을 되찾게 하고, 나를 다시 일으켜 세운다.

신이어 세대의 새로운 자아 선언

신이어 세대에게 나이 듦은 끝이 아니라, 새로운 시작의 기회다.

인생의 전반부가 세상을 향한 성장과 도전의 시간이었다면, 후반부는 자신 안으로 돌아가 다시 리셋(reset) 하는 시간이다. AI, 디지털, 사회적 참여 등 변화의 물결 속에서도 신이어 세대는 여전히 자신만의 색으로 세상과 연결된다.

'나이가 많다'는 이유로 멈추지 않고, 오히려 나이를 성장의 언어로 바꾸며 하루하루를 채운다.

"이제 나는 나로 살아가겠습니다. 누군가의 기대가 아니라, 나의 의미로."

이 선언은 단순한 다짐이 아니다. 그 안에는 세대를 넘어, 삶의 방식을 새롭게 정의하는 철학이 담겨 있다.

조용하지만 강인하게, 자기만의 길을 선택하며 살아가는 것, 그것이 신이어 세대가 보여주는 **나이 듦의 아름다움**이다.

결국 나이 듦이란 잃음의 과정이 아니라, 본질로 돌아가는 여정이다.

시간이 쌓일수록 겉의 화려함은 사라지지만, 그 속에는 오히려 단단하고 진솔한 '진짜 나'가 남는다. 신이어로 산다는 것은 두려움 없이 당당히 살아가는 삶의 태도를 의미한다. 그때 우리는 깨닫는다.

"나이 듦은 멀어지는 것이 아니라, 오히려 나에게 가까워지는 길이었다."

삶의 겉모습이 아닌, 내면과 경험, 그리고 관계 속에서 진정한 품격과 자유를 발견하는 것, 그것이 바로 신이어 세대가 완성하는 인생의 깊이이자 아름다움이다.

Chapter 2

삶의 품격으로
나이 드는 법

"나이를 먹는다는 것은 시간을 견디는 것이 아니라,
품위를 쌓는 과정이다."

- 아리스토텔레스 -

마음을 잇는 소통,
품격 있는 가족의 언어

　인생 2막은 가족과의 관계를 가장 깊고 따뜻하게 만들 수 있는 황금기다. 이 시기에 우리가 주고받는 말 한마디는 단순한 정보 전달이 아니라, 서로의 마음을 잇는 다리가 된다. 올바른 언어 습관은 가족 간 유대감을 키우고, 작은 오해가 쌓여 갈등으로 번지는 것을 막아준다.

　'마음을 연결하는 언어'란 단순히 말을 잘하는 기술이 아니다. 상대방을 이해하고 존중하며 진심을 담아 전달하는 태도와 습관이다.

　이제는 자신의 언어 습관을 돌아보고, 어떤 말을, 어떤 마음으로 전해야 가족과 더 평화롭고 따뜻한 시간을 만들 수 있을지 천천히 고민하고 실천할 때다.

　말 속에 담긴 작은 배려와 마음이 쌓이면, 평범한 하루도 가족에게는 특별한 순간으로 남는다.

경청의 지혜 : 듣는 태도로 마음 열기

가족과의 대화에서 가장 큰 선물은 '진심으로 귀 기울이는 시간'이다.

중간에 말을 끊지 않고, 스마트폰이나 TV를 잠시 내려놓으며, 온전히 상대방에게 집중하는 습관이 필요하다. 그들의 감정과 생각을 있는 그대로 받아들이려 노력할 때, 마음은 자연스레 연결된다.

사례- 김영수 씨(가명, 66세)

그는 말한다.

"손주 이야기를 들을 때, 눈을 맞추고 들어주면 손주가 더 자주 먼저 다가와요."

작은 공감의 말 한마디도 큰 힘이 된다.

"그랬구나", "힘들었겠다", "기분 좋았겠네" 같은 표현으로 상대의 감정을 인정하면, 마음의 거리는 한층 가까워진다.

사례 -전향희 씨(가명, 65세)

그녀는 손녀의 이야기를 들을 때마다 **"정말 멋지다"**라고 한마디 건넸다. 그 말 한마디가 손녀에게 큰 자신감이 되었다.

말뿐만 아니라 눈빛, 표정, 고개를 끄덕이는 작은 행동도 강력한 언어가 된다. 따뜻한 시선과 부드러운 표정이 가족에게 안정감과 사랑을 전한다.

긍정의 언어 : 칭찬과 감사로 관계를 따뜻하게 하기

가족 간 칭찬과 격려는 관계를 단단하게 만든다.

"수고했어", "고마워", "네 덕분이야" 같은 표현은 존재 자체를 인정받는 기쁨을 준다.

존중의 언어 : 가족을 이어주는 다리

성인 자녀에게는 조언보다는 존중이 필요하다.

"네 생각은 어떠니?", "네가 원하는 대로 해 봐" 이 표현은 자녀의 선택을 인정하고 자존감을 세워준다.

오랜 세월을 함께한 배우자와도 마찬가지다. 서로의 의견을 묻고 존중하며, 존댓말과 배려를 잊지 않는 대화는 부부 관계를 건강하게 지켜 준다.

손주와의 대화는 눈높이를 맞추는 일이 중요하다.

부모의 양육에 직접 간섭하기보다, 사랑과 지지로 마음을 전하는 것이 더 큰 힘이 된다.

솔직함과 부드러움의 균형 : 감정을 품위 있게 표현하기

자신의 감정을 전할 때는 '나' 메시지를 활용하면 좋다.

"나는 이렇게 느껴", "나는 이렇게 했으면 좋겠어"처럼 표현하면, 상대방을 비난하지 않고 오히려 이해와 공감을 이끌어 낸다.

갈등 상황에서도 감정이 격해지기 전에 잠시 멈추고 차분히 자신의 입장을 말하며, 사과와 용서를 담은 언어로 관계를 회복할 수 있다.

사례- 이현정 씨(가명, 66세)

그녀는 사소한 다툼 후 "미안해"라는 한마디로 갈등을 단번에 풀었다. 솔직한 감정 위에 부드러움을 얹는 말은 관계를 다시 잇는 힘이 된다.

새로운 언어 습관 만들기 : 작은 실천에서 시작

- 하루 한 번 "사랑해", "고마워" 말하기

- 가족이 모여 솔직하게 이야기하는 시간 만들기

- 하루 동안의 긍정·부정 언어를 기록해 점검하기

가족과의 소통은 마음의 거리를 좁히고, 평범한 하루를 특별한 기억으로 만든다. 작은 말의 변화가 삶의 품격을 완성한다.

후회 없는 삶을 위한,
3가지 품격의 원칙

인생 2막은 우연히 깊어지지 않는다. 매일의 작은 선택이 쌓여 품격이 된다.

1. 하루를 '깨어있는 순간'으로 만들기

인생 2막이 되면 시간이 빠르게 흘러가는 것처럼 느껴질 수 있다. 이럴 때 가장 중요한 것은 하루를 단순히 흘려보내지 않고, '깨어있는 순간'으로 채우는 습관이다.

사례 – 김미정 씨(가명, 65세)

퇴직 후 매일 TV 앞에 앉아 시간을 보내던 그녀는 작은 변화를 시작했다. 아침에는 창가에 앉아 하루 계획을 적고, 오후에는 근처 공원에서 가벼운 산책을 하며 만나는 이웃에게 인사를 건넨다.

"매일 무엇을 하느냐보다, 내가 그 순간에 집중하는 게 중요하더라고요."

2. 감사와 이해로 관계의 폭을 넓히기

나이 듦은 스스로에게뿐 아니라 주변 사람들과의 관계를 성
찰하는 시간이다. 비교와 후회보다는 감사와 이해로 관계의 폭
을 넓힐 때, 삶은 더욱 풍요로워진다.

3. 배우고 나누며 성장하는 삶

나이 들어 배움을 멈추지 않고, 가진 것을 나누는 삶은 마음
을 젊게 유지하고 존재의 가치를 확장한다.

인생 2막은 과거의 끝이 아니라, 지금 이 순간 다시 써 내려가는 이야기다.

오늘을 의미 있게 채우는 선택,

사람들과 마음을 잇는 감사와 이해,

그리고 배우고 나누며 자신을 확장하는 하루.

이 3가지를 조금씩 실천하는 것만으로도 나이 듦은 잃어가는 시간이 아니라, 삶이 깊어지고 단단해지는 여정이 된다.

신이어 세대에게 나이 듦은 멈춤이 아니다. 이제는 스스로의 손으로 삶을 새롭게 그려가는, 가장 능동적이고 아름다운 시간이다.

"나는 오늘, 나의 선택으로 하루를 완성합니다."

품격으로 새겨지는,
내면의 나이테

나이는 누구나 먹지만 모두가 '성장하며' 나이를 먹는 것은 아니다. 겉으로는 나이를 더하지만, 속으로는 여전히 제자리인 사람도 있고, 조용히 그러나 단단히 자신을 다듬으며 세월의 무늬를 새기는 사람도 있다.

나무의 나이테가 햇볕이 있었던 해와 혹독한 겨울을 모두 기록하듯 우리의 인생도 기쁨과 고통이 결로 남는다.

기쁨의 순간은 부드러운 선으로, 고통의 시간은 단단한 결이 되어 결국 지금의 나를 만든다.

젊을 땐 '무엇이 되겠다'가 목표였다면, 이제는 '어떤 사람이 되겠다'가 삶의 중심이 된다. 이 시기의 성장은 눈에 보이지 않는다. 마음의 결이 달라지고, 조급함이 줄고, 감사가 늘고, 사람을 바라보는 시선이 부드러워지는 변화다.

삶의 속도를 늦춘다고 해서 멈추는 것은 아니다. 오히려 그

느림 속에서 우리는 관계의 의미, 존재의 가치, 내가 원하는 삶을 발견한다.

진정한 품격은 외모나 재산에서 나오지 않는다. 세상을 바라보는 마음의 온도에서 피어난다.

이제는 남과 비교하지 않아도 된다. 누군가의 인생을 부러워할 필요도 없다.

내가 지나온 시간, 내가 견뎌낸 계절, 그 모든 것이 이미 충분히 아름답다. 그것이 바로 내 안의 나이테가 증명하는 진짜 나다.

삶의 마지막에 이르러, 누군가가 내 이야기를 듣고 "그 사람 참 단단했지"라고 말한다면 그것으로 충분하다.

인생은 완벽해야 아름다운 것이 아니라, 진심으로 살아온 흔적이 있을 때 빛난다.

그 흔적이 바로, 나이테다.

나이 듦의 미학,
삶을 사랑하는 방식

세월은 누구에게나 공평하게 흐른다.

그러나 그 시간을 어떻게 바라보느냐에 따라 인생의 빛깔은
전혀 달라진다.

나이 듦의 속도보다 '온도'를 기억하라

사례 – 윤혜정 씨 (가명, 66세)

직장을 떠난 뒤, 그녀는 오랫동안 꿈꾸던 '식물 일기'를 시작했다.
집 안 곳곳에 작은 화분을 두고, 매일 아침마다 잎사귀의 색과 향
을 기록한다. 처음엔 단순히 시간을 보내기 위한 취미였지만, 점
차 그 기록은 '나를 돌보는 행위'가 되었다. 그녀는 말한다.

"꽃이 피고 지는 걸 보면서, 나도 그렇게 변하고 있다는 걸 느꼈
어요. 예전엔 나이 드는 게 두려웠는데, 지금은 매일 조금씩 피어
나는 기분이에요."

지금 그녀는 동네 도서관에서 '식물과 마음 일기' 작은 전시회를

열며 자신의 일상을 나누고 있다. 그녀의 말처럼, **나이 듦을 즐긴다는 건 속도를 늦추는 것이 아니라, 내 삶의 온도를 느끼는 일이다.**

세월이 흘러도 '오늘의 나'를 따뜻하게 바라볼 수 있다면, 그 순간 인생은 다시 빛을 낸다.

관계의 재발견, 나이 듦을 아름답게 만든다

나이가 들수록 관계는 단순해지지만, 그 단순함 속에 진짜 연결이 있다. 젊을 땐 수많은 사람과 어울리며 바쁘게 살지만, 인생 2막엔 단 한 사람과의 대화가 하루를 바꾸기도 한다.

사례 – 박용호 · 정미자 씨(가명, 70대 부부)

70대 부부 박용호 · 정미자 씨는 매주 금요일이면 '커피 브런치 콘서트'를 연다. 둘이 직접 만든 쿠키와 음악으로 이웃을 맞이하면서 이렇게 말한다.

"예전엔 친구를 만나려면 예약해야 했는데, 이제는 마당 문만 열면 친구가 와요."

이웃과 함께 웃고, 노래하고, 공감하는 그들의 모습은 커뮤니티 케어의 또 다른 형태다. 관계의 따뜻함은 가장 큰 돌봄이 된다.

단순함 속의 풍요, 덜어내며 삶 채우기

세월을 즐긴다는 것은 '더 가지는 것'이 아니라 '덜어내는 용기'를 배우는 것이다. 불필요한 욕심을 내려놓고, 진짜 소중한 것에 집중할 때 비로소 삶은 가벼워지고 깊어진다.

사례 - 장승호 씨(가명, 65세)

은퇴 후 창고를 정리하던 그는 젊은 시절 노트를 발견했다. 거기엔 이런 글이 적혀 있었다.

"언젠가 여유롭게 내 손으로 커피를 내리며 아침을 맞이하고 싶다."

그는 지금 매일 오전 8시에 커피를 내린다. 화려한 성공 대신, 평범한 하루의 균형감을 선택한 것이다. 그에게 나이 듦은, '가장 단순한 삶이 가장 풍요롭다는 걸 배우는 시간'이 되었다.

나이 듦의 리듬으로 사는 법

젊을 때는 '속도'로 살지만, 인생 2막에는 '리듬'으로 산다.
신이어 세대는 이제 자신의 리듬을 찾아가는 사람들이다.
걷는 속도를 조절하듯, 삶의 속도도 조절할 줄 안다.

빠름이 능력이었던 시대를 지나, 이제는 '느림의 기술'이 삶의 경쟁력으로 자리한다.

AI와 디지털 기술이 세상을 빠르게 바꾸는 시대에도, 신이어 세대는 자신의 속도를 지킨다. 새로운 기술을 배우고, 새로운 일을 시작할 때에도 서두르지 않는다. 비교보다 자기 만족과 성장에 집중한다.

이 여유와 자기만의 속도야말로 신이어 세대의 품격이다. 나이 듦은 더 이상 짐이 아니라, 내면의 리듬을 발견하고 세상과 조화롭게 살아가는 기회다. 매 순간을 느끼고, 자신의 속도로 하루하루를 설계하며 걸어가는 것, 그것이 인생 2막이 주는 진정한 즐거움이다.

신이어의 세월, 가장 아름다운 변주

나이 듦은 인생의 끝이 아니라, 새로운 악장의 시작이다.

세월이 쌓일수록 인생의 멜로디는 더 깊고 단단해진다.

젊음의 음표가 화려했다면, 인생 2막의 음표는 잔잔하지만 울림이 있다.

"나는 지금, 내 인생의 가장 아름다운 변주를 연주하고 있다."

신이어 세대는 나이 듦을 두려워하지 않는다. 오히려 그것을 삶의 예술로 완성해 가는 존재다.

나이 듦의 통찰이 '내면의 발견'이었다면, 세월의 아름다운 변주는 '삶의 태도'다.

인생 2막은 단지 오래 사는 것이 아니라, 깊이 있고 따뜻하게 살아가는 기술을 배우는 여정이다.

그리고 그 길의 끝에는, '다시, 인생의 첫날처럼'이라는 문장이 조용히 우리를 기다린다.

성별을 넘은 삶, 나이 듦의 지혜

나이 듦은 누구에게나 공평하게 찾아오지만, 그 여정을 받아들이는 방식은 남녀에 따라 조금씩 다르다.

젊은 시절의 우리는 사회가 정한 '남자의 역할'과 '여자의 역할' 속에서 살아왔다. 남성은 책임과 성취로 자신을 증명해야 했고, 여성은 돌봄과 헌신으로 존재 이유를 찾았다. 그러나 나이가 들수록, '어떤 성별로 살아왔는가'보다 '어떤 인간으로 남을 것인가'가 더 중요해진다.

남성의 나이 듦 - 내려놓음의 용기

많은 남성은 은퇴 후 자신을 잃는다.

직장에서의 직함과 사회적 역할이 사라지면 "나는 누구인가?"라는 질문 앞에 서게 된다.

그동안 바쁘게 살아오며 마음을 표현하지 못했던 남성들은, 감정을 꺼내는 법을 다시 배워야 한다. 가족과 친구, 그리고 자신에게 진심으로 말을 건네는 연습이 필요하다.

진정한 강함은 '참는 것'이 아니라 '드러낼 수 있는 용기'에서 시작된다. 이제는 경쟁이 아닌 공감의 시대다.
지시하던 언어 대신 경청의 언어로 바꿔나갈 때, 남성의 삶은 다시 따뜻해진다.

> ✓ **실천 포인트**
> • 하루 한 번, 가족이나 친구에게 마음을 솔직히 표현해 보기.
> • 경쟁보다 공감에 초점을 맞춘 대화를 연습하기.

여성의 나이 듦 - 나로 사는 기쁨

한편, 여성들은 나이 듦과 함께 오히려 자유를 느끼기 시작한다.
자녀 양육과 가족 중심의 삶을 지나, 이제는 자신을 위한 시간을 찾는다. 그동안 '누군가의 아내'와 '누군가의 엄마'로 불렸던 이름 대신 '나 자신'으로 불리는 순간의 기쁨을 되찾는 것이다.

그들은 이제 꾸밈없는 모습으로 세상과 마주하며, 자신만의 리듬과 스타일을 만들어 간다.

삶의 속도를 조절하며, 일과 관계, 취향의 균형을 새롭게 디
자인한다. 그 안에는 '나는 이제야 진짜 나로 살아간다'라는 해
방의 감정이 깃든다.

✔ **실천 포인트**
• 하루 10분이라도 오롯이 나만을 위한 시간을 만들어보기.
• 자신만의 취향을 존중하고, 남의 기준과 비교하지 말기.

성별을 넘어, '인간으로서의 성장'

이제 우리에게 필요한 것은 성별이 아닌, 서로를 이해하고 성
장시키는 마음이다. 남성은 감정의 언어를 배우고, 여성은 주체
적인 시선을 확장하며, 서로의 세계를 조금씩 교차시킬 때 인생
2막은 훨씬 풍성해진다.

어떤 이는 말한다.

**"중년 이후의 삶은 남자도 여자도 아닌, 오롯이 '나 자신'으로
살아가는 시기다."**

맞는 말이다. 인생 2막은 성별이 아닌 '인격의 시기'다.

서로의 다름을 존중하며, 인간으로서 깊어지는 법을 배워가

는 과정이다.

함께 나이 들어간다는 것

결국, 나이 듦은 '함께'의 여정이다.

누군가와 손을 잡고 걷는다는 것은 서로의 다름을 이해하고, 그 다름 속에서 자신을 발견하는 일이다.

남자든 여자든, 이제는 **"나는 나답게, 당신은 당신답게"**라는 말이 위로가 된다.

그 속에서 우리는 더 성숙하고, 더 깊은 마음으로 나이 들어간다.

✓ **실천 포인트**
- 가까운 사람과 함께하는 시간을 의식적으로 늘리기.
- 서로의 다름을 존중하며, 경쟁이 아닌 공감과 이해를 연습하기.

PART 2.

신이어의 길,
내 삶을
다시 쓰는 시간

다시 그려보는 삶의 지도

멈춤이 아니라 새 출발이다

다시 꿈꾸는 삶, 여전히 빛나는 나

다시 그려보는
삶의 지도

"나이는 숫자일 뿐이다.
중요한 것은 아직도 가보지 않은 길이 있다는 사실이다."

– 클린트 이스트우드 –

신이어 삶을 설계하는, 9가지 질문

노후 설계는 단순한 숫자나 계획의 문제가 아니다. 중요한 것은 남은 시간을 어떻게 의미있게 쓸 것인지. 스스로에게 질문을 던지는 것이 중요하다.

퇴직 후 공허함과 익숙한 일상의 공백 속에서 스스로에게 질문을 던져보자. 이 9가지 질문은 정답을 찾기 위한 것이 아니라, 내 삶의 지도를 다시 그리는 과정이다.

1. 나는 어떤 하루를 살아가고 싶은가?

하루는 '해야 할 일'이 아니라 '누릴 수 있는 시간'이 되었다. 남의 시계에서 벗어나 이제는 나만의 속도로 살아가는 경험이 중요하다.

✓ 실천 포인트
- 하루의 시작에 '멈춤의 시간'을 넣기.
- 하루를 관리하려 하지 말고, 감각으로 느껴라.

2. 나는 어떤 마음으로 나이 들어가고 싶은가?

몸은 나이를 먹어도, 마음의 온도는 우리가 정할 수 있다.
인생 2막은 결국 '마음의 근육'을 단련하는 시간이다.
감사와 평온으로 스스로를 채우면, 세상도 부드러워진다.

> ✔ **실천 포인트**
> - 하루를 마무리하며 '자기감사' 한 줄 기록.
> - 나이 듦은 <u>스스로</u>에게 다정해지는 기술이다.

3. 나는 내 몸을 얼마나 이해하고 있는가?

몸은 우리가 태어나서 떠날 때까지 함께하는 유일한 집이다.

그 집을 돌보는 일은 의무가 아니라 존중이다.

나이 듦의 지혜는 **몸의 신호를 듣는 능력**에서 시작된다.

사례 – 정태호 씨(가명, 66세)

그는 아침마다 손끝으로 맥박을 느낀다.

"몸의 리듬에 귀 기울이니, 마음이 한결 고요해졌어요."

> ✔ **실천 포인트**
> - 매일 15분, 몸의 소리에 집중.
> - '운동'보다 '호흡'이 먼저다.

4. 나는 누구와 함께 나이 들어가고 싶은가?

사람은 관계 안에서 나이 들어가고, 관계 안에서 다시 젊어진다.
좋은 친구 한 사람, 대화를 나눌 이웃 한 명이면 인생 2막은
덜 외롭고 훨씬 따뜻해진다.

사례 – 박인자 씨(가명, 69세)

그녀는 매주, 오랜 친구에게 편지를 쓴다.

"전화보다 편지가 좋아요. 마음의 속도를 맞출 수 있으니까요."

✓ **실천 포인트**
- 관계의 폭보다 깊이를 선택.
- 진심이 담긴 인사는 하루를 바꾼다.

5. 나는 여전히 배우고 있는가?

배움은 인생의 젊음을 유지하는 가장 확실한 방법이다.
나이 듦은 '끝난 시기'가 아니라, **배움의 이유가 바뀌는** 시기다.

6. 나는 무엇을 세상에 나누고 싶은가?

나눔은 마음의 방향이다.

누군가에게 따뜻한 말을 건네는 일도, 웃음을 나누는 일도 모두 '삶의 기부'다.

7. 나는 어떤 공간에서 나답게 살고 싶은가?

공간은 삶의 질서를 보여준다.

집은 단순한 거주지가 아니라 마음의 온도를 드러내는 장소다. 공간을 정돈하면 생각이 정리되고, 내가 좋아하는 물건으로 채우면 마음의 온기가 생긴다.

사례 – 유혜진 씨(가명, 63세)

그녀는 오래된 식탁보를 새로 바꾸었다.

"작은 변화인데, 집 안 공기가 달라졌어요."

8. 나는 무엇에 설레는가?

설렘은 나이의 문제가 아니라 **시선의 문제**다.

익숙함 속에서도 새로운 의미를 발견할 줄 아는 눈, 그것이 삶을 계속 살아가게 만든다.

사례 – 이종남 씨(가명, 66세)

그는 일주일에 한 번 카메라를 들고 동네 산책을 나선다.

"매번 같은 길인데, 날씨와 빛이 달라 새로운 사진이 돼요."

✓ **실천 포인트**

- 일상 속 '새로운 시도' 하나 찾기.
- 설렘은 거창한 사건이 아니라, '관찰의 감각'이다.

9. 나는 지금, 다시 시작할 준비가 되어 있는가?

다시 시작한다는 것은, 과거 위에 새로운 색을 덧입히는 일이다. 나이 듦의 용기는 완벽한 결과가 아니라 불완전한 시작을 허락하는 마음에서 온다.

그녀는 올해 첫 시집을 냈다.

"60대 후반부터 조금씩 썼어요. 늦은 줄 알았는데, 인생의 시기는 결국 '지금'이더라고요."

✓ 실천 포인트
- '언젠가'가 아닌 '오늘'의 한 걸음으로 시작하기.
- 시작의 크기보다 방향이 중요하다.

이 9가지 질문은 결국 하나로 이어진다.

"나는 지금 이 순간, 내 삶의 주인으로 서 있는가."

인생 2막의 삶을 새롭게 설계한다는 것은, 젊음을 되찾는 일이 아니라 **의미를 되살리는 일**이다. 하루하루를 다시 살아보려는 용기, 그것이야말로 인생 2막을 빛나게 하는 진짜 품격이다.

신이어의 품격을 완성하는, 8가지 길

삶의 속도는 누구에게나 같지 않다. 바쁘게 달려온 시간 속에서 우리는 스스로에게 집중할 여유를 잃고, 하루하루를 단순한 반복 속에서 흘려보내기 쉽다. 그러나 인생 2막은 더 이상 남의 기대나 기준에 맞추는 시간이 아니다. 오히려 **자신만의 속도와 기준으로, 삶을 새롭게 완성해 가는 시간이다.**

신이어의 삶은 단순히 오래 사는 것이 아니라, 매 순간 자신의 마음과 행동에서 품격을 발견하고, 스스로 채워가는 과정이다. 이 과정에서 필요한 것은 거창한 계획이나 극적인 변화가 아니라, **일상 속 작은 선택과 습관, 그리고 자신의 내면에 귀 기울이는 따뜻한 태도다.**

'신이어의 길'은 삶의 기술이 아니라, 내면과 외면이 조화를 이루며 완성되는 **예술과 같다.** 멈추고, 비우고, 연결하며, 배우고, 나누고, 돌보고, 단순하게, 그리고 감사하는 작은 행위들이 쌓일 때, 하루가 활력을 얻고 삶은 만족으로 빛난다.

각 길은 독립적이면서도 서로 이어져있으며, 작은 실천 하나가 삶 전체를 부드럽게, 그러나 단단하게 바꾼다. 이제 자신만의 속도와 선택으로 하루를 설계하며, 내면의 풍요와 삶의 의미를 발견하는 8가지 길을 따라가보자.

한 걸음씩 내딛는 순간, 삶은 조금 더 단단해지고, 조금 더 빛나며, 무엇보다 진정 나다운 하루로 채워진다.

1. 멈춤의 길 – 마음을 되찾는 시간

빠르게 흐르는 시간 속에서 우리는 끊임없이 움직이며 스스로를 평가하고, 성취에 매달린다. 그러나 진정한 삶의 힘은 **멈추는 순간**에 숨어 있다.

멈춤은 **게으름이 아니라 자기 회복의 기술**이며, 삶을 다시 쓰는 시간이다.

잠시 멈추면 마음은 조용해지고, 잊고 지내던 내면의 목소리가 들린다.

지금 나는 어디로 가고 있는가?
무엇이 내 마음을 흔들고 있는가?
나에게 진정으로 중요한 것은 무엇인가?

이 질문들은 바쁜 일상에서는 쉽게 들을 수 없는 내면의 목소리다. 멈추는 순간, 우리는 삶의 균형을 되찾는다.

그녀는 처음엔 이 시간을 '쓸모없는 습관'으로 여겼지만, 몇 달이 지나자 **내면의 평온과 명료함**이 생겼다. 감정에 휘둘리기보다 필요한 행동을 선택할 수 있게 되었고, 삶의 속도가 느려지면서, 매 순간의 의미와 즐거움이 더 선명해졌다.

멈춤은 **삶의 방향을 재설정하는 힘**이다. 잠시 속도를 늦추는 것만으로도 우리는 '진짜 나'로 돌아갈 수 있다.

✔ **실천 포인트**

- 호흡 명상 : 하루 5~10분 깊은 호흡.
- 감정 기록 : 일기처럼 느낀 감정 적기.
- 디지털 디톡스 : 스마트폰 알림 잠시 끄기.

2. 삶의 여백길 - 중요한 것을 위한 공간 만들기

우리는 늘 채우는 데 익숙하다. 더 많이 소유하고, 더 많이 경험하며, 더 많은 정보를 쌓는다. 하지만 **비움은 삶의 여백을 만드는 행위**다. 비움을 통해 우리는 마음에 공간을 만들고, 진정으로 중요한 것들을 분명히 볼 수 있다.

비움은 단순히 물건을 버리는 것이 아니다.

마음속 불필요한 감정과 집착을 내려놓고 과거의 아픔과 미련을 정리하며 관계와 습관 중 나를 갉아먹는 요소를 줄이는 과정이다.

이 과정을 거치면, 삶은 **더 가볍고 선명하게, 그리고 자유롭게** 움직이기 시작한다.

사례 – 작은 비움이 만든 큰 변화

박지은 씨(가명, 66세)는 최근 SNS 팔로우와 오래된 모임을 정리했다. "처음에는 놓치는 것 같아 불안했지만, 사간이 지나니 마음이 가벼워지고 정말 소중한 사람과 시간을 보낼 수 있게 되었어요."

비움은 **내가 가진 것과 필요한 것의 경계를 명확하게 한다.** 줄이는 과정에서 삶은 더 선명해지고 자유로워진다.

3. 마음을 잇는 길 – 삶을 지탱하는 깊은 연결

인생에서 진정한 행복은 외적인 성취나 넓은 인맥에서 오지 않는다. 마음이 통하고 서로를 진심으로 이해하고 지지할 때, 관계는 비로소 삶을 든든하게 받쳐주는 힘이 된다.

단순한 친분이나 겉치레의 만남이 아니라, 서로의 마음을 읽고 공감하며 함께 웃고 울 수 있는 깊은 연결이 중요하다.

사례 – 작은 나눔이 만든 안정감

윤수민 씨(가명, 65세)는 매주 1회 친구와 '감정 나눔 통화'를 실천한다.

"짧은 대화 한 번으로도 마음이 정리되고, 서로 큰 위로가 돼요"

관계의 품질은 만남의 빈도가 아니라, 마음을 주고받는 깊이에서 결정된다.

작은 관심과 따뜻한 말 한마디가 삶을 지탱하는 뿌리가 된다.

4. 성장의 길 – 나이를 초월한 배움

배움은 나이를 가리지 않는다.

베움은 과거의 나를 벗고 새로운 나로 살아가게 하는 **내면의 확장**이다.

사례 – 작은 도전이 만든 활력

한유진 씨(가명, 68세)는 온라인 강의를 통해 손글씨 아트와 사진 편집을 배우며 개인 전시회에 참여했다.

"새로운 것을 배우면 내 안에 새로운 가능성이 생깁니다. 그게 삶을 다시 빛나게 해요."

배움은 **오늘의 나를 살아있게 하고, 내일의 나를 만들어 가는** 힘이다.

5. 공감의 길- 마음을 이어주는 나눔

나눔은 크고 특별한 것이 아니다. 시간과 관심, 미소 같은 작은 행동이 누군가에게 큰 힘이 된다.

사례 – 일상의 따뜻한 나눔

김영수 씨(가명, 69세)는 주말마다 공원에서 혼자 산책하는 어르신들과 함께 걷기 모임을 연다.

"서로의 이야기를 나누며 걷다 보면, 단순한 산책이 아닌 마음이 통하는 시간이 돼요. 작은 관심과 대화가 하루를 따뜻하게 만들어 줍니다."

작은 나눔과 공감의 순간이 삶을 더욱 풍성하게 만든다. 서로에게 귀 기울이는 시간 속에서 마음은 연결되고, 하루는 의미로 채워진다.

6. 내면의 빛길 - 마음에서 피어나는 아름다움

진정한 아름다움은 외모가 아니라 마음에서 비롯된다. 평온과 균형, 미소는 외적인 아름다움으로 자연스럽게 드러난다.

사례 – 작은 습관이 만든 빛

장보라 씨(가명, 66세)는 매일 아침 5분 호흡과 스트레칭을 하며 하루를 시작한다.

"마음이 편안하니 얼굴에도 자연스럽게 빛이 돌더라구요."

자기 돌봄은 내면과 외면의 품격을 함께 키우는 힘이다.

7. 단순함의 길 – 삶의 본질로 향하는 용기

복잡함은 삶의 집중력을 흐린다. 단순함은 시간을 선물하고, 에너지를 본질에 집중하게 한다.

단순함은 **내 삶의 중심을 다시 세우는 과정**이다. 불필요를 제거하면 마음과 에너지가 핵심에 집중되고, 삶의 창조성과 여유가 자연스레 따라온다.

8. 행복을 여는 감사의 길 - 오늘을 살아가는 힘

감사는 과거를 미화하는 것이 아니라 **오늘을 빛나게 하는 힘**이다.

사소한 순간에서 감사할 이유를 찾을 때 삶은 한층 더 풍요로워진다.

사례 – 하루를 바꾸는 감사 습관

오민경 씨(가명, 67세)는 저녁마다 오늘 감사한 일 3가지를 적는다.

"작은 것을 적기 시작했는데, 하루가 훨씬 따뜻해졌어요."

감사는 마음을 열고, 삶의 중심을 단단하게 잡아주는 내적 연습이다.

감사하는 마음은 **내면의 소리에 귀 기울이게 하고**, 일상의 작은 행복을 놓치지 않게 한다.

✔ **실천 포인트**
- 하루 1~3줄 감사 기록
- 사소한 일상 속 감사 발견
- 감사 표현 습관화

삶의 재부팅과
자신감의 기술

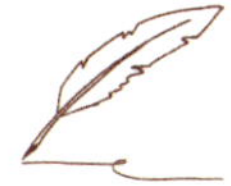

은퇴 후, 혹은 인생 후반부에 접어들면 하루는 더 이상 누군가가 정해주는 시간표에 맞춰 움직이지 않는다. 자유로워진 시간은 동시에 책임을 요구한다.

남은 삶을 어떤 방식으로 채울 것인지, 어떤 선택을 반복할 것인지는 오직 나에게 달려 있다.

삶의 재부팅은 과거의 틀을 벗어나 스스로의 하루를 새롭게 켜는 과정이다.

그리고 이 과정을 지속하게 만드는 힘이 바로 **자신감의 기술**이다. 큰 성공이나 외부의 인정이 아니라, 매일의 작은 선택과 습관 속에서 자신을 믿는 힘이 자란다.

아침의 숨결을 느끼는 시간

하루를 열 때, 몸과 마음을 잠시 멈추고 숨을 고른다.
햇살의 온기, 바람이 스치는 감촉, 발끝으로 느껴지는 바닥의 질감까지 의식하며 하루를 맞이한다. 이 단순한 순간만으로도 마음이 고요해지고, 하루가 생동감 있게 흐른다.

나만의 리듬으로 하루를 설계하기

하루를 블록 단위로 나누어, 자신만의 속도와 순서로 시간을 배치한다.

작은 루틴이라도 충분하다. '책 읽는 시간', '가벼운 산책', '마음 다스리기' 같은 것들이 쌓이면 하루가 살아 움직인다.

작은 호기심으로 하루를 열기

매일 혹은 매주, 이전에는 시도하지 않았던 작은 활동을 하나 추가한다.

새로운 요리, 손글씨, 짧은 글쓰기, 잠깐의 창작 활동 등 어떤 것이든 좋다. 호기심은 배움과는 다른 감각적 자극으로, 마음을 젊게 만든다.

> ✓ **실천 포인트**
> • 하루에 10분이라도 새로운 것을 시도한다.
> • 완벽함보다 경험 자체를 즐긴다.
> • 실패와 성공의 기준을 내려놓고 '즐기기'에 집중한다.

몸과 마음을 고르게 돌보기

하루 중 잠깐이라도 몸과 마음의 상태를 점검한다.

깊게 숨을 쉬고, 자세를 고르게 하며, 마음이 흔들리는 지점을 느껴본다. 이 습관은 단순한 건강 관리가 아니라, 중심을 찾고 스스로를 안정시키며 자신감을 키우는 방법이다.

하루 속에 작은 성취를 쌓기

하루를 마무리하며 오늘 내가 이룬 작은 성취를 돌아본다. "오늘 나는 무엇을 선택했고, 어떻게 행동했는가?"를 질문하며, 내일을 준비한다.

마음을 담는 작은 공간 만들기

손끝으로 만질 수 있는 작은 창작 공간을 마련한다.

간단한 노트, 짧은 그림, 사진 정리 등 마음을 펼칠 수 있는 공간이면 충분하다. 하루를 기록하고 감정을 표현하면, 삶이 더 풍부하고 활기차게 느껴진다.

> ✔ **실천 포인트**
> - 하루 10분, 자신의 감정이나 생각을 글이나 그림으로 남기기
> - 완성보다 표현 그 자체에 집중
> - 작은 공간이 마음을 정리하고 에너지를 회복하는 통로가 된다.

나를 믿는 하루의 언약

하루를 마치며 자신에게 짧게 약속한다.

"나는 오늘 내 삶을 충분히 만들어냈다."

자기 신뢰가 반복될수록 삶의 주체성과 자신감은 단단해진다.

> ✔ **실천 포인트**
> - 매일 자기 자신에게 감사와 격려의 메시지를 전한다.
> - 오늘의 선택을 스스로 인정하고 평가한다.
> - 자신을 믿는 습관은 장기적인 안정감으로 이어진다.

잠시 멈추고 느림을 즐기기

바쁜 일상에서 벗어나 잠시 멈추는 습관은 의외로 큰 힘이 된다. 느린 걷기, 호흡 명상, 차 한 잔의 여유 등 하루 속 작은 느림은 몸과 마음을 풀어준다.

✔ **실천 포인트**
- 하루 중 5~15분, 느리게 걷거나 차를 마시며 주변을 관찰
- 멈춤을 통해 지금 이 순간을 느끼고, 하루를 다시 바라본다.
- 느림은 마음을 재정비하고, 하루를 선명하게 만드는 힘이 된다.

삶의 재부팅은 과거를 버리는 것이 아니다. 멈춰 있던 자신을 깨우고, 지금 이 순간부터 자신만의 리듬으로 하루를 채워가는 과정이다. 매일의 작은 습관 속에서 시니어는 **진짜 자신감을 배우고 경험**하게 된다.

"나이는 숫자일 뿐이다. 오늘 내가 선택하는 작은 순간이, 내일의 자신감을 만든다."

설렘을 만드는,
새로운 재정 설계

나이가 들수록 재정은 단순히 수입과 지출을 정리하는 기술이 아니다.

재정은 앞으로 어떤 삶을 살아가고 싶은지를 가장 솔직하게 드러내는 인생의 지도다.

따라서 인생 2막의 재정 설계는 두려움이나 부족함에서 출발하는 것이 아니라, **나를 설레게 만드는 미래를 어떻게 그려갈 것인가**라는 질문에서 시작되어야 한다.

돈을 바라보는 관점을 다시 세우기

많은 이들은 재정을 정리할 때 가장 먼저 '부족함'을 떠올린다.

은퇴 이후 지출이 늘어날까 걱정하고, 현재 가진 것이 턱없이 부족하다고 생각한다.

그러나 숫자만 바라보는 순간 마음은 쉽게 위축된다. 재정 설계는 결핍의 계산이 아니라 **가능성을 여는 설계**여야 한다.

우리가 가진 능력, 경력, 취향, 그리고 아직 펼치지 못한 잠재력은 돈보다 훨씬 강력한 자산이다. 이 자산을 어떻게 활용할 것인지 방향을 정하는 순간, 재정은 단순한 관리가 아니라 새로운 가능성이 된다.

돈의 목적을 찾기 위한 '행복지도' 그리기

돈을 어디에 쓸 것인가를 고민하기 전에 반드시 풀어야 할 질문이 있다.

"나는 인생 2막에서 어떤 삶을 살고 싶은가?"

- 건강을 회복하며 더 가볍게 살아가는 삶
- 좋아하는 일을 배우고 성장하는 삶
- 새로운 관계를 만들고 사람과 연결되는 삶
- 작은 공간이라도 나만의 일을 꾸려가는 삶
- 오래 미뤄둔 꿈을 다시 꺼내 현실로 만드는 삶

행복의 방향을 그려야 재정의 흐름도 움직인다. 돈은 목표를 향해 움직이는 에너지이고, 목표 없는 돈은 늘 빠져나가지만, 목적 있는 돈은 나를 원하는 곳으로 데려다준다.

재정 설계는 결국 내가 가고 싶은 길을 가장 분명하게 그려보는 과정이다.

작은 변화부터 시작하는 현실적 재정 전략

인생 2막의 재정은 화려한 계획보다 **지속 가능한 작은 실천**에서 힘을 얻는다.

- **지출의 무게를 줄이고 '의미 소비'를 늘리기**

  물건보다 경험을, 일시적 만족보다 오래 남는 가치를 선택한다. 지출의 기준이 달라지면 삶의 밀도도 바뀐다.

- **내 안의 전문성을 수입 자산으로 전환하기**

  평생의 경력, 노하우, 취미, 관심사는 누군가에게는 필요한 배움이 된다. 작은 클래스, 온라인 교육, 컨설팅 등 소규모 수입원은 인생 2막을 안정적으로 지탱하는 든든한 기반이 된다.

- **위험은 낮추고, 지속성은 높이기**

  무리한 투자가 아니라 내 상황에 맞는 안전한 구조를 만드는 것이 우선이다. 재정의 목적은 '부자가 되는 것'이 아니라 **지속 가능한 삶을 유지할 힘을 갖는 것**이다.

설렘은 어느 날 갑자기 찾아오지 않는다. 내가 원하는 방향을 정하고, 가능성을 정리하며, 작은 실천을 꾸준히 이어가는 사람에게 다가온다. 재정은 그 실천을 가능하게 하는 든든한 바탕이다.

인생 2막의 재정 설계는 나이를 계산하는 일이 아니라 **새로운 장면을 만들어갈 나를 준비하는 과정**이다.

돈을 잘 버는 것도 필요하지만, 그보다 더 중요한 것은 **돈이 나를 어디로 데려가야 하는지 스스로 결정하는 힘**을 갖는 일이다.

그 힘을 손에 쥐는 순간, 우리는 더 이상 '시니어'가 아니라 새로운 가능성을 여는 **신이어**로 살아가게 된다.

멈춤이 아니라
새 출발이다

"끝이라고 생각한 그 순간,
새로운 시작이 당신을 기다리고 있다."

– 루이스 L 헤이 –

한 걸음씩 작지만,
단호한 걸음으로

은퇴는 대부분 삶에서 피할 수 없는 시점이지만, 은퇴 후 삶의 질은 준비 여부에 달려있다. 미리 계획하고 작은 걸음을 꾸준히 내딛는 사람은 은퇴 후에도 여유롭고 활기찬 삶을 누린다. 반대로 준비하지 않은 사람은 막막함과 불안 속에 하루를 보낼 수밖에 없다.

작은 걸음 : 부담 없이 시작하는 습관

은퇴 준비는 거창한 계획보다 **지금 당장 시작할 수 있는 작은 실천**에서 시작된다.

사례 – 김영수 씨(가명, 68세)

그는 매달 퇴직연금과 저축을 점검하며, 적은 금액이라도 투자 계획을 세웠다.

"처음엔 적은 금액이지만, 꾸준히 하니 미래가 조금씩 보이더군요."

작은 걸음의 예

- **재정적 작은 걸음** : 매일 커피 한 잔 값 저축하기, 불필요한 구독 서비스 해지하기, 가계부 작성하기
- **건강을 위한 작은 걸음** : 매일 30분 걷기, 엘리베이터 대신 계단 이용하기, 충분한 수분 섭취, 건강한 식습관 실천하기
- **새로운 배움을 위한 작은 걸음** : 관심 있는 분야 책 한 페이지 읽기, 온라인 강의 5분 시청하기, 새로운 언어 단어 하나 외우기.
- **관계 유지를 위한 작은 걸음** : 한 달에 한 번 소중한 사람에게 먼저 연락하기, 감사 메시지 보내기.

이러한 작은 실천들은 당장 큰 변화를 가져오지 않는 것처럼 보이지만, 꾸준히 반복될 때 놀라운 결과를 만들어 낸다.

단호한 걸음 : 꾸준함과 의지

꾸준함은 거창한 결심에서 시작되지 않는다. 하루의 작은 행동을 멈추지 않고 이어가는 힘에서 자라난다.

구체적인 목표를 세우고 기록하는 습관은 내가 어디로 가고 있는지 확인하게 하고, 흐트러진 마음을 다시 한 방향으로 모아 주는 든든한 기반이 된다.

예상치 못한 일정이나 마음의 흔들림이 찾아와도 다시 돌아오는 태도가 중요하다. 속도가 늦추어지더라도 방향만 잃지 않으면 된다.

잠시 멈추는 시간조차도 다음 걸음을 위한 숨 고르기가 될 수 있다. 포기하지 않고 이어가는 것, 그것이 꾸준함의 본질이다.

작은 성취를 스스로 인정하는 일도 필요하다.

한 걸음의 진전이라도 "잘하고 있다"고 말해 주는 순간 의지는 다시 힘을 얻고, 다음 행동에 자연스러운 탄력이 붙는다.

자기 격려는 단순한 위로가 아니라 목표를 지속시키는 실제적이고 효과적인 전략이다.

어떤 이는 하루 한 페이지 독서로 배움의 감각을 유지하고, 또 다른 이는 집 한 구역을 정리하며 마음과 생활을 함께 정돈한다. 누군가는 한 달에 한 번 스스로의 재정과 일상을 점검하며 지금의 선택이 미래와 어떻게 연결되는지 확인한다.

이러한 작은 실천들은 부담 없이 시작할 수 있으면서도 삶 전체에 안정감을 가져오는 놀라운 힘을 갖고 있다.

단호한 한 걸음을 차곡차곡 쌓아 갈 때 오늘은 더 선명해지고, 내일은 한층 더 단단해진다.

꾸준함은 결국 나를 지탱하는 가장 조용하고 확실한 힘이 된다.

신이어로 사는,
즐거운 압박

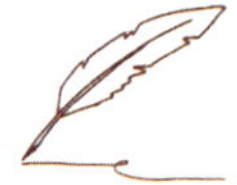

은퇴는 끝이 아니라, 삶이 나에게 던지는 또 다른 질문이다.
"이제, 정말 너다운 삶을 살 준비가 되었는가?"

많은 이들이 은퇴를 '쉼'이라 말하지만, 사실 그 쉼 속에는 묘한 불안이 섞여 있다.

일로 채워지던 시간들이 비워지면, 남는 건 생각과 침묵이다. 그때 우리는 비로소 자신과 마주하게 된다.

"나는 누구인가?", "무엇을 좋아하는가?"
이 질문이 삶을 다시 움직이게 한다.

이 시기엔 약간의 유쾌한 압박감이 필요하다. 너무 편안하면 방향을 잃고, 너무 조급하면 지친다.

은퇴 후 하루는 스스로 만든다. 누구의 지시도, 보고도, 시간표도 없다.

그래서 더 어렵고, 그래서 더 자유롭다. 이 자유를 진짜 나답게 쓰는 것이 은퇴 후 삶의 첫 번째 과제다.

'이제는 하고 싶은 걸 해야지'라고 말하지만, 진짜 하고 싶은 일이 무엇인지 모를 때가 많다. 그럴 때 필요한 건 대단한 목표가 아니라, 작은 실험 정신이다.

오늘은 새로운 카페에 가보고, 내일은 온라인 강의 하나를 듣고, 모레는 평생 해보지 못한 취미를 시도해 본다.

이렇게 삶을 '가볍게 흔들어주는 시도'가 은퇴 후의 일상을 다시 살아 있게 만든다.

은퇴는 삶의 다른 엔진으로의 전환이다.

이전에는 '성과와 경쟁의 엔진'으로 달렸다면, 이제는 '의미와 관계의 엔진'으로 나아가는 시기다.

속도는 느려지지만, 방향은 더 뚜렷해진다. 이제는 돈보다 보람, 명함보다 정체성, 성과보다 삶의 온도가 더 중요해진다.

그렇다고 지나치게 가볍게만 살라는 뜻은 아니다.

은퇴 후의 자유에는 '스스로를 다시 세우는 훈련'이 필요하다. 하루를 계획하고, 몸을 움직이고, 사람을 만나고, 배움을 이어가는 것이 바로 유쾌한 압박이다.

은퇴 후의 삶이 무의미하다고 느껴질 때, 이 말을 기억하자.

"삶은 여전히 나를 시험하고 있다. 그리고 나는 여전히 응시 중이다."

그 유쾌한 긴장감이야말로 우리 삶을 다시 살아 있게 만드는 최고의 압박이다.

신이어의 자기소개,
나를 다시 세우는 한 장

한때 내 이름 아래엔 직함이 있었다.

그 명함은 나를 설명하는 간단한 언어였다.

그러나 은퇴와 함께 그 명함은 사라졌다.

'직함 없는 나는 누구일까?'

새로운 인생의 명함은 누군가가 만들어 주는 것이 아니라, 이제 **내가 직접 써 내려가야 한다.**

젊은 날의 명함이 '나의 능력'을 증명했다면, 지금의 명함은 '나의 존재'를 드러내야 한다.

무엇을 좋아하는가

무엇에 마음이 움직이는가

누구와 연결되고 싶은가

이 질문의 답이 인생 2막의 명함이 된다.

'삶을 배우는 사람'
'사람과 사람을 잇는 사람'
'작지만 따뜻한 변화를 만드는 사람'

누군가는 '퇴직 후 취미 활동'이라 말할지 모르지만 , 이는 삶의 또 다른 '의미의 직업'이다.

누군가에게 도움이 되기 위해
자신에게 부끄럽지 않기 위해

이것이 인생 2막의 진짜 노동이며, 하루하루 삶을 설렘과 의미로 채우는 방법이다.

새로운 명함을 만든다는 건, 단지 종이 한 장을 바꾸는 일이 아니다. 삶의 언어를 새로 쓰는 일이다. 그 안에는 '나의 철학', '나의 방식', '나의 가치'가 들어간다. 그 명함이야말로 인생 2막을 빛나게 하는 또 하나의 자화상이다.

이제 나는 내 명함에는
'삶을 다시 디자인하는 사람'

이라고 쓴다.

"이게 지금의 저입니다."

그 순간, 비로소 깨닫는다.

명함이 나를 정의했던 시대는 끝났다는 것을.

이제는 내가 명함을 정의할 차례라는 것을.

삶을 다시 디자인하는 사람

50대에게 경고한다!
절대 해서는 안 될 선택들

50대는 인생 2막의 **출발점**이다.

지금의 선택과 습관이 앞으로 10년, 20년 후 당신의 삶을 결정한다. 작은 방심이 큰 후회로 돌아오고, 사소한 준비가 평생의 안정과 설렘을 만든다.

재정을 외면하지 마라

50대에 재정을 점검하지 않는 것은 **눈감고 절벽을 걷는 것과** 같다.

저축, 연금, 투자, 보험, 부채 관리… 지금 확인하지 않으면, 은퇴 후 선택의 폭은 사라진다.

원칙은 단순하다.

- 내가 가진 돈을 정확히 파악한다.
- 불필요한 지출과 부채를 줄인다.
- 은퇴 후 생활 계획을 현실적으로 세운다.

재정은 미루면 돌이킬 수 없는 손해를 부른다.

오늘 점검, 내일의 자유를 만든다.

건강을 방치하지 마라

몸과 마음은 **평생의 가장 귀한 자산**이다.

50대 이후 건강을 소홀히 하면, 자유와 활력도 함께 사라진다.

- 매일 움직이기, 적절한 운동
- 충분한 수면과 균형 잡힌 식사
- 스트레스 관리

작은 습관 하나가 인생 전체를 바꾼다.

건강은 기다려주지 않는다. **지금 바로 시작하라.**

사람과의 연결을 끊지 마라

사회적 연결이 끊기면, 외로움과 무력감이 삶을 지배한다.

50대는 관계를 **다시 설계할 마지막 기회**다.

- 진정으로 중요한 사람에게 집중
- 꾸준한 연락과 소통 유지

관계는 마음의 활력을 채우는 **보이지 않는 자산**이다.

배움과 도전을 포기하지 마라

배움은 뇌를 깨우고, 도전은 삶에 활력을 준다.

50대 이후 배움과 도전을 포기하면 삶은 단조롭고 무기력해진다.

- 새로운 기술, 취미, 사회 참여
- 작은 호기심이라도 행동으로 옮기기

배움과 도전은 **나이를 무색하게 만드는 원동력**이다.

자신의 시간을 포기하지 마라

50대는 남의 기대에 맞춰 살 나이가 아니다.

자신의 삶은 **스스로 설계**해야 한다.

- 하루 계획을 스스로 만든다
- 외부 압력보다 내 기준을 우선한다

오늘 무엇을 선택하느냐가 내일의 만족과 행복을 결정한다.

50대는 늦은 나이가 아니다. 하지만 준비 없는 시간은 다시 돌아오지 않는다. 재정, 건강, 관계, 배움, 시간 관리. 이 다섯 가지를 지키는 사람이 은퇴 후에도 자유롭고 활기찬 삶을 누린다. **지금 시작하라.** 미루면 후회 되고, 행동하면 삶이 달라진다.

Chapter 3

다시 꿈꾸는 삶,
여전히 빛나는 나

"나이를 먹는다는 것은 꿈을 잃는 것이 아니라
꿈을 새롭게 꾸는 법을 배우는 것이다."

– 소피아 로렌 –

나이와 상관없는,
내 안의 가능성

나이가 들었다고 해서 내 삶의 가능성이 사라지는 것은 아니다. 오히려 은퇴와 인생 2막은 스스로의 잠재력을 새롭게 깨우는 기회가 된다. 젊을 때는 바쁘고 분주한 삶 속에서 보지 못했던 자신만의 재능과 열정을 이제는 시간을 내어 확인하고 확장할 수 있다.

과거의 나는 주어진 역할과 책임 속에서 하루하루를 버텼지만 지금은 선택의 자유가 주어진다. 그 자유 속에서 우리는 스스로의 관심사와 재능을 탐색하며, 이전에는 시도조차 하지 못했던 영역에도 도전할 수 있다.

사례 – 김지연 씨(가명, 65세)

그녀는 은퇴 후 그림 수업을 시작했다. 처음에는 단순히 취미로 시작했지만, 몇 달 지나지 않아 지역 전시회에서 작품을 선보이는 자신을 발견했다. 그녀는 이렇

게 말했다.

"나이가 들어서도 내가 새로운 것을 배울 수 있고, 내 작품을 세상과 나눌 수 있다는 사실이 너무 놀라워요. 젊음이 아니라, 지금의 내가 중요하다는 것을 깨달았죠."

이처럼 내 안의 가능성은 외적 나이가 아니라, 마음가짐과 행동에서 비롯된다. 작은 실천 하나가 자신감으로 이어지고, 자신감이 또 다른 도전으로 연결된다. 하루를 가볍게 시작하고, 새로운 경험에 열린 태도는 나이와 상관없이 성장할 수 있는 힘이다.

사례 – 정우영 씨(가명, 62세)

그는 지역 커뮤니티 센터에서 영어 회화를 가르치는 봉사 활동을 시작했다.

처음에는 발음이나 가르침 방식이 익숙하지 않아 걱정이 많았지만, 학생들이 조금씩 이해하고, 웃음과 감사의 인사를 보낼 때 자신감과 보람이 쌓였다.

"누군가에게 영어를 가르치면서, 내가 아직 배울 것도 많고, 사람들에게 힘이 될 수 있다는 걸 느껴요. 나이가 들어도 새롭게 도전하고, 성장할 수 있다는 확신이 생깁니다."

결국, 나이와 상관없는 가능성은 '행동'과 '태도'에서 만들어진다. 새로운 기술을 배우고, 관계를 넓히고, 스스로 목표를 설정하며 하루를 살아가는 사람은 누구나 자신의 가능성을 재발견할 수 있다.

지금 이 순간에도 내 안에는 아직 펼쳐지지 않은 잠재력과 도전이 있다. 나이는 그저 숫자일 뿐, 가능성은 내 마음과 선택에서 시작된다.

"나이는 중요하지 않다. 지금, 내가 선택하는 삶이 나의 가능성을 증명한다."

나이를 뛰어넘는,
자기 수용과 성장

나이가 들면서 몸과 마음에는 분명한 변화가 찾아온다. 기억력이 흐려지고, 체력이 예전 같지 않으며, 외모와 능력에도 눈에 띄는 차이가 생긴다. 이런 변화는 때로 자존심을 흔들고, 스스로를 평가절하하게 만든다.

"나이 들면 다 그렇지"라는 주변의 말은 위로가 되기도 하지만, 때론 우리를 위축시키는 도구가 되기도 한다.

그렇다면, 나이 들어감과 함께 찾아오는 변화는 단순히 피해야 할 것이며, 두려워할 대상일까? 아니다. 진정한 삶의 의미는 외형적 변화나 사회적 기준에 묶여 있지 않다.

나이 드는 과정에서 중요한 것은 '현재의 나'를 받아들이고, 내 안에서 여전히 활력과 가능성을 발견하는 것이다. 나이가 들었다고 해서 새로운 시도를 포기할 이유는 없다. 오히려 나이와 상관없이 나를 성장시키고, 삶을 풍요롭게 만드는 기회가 바로 여기에 있다.

그는 은퇴 후 '산악 사진 동호회'에 가입했다. 그는 산을 오르며 사진을 찍고, 계절마다 달라지는 자연의 색과 빛을 기록했다. 그리고 자신의 사진을 SNS에 공유하면서, 새로운 친구와 소통하게 되었다.

"나이가 들수록 몸이 조금 느려지고 힘이 줄어드는 건 사실이에요. 하지만 새로운 것을 배우고 기록하며 사람들과 연결되는 경험은 젊을 때보다 더 큰 기쁨을 줍니다."

이처럼 자기 자신을 받아들이고, 현재의 가능성을 믿는다는 것은 단순히 '즐겁다'라는 감정을 넘어 삶을 주도적으로 살아가는 힘을 준다. 나이를 뛰어넘는 자기 수용은, 자신의 변화된 모습을 인정하면서도 여전히 선택과 실천의 주체가 된다는 의미다.

또한, 나이를 뛰어넘는 성장은 반드시 큰 성취가 아니어도 된다. 작은 시도 하나, 하루를 의식적으로 살아가는 경험도 충분하다.

나이를 뛰어넘는 자기 수용과 성장은 결국 자기 삶을 재정의하는 과정이다. 외모, 능력, 체력 등 남과 비교하며 좌절할 필요는 없다.

대신, 지금의 내 상태를 있는 그대로 인정하고, 오늘 내가 선택하는 작은 행동에 집중하는 것이 중요하다. 새로운 시도를 통해 느끼는 설렘과 성취가 바로 삶의 의미를 회복시키는 힘이다.

"나이는 내 성장을 제한하지 않는다. 내가 선택하고 행동하는 한, 나의 삶은 언제나 새롭게 펼쳐진다."

내 안의 나를,
깨우는 항해

나이가 들어감에 따라, 인생에서 가장 중요한 요소 중 하나는 바로 **자신의 삶을 스스로 이끌어가는 힘**이라는 것을 깨닫게 된다. '나는 무엇이든 할 수 있다, 해낼 수 있다'라는 믿음을 품는 것만으로도 하루하루가 달라진다.

가족과 함께 보내는 시간 속에서, 나는 그동안 미처 느끼지 못했던 **함께함의 소중함**을 다시금 깨닫는다. 나이가 들어도 침울해하지 않고, 여전히 배우고 움직이며 활동하는 내 모습을 보며, 자식들은 기뻐하며 이렇게 말하곤 한다.

"엄마는 갈수록 젊어져요. 능력 있는 엄마, 친구들 중 나 하나뿐인 박사 엄마!"

코로나로 강의가 줄어들면서, **문득 미래에 대한 불안**이 스며들었다. 하지만 그 불안을 떨치기 위해 나는 스스로 더 도전했다. 공개 강사 지원에 나가고, 부족한 점을 배우며 하나씩 채워갔다. 생각을 바꾸니 삶의 태도도 달라졌고, 가족들 역시 변화된 내 모습을 흐뭇하게 지켜보았다.

한편, 강의가 잠시 한가한 틈을 타 나는 유튜브 채널 '신이어TV - 서여니아파트 LIVE 음악방송'을 시작했다. 구독자가 조금씩 늘어가는 모습을 보며, 코로

나 상황을 탓하기보다 **새로운 기회와 도전**으로 삶을 채우는 즐거움을 깨달았다. 책을 쓰고, 채널 콘텐츠를 기획하며 편집 기술을 배우는 과정도 내 일상에 **활력과 의미**를 더해주었다. **바쁘게 살아가면서도,** 이런 작은 도전과 준비 속에서 나는 미래를 기대하며 나 자신을 다시 발견하는 즐거움을 느꼈다.

"인생 2막을 어떻게 살아갈 것인가?"
"무엇부터 시작해야 할까?"
스스로에게 묻기 시작했다. 마음속에서 **개인적 성장을 향한 작은 소리**에 귀 기울이자, 앞으로 해야 할 일들이 하나씩 선명해졌다. 정신없이 유튜브를 찍고 편집하며 강의를 다니는 나에게, 행복은 단순히 바쁜 것에서 오는 것이 아니었다. 내가 하는 일의 **의미와 보람**을 생각할 때, 진정한 행복이 찾아왔다.

이제 나는 마음속으로 **긍정과 낙천을 선택**할 수 있게 되었다. 완벽한 엄마, 완벽한 강사, 완벽한 지인이 되겠다는 강박에서

벗어나 자유로워졌다. 여전히 주변 사람들과 친분을 유지하고, 공부하는 시간도 즐겁다. 내가 원하는 삶은 **누군가 나를 떠올릴 때, '참 신세 졌는데'라는 마음이 들 정도의 선한 영향력**을 나누며 사는 것이다.

편안하고 안정된 마음으로 나의 일을 하며, 조급함을 내려놓는다. 늘 다른 사람들을 위해 할애했던 시간을 조금씩 나 자신에게 돌리기로 했다. 남의 일을 지나치게 챙기느라 뛰어다니던 시간들을, 이제는 **진정한 나를 찾는 여행과 인생 2막을 위한 계획**으로 채워간다.

나이가 들어 "나 때는 말이야"라며 젊은 사람들과의 거리를 느끼는 순간도 있지만, 중요한 것은 **열린 마음과 겸손함**이다. 나이를 핑계 삼아 도전을 두려워하지 않고, 주변 사람들의 경험과 조언에 귀 기울이며 배우는 자세가 후반기 삶을 풍요롭게 만든다. 나이는 단지 숫자일 뿐, 나의 가능성을 제한하지 않는다.

이제 나는 알게 되었다. **후반기 삶은 멈춤이 아니라, 내 안의 나를 깨우는 항해**라는 것을. 매 순간 스스로 선택하고 경험하며 성장할 수 있는 시간이다. 매일 조금씩 나를 발견하고, 나를 위한 결정을 내리는 과정 그 자체가 **인생 2막의 진정한 의미**다.

삶의 중심을 지키는,
단순함의 기술

인생 2막을 살아가는 신이어에게 필요한 삶의 기술 중 하나는 '균형과 단순함'이다. 복잡하게 얽힌 욕심과 선택, 지나친 활동은 오히려 삶의 질을 떨어뜨릴 수 있다.

반대로, 중요한 것에 집중하고 불필요한 것을 덜어내는 삶은 행복과 활력을 극대화한다.

삶의 우선순위 정하기

균형 있는 삶은 내가 진정으로 원하는 것과 필요한 것을 구분하는 데서 시작된다.

사례 – 김순자 씨(가명, 68세)

그녀는 은퇴 후 가족, 건강, 배움, 사회적 활동 4가지에만 집중했다.

"모든 걸 다 하려다 보면 지치고 스트레스만 쌓입니다. 중요한 것에만 집중하니 삶이 한결 편안해졌어요."

중요한 활동에 집중하면 에너지 낭비를 줄이고, 진짜 가치 있는 경험을 쌓을 수 있다.

불필요한 것 내려놓기

단순함은 **내 마음을 짓누르는 부담을 덜어내는 용기**에서 나온다. 물리적인 정리뿐 아니라, 스스로 지켜야 한다고 느꼈던 과도한 책임감, 습관적 비교, 끝없는 자기 평가 등을 내려놓는 것도 포함된다.

사례 – 김철수 씨(가명, 68세)

그는 은퇴 후, 매일 확인해야 한다고 생각했던 뉴스와 SNS 알림을 모두 끄고, '해야 한다'는 생각 대신 '하고 싶은 것'에만 시간을 쓰기로 했다.

"처음에는 세상과 동떨어진 것 같아 불안했지만, 며칠 지나니 마음이 가벼워지고 하루가 훨씬 즐거워졌어요. 남의 기대보다 내 마음이 우선이라는 걸 배웠습니다."

불필요한 심리적 짐을 내려놓는 순간, 삶의 우선순위가 명확해지고, 나 자신에게 진짜 중요한 시간과 에너지를 쓸 수 있게 된다.

일과 여가의 균형

균형 있는 삶은 일과 여가, 활동과 휴식 사이에서 찾아진다. 은퇴 후에도 의미 있는 활동과 충분한 휴식을 병행하는 것이 중요하다.

사례 – 최필식 씨(가명, 67세)
그는 주중에는 봉사와 배움에 시간을 쓰고, 주말에는 산책과 음악 감상으로 휴식을 취한다.
"활동과 휴식의 균형 덕분에 하루하루가 지치지 않고 즐겁습니다."

균형 있는 루틴은 건강, 정신적 안정, 활력을 동시에 가져온다.

마음의 단순화

단순함은 마음에서도 필요하다. 불필요한 걱정, 비교, 집착을 내려놓고, 현재와 내가 가진 것에 집중하는 연습을 한다.

사례 – 박선희 씨(가명, 70세)
그녀는 하루 중 15분을 '조용한 차 시간'으로 정했다. 차를 우려내고 향과 맛에 집중하며 마음을 비우는 습관이다.

> "차 한 잔에만 집중하니, 머릿속 잡념이 사라지고 마음이 한결 가벼워져요. 작은 여유지만, 하루가 훨씬 평온해집니다."

균형과 단순함은 신이어로 살아가는 삶의 핵심 전략이다. 우리는 모든 것을 다 가질 수 없지만, 중요한 것에 집중하고 불필요한 것을 덜어내면 삶의 에너지를 효과적으로 사용할 수 있다.

"균형과 단순함은 단순히 생활의 방식이 아니라, 신이어로 살아가는 삶의 품격입니다. 오늘 내려놓고, 오늘 집중하세요. 내일의 삶이 달라집니다."

노화를 설렘으로,
바꾸는 지혜

노화는 누구나 겪는 자연스러운 과정이지만, 그에 대한 태도와 준비가 삶의 질을 결정한다.

노화의 고민을 단순히 '두려움'이나 '피해야 할 문제'로만 보지 않고, 성장과 성숙, 삶의 설렘으로 전환하는 것이 신이어의 핵심 전략이다.

노화는 자연스러운 과정임을 받아들이기

노화를 부정하거나 두려워하면, 삶의 불안과 스트레스가 커진다.

사례 – 김은미 씨(가명, 66세)

그녀는 주름과 체력 저하를 부정하며, 운동과 사회적 활동을 피했다.

"노화를 인정하지 않으니, 불안과 초조함만 늘어났어요."

반대로, 나이 듦을 자연스러운 과정으로 받아들이면, 신체적 변화와 정신적 성장을 긍정적으로 연결할 수 있다.

세대를 초월한 지혜 배우기

노화의 고민은 세대와 경험을 초월한 지혜에서 해결책을 찾을 수 있다. 가족, 친구, 사회적 멘토, 동료 등 다양한 세대와 교류하며 건강, 재정, 사회적 관계, 자기계발 등에서 실질적 조언을 얻는다.

세대 간 연결은 노화에 대한 두려움을 완화하고, 삶의 에너지를 유지하는 효과적인 방법이다.

신체와 정신, 균형으로 살아가기

노화의 고민을 줄이려면 신체와 정신의 균형이 중요하다. 단순히 운동만이 아니라, 몸과 마음을 동시에 깨우는 활동이 필요하다.

사례 – 박정혜 씨(가명, 68세)

그녀는 매일 아침 집 안에서 라이트 댄스 루틴을 따라 하며 몸을 움직인다. 음악에 맞춰 몸을 흔들며 심박수를 올린 뒤, 주방으로 이동해 직접 만든 건강 스무디를 음미한다.

"춤을 추고 나서 스무디 한 잔을 마시면 하루가 활기차게 시작돼요. 몸과 마음이 동시에 깨어나는 느낌이에요."

이처럼 단순하지만 창의적인 움직임과 건강한 습관을 결합하면, 나이가 들어도 활력과 즐거움을 유지할 수 있다. 작은 리듬과 감각적 경험이 정신적 안정까지 가져오는 것이다.

도전과 배움으로 노화를 설렘으로 바꾸기

노화는 배움과 도전의 기회를 줄이는 것이 아니라, 오히려 새로운 삶의 설렘과 성장을 만드는 계기로 삼을 수 있다.

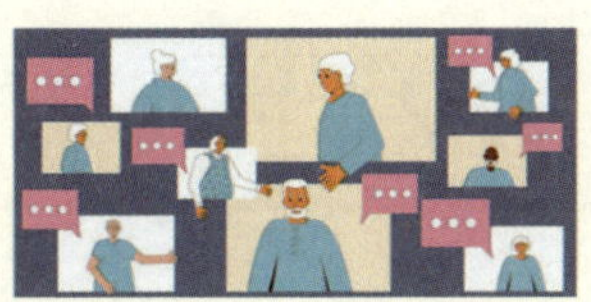

노화를 설렘으로 바꾸는 핵심은 호기심과 열린 마음이다. 새
로운 기술을 배우거나, 낯선 활동에 참여하고, 다양한 사람들과
교류하는 순간, 삶은 다시 활력을 찾는다.

**"나이를 숫자가 아니라 경험의 깊이로 바라보세요. 매일 조금
씩 배우고 도전하는 것이야말로, 신이어로 살아가는 삶의 진짜
설렘입니다."**

PART 3.

신이어의 삶,
다시
일어서는 힘

일로 다시 피어나다

마음이 빛나는 사람, 신이어의 품격

다시 나로 선다

Chapter 1

일로
다시 피어나다

"넘어지는 것은 누구나의 몫이지만
다시 일어서는 것은 용기의 선택이다."

– 넬슨 만델라 –

인생 2막,
내 안을 깨우는 성찰

인생 2막은 단순히 일을 그만두고 쉬는 시간이 아니다.

오히려 자신을 다시 돌아보고, 진정한 삶의 의미를 탐색하는 시간에 가깝다. 은퇴 후의 삶을 어떻게 채우느냐에 따라, 이 성찰은 신이어로서의 삶을 풍요롭게 만들 수도, 막막함과 공허로 이어질 수도 있다.

과거를 돌아보며 나를 이해하기

인생 2막은 지나온 시간을 객관적으로 돌아보고, 의미를 재발견하는 중요한 기회다.

사례 – 김정순 씨(가명, 68세)

그녀는 은퇴 후, 30년간의 직장생활과 가족과의 시간을 기록하며 자신이 진정으로 가치 있게 여겼던 일들을 되짚었다.

"돌아보니, 바쁘게 살던 일상에서도 내가 중요하게 생각했던 것들이 분명히 있더군요."

과거를 성찰하는 일은 현재와 미래를 더 선명하게 바라볼 수 있는 방향을 만들어 준다.

나만의 나침반으로 하루를 설계하기

삶의 의미를 찾는 과정은 단순히 과거를 되돌아보는 것이 아니라, 앞으로 나아갈 방향을 스스로 설정하는 시간이기도 하다.

사례 – 박수진 씨(가명, 72세)

그녀는 은퇴 후 매주 일요일 아침, 조용한 카페에서 '이번 주 내가 집중할 나만의 목표'를 노트에 적는다. 건강, 창작, 친밀한 관계, 자연 속 걷기, 작은 봉사 등 다섯 가지 활동을 중심으로 하루를 계획한다.

"스스로 기준을 정하고 하루를 설계하니, 남의 시선에 흔들리지 않고 내가 원하는 방향으로 살 수 있어요."

나만의 나침반이 있다는 것은 선택의 순간마다 흔들리지 않는 안정감을 주고, 삶을 능동적으로 만드는 힘이다.

후회를 성장으로 바꾸기

성찰은 후회를 줄이고 새롭게 인생을 설계하는 기회가 되기도 한다.

후회는 멈춤이 아니라, 다시 시작할 수 있는 신호다. 과거의 아쉬움을 오늘의 선택으로 새롭게 설계할 때, 후회는 성장으로 바뀐다.

내면과의 대화로 삶을 풍요롭게

성찰은 명상이나 일기만을 의미하지 않는다. 일상의 작은 순간에서도 마음과 연결될 수 있다.

짧은 대화일 뿐이지만, 마음이 가벼워지고 하루를 긍정적으로 시작할 힘이 생긴다. 내면과의 대화는 이렇게 **걷는 순간, 요리하는 순간, 차를 마시는 순간**에서도 가능하다.

"내 마음과 대화하는 하루의 시작이 작은 용기와 평온을 준다. 삶의 행복은 멀리 있지 않고, 바로 내 안에서 시작된다."

지혜와 경험으로,
일궈 가는 제2의 현업

은퇴 후 많은 사람들은 묻는다.

"나는 이제 무엇을 할 수 있을까?"

하지만 중요한 사실은, 살아온 시간 속에서 이미 쌓여 있는 경험과 지혜가 큰 자산이라는 점이다.

사례 – 이순철 씨(가명, 60세)

30년간 마케팅 분야에서 일해 온 그는 은퇴 후 잠시 공허함을 느꼈지만, 곧 자신의 경험이 단순히 '과거의 경력'이 아님을 깨달았다. 그는 지역 소규모 기업과 청년 창업자를 돕는 컨설턴트로 제2의 현업을 시작했다. 처음엔 작게 시작했지만, 전문성과 노하우는 금세 가치를 인정받았고, 지금은 지역 경제에 실질적인 도움을 주는 역할을 하고 있다.

이 사례는 우리에게 중요한 메시지를 준다. 은퇴 후의 제2의 현업이 **단순히 생계를 위해 억지로 다시 뛰어드는 일이 아님**을 보여준다.

지금까지 쌓아 온 경험과 내공을, 다시 **세상과 연결하는 기회**이며, 경쟁보다 '**내가 잘하는 것, 좋아하는 것, 누군가에게 도움이 되는 것**'이 자연스럽게 만나는 자리다.

그래서 제2의 현업은 '새로운 일'이라기보다 **내 삶을 다시 정리하고, 가진 것을 부드럽게 풀어내는 과정**이다.

현실적이면서도, 나만의 속도로 완성해 가는 길이다.

나만의 제2의 현업 설계

1. 자신의 경험과 강점을 다시 들여다보라

새로운 일을 찾는 첫 단계는 이미 쌓아온 힘을 꺼내보는 것이다.

직장에서 맡았던 역할, 인간관계 속에서 익힌 소통 능력, 오랜 시간 다져진 기획력과 관리 능력— 이 모든 것은 **제2의 현업을 만드는 실용적인 자산**이다.

메모장을 꺼내 "내가 잘하던 것, 사람들이 자주 부탁하던 것, 내가 오래 해온 것"을 적어보라.

그 순간, 당신은 이미 새로운 일을 만들 수 있는 출발점에 서 있게 된다.

2. 작게 시작하라

제2의 현업은 크고 거창하게 출발할 필요가 없다.

- **블로그/유튜브로 경험을 나누며,**

  "내 이야기가 도움이 되는구나." 느꼈던 순간

- **자원봉사를 하며,**

  "내 능력이 누군가의 삶을 바꾸는구나" 실감하는 경험

- **온라인 강의로 지식을 나누며 발견한 작은 성취**

  "내가 아는 것도 가치를 만들 수 있구나"를 느끼는 순간

- **소규모 창업을 통해,**

  "내가 만든 것이 누군가에게 기쁨이 되네"라는 확인

이 작은 현실적인 시도들이 **제2의 현업**의 토대가 된다.

3. 사회적 연결망을 활용하라

은퇴 후 가장 큰 자산은 생각보다 **돈도 시간도 아닌, 관계다.**

오랫동안 이어온 동료, 지인, 지역 모임의 사람들, 마음으로 연결된 인연들. 이 관계들은 단순한 추억이 아니라 **새로운 기회를 불러오는 살아 있는 연결망**이다. 작은 소식이라도 전해보라.

"요즘 이런 일을 구상 중입니다."

작은 소식 하나로 뜻밖의 제안·소개·기회가 열리기도 한다.

연결망 속에서 경험을 나누고, 도움을 주고받을 때, 삶은 더욱 따뜻하고 의미 있게 확장된다.

당신의 세월 속에 쌓인 지혜는 이제 다시 세상과 연결될 준비가 되어 있다. 그 시작은 거창하지 않다. 오래된 인연을 **가볍게 두드리는** 작은 움직임에서 제2의 삶은 현실적이고 자연스럽게 열린다.

멈추지 않는 나,
끝없는 배움의 여정

　은퇴 이후의 시간은 자유로움과 동시에 새로운 선택의 무게를 준다.

　"이제 무엇을 해야 할까?" 이 질문 앞에서 잠시 멈칫하는 순간이 바로 배움의 출발점이다.

　배움은 단순히 기술 습득을 넘어, 삶을 재정의하고, 자신을 다시 발견하는 과정이다.

　경험과 지혜가 축적된 지금, 배움은 삶을 풍요롭게 만드는 힘이 된다.

사례 – 한미숙 씨(가명), 65세

그녀는 은퇴 후 요리와 제빵 수업을 듣기 시작했다. 처음에는 레시피를 따라 하는 것도 버거웠지만, 온라인 강의와 지역 모임을 통해 친구들을 만나며 점점 자신감을 얻었다.

지금은 카페에서 자원봉사로 베이킹 워크숍을 진행하며, 배움을 나누는 기쁨을 느낀다.

"배움은 나이를 묻지 않아요. 새로운 것을 배우며 제 하루가 살아 움직이고, 사람들과 연결되는 기쁨을 느껴요."

배움을 이어가는 방법

1. 나에게 필요한 배움과 관심사를 연결하라

유행보다 '지금 나에게 필요한 것'에 집중하라.

2. 배움을 일상 속 습관으로 만들라

하루 15분 독서, 온라인 강좌 듣기 등 작은 습관이 오래 간다.

3. 나만의 학습 커뮤니티를 만들라

혼자보다 함께 배우는 것이 더 오래 지속된다.

배움은 개인의 성취에 그치지 않는다.

배우고 성장하는 신이어 세대는 세상과 소통하고, 사회적 가치를 만들어 가는 주체다.

작은 호기심과 시도가 내일의 나를 변화시킨다. 나이와 경력에 상관없이, 누구나 계속 배울 수 있다.

멈추지 않는 나, 끝없는 배움.

그 길에서 우리는 여전히 세상과 연결되고 자신과 만나며 삶의 새로운 의미를 발견한다.

나만의 리듬으로,
걷는 인생

인생 2막은 남의 기준이나 기대에서 벗어나 '나다운 삶'을 실현할 수 있는 시간이다.

주도적인 삶은 원하는 것을 하는 것이 아니라, 자신의 가치·속도·우선순위를 기준으로 삶을 설계하고 실천하는 것을 말한다.

사례 – 한수현 씨(가명, 59세)

은퇴 후 무엇을 해야 할지 막막했지만, 좋아하는 '음식과 사람'을 연결할 수 있는 작은 카페를 열기로 결심했다.

지역 창업 멘토 프로그램을 활용하며 첫걸음을 내디뎠고, 그녀의 카페는 지역주민들의 소통 공간이 되었다. 그녀 역시 삶의 주인으로서의 만족감을 느끼고 있다.

나의 길을 걷기 위한 실천방법

· '호기심 노트' 만들기

매일 또는 매주, 궁금한 것·흥미 있는 것을 기록한다.

· 작은 '도전 챌린지' 설정

일주일에 하나씩 새로운 활동을 시도한다.

· 감각과 몸을 활용한 경험

걷기·손글씨·그림·요리·공예 등 몸을 통한 경험 쌓기.

· 작은 성취 공유

온라인·가족·친구와 도전 결과를 나누기

· 예상 밖 경험에 열린 마음 갖기

평소 관심 없던 강연·전시·모임에도 참여해보기

나이와 함께,
피어나는 일의 즐거움

나이가 들면서 많은 것이 변한다. 체력은 예전 같지 않고, 선택의 폭은 좁아진 듯 느껴지기도 한다. 그러나 그 안에서도 새롭게 발견되는 즐거움이 있다. 바로 '일을 대하는 태도와 경험에서 오는 깊이'다.

젊을 때 우리는 속도와 결과에 매달리며 일했다.

하지만 나이가 들면서 우리는 일 자체에서 얻는 즐거움을 더 깊이 느낄 수 있다.

단순한 성취가 아니라, 그 과정에서 배우고, 성장하며, 관계를 쌓는 기쁨이다.

사례 – 이장미 씨(가명, 63세)

그녀는 은퇴 후 우연히 스마트폰으로 찍은 일상을 유투브에 올리기 시작했다. 처음에는 카메라 앞에 서는 것조차 어색했고, 편집 프로그램을 다루는 것도 어려웠다. 하지만 온라인 커뮤니티와 지역 미디어 강좌를 통해 같은 관심을 가진 사람들을 만나면서 점점 용기를 얻었다. 지금은 작은 스튜디오도 갖추고, 한 달에 2번 방송을 하며 사람들과 실시간으로 소통하는 즐거움을 누리고 있다. 혼자만의 취미였던 영상이 이제는 누군가에게 위로와 정보를 전하는 의미 있는 활동이 되었고, 그녀는 "새로운 배움은 언제나 나를 더 젊게 만든다"고 말한다.

이처럼, 나이 듦은 일에서 오는 즐거움의 폭을 넓혀 준다.

결과보다 과정을, 경쟁보다 협력을, 효율보다 의미를 더 소중히 여길 수 있게 된다.

나이 듦과 함께 즐거운 일을 찾는 방법

1. 자신이 진짜 좋아하는 일을 찾아라

이제는 나를 기쁘게 하는 일에 집중할 때다. 경제적 이유나 사회적 기대에서 벗어나, 마음이 끌리는 일을 찾아라. 요리, 글쓰기, 봉사, 사진, 음악배우기 등 무엇이든 좋다.

2. 경험과 지혜를 활용하라

젊은 시절 쌓아온 기술과 전문성, 사람들과 관계는 이제 단순한 과거의 기록이 아니라 작은 노력으로 큰 만족을 만들어내는 도구가 된다.

3. 과정을 즐기고, 나누는 기쁨을 느껴라

일은 혼자보다 함께 할 때 더 즐겁다.

배우고, 소통하며, 협력하는 과정 속에서 작은 경험이 삶의 의미로 확장된다. 나이가 들면서 얻은 경험과 지혜는 속도나 결과보다 과정의 즐거움을 더 깊이 느끼게 해준다.

오늘 내가 하는 작은 일에 몰입하고, 다른 사람과 함께 웃는 순간이 쌓일 때, 그 어떤 성취보다 깊고 지속적인 만족과 행복이 찾아온다.

마음이 빛나는 사람, 신이어의 품격

> "진정한 아름다움은
> 얼굴에 있는 것이 아니라 마음의 빛에 있다."
>
> − 오드리 헵번 −

유연함으로 채우는,
삶의 품격

인생 2막은 단순히 나이로 정의되지 않는다.

삶의 경험과 지혜를 바탕으로 어떻게 마음을 열고, 어떤 자세로 살아가는가에 따라 달라진다.

유연한 마음이란, 변화와 불확실성을 받아들이고, 자신과 타인을 이해하며, 삶의 흐름에 맞추어 조정할 수 있는 능력이다.

젊은 시절의 목표와 방식이 인생 2막에도 그대로 맞으리라 기대하면, 작은 변화에도 쉽게 좌절할 수 있다. 그러나 마음을 열고 유연하게 대응하면, 예상치 못한 상황에서도 평온함과 만족을 찾을 수 있다.

사례 – 박연자 씨(가명, 65세)

그녀는 은퇴 후 계획했던 여행과 취미 활동을 시작했지만, 건강과 일정 문제로 일부 계획을 바꾸어야 했다.

상황을 받아들이고 다른 활동을 찾아

유연한 마음은 관계에서도 중요하다.

자녀, 친구, 사회와의 관계에서 예상치 못한 갈등이나 오해가 생길 수 있다. 하지만 마음을 열고 상대의 입장을 이해하려고 노력하면, 갈등은 성장과 소통의 기회로 바뀐다.

유연한 마음을 키우는 방법

1. 계획이 틀어져도 자신을 탓하지 않기

"그럴 수도 있지"라고 인정하고, 지금 내가 할 수 있는 다음 한 걸음을 찾는다.

2. 기대와 집착을 조금 내려놓기

완벽한 결과보다 '오늘 내가 얼마나 편안했는가. 즐거웠는가'를 우선순위에 둔다.

3. 관계에서 과한 반응을 멈추기

상대의 말과 행동을 필요 이상으로 해석하지 않고, 불필요한 감정 소모를 줄인다.

많은 사람들은 여전히 인생 2막을 '의존해야 하는 시기'로 생각한다. 하지만 마음이 유연한 사람들은 오히려 그 시간을 새로운 기회와 새로운 나를 만드는 시기로 바라본다.

마음이 굳어 있으면 모든 변화가 두렵지만, 마음을 부드럽게 두면 인생은 다시 가능성으로 열린다. 불확실함을 받아들이고, 그동안 쌓은 경험과 지혜를 살리며, 주변 사람들과 조화를 이루는 삶 속에서 우리는 비로소 편안함과 만족을 느낀다. 결국 인생 2막을 어떻게 맞이할지의 출발점은 마음의 유연함이다.

나를 가꾸고,
타인을 존중하는 삶의 품격

인생을 살아가다 보면, 자신의 길을 걷는 것과 타인의 빛을 인정하는 것이 동시에 중요함을 깨닫는다. 나의 길을 가꾸는 것은 나를 성장시키고 삶의 방향을 명확히 하는 일이지만, 타인의 빛을 존중하지 않으면 혼자만의 길에 머물게 된다.

사례 – 한동식 씨(가명, 66세)

그는 은퇴 후 동네 작은 카페에서 바리스타 기술을 배우기 시작했다.

처음에는 혼자 커피 만들기 연습에만 몰두했지만, 카페에서 만난 젊은 동료들과 함께 메뉴를 개발하고 손님 응대를 배우면서, 서로의 방식과 아이디어를 존중하는 법을 배웠다. 그는 말한다.

"처음엔 제 방식대로만 하고 싶었지만, 다른 사람들의 경험을 배우면서 더 맛있는 커피를 만들고, 사람들과 즐겁게 소통할 수 있게 되었어요. 함께할 때 성장과 즐거움이 커집니다."

나의 길을 가꾸는 과정에서 중요한 것은 **자신의 기준과 속도를 지키는 것**이다. 타인의 의견을 배우고 성장의 기회로 삼되, 불필요한 비교와 판단은 내려놓아야 한다.

이런 태도는 삶의 주도성을 강화하고, 동시에 타인과의 관계에서도 여유와 조화를 가져온다.

나와 타인을 조화롭게 존중하는 방법

1. 나의 우선순위를 분명히 한다

내가 진짜로 중요하게 생각하는 가치와 목표를 명확히 정하라. 그 기준이 있으면 선택과 행동이 흔들리지 않고, 일상의 작은 결정 속에서도 나를 지킬수 있다.

2. 타인의 성취에서 배우고 성장한다

다른 사람의 성공을 질투 대신 배움으로 바라보라. 그들의 경험과 노력을 관찰하면서 "나에게 적용할 수 있는 것은 무엇인가?"를 생각하면 타인의 빛이 나를 더 성장하게 하는 거울이 된다.

3. 경험과 마음을 나누며 관계를 확장한다

작은 도움, 조언, 경험 공유는 단순한 친절이 아니라 서로의 길을 넓히는 힘이 된다. 함께 성장하는 관계 속에서 나도 , 상대도 더 단단해진다.

자신을 존중하면서 타인의 빛을 받아들이는 태도는 단순한 이상이 아니다. 삶을 더 풍요롭게 만들고, 관계를 건강하게 이어가는 **실용적 방법**이다. 나를 세우면서 주변을 배려할 때, 비교와 경쟁이 아닌 성장과 배움의 하루가 만들어진다.

삶의 진정한 풍요는, 나와 타인을 동시에 존중하는 작은 실천에서 시작된다.

꿈을 실현하는,
도전의 품격

인생 2막은 단순히 은퇴와 휴식의 시간이 아니다.

마음속에 꿈과 목표가 있다면, 우리는 나이와 관계없이 언제든 새로운 도전을 시작할 수 있다.

사례 – 이경호 씨(가명, 67세)

그는 정년퇴직 후 그동안 미뤄둔 글쓰기와 지역 공공 건축 프로젝트에 참여했다.

처음에는 체력과 새로운 기술 부족으로 어려움이 있었지만, 하나씩 목표를 실천하며 삶의 활력을 회복했다. 그는 말한다.

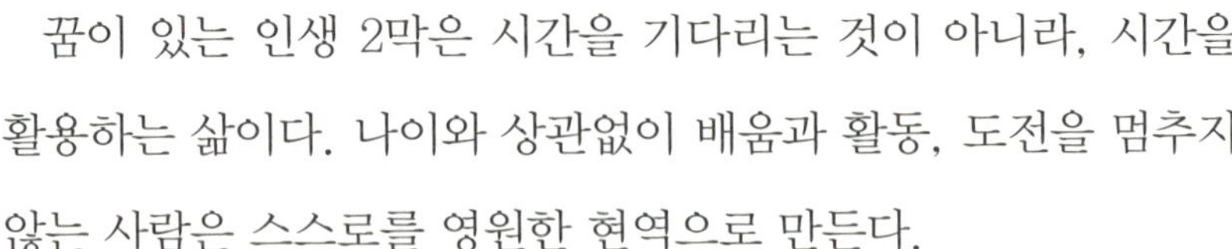

"나이가 많다고 해서 꿈을 멈출 이유는 없어요. 오히려 경험과 통찰 덕분에 목표를 더 깊이 있게 실현할 수 있습니다."

꿈이 있는 인생 2막은 시간을 기다리는 것이 아니라, 시간을 활용하는 삶이다. 나이와 상관없이 배움과 활동, 도전을 멈추지 않는 사람은 스스로를 영원한 현역으로 만든다.

나이를 넘어 꿈을 '다시' 시작하는 법

1. 지금 가진 조건에서 출발한다

젊을 때처럼 거창한 계획을 세우지 않아도 괜찮다. 지금의 체력, 시간, 경제상황. 있는 그대로의 조건에서 시작하는 것이 오히려 가장 현실적인 출발점이다. "지금 내가 할 수 있는 작은 것 하나"를 찾아내는 순간, 이미 꿈은 움직이기 시작한다.

2. 배움의 속도를 나에게 맞춘다

새로운 기술이나 분야를 배우기에는 늦었다고 느껴질 때가 많다. 하지만 속도가 느린 건 문제가 아니다. 중요한 건 '포기하지 않는 속도'다. 오늘 10분, 내일 15분… 이렇게 쌓은 작은 배움은 어느 순간 놀라운 깊이를 만들어낸다.

3. 실패를 두려워하지 않는 마음을 키운다

나이가 들수록 실패는 더 크게 보인다. 하지만 실제로는 실패해도 잃을 것이 많지 않다. 오히려 지금은 경험에서 오는 통찰이 충분해서, 더 단단하게 다시 일어설 힘이 있다. 실패를 겪었다면 "이제 한 단계 더 현명해졌다"고 받아 들이는 마음이 필요하다.

4. 관계를 '꿈의 자원'으로 활용한다

주변 사람들의 지지와 도움은 생각보다 큰 힘이다. 혼자 가면

느린 길도, 함께 가면 가벼워진다. 경험을 나누고, 서로의 시도에 응원 한마디 건네는 것만으로도 꿈은 훨씬 더 오래 버틴다.

5. 꿈을 너무 크게 정의하지 않는다

반드시 거대한 성취를 이뤄야만 꿈이 되는 것은 아니다. 내 삶을 더 따뜻하게, 조금 더 활기있게 만드는 것이어도 충분하다. '누군가에게 도움이 되었다면' 그만으로도 이미 아름다운 꿈을 이룬 것이다.

나이는 꿈을 막지 않는다. 오히려 꿈을 더 선명하게 만든다. 젊을 때는 바라보던 꿈도, 인생 2막에는 삶의 속도가 느려진 덕분에 더 깊게 바라볼 여유가 생긴다. 그 여유는 다시 시작할 용기를 만들어준다.

가장 현실적인 꿈은, 지금의 나로 충분한 꿈이다. 어제의 후회도, 내일의 걱정도 내려놓고 오늘 내가 움직일 수 있는 한 걸음에 집중해보자. 그 한 걸음이 쌓여 당신의 인생 2막을 다시 빛나게 만든다.

마음으로 웃는,
웃음의 품격

　나이는 숫자에 불과하다. 몸이 예전만큼 쉽게 움직이지 못한다고 느껴질 때도 있지만, 마음과 시선은 여전히 활력으로 가득할 수 있다.

　그 활력을 깨우는 가장 강력한 방법 중 하나는 바로 웃음이다. 웃음은 단순한 즐거움이 아니라, 몸과 마음에 생기를 불어넣고 사람과 사람을 연결하는 힘이 있다.

사례 – 이선희 씨(가명, 66세)

그녀는 은퇴 후 혼자 책을 읽는 시간이 많았다. 그러던 어느 날, 동네에서 열리는 '즉흥 연극 모임'에 친구의 권유로 참여하게 되었다.

처음에는 대사를 외우고 다른 사람과 함께 연기하는 것이 낯설고 긴장되었지만, 장면을 진행하며 자연스럽게 터져 나오는 웃음과 서로의 실수에 웃음을 나누다 보니 마음이 한결 가벼워졌다.

그 경험 이후 그녀는 매주 모임에 참여하며 하루를 웃음으로 시작하는 습관을 만들었다.

웃음을 다시 불러오는 방법

1. 아침의 작은 의식 만들기

눈을 뜨면 하루를 시작하기 전에 나만의 작은 루틴을 만든다. 좋아하는 음악 한 곡을 틀거나, 창밖 하늘을 30초만 바라보는 것만으로도 마음이 풀린다. 편안한 의식은 자연스럽게 얼굴의 긴장을 풀고, 웃음을 끌어올린다.

2. 나만의 '웃음 소재' 수집하기

재미있는 영상, 귀여운 사진, 마음이 편해지는 문장 등 나를 웃게 하는 것들을 폴더 하나에 모아둔다. 기운이 떨어질 때 꺼내 보기만 해도 마음이 금방 밝아진다. 신이어에게는 '나를 웃게 하는 취향'을 정리하는 것이 삶의 큰 힘이 된다.

3. 관계의 온도를 따뜻하게 만들기

누군가에게 먼저 안부를 묻고, 가벼운 농담을 건네고, 작은 칭찬을 해본다. 대단한 말이 아니라도, 가벼운 미소 하나로 관계의 온도가 올라간다. 따뜻한 관계는 자연스러운 웃음을 만드는 가장 확실한 환경이다.

4. 내 몸이 편안해야 웃음도 가까워진다

잘 먹고, 조금 움직이고, 적당히 쉬는 것. 당연해 보이지만 생활 리듬이 무너지면 웃을 힘도 사라진다. 수면, 스트레칭, 규칙적인 식사처럼 기본을 챙길수록 몸은 가벼워지고 표정은 자연스럽게 밝아진다.

시간이 빚어낸,
나이 듦의 품격

나이는 단순히 숫자가 아니라, 시간과 경험이 쌓이며 삶의 깊이와 품격을 만든다. 젊음이 화려함과 속도를 상징한다면, 나이 듦은 여유와 깊이, 그리고 내면의 아름다움을 상징한다.

사례 – 한정우 씨(가명, 70세)

그는 은퇴 후 그림과 도자기 제작에 몰두하며 자신의 시간을 즐겼다.

젊을 때는 작품의 수와 화려함에 집중했지만, 이제는 작품 하나하나에 자신의 경험과 사유를 담았다. 그는 말한다.

"나이가 들수록 화려함보다 깊이가 중요하다는 걸 알게 됩니다. 세월이 남긴 흔적이야말로 가장 진정한 아름다움이지요."

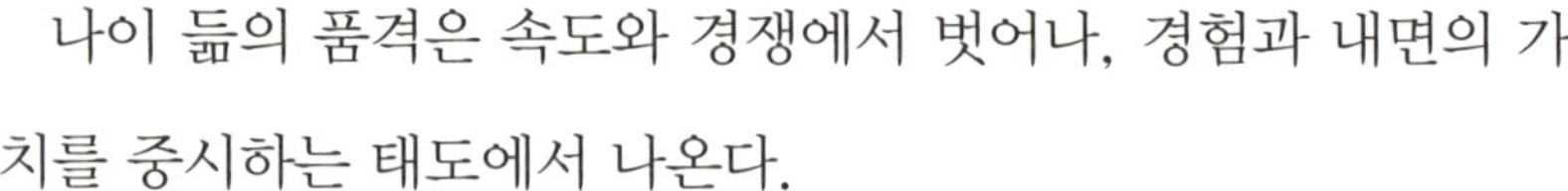

나이 듦의 품격은 속도와 경쟁에서 벗어나, 경험과 내면의 가치를 중시하는 태도에서 나온다.

과거의 실수와 실패를 받아들이고, 삶의 진정한 의미를 발견할 때, 우리는 외적 모습이 아니라 내적 성숙에서 아름다움을 느낀다.

나이 듦의 품격을 기르는 방법

1. 자신의 시간을 존중한다

타인의 기준이 아니라 자신의 속도와 방식으로 삶을 설계하며, 여유를 갖는다.

2. 과거 경험에서 배움을 찾는다

삶에서 겪은 성공과 실패, 기쁨과 고난을 돌아보고, 그것을 삶의 깊이와 지혜로 승화한다.

3. 내적 성장을 우선시한다

물질적 성취보다 관계, 감정, 지식, 취미 등 내면적 성장을 통해 품격을 다진다.

4. 자신만의 아름다움을 표현한다

취미, 예술, 글쓰기, 봉사 등 자신만의 방식으로 삶의 흔적을 남기며, 세상과 교류한다.

　사회는 종종 외형과 속도를 기준으로 가치를 평가하지만, 나이 듦의 진정한 아름다움은 시간이 빚어낸 경험과 성숙에서 나온다.

　품격 있는 삶이란 단순히 시간을 살아내는 것이 아니라, 하루하루의 순간 속에서 깊이와 의미를 느끼며 주체적으로 살아가는 것이다.

　나이 듦은 제한이 아니라, 시간이라는 선물이 만들어낸 고유한 아름다움이다. 겉모습이 아니라 내면의 성숙과 경험에서 우러나는 깊이가 진정한 품격을 완성한다.

　삶의 흔적을 소중히 여기고, 지혜와 경험을 일상에서 표현할 때, 우리는 나이 듦이 주는 고유한 아름다움을 온전히 느낄 수 있다.

Chapter 3

다시
나로 선다

“넘어졌다고 끝이 아니다.
일어서는 순간, 다시 시작이다.”

– 넬슨 만델라 –

회복은 천천히,
그러나 단단하게

젊은 시절 우리는 넘어지면 곧바로 일어나야 한다고 배웠다. 빨리 회복하고, 일터와 관계로 돌아가야 한다고 말이다.

그러나 인생 2막에서는 이야기가 다르다. 속도보다 방향이, 효율보다 진심이 중요하다.

김영호 씨(가명, 63세)는 30년간 다니던 회사를 정리하고 은퇴했다. '이제는 좀 쉬자'라는 마음으로 시작했지만, 막상 집에 있으니 공허감이 몰려왔다.

일할 때는 늘 '언젠가 쉬면 좋겠다'라고 말했는데, 막상 쉼이 오자 불안이 찾아왔다. 아침에 눈을 떠도 갈 곳이 없고, 하루가 너무 길게 느껴졌다.

처음엔 자신을 탓했다. '내가 너무 나약해진 걸까?' 그러던 어느 날 산책길에서 만난 이웃이 말했다.

"쉬는 것도 용기가 필요해요. 너무 서두르지 마세요."

그 말에 마음이 누그러졌다. 그날 이후 그는 서두르지 않기로 했다. 매일 일정한 시간에 일어나, 커피를 내리고, 산책을 나갔다.

어느새 그의 몸과 마음이 조금씩 회복되었다. 다시 지역 도서관에서 자원봉사자로 일하며 하루의 의미를 되찾았다.

회복이란, 예전의 나로 돌아가는 게 아니라 **새로운 나로 서는 연습**이다.

조급함은 회복의 적이다. 상처는 '치유의 속도'를 강요할수록 깊어진다. 중년 이후의 회복은 **'시간을 믿는 연습'**이다.

지나온 세월만큼, 다시 세워지는 나에게도 시간이 필요하다.

회복을 돕는 3가지 습관

1. 마음에 '여백'을 남겨두라

하루를 꽉 채우려 하지 말고, 잠깐이라도 멍하니 쉬어가는 시간을 만든다. 아무것도 하지 않는 순간은 게으름이 아니라, 마음이 숨 쉴 틈을 주는 회복의 기술이다. 여백이 있어야 다시 채울 힘도 생긴다.

2. 작은 '정돈'을 통해 마음을 되살려라

책상 위 한 구석, 휴대폰 사진첩 몇 장, 냉장고 한 칸만 정리해도 머릿속 복잡함이 함께 정리된다. 정돈은 물건을 치우는 일이 아니라, 마음의 방향을 다시 세우는 일이다.

3. 나를 위한 '미래 약속'을 하나 만들어라

일주일 뒤, 한 달 뒤, 계절이 바뀌는 어느 날….

나 자신에게 작은 즐거움을 약속한다.

가고 싶은 장소, 먹고 싶은 음식. 배우고 싶은 것 하나만 정해도 사람은 그 약속을 향해 다시 걸어갈 힘을 얻는다. 미래의 기쁨은 현재의 나를 다시 일으킨다.

회복은 생활의 작은 선택들이 모여 만들어지는 흐름이다.

오늘 정리한 작은 공간, 만들어낸 10분의 여백, 나에게 건넨 미래의 약속 하나가 내일의 마음을 조금 더 단단하게 만든다.

그렇게 쌓인 시간은 결국 당신을 다시 **'살아 움직이는 사람'**으로 만든다.

나를 잃어버렸던,
시간을 용서하라

"그땐 왜 그랬을까…"

"조금만 더 용기 냈다면 달라졌을 텐데…."

인생의 중반을 넘기면, 누구나 한 번쯤 이런 말을 한다. 하지만 후회는 우리를 앞으로 나아가게 하지 못한다. 그저 그 시절의 '나'를 용서하지 못했을 뿐이다.

은퇴 후 삶의 의미를 잃은 최은자 씨(가명, 65세)는 늘 자신에게 화가 났다.

젊을 때 가족만 챙기느라 '나'는 없었고, 이제 와서 하고 싶은 일이 생겨도 늦었다는 생각뿐이었다.

"내가 왜 그땐 그렇게 살았을까. 조금만 나를 아꼈다면 지금 이렇게 비참하진 않을 텐데."

그녀는 오랫동안 자신을 원망하며 지냈다. 그러던 어느 날, 손녀의 그림일기를 보았다. 거기엔 이렇게 쓰여 있었다.

"할머니는 세상에서 제일 따뜻해요."

그 말을 보고 눈물이 흘렀다.

"그래, 나는 늘 누군가에게 최선을 다했잖아."

그 순간, 그녀는 과거의 자신을 용서할 수 있었다. 용서는 단순히 잘못을 잊는 게 아니다. 그 시간의 자신을 **"이해하고 받아들이는 일"**이다. 그 시절의 선택도, 후회도, 모두 '그때의 나'가 감당할 수 있는 최선이었다.

자신을 용서하는 3단계

1. 과거의 나에게 말을 건네라

그 시절의 나에게 편지하듯 조용히 말을 건네보라. 후회, 미안함, 아쉬움을 솔직하게 적다 보면 책망은 조금씩 사라지고, 마음은 이해와 평온 쪽으로 옮겨간다.

용서는 결국 '그때의 나도 최선을 다했다'는 사실을 인정하는 데서 시작된다.

2. 경험이 남긴 의미를 되새겨라

내가 겪어낸 선택과 실수, 머무를 수밖에 없었던 시간들까지도 모두 오늘의 나를 만든 재료였다. 그때의 상황을 돌아보며 "그 선택이 없었다면 지금의 나는 없었을 것이다."라고 조용히

되뇌어 보라. 과거를 이해하는 순간, 마음의 매듭은 풀리기 시
작한다.

3. 용서의 순간을 작게라도 기념하라

자신을 용서하는 날에는 꽃 한 송이, 따뜻한 차 한잔, 작은 산
책이라도 스스로에게 선물하라. 그 조용한 축하는 '나는 나를
다시 사랑하기로 했다'는 선언이 된다.

우리는 누구나 인생의 어느 지점에서 자신을 잃는다.

하지만 자기 용서란, 잃어버린 나를 다시 손에 쥐어주는 일이
다. 과거의 내가 있었기에 지금의 내가 있다. 그리고 지금의 나
는, 다시 나를 포근하게 안아줄 수 있는 사람이다.

내 마음의 집을,
다시 짓다

집이란 단지 머무는 공간이 아니라, 내면이 쉬는 '정서의 안식처'다. 누군가는 외로움 때문에, 누군가는 상처 때문에 그 마음의 집이 무너진 채 살아간다.

송은주 씨(가명, 67세)에게도 그런 시간이 찾아왔다. 은퇴 후 남편과 사별 후 공허 속에서, 그녀는 하루하루를 무기력하게 흘려보냈다.

"이젠 누구를 위해 살아야 할지 모르겠어."

그때, 딸이 작은 제안을 했다.

"엄마, 매일 감사한 일을 하나씩 적어보세요."

처음엔 사소하고 어색했다.

"오늘도 밥을 먹었다."

그러나 하루 10분, 마음이 가는 대로 작은 감사들을 적다 보니, 그녀의 내면은 조금씩 달라졌다.

"햇살이 예뻤다. 이웃이 반갑게 인사했다."

감사 일기를 쓰며 그녀는 깨달았다. 외부의 인정이나 성과보다 더 소중한 것은 **자기 자신과 맺는 건강한 관계**라는 것. 작은 습관이 마음의 균형을 회복시키고, 잃어버린 평화를 되찾게 해준 것이다.

"무너진 건 집이 아니라, 내 마음이었어요. 그것을 다시 세우니 삶이 들어오더군요."

마음의 집을 다시 짓는다는 것은 타인의 기준이 아닌, '나만의 평온'을 설계하는 일이다. 불안과 외로움, 후회로 가득했던 공간을 비우고, 감사와 수용, 희망으로 다시 채우는 과정이다. 그렇게 우리는 스스로에게 돌아가, 삶의 작은 빛들을 하나씩 발견하게 된다.

마음의 집을 다시 짓는 실천법

1. 마음의 창문을 천천히 열어라

억눌렀던 감정을 조용히 꺼내놓는 일은 약함이 아니라 회복의 시작이다. 혼자 우는 밤도 괜찮다. 창문을 열어야 오래 쌓여 있던 마음의 먼지가 빠져나가고, 새로운 바람이 다시 들어올 자리가 생긴다.

2. 일상의 구조를 새롭게 설계하라

하루의 리듬을 단단히 잡아주는 루틴은 마음의 기둥이 된다. 가벼운 산책, 따뜻한 커피 시간, 짧은 저녁 명상처럼 나를 안정시키는 작은 습관을 일정하게 이어가면 흔들렸던 마음의 벽이 다시 제자리를 찾아간다.

3. 감사와 관계라는 벽돌을 차곡차곡 쌓아라

감사는 마음 안의 균열을 메우고, 사람과의 연결은 그 집에 온기를 채운다. 누군가에게 안부 한 번 묻고, 오늘 하루 고마웠던 일 하나를 떠올리는 것만으로도 마음의 집은 조금씩 더 따뜻해진다.

마음의 집이 단단하면, 삶의 바람이 불어도 쉽게 무너지지 않는다.

평온은 큰 목표에서 오지 않는다.
작은 감정의 환기, 소박한 루틴, 그리고 따뜻한 연결에서 시작된다.

오늘도 마음의 집을 한 조각씩 다시 지어가라. 그 집은 시간이 흐를수록 더 튼튼하고 더 따뜻해질 것이다.

신이어의 자존감은,
비교가 아닌 존재에서 온다

우리는 평생 비교 속에서 자라왔다. 성적, 직급, 재산, 자녀의 성취까지.

인생 2막에서는 더 이상 남과 비교하는 것이 아니라, '**내 존재의 온도**'를 느끼는 것이 중요하다.

정경수 씨(가명. 69세)는 퇴직 후 '성공한 친구들'과 자신을 비교하며 괴로워했다. 어느 날, 대학 동창 모임에서 한 친구가 말했다.

"넌 늘 사람들에게 따뜻했잖아. 그게 진짜 부자야."

그 한마디가 그의 마음을 울렸다. 그는 그날 이후 자신을 비교하지 않기로 했다. 대신 매일 한 가지 자신이 잘한 일을 적었다.

"오늘은 아내에게 먼저 안부를 물었다."

"오늘은 버스 안에서 노인을 위해 자리 양보를 했다."

그렇게 사소한 일들이 모여 그의 자존감은 다시 서기 시작했다.

"남보다 앞서야 가치 있는 게 아니라, 지금 이 자리에서 나답게 사는 게 품격이더군요."

자존감은 남이 주는 평가가 아니라, **내가 내게 주는 신뢰**의 점수다.

존재 기반 자존감 회복법

• 비교의 언어를 멈춰라

"나는 아직도 부족해" 대신 "나는 나답게 살아가고 있다"라고 말해 보라.

• 가치를 '행동'에서 찾으라

큰 목표보다 작은 친절을 실천할 때 자존감은 현실에서 자란다.

• 타인의 기준 대신 '나의 온도'를 느껴라

느리게 걷고, 천천히 말하고, 깊게 생각하는 그 자체가 이미 당신의 삶의 품격이다.

신이어의 자존감은 화려한 성공이 아니라 **조용한 자기 확신**에서 비롯된다.

"나는 존재 자체로 충분하다."

그 믿음이 인생 2막의 가장 큰 자신감이다.

다시 나로 선,
사람의 하루는 다르다

"다시 나로 선다"라는 말은 단순한 재기(再起)가 아니다. 세월의 무게, 상처의 흔적을 품은 채 '지금의 나'로 새롭게 일어서는 일이다.

한지윤 씨(가명, 70세)는 오랜 간병 끝에 남편을 떠나보냈다. 그녀는 삶의 의미를 잃고, 매일 같은 하루를 반복했다.

그러다 어느 날, 교회 친구의 제안으로 작은 합창단에 들어갔다. 처음에는 음정도 맞지 않았지만, 노래를 하며 조금씩 웃음을 되찾았다.

"목소리를 낼 수 있다는 게 이렇게 소중한 일인지 몰랐어요."

그녀는 거울 앞에 서서 말했다.

"나는 여전히 살아 있다."

다시 '나'로 서는 사람의 하루 습관

1. '작은 리추얼'을 만들라

하루의 시작을 나만의 방식으로 열어보라.

차 한 잔, 창문열기 – 그것이 나의 선언이다.

2. 몸과 마음을 동시에 깨워라

가볍게 걷고, 기지개를 켜고, 햇빛을 조금만 쬐어보라. 몸이 움직이면 마음은 자연스럽게 따라온다. 이 단순한 움직임이 "나는 아직 충분히 살아 있다"라는 강한 신호가 된다.

3. 의미를 나누는 관계를 만들라

누군가와 함께 웃고, 나누고, 공감하는 순간 우리는 다시 '살아 있음'을 느낀다.

다시 '나'로 서는 사람은 과거의 상처를 부끄러워하지 않는다.

과거를 부정하지 않고, 상처를 안고서도 여전히 따뜻하게 살아가는 사람. 그 하루는 조용하지만 단단하고, 은은한 향기를 가진다. 그렇게 자신을 다시 세운 하루는 크게 드러나지 않지만, 조용하고 단단하고, 어딘가 은은한 향기를 가진다.

PART 4.

신이어,
오늘을 바꾸는
작은 선택들

시니어의 끝, 신이어의 시작
인생의 리셋
일, 관계, 건강, 학습, 이미지의 재설계
신이어, 세상과 다시 연결되다
매일 새롭게 사는 기술

Chapter 1

시니어의 끝,
신이어의 시작

"비록 아무도 돌아가서 새로운 시작을 할 수는 없지만,
누구나 지금부터 시작하여 새로운 결말을 만들 수 있다."

— 칼 바드 —

'시니어'라는 말의 그림자, 고정관념 속 나이

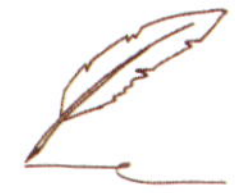

언젠가부터 '시니어'라는 말은 우리에게 끝의 이미지로 다가왔다. 은퇴, 노후, 퇴장, 관리, 돌봄….

이 단어는 마치 더 이상 새로운 일이 일어나지 않을 사람들을 지칭하는 듯했다.

그러나 시대는 바뀌었다. 이제 60세는 여전히 배우고, 일하고, 꿈꾸는 나이이며, 50대는 인생의 후반전이 아닌 새로운 경기의 2회차다.

지금 세대 속에서 '시니어'라는 이름으로 담을 수가 없는 활력과 가능성이 폭발하고 있다.

'신이어'의 탄생,
새로운 이름이 주는 힘

'신이어(新Year)'라는 말은 단순한 말장난이 아니다.

그 안에는 "새로운 해처럼 다시 피어나는 삶"이라는 따뜻한 의미가 담겨 있다. 나이 듦을 끝이 아닌, 나를 업데이트하는 과정으로 바라보는 태도, 그 마음이 바로 신이어를 만든다.

신이어는 지난 시간을 지우지 않는다. 오히려 그 시간을 껴안고, 그 속에서 배운 것들을 오늘의 자산으로 바꾼다.

일을 내려놓은 날에도 배움은 멈추지 않고, 정리된 관계 뒤에도 새로운 만남의 문을 다시 연다.

시니어가 '과거를 정리하는 사람'이라면, 신이어는 **미래를 다시 그리고 싶은 사람**이다.

바로 그 마음의 방향이 인생 2막을 전혀 다른 빛으로 물들인다.

'나이'의 재정의,
숫자보다 태도가 중요한 시대

나이는 단순히 세월을 잰 숫자가 아니다.

의학과 기술, 평생학습의 확산으로

인생의 '한 막'은 길어졌고, '가능성의 폭'은 넓어졌다.

50대는 여전히 현역이고,

60대는 배움의 중심에 있고,

70대는 사회의 지혜를 나누는 세대가 되었다.

신이어는 이렇게 말한다.

"나이는 나를 규정하지 않는다. 나는 나의 태도로 나이를 다시 쓴다."

은퇴의 재해석,
삶의 다음 장을 여는 시간

은퇴는 더 이상 '무대 뒤로 내려가는 순간'이 아니다.

우리가 살고 있는 지금의 시대에서 은퇴는 새로운 역할을 시작하고, 새로운 배움을 받아들이며, 새로운 나를 만들어가는 **전환점**이다.

퇴직 후에도 강연을 시작하고, 평생 해보고 싶던 일을 시도하며, 스스로의 이름으로 다시 세우는 사람들이 있다.

그들은 나이를 이유로 물러나지 않는다. 오히려 인생에서 가장 자신다운 장을 지금부터 써내려 간다.

그래서 신이어는 이렇게 선언한다.

"은퇴는 끝이 아니라 내가 진짜 나로 살아가는 첫 번째 장이다"

태도의 전환,
나이 듦을 '설렘'으로 바꾸는 기술

신이어에게 나이 듦은 쇠퇴가 아니라 갱신이다.

그는 하루하루를 '소멸'이 아니라 '확장'으로 산다.

몸의 속도는 느려져도 마음의 방향은 더 깊어진다.

새로운 기술을 배우고, 새로운 사람과 연결되며, 시간은 '남은 인생'이 아닌 '다시 시작하는 인생'이 된다.

"당신은 나이를 먹고 있나요, 아니면 새로 태어나고 있나요?"

'시니어'의 시대는 끝났다.

이제는 자기 경험을 사회적 가치로 바꾸고,

삶을 설계하며,

나이를 '표현'으로 사용하는 세대.

그들이 바로 신이어다.

시니어의 종언은 슬픈 마무리가 아니라, 설렘으로 가득한 새 출발의 신호다.

"나는 이제 신이어로 산다."

이 한 문장은 나이 듦의 새로운 언어이자, 인생 2막의 시작을
알리는 선언이다.

Chapter 2

인생의 리셋
일, 관계, 건강, 학습, 이미지의 재설계

"당신이 오늘 시작하지 않으면,
내일도 같은 자리에 머물게 된다."

– 카렌 램 –

일의 재설계,
나를 위한 도전

인생 2막에서 일은 더 이상 생계를 위한 의무가 아니다. '내가 원하는 삶을 만들기 위한 도구'로 다시 설계할 수 있다.

중년을 지나며 나는 알게 되었다. 오랫동안 사회의 기준에 맞춰 일해 왔고, 정작 '나를 위한 일'은 늘 뒤로 미뤄두고 있었다는 사실을 깨달았다. 이제는 **내가 원하는 일**을 **선택**할 시간이다.

나를 위한 일이라는 건 단순히 직업을 바꾸는 일이 아니다.

내 삶에서 중요한 가치와 관심사를 다시 꺼내어, 나를 성장시키는 '도전 과제'를 만드는 일이다. 그리고 그 시작은 크지 않아도 된다. 중요한 것은 방향이 '나에게'로 향하기 시작했다는 점이다.

요즘 나는 매일 저녁 라이브 음악방송을 한다. 겉으로는 노래를 들려주는 시간이지만, 실제로는 시청자들과 마음을 나누고 함께 성장하는 작은 무대가 된다.

방송을 준비하고 새로운 시도를 하다 보면, 나는 다시 느낀다. **일은 여전히 나를 살아 있게 할 수 있다는 것을.**

새로운 도전은 설렘과 작은 두려움을 동시에 데려온다. 익숙한 길을 벗어나야 하고, 새로운 기술을 배워야 하기 때문이다.

하지만 그 두려움 속에서 오히려 나는 지금도 성장하고 있다는 신호를 느낀다.

신이어의 '일'은 과거를 내려놓은 것이 아니라, 그 경험을 오늘에 맞게 다시 꺼내어 나만의 방식으로 이어가는 일이다.

결국 일의 재설계는 **삶의 주도권을 다시 내 손에 되찾는 일이**다. 누군가의 기준이 아니라, 내 호기심과 가치, 내 열정에 맞춰 일을 선택하고 만들어가는 것이다.

오늘 당신은 어떤 '나를 위한 일'을 선택하고 싶은가?

하루 10분 몸을 움직이는 일, 오래된 인연에게 연락을 하는 일, 공간을 정리해 가벼운 환경을 만드는 일. 이 작은 선택들이 인생 2막의 방향을 바꾸고 삶을 단단하게 만든다.

관계의 재설계,
진정으로 마음을 나누는 시간

　인생 2막을 살아가는 신이어에게 가장 소중한 것은 바로 관계다.

　하지만 단순히 사람들을 만나는 것, 친목을 유지하는 것이 관계의 전부는 아니다. 진정한 관계란 서로의 마음을 나누고, 서로에게 힘이 되는 깊은 연결에서 비롯된다.

　나는 중년에 접어들면서, 그동안 소홀히 했던 관계들을 돌아보았다. 가족, 친구, 동료와의 관계 속에서 진심을 충분히 나누지 못한 순간들이 떠올랐다. 그때 나는 깨달았다.

'관계는 시간이 아니라, 마음으로 만든다는 것을.'

　진정으로 마음을 나누는 시간은 거창한 이벤트나 특별한 순간에서 오는 것이 아니다. 짧은 안부 전화, 감사와 위로의 메시지, 차 한잔을 나누는 사소한 대화 속에서 관계는 깊어진다.

　관계의 재설계는 또한 자신과 타인을 이해하는 과정이기도 하다. 서로의 차이를 인정하고, 서로의 마음을 존중하며, 갈등과 오해를 풀어나가는 과정에서 관계는 깊이를 더한다. 이 과정에서 나 자신도 성장하고, 타인에게 진정한 공감과 배려를 나눌 수 있는 힘을 얻는다.

신이어로 살아가는 삶에서 관계의 재설계는 선택과 집중이 필요하다. 모든 사람과 모든 관계를 유지하려 하기보다, 진정으로 나를 이해하고, 나에게 의미 있는 사람에게 시간과 마음을 집중한다. 그 선택이 삶을 풍요롭게 하고, 인생 2막의 즐거움과 의미를 더한다.

오늘 당신이 나누는 작은 마음은 어떤가?
짧은 인사, 진심 어린 공감, 감사의 말 한마디가 타인의 하루를 바꾸고, 당신의 하루를 풍요롭게 한다. 관계는 주고받는 과정에서 깊어지고, 그 깊이가 쌓일 때, 우리는 진정으로 살아 있음을 느낀다. 관계의 재설계는 신이어로 살아가는 삶의 필수 요소다.

건강의 재설계,
나를 살리는 새로운 선택

나이가 들수록 하나씩 깨닫게 되는 진실이 있다. **몸은 절대 거짓말을 하지 않는다는** 것이다.

아침에 눈을 뜰 때 느껴지는 묵직함, 쉬어도 사라지지 않는 만성 피로, 관절의 작은 신호들. 예전에는 '조금 피곤한가 보다' 하고 넘겼던 것들이 어느 순간부터 내 삶의 속도와 리듬을 조금씩 바꾸기 시작했다.

그때 나는 스스로에게 물었다. **"지금의 건강, 다시 회복할 수 있을까?"**

그래서 가장 기본적인 것부터 다시 시작했다.

매일 조금씩 걷고, 몸을 부드럽게 풀어주고, 숨을 깊이 들이마시고, 수면과 식습관을 내 몸에 맞게 고쳐가는 작은 실천들. 그 노력들은 분명 도움이 되었지만, 몸 깊은 곳에서 오래 쌓여 있던 문제들까지는 완전히 닿지 못했다. 어딘가 '더 근본적인 변화'가 필요했다.

그때 나는 ㈜조이널을 통해 **줄기세포를** 알게 되었고, 직접 경험해 보니, 믿기 어려울 만큼 몸이 달라지기 시작했다.

오랫동안 쌓여 있던 피로가 조금씩 풀리고, 아침마다 느껴지던 무거움이 사라지면서 '아, 내가 다시 살아나고 있구나'라는 느낌이 찾아왔다.

잊고 지냈던 **내 몸의 '원래 힘'**이 천천히 깨어나는 느낌. 그 경험은 내 일상뿐 아니라 삶의 방향까지 바꿔놓았다. 그리고 생각했다.

"나에게 이런 변화가 일어났다면, 누군가에게도 분명 도움이 될 것이다."

그 믿음 하나가 내 마음을 이끌었다. 그래서 나는 ㈜조이널과 함께, **사람들의 건강을 돕는 길**을 선택하게 되었다. 이 길은 단순한 직업이 아니다. 내 몸이 먼저 회복되면서 삶이 다시 숨을 쉬기 시작했다. 그 경험은 자연스럽게 누군가의 회복을 돕는 선택으로 이어졌고 그 선택은 내 인생을 더 따뜻하고 풍요롭게 만들었다.

무엇보다도, ㈜조이널을 만나 새로운 미래의 직업이 생겼다는 사실이 내게 큰 감사와 행복이 되었다. 누군가는 퇴직 이후의 삶을 두려워하지만, 나는 이곳에서 인생 2막을 준비할 수 있다는 사실이 얼마나 든든한지 모른다. 이 일을 통해 앞으로의 시간을 더욱 보람 있게 만들어 갈 수 있다는 확신이 생긴다.

100세 시대를 살아가는 우리는, 건강을 선택이 아닌 삶의 기반으로 삼아야 한다. 그리고 ㈜조이널은 많은 사람들의 삶을 다시 일으킬 수 있는 가능성을 가진 회사다. 그래서 나는 더 많은 이들이 이 회사를 알고, 건강을 되찾으며, 인생 2막을 새롭게 설계할 용기를 얻기를 진심으로 바란다.

지금도 줄기세포를 통해 몸과 마음이 회복되는 사람들을 볼 때, 그들이 웃음을 되찾고, 활력을 되찾는 모습을 지켜보면 말로 다할 수 없는 감사와 기쁨이 마음 깊이 밀려온다.

나는 믿는다. **건강을 다시 설계한다는 것은 몸의 회복을 넘어, 삶 전체를 다시 세우는 과정**이라고.

굳어 있던 마음이 풀리고, 지친 어깨에 힘이 돌아오고, 내 삶의 속도와 호흡이 제자리를 찾아가는 여정이라고.

어딘가에는 지금 이 순간에도 몸의 신호를 참아가며 버티고 있는 사람이 있을 것이다. 그들에게 나는 조용히 말해주고 싶다.

"건강은 다시 시작될 수 있습니다. 그리고 그 시작은 당신의 아주 작은 선택에서 열립니다. 그 작은 선택이 당신의 미래를 밝히는 첫 발걸음이 될 것입니다."

학습의 재설계,
배움은 삶의 활력소

인생 2막을 살아가는 신이어에게 배움은 단순한 지식 습득이 아니라, 삶에 설렘과 활력을 더하는 원천이다.

나이가 들수록 사람들은 '이제 새로운 것을 배우기엔 늦었다'라고 생각할지도 모른다. 하지만 배움에는 나이가 없다. 오히려 경험과 지혜가 쌓인 지금이, 배움의 깊이를 더할 수 있는 최적의 시기다.

나는 중년에 접어들면서 삶의 속도와 일상에 익숙해진 자신을 발견했다. 루틴 속에서 안정감을 느끼지만, 동시에 새로운 자극과 도전을 갈망하기도 했다. 그때 깨달았다.

'배움이 없다면, 삶은 멈추고, 마음도 시들어간다.'

그래서 나는 학습의 재설계를 시작했다. 단순히 새로운 지식을 쌓는 것이 아니라, 내 삶에 활력을 주고, 일상과 연결되는 배움을 선택했다. 예를 들어, 한 장의 새로운 책을 읽고, 한 가지 새로운 기술을 시도하는 순간, 내 안의 호기심과 설렘이 깨어났다.

배움은 나를 성장시키는 힘이자, 삶을 살아있게 만드는 활력소다.

새로운 것을 배우며 느끼는 두근거림, 작은 성공과 이해의 순간, 그리고 그것을 다른 사람과 나눌 때 오는 기쁨은 일상의 반복을 설렘으로 바꾼다.

신이어로 살아가는 삶에서 배움은 단순한 자기계발이 아니다. 과거의 경험과 지식을 연결하고, 새로운 세상과 소통하며, 삶의 의미를 확장하는 삶의 도구다. 배움을 통해 우리는 스스로를 발견하고, 나만의 인생 2막을 더욱 풍요롭게 만들 수 있다.

오늘 당신이 선택할 배움은 무엇인가?

새로운 기술, 외국어, 요리, 운동, 자기계발 등 작은 시도가 삶을 살아있게 만든다.

학습의 재설계는 신이어로 살아가는 삶의 핵심 동력이다.

이미지의 재설계, 나이 듦을 아름답게 표현하는 법

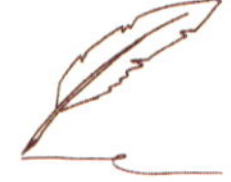

나이 듦은 감추어야 할 일이 아니다. 이제는 나를 더 잘 드러내고, 내가 어떤 사람인지 보여줄 수 있는 **나만의 이미지를 새롭게 디자인**할 때다.

이미지의 재설계란 단순히 겉모습을 꾸미는 일이 아니다. 그것은 내가 **어떤 마음으로 세상을 바라보고, 어떤 태도로 하루를 살아가는가를 정리**하는 일이다.

유행을 좇는 젊음의 이미지를 흉내 내는 것이 아니라, 지금의 나에게 어울리는 품격과 온기를 입히는 것. 그것이 진짜 변화다.

나는 이미지 컨설턴트로서 많은 사람의 변화를 지켜보며 확신하게 되었다. 이미지는 단순한 외모가 아니다. 삶의 태도가 그것을 완성하며, 그 태도가 겉모습으로 자연스럽게 드러날 뿐이다.

옷차림은 인생을 보여준다

복장은 태도다. 편안하면서도 단정함을 잃지 않는 옷, 단순하지만 나다운 개성이 살아 있는 옷은 나이 든 사람만이 가진 여유와 깊이를 자연스럽게 표현한다.

비싼 옷이 중요한 것이 아니다. 나에게 맞는 색, 나에게 어울리는 선, 나에게 편안한 디자인이 '나는 나를 소중히 여긴다'라는 무언의 메시지가 된다.

옷의 색 하나, 액세서리 하나에도 내 마음이 담겨, 지금의 내가 그대로 드러난다.

표정은 마음의 기록이다

세월이 남긴 주름은 자연스러운 흔적이지만, 눈빛과 미소에는 지금의 내가 담긴다.

이미지 컨설턴트로서 나는 늘 말한다.

"표정은 가장 빠른 자기소개입니다."

웃음이 잦은 사람의 얼굴은 자연스레 빛이 난다. 입꼬리의 방향, 시선의 온도만으로도 그 사람의 품격과 삶의 태도가 읽힌다.

나이 듦의 품격을 지키는 이미지 관리

나이가 들수록 이미지를 방치하는 태도가 가장 위험하다. "이 나이에 뭘 새삼스럽게…" 이 말은 변화를 막는 가장 강력한 장벽이다. 나이 듦은 성장을 멈추는 이유가 아니라, **나를 새롭게 표현할 또 다른 시작점이어야** 한다.

1. 무기력한 표정부터 바로잡자

얼굴에 피로와 불만이 남으면 좋은 옷도 소용없다. 밝고 긍정적인 표정이야말로, 몸보다 먼저 사람을 젊게 한다.

2. 과한 젊음 흉내는 오히려 품격을 해친다

나이에 맞지 않는 옷, 과장된 메이크업, 지나친 액세서리는 오히려 '진짜 나'를 가린다. 세련됨은 **나이를 숨기는 것이 아니라, 나이를 그대로 품고 드러내는 데서 나온다.**

3. 자기 관리를 포기하는 것은 곧 이미지의 붕괴다

"이제 누가 나를 보겠어"는 자기 부정이다. 깔끔한 머리, 정돈된 손톱, 깨끗한 신발… 이 작은 습관들이 인생 2막의 이미지를 가장 아름답게 지켜준다.

4. 말과 태도는 이미지의 완성이다

무심코 내뱉는 부정적인 말, 타인을 상처 주는 비꼼과 조소는 그 어떤 옷보다 먼저 사람의 이미지를 무너뜨린다.

반대로, 부드러운 말투와 온기 있는 태도는 눈빛·표정·동작까지 자연스럽게 조화를 만들어 사람의 인상을 깊고 편안하게 한다.

이미지 컨설턴트로 일하며 느낀 건 단 하나다.

진짜 품격은 말에서, 행동에서, 태도에서 나온다.

진짜 이미지 메이킹은 마음에서 시작된다

나이가 들수록 외모보다 더 큰 힘은 **마음의 자세와 태도**에서 나온다. 밝은 표정, 정돈된 복장, 따뜻한 시선, 단정한 말투 – 이 네 가지가 조화를 이루면 그 사람의 이미지는 나이를 넘어서 빛난다.

세상이 나를 어떻게 보느냐보다 **내가 나를 어떻게 바라보느냐가 더 중요하다.** 스스로를 존중하고 사랑하는 태도에서 가장 아름다운 이미지가 완성된다.

인생 2막의 이미지는 단순한 겉모습이 아니다. 그 사람의 삶, 생각, 관계, 그리고 품격이 어우러진 결과다. 내면의 온도가 밖으로 드러나는 순간, 그 사람은 나이와 상관없이 아름답다.

Chapter 3

신이어,
세상과 다시 연결되다

"당신이 세상과 연결될 때,
삶은 다시 빛난다."

– 브레네 브라운 –

기술과 연결,
AI와 디지털 시대의 새로운 가능성

오늘날 변화의 속도는 그 어느 때보다 빠르다. AI, 디지털 기술, 온라인 플랫폼은 더 이상 특정 세대의 전유물이 아니다. 신이어는 나이를 이유로 멈추지 않는다.

나는 저녁 라이브 방송을 하며 새로운 기술을 자연스럽게 익혔다. 시청자와 실시간으로 소통하고, AI 도구로 콘텐츠를 만들고, 강의 자료를 디지털화해, 교육 회사 운영에도 활용한다.

처음에는 두렵고 낯설었다.
"과연 내가 따라갈 수 있을까."

하지만 작은 시도 하나가 큰 변화를 만들었다.

기술은 배움의 도구이자 세상과 연결되는 통로가 되었고, 나는 주변 사람들에게도 새로운 가능성을 보여 줄 수 있었다.

신이어는 기술을 활용해 자신의 경험과 지혜를 확장한다.

퇴직과 나이는 더이상 제약이 아니라 관점을 바꾸는 기회가 된다.

그리고 지금, 우리는 또 한 번의 문 앞에 서 있다. 기술은 더이상 단순한 도구가 아니라 내 삶의 이야기를 더 멀리 전하게 해주는 새로운 길이다.

배움의 속도가 느릴 수 있지만 그 과정이 오히려 새로운 자존감을 만든다. 계속 배우려는 마음이 나이가 아니라 유연성이 삶을 결정한다는 사실을 알려준다.

신이어의 경쟁력은 젊음이 아니라 **적응력**, 속도가 아니라 **지속력**, 기술 자체가 아니라 **배움을 통해 자신의 세계를 넓히려는 의지다.**

작은 기술 하나는 하루를 바꾸고, 하나 더 배우면 인생의 선택지가 달라진다. 배운 만큼 자신감이 생기고 삶도 단단해진다.

이제 기술은 '할 수 있을까?'가 아니라 '나는 어디까지 더 나아갈 수 있을까?'를 묻는 새로운 가능성의 문이 된다.

나눔의 실천,
경험과 마음을 전하는 봉사

봉사는 단순히 시간을 내는 일이 아니다.

나이가 들수록 봉사는 **내 삶을 돌아보고, 타인과 마음을 잇는 다리가 된다.**

중년 이후 우리가 쌓아 온 경험 – 직장, 가정, 인간관계 속 시행착오와 성취 – 이 모든 것이 누군가에게는 큰 선물이 된다.

봉사는 이 선물을 전하는 과정이다. 그렇다고 거창할 필요는 없다. 한 시간의 경청, 작은 도움, 진심 어린 말 한마디만으로도 충분하다.

중요한 것은 무리하지 않는 것이다. 지속 가능한 범위에서 꾸준히 나누는 것이 진정한 봉사다.

정기 모임, 지역 커뮤니티, 온라인 지식 나눔 등 도구와 방식은 다양하다.

우리가 나누는 것은 단지 '기술'이 아니라 마음의 온기, 이해, 경청, 공감, 배려다. 진심은 결국 상대에게 전달되고, 서로에게 작은 변화와 힘이 되어 준다.

봉사는 나를 성장시키는 동시에, 세상과 나를 연결시키는 또 하나의 길이다.

도전의 길,
두려움을 넘어선 창업

나이가 들수록 새로운 도전 앞에서 조심스러워진다.

"실패하면 어쩌지?", "내가 잘할 수 있을까?" 그러나 신이어의 도전은 젊은 시절의 무모함이 아니라 경험을 기반으로 한 현실적인 재도전이다.

조금 늦어도 괜찮다. 작은 시도부터 시작하면 된다. 이 시도들이 쌓여 삶에 새로운 의미와 활력을 준다. 두려움 속에서도 한 걸음 내딛는 순간, 그 자체가 용기다.

창업에서 이미지의 힘

인생 2막의 창업에서 **이미지**는 생각보다 훨씬 큰 역할을 한다. 겉모습이나 스타일만을 뜻하는 것이 아니라, 나의 태도와 말투, 표정과 복장, 하루를 대하는 자세까지 포함된다. 일상의 모든 요소가 나의 브랜드가 되고 신뢰를 만든다.

초기 창업은 홍보력도 충분하지 않다.

이때 가장 큰 힘은 '경험'과 '진정성'이다. 단정한 복장, 밝은 표정, 상대를 배려하는 말투는 '함께하고 싶은 사람'이라는 메시지를 자연스럽게 전달한다.

중년 창업가는 젊은 창업가처럼 속도와 트렌드로 경쟁하지 않아도 된다.

차분함과 안정감, 성숙한 판단력이라는 강점이 이미 있다. 이것이 바로 나이 듦이 주는 강점이며, 나만의 경쟁력이다.

신이어의 창업은 완벽함을 좇는 것이 아니라, 내 경험과 태도를 하루하루 쌓아가는 과정이다.

그 과정이 사람들에게 전해질 때, 비로소 창업의 진짜 의미를 발견한다.

배움의 현장,
평생학습으로 찾는 삶의 설렘

신이어에게 배움은 선택이 아니라 필요다.

우리나라의 **중위연령**은 약 46.1세, 즉 우리는 세대의 한 가운데에 서 있으며, 흐름에서 뒤처지지 않기 위해선 배움이 필수적이다. (참조 : 국가데이터처+2KOSIS+2)

즉, 우리 시대의 신이어는 세대의 중심이자 움직이는 축이다.

이런 연령대이기 때문에 배움은 선택이 아니라 필수다.

지식과 기술이 빠르게 변하고, 사회·경제 구조 또한 달라진다. 정지해 버린다면 뒤처질 수밖에 없다. 신이어는 이 중심에 서 있으면서도, 동시에 변화의 흐름 위에 있어야 한다.

신이어는 배움을 통해 마음을 젊게 하고, 생각을 넓힌다.

새로운 분야의 학습은 어려움이 당연하다.

중요한 것은 완벽함이 아니라 **배우려는 마음과 호기심**이다.

새로운 앱 사용해보기, 동네 봉사 참여. 새로운 운동 도전 —

이런 시작이 신이어의 하루하루를 바꾸고, 삶에 새로운 색을 더한다.

현실적으로 중년의 배움은 **시간과 방식**의 설계가 필요하다.

배움의 기쁨은 단순히 지식을 얻는 데서 끝나지 않는다.
신이어는 새로운 사람을 만나고, 다양한 시각을 접하며, 나와 다른 경험을 이해하는 과정 속에서 삶이 더 풍요로워진다.

배움은 **내 안의 호기심과 설렘을 깨우는 작은 모험**이다.
평생학습은 신이어를 성장시키는 동시에, 삶을 다시 설계하고 살아가는 도구이기도 하다.
오늘 내가 배우는 작은 한 걸음이 내일의 나를 조금 더 자유롭고, 조금 더 풍요롭게 만든다.
신이어의 배움의 현장은 끝나지 않는다.

중위연령이란 단어가 뜻하듯, 지금 우리는 '센터'다. 그 중심에서 멈추지 않고 앞으로 나아가야 한다.
호기심과 관심을 놓지 않는 한, 삶의 설렘은 늘 내 곁에 머문다.

Chapter 4

매일 새롭게
사는 기술

"오늘이라는 날은 다시 오지 않는다.
매일을 새롭게 살아라."

- 마크 트웨인 -

하루의 재발견,
루틴과 시간을 새롭게 쓰는 힘

인생 2막에서 하루를 어떻게 보내느냐가 삶 전체를 결정한다.

신이어는 하루를 '반복되는 시간'이 아니라 '나를 주인공으로 세우는 시간'으로 재구성한다.

나는 아침에 눈을 뜨면 잠시 호흡을 고르고 질문한다.

"오늘 나는 무엇을 배우고, 누구와 소통할까?"

이 질문이 하루의 설렘이 된다.

루틴은 단순한 반복이 아니다.

커피 한잔의 여유, 가벼운 산책, 작은 운동과 스트레칭, 작은 목표 적기 – 이 작은 행동들이 하루의 흐름을 바꾼다.

남의 기대에 끌려가는 하루가 아니라

내 선택으로 채우는 하루가 인생 2막을 특별하게 만든다.

신이어로서 하루를 새롭게 쓰는 힘은 삶을 주체적으로 살아가는 선택의 힘이며, 그 선택이 모여 인생 2막을 설렘과 성취로 채운다.

오늘 하루, 당신은 어떤 선택으로 삶을 다시 살아 있게 만들 것인가?

작은 시도,
매일을 바꾸는 소소한 실천

우리는 오래 살 수밖에 없는 시대에 살고 있다.

오래 사는 만큼 남은 시간은 길고, 그 시간을 어떻게 채우느냐가 중요해졌다.

큰 변화가 어려울 때, 작은 시도가 하루를 바꾸는 첫걸음이 된다.

산책길을 바꿔보는 것, 평생 배우고 싶던 것을 한 번 시도하는 것, 새로운 사람과 대화를 나누는 것— 작아 보이지만 삶의 활력을 만든다.

나이가 들수록 두려움도 커지지만 '나이가 들어서 뭘 바꿀 수 있을까'라는 마음, '실패하면 어쩌지'라는 불안감. 하지만 신이어는 안다. 중년 이후의 삶은 **남의 기대보다 '내 선택'이 더 중요**해지는 시기다.

남은 삶을 단순히 보내는 것이 아니라, 하루하루를 살아 숨 쉬는 느낌으로 채우는 일, 그것이 바로 신이어가 선택하는 삶이다.

오늘의 작은 시도 하나가 내일의 나를 더 자유롭고 충만하게 만든다.

오래 살 수밖에 없는 현실, 그렇기에 우리는 하루를 새롭게 디자인하고, 남은 삶을 온전히 살아가야 한다.

함께하는 하루,
곁에 있는 사람과 마음 나누기

살아가면서 많은 사람들이 스쳐 지나간다.

친구, 동료, 지인, 가족…. 하지만 시간이 흘러도 결국 남는 사람은 **내 옆에서 하루를 함께 살아가는 사람**이다.

오랜 세월을 함께한 **배우자.**

때로는 다투고, 때로는 마음이 멀어진 듯 느껴져도 그 옆에 있다는 사실만으로 삶은 든든하다. 그 존재를 소중히 여기고, 더 잘 챙기고, 더 자주 마음을 나누는 것이 남은 날을 의미 있고 풍요롭게 만드는 길이다.

바쁜 일상 속에서 서로를 챙기기 어렵지만, 말 한마디, 손길 하나, 짧은 웃음만으로도 하루는 따뜻해진다.

그리고 어느 순간 삶의 동반자를 떠나보낼 수도 있다. 하지만 삶은 그 자리에서 끝나지 않는다.

새로운 만남, 새로운 관계 속에서 우리는 또 다른 이해와 공감을 배우며 남은 날을 풍요롭게 한다.

결국 남는 것은 돈도 명예도, 지나간 세월도 아니다.
지금 내 옆에 있는 사람, 그리고 앞으로 만날 소중한 사람들과의 순간이다.

오늘, 내 옆에 있는 사람을 한 번 더 바라보고, 작은 관심과 사랑을 나누자.
그리고 언젠가 새로운 인연이 찾아오더라도 공감과 이해 속에서 함께하는 행복을 선택하자.
그것이 남은 삶을 온전히 살아가는 힘이다.

오늘의 나,
스스로를 만나는 작은 시간

나이가 들면 몸과 마음이 예전 같지 않다.

때로는 아프고, 힘이 빠지며, 세상과 나 사이에 간격이 생긴 듯한 느낌이 들기도 한다.

그러나 진짜 여행은 멀리 떠나는 것이 아니라, 바깥보다 **내 안으로 향하는 시간**에서 시작된다.

이 시간은 나를 돌아보고, 오래 묻어 둔 감정들을 꺼내는 시간이다.

두려움, 외로움, 지친 감정을 부정하지 않고, 그대로 바라보며 받아들이는 데서 치유가 시작된다.

이 여행에서 중요한 것은 **앞으로 살아갈 용기 있는 마음을 챙기는 것**이다.

과거의 아픔이나 현재의 불편함에 머무르지 않고, 작은 다짐과 선택으로 하루하루를 새롭게 만드는 힘을 길러야 한다.

조금씩 마음의 무게를 덜고, 내 안의 작은 희망과 설렘을 다시 발견하는 것, 그것이 내면의 여행이다.

현실적으로, 하루가 모두 편안할 수는 없다. 육체의 피로, 예상치 못한 문제, 마음의 불안이 찾아오기도 한다. 그럼에도 오늘 하루, 나에게 힘과 용기를 주는 한 걸음을 내딛는다.

작은 명상, 호흡, 글쓰기, 음악, 자연 속 잠깐의 고요 – 이 모든 것이 내 안으로 향하는 여행의 도구가 된다.

이 여행은 혼자가 아니다. 나 자신과의 대화 속에서, 조용히 마음을 챙기며, 앞으로 살아갈 힘과 용기를 얻는다.

바깥의 소란과 비교할 수 없는, 깊고 단단한 평화와 생기를 느낀다.

삶은 결국, **바깥이 아닌 안으로 향하는 작은 시간**을 통해 완성된다.

내 마음을 챙기고, 용기 있는 선택으로 하루를 채우며, 남은 시간을 조금 더 자유롭고 풍요롭게 살아가는 것, 그것이 바로 삶의 진짜 설렘이다.

선택의 용기,
설렘을 만나는 순간

나이가 들수록 하루를 보내는 일이 익숙해진다.

눈을 뜨면 반복되는 일상, 습관처럼 흘러가는 시간, 때때로 먼저 떠오르는 '귀찮다', '오늘은 그냥 쉬어야지'라는 마음.

하지만 **무료하게 하루를 흘려보내는 것은 결국 내 삶을 허비하는 일과 다르지 않다.**

남은 날이 길다는 사실은 축복이자 동시에 경고다.

단순히 시간을 흘려보내기에는, 삶이 너무 소중하다.

하루를 선택하는 용기, 그것은 거창한 결심이 아니라 작은 행동에서 시작된다.

오늘 무엇을 할지, 누구와 시간을 보낼지, 어떤 마음으로 하루를 채울지를 스스로 결정하는 것. 그 선택의 순간이 바로 설렘이 태어나는 자리다.

작은 설렘 하나가 하루를 변화시킨다.

낯선 길을 산책하며 계절의 변화를 느끼는 일, 하루 한 잔의 특별한 차를 즐기는 일, 온라인에서 새로운 정보를 찾아보는 일 —
이 작은 움직임들이 무료하던 하루를 **살아있는 시간**으로 바꾼다.

현실적으로, 인생 2막의 삶은 책임과 귀찮음이 많다. 그러나
그 안에서도 우리는 충분히 '긍정적인 선택'을 할 수 있다.

'오늘은 그냥 흘려보낼까?' 대신, '오늘 하루, 설렘 하나를 만
들어보자'라고 마음을 바꾸는 순간, 귀찮음도 잠시 물러나고 삶
은 조금 더 가벼워진다.

설렘은 거창하거나 특별한 일이 아니다. 내가 선택한 작은 순
간들 속에서 피어나는 조용한 기쁨이다.

오늘의 선택이 내일을 바꾸고, 작은 즐거움이 쌓여 삶 전체를
밝힌다.

오늘도 하루를 선택한다. 귀찮음에 지지 않고, 무료함에 굴복
하지 않는다.

하루를 설렘으로 채우는 용기, 그것이 남은 **삶을 풍요롭게 만
드는 비밀**이다.

다시,
인생의 첫날처럼

하루의 끝자락, 따뜻한 차 한 잔을 앞에 두고 조용히 이 책의 마지막 문장을 써 내려간다. 문득 창밖을 보니 해가 저물어 붉게 타오른다. 예전 같으면 '또 하루가 지나갔구나' 하고 아쉬워했겠지만, 이제는 다르게 느낀다.

'오늘이라는 선물을 다 썼구나, 참 고맙다'라고.

나이 듦이란 그렇게 시간을 잃는 과정이 아니라, 감사의 언어를 배워가는 여정이라는 걸 알게 되었다. 나는 인생의 절반 이상을 달려온 사람이다. 이제는 조금 느리게 걷고, 조금 더 자주 멈추며, 조금 더 깊게 사람을 바라본다. 예전에는 앞만 보고 달렸지만, 지금은 옆을 보고, 뒤를 본다.

그곳에는 함께 걸어온 사람들이 있고, 나를 사랑해 준 이들이 있으며, 여전히 나를 믿어주는 이들이 있다. 그들의 존재가 나를 지탱해 주었고, 그 믿음이 '신이어로 산다'라는 내 결심을 단단하게 만들어 주었다.

　돌이켜보면, 인생의 진짜 의미는 '얼마나 오래 사느냐'가 아니라 '어떻게 살아가느냐'에 있었다. 젊을 때는 세상을 바꾸고 싶었지만, 지금은 한 사람의 마음이라도 따뜻하게 만들고 싶다. 이 변화는 포기의 결과가 아니라 성장의 증거다. 신이어로 산다는 것은 젊음을 되찾는 것이 아니라, 삶의 이유를 다시 발견하는 일이다.

　이제 나는 나이를 세지 않는다. 대신 '감사할 이유'를 센다.
　얼마나 웃었는지, 얼마나 좋은 말을 했는지, 얼마나 사랑을 주고 받았는지를.
　나이가 들수록 중요한 건 숫자가 아니라 마음의 속도라는 것을 깨달았다. 조급함 대신 여유를, 후회 대신 희망을, 무력감 대신 배움을 선택하는 것. 그것이 신이어의 품격이자 삶의 미학이다.

　요즘 나는 새로운 사람들을 만난다. 배움의 자리, 봉사의 현장, 그리고 세상을 따뜻하게 바꾸려는 이들의 모임 속에서 나는 다시 젊어진다. 그들은 나에게 이렇게 말한다.
　"선생님, 정말 인생 2막이 있네요."
　그럴 때마다 나는 웃으며 대답한다.
　"그럼요, 이건 인생 2막이 아니라 인생의 리셋이에요."

이 말에는 내 삶의 철학이 고스란히 담겨 있다. 지금의 나는 '과거의 나'를 부정하지 않는다. 다만, 그 위에 새로운 나를 세워가고 있을 뿐이다.

세상은 점점 빠르게 변하고, AI가 사람의 일을 대신하는 시대가 되었다.

그러나 나는 확신한다. 이 모든 변화 속에서도 사람의 마음, 그 따뜻한 온도만은 결코 사라지지 않을 것이라고. 그래서 신이어는 더 큰 역할을 할 수 있다.

경험과 지혜, 그리고 마음의 온도를 가진 이들이야말로 AI 시대의 진정한 리더다. 그들은 기술을 두려워하지 않고, 사람과 기술이 공존하는 세상을 함께 만들어 간다. 그리고 그 중심에는 언제나 '사람'이 있다.

나는 이 책을 통해 말하고 싶었다.

『시니어가 아닌 신이어로 산다』는 나만의 이야기가 아니라 우리 모두의 선언이라는 것을. 나이는 숫자에 불과하고, 삶은 언제든 새로 쓰일 수 있다. 지금 이 순간부터라도 늦지 않았다.

당신도 다시 시작할 수 있다.

삶은 여전히, 우리를 기다리고 있다. 내가 걸어온 길이 누군가의 용기가 되고, 이 책이 당신의 인생 2막을 여는 열쇠가 된다면, 그것으로 충분하다. 이제 나는 하루를 시작할 때마다 이렇게 속삭인다.

"오늘도 신이어답게 살자. 배우며, 사랑하며, 감사하며, 어제보다 조금 더 젊은 마음으로."

이 책의 마지막 장을 덮는 당신에게 나는 진심으로 말하고 싶다.

당신의 인생은 아직도 충분히 아름답습니다.
당신의 내일은 오늘보다 더 빛날 것입니다.
시니어가 아닌 신이어로, 다시 태어난 당신에게 가장 따뜻한 응원을 보냅니다.

내면의 나이테를 아름답게 채워 나갈 분을 위한 필독서

김경찬 · ㈜조이널 회장

세월 속에서 발견하는 진짜 '나', 그리고 나이 듦을 즐기는 지혜가 돋보이는 책이다. 내면의 나이테를 아름답게 채워 나가고 싶은 분이라면 반드시 읽어야 할 필독서이다.

남성과 여성 모두에게 나이 든 삶의 새로운 지평을 열어 주며, 서로를 이해하는 데 큰 도움을 주는 책이다.

...

신이어, 그 한 단어의 혁명

박경화 · ㈜조이널 대표이사

'시니어'라는 낡은 이미지 대신, '신이어'라는 단어 하나로 새로운 생의 문이 열린다. 그 단어가 삶의 태도를 바꿔놓는다.

'신이어'라는 이름에는 단단한 자기 존중이 담겨 있다. 나이를 세는 대신 마음으로 사는 법, 그 단순하고도 위대한 진리를 담은 책이다.

매일을 설렘으로 채우는 삶의 안내책

신성균 · 전 한국열린사이버대학교 총장

삶의 속도가 느려지고 반복되는 일상에 익숙해진 중년에게 이 책은 잃어버린 설렘을 되찾게 해주는 작은 나침반이다. 하루하루를 선택하고, 스스로를 돌보며, 소중한 사람들과 마음을 나누는 방법을 차분하게 안내한다. 읽는 내내, 오늘을 더 온전히 살아가는 힘을 얻게 되는 책이다.

…

멈추지 않는 나, 끝없는 배움의 여정을 위해

노성진 · 건축가, 도시공학 박사

인생 2막에서의 새로운 일은 단순한 노동이 아닌, 깊은 성찰과 새로운 성장임을 보여 준다. 지혜와 경험으로 일궈 가는 제2의 현업을 꿈꾸는 모든 이들에게 용기를 주는 책이다. 멈추지 않는 나, 끝없는 배움의 여정이라는 메시지가 매우 고무적이다.

이 책을 통해 나이 듦과 함께 찾아오는 일의 진정한 즐거움을 발견하게 될 것이다.

몸과 마음이 편안한 인생 후반을 위한 지혜

백원근 · ㈜YMK 대표

재정 상태부터 삶의 질에 영향을 미치는 요인까지, 성공적인 노후를 위한 실용적인 조언이 담겨 있다. 삶의 재부팅을 위한 정리와 비움의 미학은 노년기의 자아효능감을 높이는 데 결정적인 역할을 할 것이다.

노년의 가족 소통법부터 삶의 가치를 높이는 원칙까지, 몸과 마음이 모두 편안한 노년기를 위한 지혜가 가득한 책이다.

...

중년, 다시 시작하는 삶의 안내서

박인옥 · ㈜한국교육협회 원장

이 책은 나이가 들수록 반복되는 일상 속에서 길을 잃기 쉬운 우리에게 작은 용기와 설렘을 선물한다. 삶의 속도를 늦추고, 하루를 주체적으로 선택하는 법, 사람과 세상과 다시 연결되는 법을 보여주는 지침서이자 마음의 동반자다. 읽는 순간, 지금 이 순간을 살아가는 나 자신을 새롭게 만나게 될 것이다.

인생 2막에 삶을 다시 사랑하는 법

정철화 · LCM컨설팅 회장

이 책은 노년기를 새로운 자아 발견의 기회로 삼고자 하는 모든 이들에게 필수적인 안내서다. 은퇴 후의 삶을 막연한 불안감으로 여기셨던 분들에게 이 책은 명확한 길잡이가 되어 줄 것이다. 이 책은 늙는다는 편견을 넘어, 삶을 다시 사랑하는 법을 알려 준다.

…

인생의 가을을 더욱 풍요롭게 채우고 싶은 분들께

김상묵 · KMI한국의학연구소 수원검진센터장

이 책은 중년이 단순히 저무는 햇살이 아니라, 삶의 황혼 속에서 피어나는 새로운 여명임을 잔잔히 속삭인다. '노년을 바라보는 자세'를 재조명하며, 오랜 시간 쌓아 온 지혜가 빛을 발하는 순간들을 그려 내고 있다. '행복한 노년 설계'는 비단 계획이 아닌, 마음속 깊이 품은 평화와 아름다움을 찾아가는 여정임을 깨닫게 할 것이다.

인생의 가을을 더욱 풍요롭게 채우고 싶은 모든 이들의 가슴에 따뜻한 울림을 전하는 책이 될 것이다.

다시 피어나는 삶을 향한 따뜻한 안내서

이송강 · 대한예능인협회 회장

이 책은 나이듦을 두려움이 아니라 '다시 피어나는 순간'으로 바라보게 한다. 평범한 하루에도 설렘을 발견할 수 있다는 메시지는 중년 이후의 삶에 잔잔한 용기를 준다. 읽는 내내 내 이야기를 듣는 듯한 따뜻함이 있었다. 이 책은 인생 2막을 준비하는 모든 이에게 건네는 가장 현실적이고도 다정한 조언이다.

…

퇴직은 멈춤이 아니라 리셋이다

박민호 · 전 한국자유총연맹 울산광역시지부 7·8대 회장

『시니어가 아닌 신이어로 산다』는 삶의 2막을 살아가는 사람들에게 가장 현실적이면서도 따뜻한 안내서다.

"은퇴 후에도 여전히 현역으로 살 수 있다"라는 메시지가 지금 세대의 시니어들에게 필요하다.

멈춤이 아닌, 다시 피어남

천보영 · 삼성화재 CEO를 위한 인생 12진법 전문강사, 명리학 강사

시간이 우리에게 주는 선물은 단순히 지나가는 세월이 아니다. 그것은 지혜와 성숙, 그리고 새로운 시작을 위한 속삭임이다. 이 책은 노년을 두려워하기보다, 내일을 위한 시간의 선물로 받아들이는 법을 가르쳐 준다. '행복한 노년 설계'는 곧 나 자신을 사랑하는 일이며, '인생 2막'은 가장 아름다운 모습으로 꽃피울 수 있는 기회임을 마음에 심어 줄 것이다.

아름다운 미래를 꿈꾸는 모든 분께 이 책을 추천드린다.

...

공백이 아닌, 새 시작의 시간

김성운 · 성연아카데미 대표

꺾이지 않는 마음과 다시 시작하는 용기를 주는 책이다. 나를 찾아가는 끝없는 성장통을 통해 삶의 불꽃을 지피는 열정을 다시금 일깨워 준다. 노년의 삶이 인간으로서의 자연스러운 교감과 불완전함이 만드는 특별함으로 가득할 수 있음을 보여 준다.

이 책은 나이 듦을 축복으로 받아들이게 하는 귀한 작품이다. 노후를 어떻게 보내야 할지 고민하는 분께 이 책을 추천드린다.

신이어의 조건 - 인생 2막을 살아가는 기술

손성동 · 금강산청옥블루스톤 회장

우리는 나이를 '숫자'로만 세며 살아왔다. 그러나 이 책은 말한다. "인생의 후반전은 나이를 더하는 시간이 아니라, 나를 새롭게 발견하는 시간"이라고.

『시니어가 아닌 신이어로 산다』은 단순한 자기계발서가 아니다. 잃어버린 꿈을 다시 꺼내고, 관계를 다시 짓고, 배움을 다시 시작하는 용기 있는 인생 2막의 안내서다. 나이 들수록 '가능성'이 사라진다고 믿는 이들에게 이 책은 따뜻한 목소리로 말한다. "당신은 아직, 시작할 수 있습니다."

한 사람의 중년 독자로서, 이 책을 마음 깊이 추천드린다.

···

후회 없는 인생 2막을 위한 현명한 선택을 돕는 책

노현상 · ㈜유니브원 대표이사

은퇴는 끝이 아니라, 새로운 인생 2막의 시작임을 유쾌하게 역설하는 책이다. '한 걸음씩 작지만 단호한 걸음'으로 은퇴 후 삶의 질을 높이는 활동들을 제시한다. 인생 2막에 새로 만든 인생 명함이라는 아이디어가 인상 깊다.

이 책은 50대에 절대 해서는 안 될 것들을 명확히 제시하며, 후회 없는 중년을 위한 현명한 선택을 돕는 책이다.

지친 하루에 다시 설렘을 불러오는 책

하광식 · 신이어TV (서여니아파트 라이브 음악방송) 고문

신이어라는 새로운 이름처럼, 이 책은 '다시 시작할 수 있는 힘'을 우리 안에서 깨워준다.

퇴직, 관계, 건강, 삶의 방향을 잃기 쉬운 중년에게 '오늘 하루를 선택하는 용기'가 얼마나 큰 변화를 만드는지 깊이 보여준다. 조용히 마음이 달라지는 책, 오래 곁에 두고 싶은 책이다.

…

인생 2막 삶의 재구성을 위한 찬란한 오케스트라

주영복 · 신이어TV(서여니아파트 라이브 음악방송) 고문

세월의 흔적이 아름다운 무늬로 새겨진 당신에게, 이 내용은 '인생 2막 삶의 재구성'을 위한 찬란한 오케스트라가 될 것이다. 지나온 시간의 곡조는 소중히 간직하되, 이제는 나만의 리듬으로 새로운 멜로디를 만들어 갈 시간이다.

잊고 지냈던 꿈을 깨우고, 내면의 빛을 따라 새로운 길을 걷고자 하는 모든 분의 마음에 잔잔한 용기와 영감을 선사할 것이다.

나이 듦에 대한 편견을 조용히 무너뜨리는 책

정우영 · 신이어TV(서여니아파트 라이브 음악방송) 고문

나이 들어가는 자신을 받아들이면서도 여전히 성장하고 싶은 마음이 있는 사람이라면 이 책의 문장 하나하나가 위로이자 자극이 될 것이다.

삶을 깊게 바라보는 시선이 이렇게 따뜻할 수 있다는 것이 놀랍다.

책은 조용히 말해준다. 남은 인생은 늦은 시간이 아니라, 디시 피어나는 두 번째 가능성이라고.

…

꿈이 있는 인생 2막, 영원한 현역을 꿈꾼다면

강현호 · 신이어TV(서여니아파트 라이브 음악방송) 고문

유연한 마음으로 삶을 맞이하고, 나의 길을 가꾸며 타인의 빛을 존중하는 지혜가 가득한 책이다. '꿈이 있는 삶, 영원한 현역'을 꿈꾸는 분께 강력히 추천드린다.

"웃음이 중년의 활력을 깨우는 묘약"이라는 저자의 말처럼, 이 책은 독자들의 얼굴에 미소를 띠게 할 것이다. 시간이 빚어낸 아름다움, 즉 나이 듦의 품격을 느끼게 해 주는 이 책을 추천드린다.

이 책은 노년을 위한 책이 아니라
미래의 우리 모두를 위한 책

김형복 · 신이어TV(서여니아파트 라이브 음악방송) 모더레이터(Moderator)

인생의 중간쯤 서 있는 우리에게, 때로는 지치고 흔들리는 순간이 온다. 그러나 이 책을 펼치면, 조용히 마음이 다독여지고 다시 한 걸음 내디딜 용기가 생긴다.

단순한 위로를 넘어, 스스로를 세우고 성장하도록 이끄는 진짜 '실천형 자기계발서'이다.

- 김준(2018), 「노인여가력이 여가생활 만족도에 미치는 영향」, 강릉원주대학교 대학원 박사학위논문.

- 이수진·이영희(2021), 「초기노인의 신체 변화 경험에 관한 현상학적 연구」, 군산간호대학교, 가톨릭관동대학교

- 노후준비서비스(2018), 보건복지부 중앙노후준비지원센터.

- 마이크 비킹, 『휘게 라이프(Hygge Life)』, 통계청, 고령자 통계, 2019.

- 송노원(2007), 「노년기 성생활이 삶의 질에 미치는 영향」, 광운대학교 대학원 박사학위논문.

- 유효순(2016), 「중장년층의 가족관계 특성」, 「자기효능감이 노후준비에 미치는 영향」, 국제신학대학교 대학원 박사학위논문.

- 윤영애(2009), 「성공적인 노화에 영향을 미치는 요인에 관한 연구」, 대구한의대학교 대학원 박사학위논문.

- 이경자(2018), 『77세의 변화와 혁신』, 책과나무.

- 이영주(2010), 「중년기 부부의 노후준비도와 노화불안」, 석사학위논문, 한서대학교 대학원.

- 이영주(2016), 「우울감과 자녀양육 스트레스로 어려움을 겪고 있는 주부상담 사례 연구」, 석사학위논문, 중앙대학교 교육대학원.

- 이영주(2018), 「중년 성인에서 우울 중증도 관련 요인의 성별 차이」, 2014년 국민건강 영양조사자료 분석, 한국융합학회논문지, 9(10), 549–559.

- 이유리(2009), 「노인생애 체험이 중년기 성인의 노화불안에 미치는 효과」, 노인복지연구, 10(46), 193–214.

- 임동현(2014), 「노인의 영적 안녕감의 죽음 불안에 미치는 영향에 관한 연구」, 남부대학교 대학원 사회복지학과, 박사학위논문.

- 윌리엄 새들러(2006), 『서드에이지, 마흔 이후 30년』, 사이.

- 조관일(2016), 『노후는 없다』, 클라우드나인.

- 전병주(2014), 「남성 노인의 성 대처행동이 생활만족도에 미치는 영향」, 사회과학연구 25, 2, 163-182.

- 허지연·손은정(2009), 「청년기와 중년기 집단에서의 삶의 의미와 심리적 안녕감 간의 관계」 : 자기효능감과 지각된 사회적 지지를 매개변인으로, 사회과학논총, Vol.28 No.2.

- 홍현방(2001), 「성공적인 노화 개념정의를 위한 문헌연구」, 이화여자대학교 대학원 박사학위논문.

- 최성재·장인협(2002), 『노인복지학, 서울』, 서울대학교 출판부.

- 한국디자인진흥원(2020)『초고령화 사회 대응. 액티브 시니어 라이프스타일 연구보고서』, 서울대학교 출판부.

- 박진영·이은숙(2017), 「뉴시니어 세대의 지향 가치관과 지향 패션이미지 연구」, 울산대학교 의류학과석사논문

- 이경미·이선정·김개천·김지은(2022), 「뉴시니어 세대 1인가구의 라이프스타일에 따른 코하우징 유형연구」, 한국실내디자인학회

- 고경환(2019), 「시니어비즈니스 산업 활성화를 위한 근거기반 통계의 문제점과 과제」, 한국보건사회연구원 연구보고서

- 유인경(2021), 「잘 늙는다는 것」, 인문360

- 조선일보 칼럼(2025), 「'어르신' '시니어' '실버'도 한물갔다는데… 어떻게 불러드릴까」

도서출판 행복에너지 대표 **권선복**

우리는 살아오며 수없이 멈추고, 돌아보고, 때로는 다시 일어서기를 반복합니다. 그 과정 속에서 어느 날 문득 깨닫게 됩니다. 인생을 바꾸는 힘은 거대한 결심이 아니라, 오늘을 다시 선택하는 작은 용기에서 시작된다는 사실을.

박서연 저자의 『시니어가 아닌 신이어로 산다』는 바로 그 '오늘의 용기'를 선물하는 책입니다.

"나는 더 이상 시니어가 아니다. 지금부터 신(新)이어로 산다."

이 선언은 한 사람의 인생을 다시 일으켜 세우는 강력한 문장이며, 우리 모두에게 건네는 따뜻한 초대입니다.

저자는 퍼스널브랜딩, 이미지컨설팅 전문가로서 수십 년간 현장에서 수많은 사람들과 호흡하며, 변화는 특별한 순간에 찾아오는 것이 아니라 매일의 작은 선택 속에 숨어 있다는 사실을 보여주었습니다. 특히 저자는 나이가 들었다고 해서 성장이 멈추는 것은 아니며, 마음만 있다면 새로운 취미를 가질 수도 있고, 배우고 싶었던 걸 배울 수도 있으며, 새로운 인연을 맺기도 하며 삶을 변화시킬 수 있다는 점을 강조합니다. 인생 재설계와 삶의 품격을 핵심 키워드로 삼아 내 삶을 다시 쓰는 시간을 갖고, 다시 일어서는 힘을 얻으며, 세상과 다시 연결되는 법을 현실성 있는 실천사항 위주로 조용하지만 힘 있게 이야기합니다.

인생 2막은 조용히 열리지만, 그 울림은 더 크고 단단합니다.

이 책을 덮는 순간 독자는 자신의 내일을 조금 더 사랑하게 되고, 오늘을 더 담대하게 선택하게 됩니다. 어쩌면 이 책이 누군가에게는 새로운 목표의 시작이 되고, 누군가에게는 잊고 지냈던 자기 자신을 다시 만나게 해주는 소중한 기회가 될 것입니다.

도서출판 행복에너지는 이 책이 모든 신이어들에게 따뜻한 등불이 되기를 진심으로 바랍니다.

사람은 책을 만들고, 책은 사람을 만듭니다. 이 책이 누군가의 삶을 다시 빛나게 하길 소망합니다.

이채필이 던진 짱돌

이채필 지음 | 값 30,000원

이 책은 이채필 전 고용노동부 장관의 역경과 도전으로 가득찬 삶과 더불어 고용노동부 소속 공무원에서 시작하여 장관에 이르기까지 노동 관련 업무를 하면서 확립하고 지켜 온 노동 관련 행정에 관한 신념 및 그에 따른 행보를 다루고 있는 책이다. 대한민국의 갈등적 노사관계 해소를 위하여 시행했던 다양한 노사관계 개혁의 실행 과정과 함께 실무에 앞장선 행정가의 지혜가 고스란히 담겨있다.

중견기업 CEO와 비전공자를 위한 회계원리

노영래 지음 | 값 25,000원

이 책은 CEO와 창업자들에게 숫자가 아닌 그림과 사례로 회계의 원리를 이해하고, 경영자로서 필요한 정보를 읽어낼 수 있도록 돕는 데에 중점을 두고 있다. 그렇기 때문에 숫자 사용은 최대한 배제하고 있으며 회계를 이해하는 데에 필요한 필수 개념과 재무제표의 작성 원리를 도식, 그림과 함께 쉬운 문장으로 설명하는 데에 중점을 두고 있는 것이 특징이다.

밥상머리 교육에서 시작하는 우리 아이의 미래

신종우 지음 | 값 20,000원

이 책은 전통적인 '밥상머리 자녀교육'과 다문화 사회, AI 시대 등의 현대적 키워드를 결합하여 자녀교육의 새로운 길을 제시한다. 특히 이 책은 온 가족이 함께 밥상머리 규칙을 만들고 식사를 준비하는 등 부모들에게 '밥상머리'라는 기회를 통해 자녀와의 동등한 소통의 대화법을 제시하고 있는 것이 특징이다.

청렴 그 길을 묻다

박종성 지음 | 값 22,000원

한국건설기술연구원에서 33년간 연구 및 행정업무에 봉직한 바 있으며 현재는 청렴전문강사로 활동 중인 저자는 이 책 『청렴 그 길을 묻다』를 통해 청렴교육의 당사자인 공직자들뿐만 아니라 일반 국민들도 가슴 깊이 담아두어야 할 '청렴'의 본질을 이야기한다. 특히 단순한 청렴 관련 법령의 나열에서 벗어나 인문학을 통해 청렴의 당위성을 이야기하고 공감 및 감동을 불러일으키고 있는 것이 이 책의 특징이다.

대한민국을 위한 에너지 정책 길라잡이

문주현 외 12인 지음 | 값 17,000원

『대한민국을 위한 에너지 정책 길라잡이』는 모순적이고 유동적인 상황을 해결해야 하는 대한민국의 현실을 꼼꼼하게 짚는 한편, 탄소 발생을 최소화하면서도 미래 산업 발전에 필요한 양질의 전기를 생산하려면 원자력을 기반으로 하여 한국의 환경/기술에 걸맞은 친환경 재생에너지 발전으로 촘촘하게 보강되는 이른바 '에너지 믹스'정책을 전개해야 한다고 제안한다.

독서와의 전쟁

최재혁 | 값 22,000원

이 책 은 학창시절 '문제아 공고생'으로 불리던 저자가 어떻게 책을 통해 삶을 뒤바꾸고, 결국 언론사 대표로 성장했는지를 기록한 자기 변화의 이야기이다. 저자는 '독서는 즐거워야만 지속할 수 있다'를 기반으로 하여 독서와 글쓰기를 통해 성장하는 즐거움을 맛보는 과정을 가이드하는 한편 자신이 인상 깊게 읽었던 책들과 특히 독자들에게 추천하고 싶은 책을 소개하기도 한다.

그리움의 사중주

이한길, 김정선 지음 | 값 22,000원

이한길 시인의 네 번째 시집 『그리움의 사중주』는 그간 이한길 시인이 꾸준히 탐구했던 '사랑'이라는 주제를 더욱 심화시켜 더 깊이 있게 다듬어진 시어로 이야기하고 있는 작품이다. 또한 '문예빛단 신인상'으로 새롭게 시의 세계에 발걸음을 들여놓은 이한길 시인의 배우자 김정선 시인의 작품이 함께하여 부부이자 동시에 사제 관계가 어우러지는 문학적 교감이 시의 멋스러움을 더한다.

마음의 주인이 되는 길

공병영 지음 | 값 20,000원

이번 시집은 단순한 문학작품을 넘어 한 사람의 삶의 고백이자, 혼란스러운 시대를 살아가는 이들에게 전하는 치유와 회복의 메시지다. 책은 "삶의 본질은 외부의 성취가 아니라, 나의 마음을 주인으로 세우는 일"이라는 단순하지만 위대한 진리를 화려한 수사가 아닌, 치열한 체험에서 길어 올린 단순하고 깊은 언어로 두드린다. 또한 때로는 쓰라린 고백으로, 때로는 따뜻한 위로로 이 시집은 묻는다.

자기세계 안내서 REAL SELF

손신호 지음 | 값 20,000원

이 책은 단순한 은퇴 설계서가 아니다. 퇴직 이후의 삶을 '진짜 나'를 회복하는 시간으로 바꾸기 위한 실천형 안내서이다. 35년간 금융 IT 분야의 최전선에서 활동한 바 있는 저자는 인생도 재설계가 가능하다는 확신으로 수십 년간 익숙했던 IT 개발 방법론을 삶에 적용하여 '깊결모델(깊고도 결이 있는 삶)'과 이를 뒷받침하는 3가지 도구와 4가지 단계를 우리에게 제시한다.

AI 시대 예술가처럼 경영하라

서광일 지음 | 값 30,000원

서광일 작가는 30년 넘게 국내외를 넘나들며 공연과 교육 무대를 열었고, 생존을 위해 맞섰던 도전들이 성공으로 이어진 현장 사례와 에피소드를 이 책에 아낌없이 담아냈다. 특히 이 책은 단순한 경영서를 넘어 'AI 시대에도 본질은 사람'이라는 저자의 확고한 철학을 담고 있으며 예술가의 섬세한 직관과 경영가의 날카로운 전략이 만나 세상에 감동을 주는 브랜드가 탄생한다는 메시지를 전달한다.

꿈, 일, 그리고 삶, 멘토를 만나라

김원배, 손세근, 정은상 지음 | 값 22,000원

『꿈, 일, 그리고 삶, 멘토를 만나라』는 불안과 방황 속에서 길을 잃은 청춘과 새로운 전환점을 준비하는 중장년에게 따뜻한 멘토의 손길을 전하는 책이다. 특히 이 책은 진로와 자기계발을 고민하는 청년들이 잘 정리된 실전 정보를 흡수하고, 체크리스트를 통해 현재 자기 자신의 상태를 정확히 확인하여 자기 삶의 주인공으로 성장하는 데에 큰 도움을 줄 수 있을 것이다.

양돈산업의 개척자 진길부 평전

김준영 지음 | 값 22,000원

이 책은 파란만장했던 인생을 스스로 개척하며 대한민국 양돈업계 발전을 위해 많은 노력을 기울였던 故 진길부 도드람양돈조합장의 인생을 담은 평전이다. 저자는 개척농사단–서둔야학–도드람양돈조합으로 이어지는 진길부 전 조합장의 인생을 따라가면서 그의 업적을 과장하거나 미화하지 않고, 사실에 기반한 이야기를 통해 이 평전을 읽는 사람들이 그의 진심을 느낄 수 있기를 바란다고 밝혔다.